ROBERT BOURASSA

La passion de la politique

Charles Denis

ROBERT BOURASSA

*

La passion de la politique

FIDES

SOURCE DES PHOTOS

Collection privée : couverture, 1, 2, 3, 7, 10, 14, 16, 17, 23, 24, 25

4 : © Office d'information et de publicité du gouvernement du Québec ; 5 : © Bernd Schmaling ; 6 : © Felici ; 8 : © The Canadian Press ; 9 : © *Montreal Star*-Canada Wide ; 11 : © Gouvernement du Québec, réf. : 73-368-B-3 ; 12 : © Canada Wide ; 13 : © Marc Plamondon ; 15 : © W. B. Edwards inc., n° 32082 ; 18 : © Studio Bedard enr. ; 19 : © CP Photo ; 20 : © W. B. Edwards inc., n° 34414-4 ; 21 : © W. B. Edwards inc., n° 34405-16A ; 22 : © Cinéphotec Inc. ; 26 : © Jacques Bourdon, *Journal de Montréal*.

Certains détenteurs de droits n'ont pu être identifiés ou rejoints. Ils sont invités à communiquer avec l'éditeur.

Catalogage avant publication de Bibliothèque et Archives Canada

Denis, Charles

Robert Bourassa

L'ouvrage complet comprendra 2 v.
Comprend des réf. bibliogr.
Sommaire : [1] La passion de la politique.

ISBN-13 : 978-2-7621-2160-5 (v. 1)
ISBN-10 : 2-7621-2160-4 (v. 1)

1. Bourassa, Robert, 1933-1996. 2. Québec (Province) – Politique et gouvernement – 1970-1976. 3. Québec (Province) – Politique et gouvernement – 1976-1985. 4. Québec (Province) – Politique et gouvernement – 1985-1994. 5. Premiers ministres – Québec (Province) – Biographies. I. Titre. II. Titre : La passion de la politique.

FC2925.1.B68D46   2006   971.4'04092   C2006-941846-2

Dépôt légal : 4ᵉ trimestre 2006
Bibliothèque et Archives nationales du Québec

Les Éditions Fides reconnaissent l'aide financière du Gouvernement du Canada par l'entremise du Programme d'aide au développement de l'industrie de l'édition (PADIÉ) pour leurs activités d'édition.

Les Éditions Fides remercient de leur soutien financier le ministère du Patrimoine canadien, le Conseil des Arts du Canada et la Société de développement des entreprises culturelles du Québec (SODEC). Les Éditions Fides (ou Bellarmin) bénéficient du Programme de crédit d'impôt pour l'édition de livres du Gouvernement du Québec, géré par la SODEC.

IMPRIMÉ AU CANADA

Avant-propos

Ce livre n'a pas la prétention d'être un ouvrage savant et encore moins une thèse. C'est plutôt le récit d'un observateur privilégié et d'un compagnon de route. Il s'appuie sur une documentation abondante accumulée au fil des années; je m'y réfère directement dans le texte, par souci d'alléger la lecture dans toute la mesure du possible.

J'ai eu la chance de garder un contact permanent avec Robert Bourassa pendant une période de plus de trente ans, que ce soit comme directeur des communications au Conseil exécutif, comme président de la SOGIC, comme conseiller politique, et parfois comme simple confident. Ce point de vue privilégié m'a permis d'observer de près la passion qui l'a toujours animé dans son engagement politique. Ce n'est pas un hasard si ses grandes réformes économiques, sociales et culturelles ont profondément marqué la collectivité québécoise. Mais ce que j'ai surtout voulu faire ressortir dans ce récit, c'est que Robert Bourassa n'a pas été seulement l'homme des grands dossiers. Il a été aussi une personnalité complexe et attachante, tout à la fois un visionnaire et un réaliste, parfaitement en symbiose aussi bien avec l'homme de la rue qu'avec les chefs de file de la société québécoise et une certaine élite internationale.

Au-delà des controverses qui entourent de toute façon l'homme politique qui agit et qui fonce, son départ prématuré, à 63 ans, donne au temps qui passe la possibilité de mesurer en toute sérénité l'ampleur de ses réalisations en faveur de la collectivité québécoise.

D'autres que moi pourraient écrire un livre tout à fait différent sur cet homme remarquable. Je ne doute pas qu'il y en aura d'autres.

La personnalité complexe de Robert Bourassa et son rôle dans l'histoire du Québec le justifient amplement. En attendant, voici mon livre, avec ses qualités et ses défauts. Je l'ai rédigé en espérant faire partager l'estime que j'ai toujours eue pour cet homme politique remarquable. Ce premier tome traite de la carrière politique de M. Bourassa, depuis ses premiers engagements jusqu'à l'étonnante inauguration du chantier LG2 en 1979. Il y aura, bien sûr, une suite.

CHARLES DENIS
Août 2006

CHAPITRE 1

La huitième génération

Le destin a voulu que Robert Bourassa naisse en 1933 un 14 juillet, le jour de la fête nationale de la France. Plus ou moins consciemment, il a toujours pleinement vécu la symbolique du changement et du progrès que véhicule cette date.

Le 14 juillet 1973, par exemple, il inaugure à la Baie James un chantier qui amorce une mise en valeur sans précédent du potentiel énergétique du Québec. En juillet 1974, il fait adopter la loi historique grâce à laquelle le français devient la langue officielle du Québec.

Le 14 juillet a donc toujours été pour lui l'occasion de faire quelque chose d'original, de différent ou d'inattendu. Et, cette journée-là, Robert Bourassa, habituellement si flegmatique, du moins en apparence, retrouve également un certain sens de la fête, au grand plaisir de sa famille et de ses amis.

Pour mieux saisir les affinités de Robert Bourassa avec tout ce qui est francophone, il est intéressant de prendre connaissance des résultats d'une recherche généalogique effectuée à la demande du journal parisien *Le Monde*, et à l'occasion de la visite officielle qu'il effectue en France en décembre 1974 à l'invitation du président Giscard d'Estaing. Robert Bourassa représente en effet la huitième génération de Bourassa établis en terre d'Amérique.

Son ancêtre français s'appelle en fait François Bourasseau, dit La Ronde. Il serait né vers 1659 en Vendée, à Saint-Hilaire-de-Loulay, dans le diocèse de Luçon.

Ce diocèse avait été confié cinquante ans plus tôt, soit en 1608, à un tout jeune évêque de 23 ans qui devait devenir en 1622 le cardinal de Richelieu. La correspondance du jeune évêque permet de se faire une idée des conditions difficiles qui prévalaient dans cette région de la France où vécut quelques années plus tard le jeune François Bourasseau. Luçon, écrivait Richelieu, est le plus vilain évêché de France, le plus crotté et le plus désagréable. Il est vrai que les guerres de Religion avaient dévasté cette région et que les marais, nombreux autour de Luçon, étaient porteurs de fièvres.

Toujours est-il que le jeune François Bourasseau, fils de François Bourasseau et de Marguerite Dugas, s'embarque pour Québec où on l'enregistre à la descente du bateau sous le nom de Bourassa. Le 4 juillet 1684, il épouse Marie Le Ber au Fort Saint-Louis de Chambly, comme l'indiquent des actes conservés à Contrecœur et Saint-Ours.

François Bourassa avait acquis une terre à Chambly. Cependant, il s'établit plutôt à La Prairie en 1688, d'où il part, toutefois, quelques semaines plus tard pour faire la traite des fourrures aux Outaouais. En 1690, il se rend jusqu'au poste de traite de Michillimakinac, dans le détroit qui sépare les lacs Huron et Michigan. Capturé par les Indiens, on le croit mort. Sa femme doit même demander l'hospitalité à sa mère en 1693. Il réapparaît finalement à Montréal en 1695. Il s'établit définitivement le 14 septembre de la même année sur une concession de terre à Fontarabie de La Prairie, où se retrouvent ses descendants six générations plus tard. François Bourassa meurt prématurément à Montréal en 1708 à l'âge de 49 ans. Sa femme Marie lui survivra jusqu'en 1756, elle avait 90 ans.

C'est à La Prairie que François et Marie élèvent leurs huit enfants, dont cinq fils. Le plus jeune, Antoine, né en 1705, vit octogénaire et décède à La Prairie. C'est lui, l'ancêtre canadien de Robert Bourassa.

Brièvement, la filiation entre son ancêtre canadien Antoine et Robert Bourassa s'établit comme suit: Antoine (1705-1786) a parmi ses sept enfants un garçon du nom de Vital (1747-1817). Vital donne également naissance à sept enfants dont un garçon, Hippolyte-Paul (1775-1836). Le fils de ce dernier, Hippolyte (1801-1870), a neuf enfants, dont Toussaint (1851-1926). Toussaint, qui devait devenir navigateur et capitaine du Port de Montréal, a, lui aussi, neuf enfants, dont Aubert (1892-1950), le père de Robert Bourassa.

Aubert Bourassa a épousé en 1926 à Montréal Adrienne Courville. De cette union sont nés les trois enfants — Marcelle, Robert et Suzanne — qui représentent donc la huitième génération de Bourassa depuis que François Bourrasseau a quitté sa Vendée natale en 1684.

Peut-on retrouver chez Robert Bourassa des traits de caractère typiques de son origine vendéenne? On est tenté de répondre par l'affirmative quand on sait que les Vendéens sont reconnus comme étant des terriens attachés au sol, courageux et tenaces. Ils savent garder leur sens de l'ironie tout en manifestant un goût prononcé pour la mesure et la modération. On retrouve ainsi dans les traits communs aux gens de cette région des caractéristiques qui faisaient incontestablement partie de la personnalité de Robert Bourassa. Il n'hésitait pas d'ailleurs à évoquer ses gènes vendéens pour expliquer certaines de ses positions politiques.

Comme ses grands-parents et ses parents, Robert Bourassa voit le jour à Montréal. Il aimait rappeler qu'il était natif de l'est de Montréal, dont la population est très majoritairement francophone. La famille habite le rez-de-chaussée d'un triplex au 4837 de la rue Parthenais, près du boulevard Saint-Joseph, dans la circonscription de Mercier dont il sera plus tard le député. Il y aura par la suite quelques déménagements, en 1938 au 4840 de la même rue, puis en 1943 au 4697 de l'avenue De Lorimier, toujours dans le même quartier.

En septembre 1939, à l'âge de six ans, alors que le Canada vient de déclarer la guerre à l'Allemagne, il commence ses études en fréquentant l'école Saint-Pierre-Claver, à l'angle du boulevard Saint-Joseph et de l'avenue De Lorimier, que dirigent les Frères de l'Instruction chrétienne.

Le jeune garçon a l'esprit vif. Il sent qu'autour de lui la guerre préoccupe les esprits. On parle de plus en plus de conscription. Dès 1941, il commence à prendre connaissance des manchettes de

La Presse et s'éveille à tout ce qui l'entoure. Il lit avec avidité les nouvelles de la guerre en Europe et dans le Pacifique. Il discute fréquemment avec son père de l'actualité et des nouvelles diffusées à la radio.

Les parents offrent en 1943 une bicyclette aux enfants. Il aimait rappeler comment ce modeste véhicule lui permit de découvrir les différents quartiers de Montréal et de gagner un peu d'argent de poche en faisant des livraisons pour les boutiquiers des alentours.

Alors qu'il a à peine onze ans, il assiste pour la première fois à un débat politique — ce genre de réunion était plus fréquent que de nos jours —, pendant la campagne électorale au cours de laquelle s'affrontent en 1944 Adélard Godbout, Maurice Duplessis et André Laurendeau. Il a souvent raconté comment il avait été impressionné par la maîtrise de l'art oratoire dont faisaient preuve les hommes politiques du Bloc populaire, et notamment André Laurendeau qui se présentait dans le comté voisin de Laurier.

Grâce aux excellentes notes obtenues à l'école Saint-Pierre-Claver, le jeune Robert Bourassa est facilement accepté, en 1945, à titre d'externe, par les Jésuites du collège Jean-de-Brébeuf. Il y fait des études brillantes.

La mort de son père, emporté en mai 1950 par une crise cardiaque, est une très dure épreuve. Sa mère Adrienne se retrouve seule avec trois enfants dont deux encore jeunes: si Marcelle a déjà 22 ans, Robert n'a que 17 ans et Suzanne 15 ans. Cependant, Robert Bourassa peut continuer à fréquenter le collège Brébeuf. Ses notes sont exceptionnelles. Il est extrêmement doué pour les mathématiques, au point d'aider fréquemment ses camarades à maîtriser cette matière et à rédiger leurs devoirs.

Il est doté d'une vive intelligence, d'une grande capacité de concentration et d'une mémoire phénoménale. Cette mémoire l'a considérablement servi au cours de sa carrière politique. Il pouvait ainsi se souvenir du nom et du numéro de téléphone d'une personne plusieurs mois après l'avoir rencontrée, à la grande stupéfaction évidemment de cette dernière.

Il obtient en 1953 son baccalauréat ès arts avec d'excellentes notes. Il s'inscrit ensuite à la faculté de droit de l'Université de Montréal et obtient en juin 1956 sa licence en droit. On note dans sa promotion des noms comme Antonio Lamer, qui deviendra juge en chef de la Cour suprême du Canada, Luce Patenaude, futur protecteur du citoyen du Québec, ou Jacques Mongeau, qui fera sa marque dans les milieux de l'éducation.

Tout en faisant son droit, Robert Bourassa rédige des articles pour le journal de l'Association générale des étudiants. Il aborde fréquemment la question des problèmes financiers auxquels sont confrontés les étudiants. Il en fait une question d'équité sociale, notamment dans un article qu'il publie dans le *Quartier latin* de décembre 1953. Il se prononce en faveur de vacances plus longues afin que les étudiants puissent gagner un peu d'argent pour aider leurs parents à payer leurs études. Il fait preuve d'une activité remarquable : il représente les étudiants auprès de l'Association France-Canada, participe à toutes sortes de débats et n'hésite pas à contribuer au financement de ses études en obtenant chaque année des emplois d'été. Il exercera ainsi toutes sortes de métiers : il travaillera par exemple au poste de péage du pont Jacques-Cartier ; il sera employé plusieurs mois dans une manufacture de vêtements ; une autre année, un entrepreneur en construction l'engagera pour réparer des toitures dans le quartier chinois de Montréal ; à plusieurs reprises il sera commis dans une banque.

Outre l'éducation qu'il a reçue dans son milieu familial, on peut certainement attribuer à l'expérience acquise pendant ces différents emplois, son austérité, sa simplicité et son rejet de tout ce qui est superflu ou extravagant. Tout en sachant apprécier les bonnes choses de l'existence, il sait que l'argent ne pousse pas dans les arbres, ce qui explique qu'il gardera toute sa vie un sens de l'économie qui surprendra régulièrement son entourage. C'est ainsi que devenu premier ministre, il conservera instinctivement l'habitude d'éteindre la lumière en quittant sa chambre ou son bureau.

Encore très jeune, il milite activement avec les jeunes libéraux ; il est d'ailleurs devenu membre du Parti libéral dès 1950, à 17 ans, alors qu'il était encore au collège Brébeuf, la même année que Georges-Émile Lapalme était élu à l'unanimité chef du Parti libéral du Québec en proposant aux congressistes de travailler à réaliser la justice sociale dans la province. Cet objectif de Lapalme correspondait parfaitement à une préoccupation constante du jeune Bourassa, qu'il a d'ailleurs fréquemment évoquée toute sa vie aussi bien dans ses écrits que dans ses discours.

Politiquement, Robert Bourassa n'hésite pas, très tôt, à payer de sa personne. Il aimait à rappeler qu'à l'élection provinciale de 1952, il s'était porté volontaire pour faire des discours à l'appui des libéraux provinciaux dans le comté de Berthier. Encore au collège Brébeuf, il n'avait que 19 ans et n'était pas en âge (à cette époque) de voter.

Mieux encore : il participe, lors de l'élection de 1956, à une assemblée contradictoire à Sainte-Scholastique, dans le comté de Deux-Montagnes, contre le député unioniste sortant Paul Sauvé, qui devait devenir trois ans plus tard premier ministre. Comme le candidat libéral Aimé Legault ne pouvait pas parler à cause d'un terrible mal de gorge, on demande au jeune Robert de le remplacer. Un jeune représentant du Parti social-démocrate tenait aussi à prendre la parole. Paul Sauvé a alors un bref conciliabule avec Robert Bourassa et comme, officiellement, le débat devait se faire entre les deux grands partis, ils conviennent que le représentant du Parti social-démocrate ne parlerait pas.

Or, ce jeune socialiste, c'est Pierre Elliott Trudeau. Fort mécontent, il publie le lendemain un reportage sur cet événement dans *Le Devoir*, sans toutefois s'identifier. On saura par la suite que c'était lui qui avait fait parvenir cet article au *Devoir*. Il s'en prenait évidemment aux arguments que Sauvé et Bourassa avaient invoqués pour l'empêcher de prendre la parole. C'est le premier affrontement entre Bourassa et Trudeau mais, comme l'on sait, non le dernier.

Toute cette activité n'empêche pas Robert Bourassa de faire des études couronnées régulièrement de succès. Toujours en tête de sa classe, ses études de droit sont tellement brillantes qu'à la fin de la dernière année il reçoit la Médaille du Gouverneur général. Il est admis au Barreau de la Province de Québec l'année suivante, en 1957. Son goût pour la politique et son désir de maîtriser les questions financières et fiscales, l'incitent à poursuivre ses études dans ces domaines. Il obtient une bourse de 5 000 $ de la Société royale du Canada et une subvention de la Fondation MacKenzie King qui lui permettront d'aller approfondir ses connaissances à Oxford.

Il y étudiera deux ans, de 1957 à 1959, et y obtiendra une maîtrise ès arts en économie politique. Il y retrouvera des Québécois comme Jacques Prémont, futur directeur de la Bibliothèque de l'Assemblée nationale, Jean-Paul Baillargeon, futur statisticien reconnu, Andrée Lajoie, qui fera une belle carrière de juriste, Jacques Robichaud, Guy Saint-Germain et plusieurs autres.

Désireux de garder le contact avec la réalité politique ambiante, fasciné par le leader socialiste Aneurin Bevan qui se déchaîne à l'époque contre les armements nucléaires, il prend sa carte du Parti travailliste dont les objectifs et le programme correspondent à ses préoccupations en matière de justice sociale. Il suit également avec un vif intérêt la situation politique en France et la fin du drame algérien, ceci grâce à la radio française, qu'il peut capter le soir, dans sa chambre à Oxford.

À cette époque, Robert Bourassa prend aussi une décision importante sur le plan personnel : il décide de revenir au Québec quelques semaines au cours de l'été 1958 pour se marier. Pendant ses études de droit, à l'Association générale des étudiants de l'Université de Montréal il avait rencontré Andrée Simard, étudiante en pédagogie familiale.

La cérémonie a lieu le 23 août 1958 en l'église Saint-Pierre de Sorel et la réception, à laquelle ont été conviées plusieurs centaines de personnes, se déroule au bord du fleuve, dans la magnifique propriété des parents de la mariée, Édouard Simard et Orise Brunelle. Édouard et ses deux frères, Joseph et Ludger, dirigeaient à l'époque un vaste empire industriel bâti grâce à la gestion remarquable de leurs chantiers navals de Sorel.

Après son mariage, Robert Bourassa retourne à Oxford et termine ses études commencées l'année précédente. Andrée et lui vivent dans un appartement situé Victoria Road. Ils se promènent souvent le long de la Tamise et dans les vieilles rues pleines de charme de la ville historique. Puis, après l'obtention de sa maîtrise, c'est le retour au Québec en 1959.

Ayant obtenu une bourse de la Fondation Ford, Robert Bourassa s'inscrit ensuite à l'Université Harvard pour poursuivre des études en finances publiques et en droit des compagnies. Le couple habite à Cambridge, près de l'université. Il obtient sa maîtrise au printemps 1960. Il a 27 ans.

Le Québec est alors en pleine ébullition. Le Parti libéral, dirigé avec brio depuis mai 1958 par Jean Lesage, défait le 22 juin 1960 l'Union nationale, dont Antonio Barrette n'était le chef que depuis cinq mois. Les libéraux remportent 51 des 95 sièges à pourvoir.

Robert Bourassa est vivement intéressé par la situation au Québec. Cependant c'est d'Ottawa que viennent des offres d'emploi. Il entre au ministère fédéral du Revenu comme conseiller fiscal et enseigne, à partir de 1961, les finances publiques à l'Université d'Ottawa.

Ses fonctions au ministère et à l'université lui font rencontrer beaucoup de monde. Il assiste régulièrement à la période des questions à la Chambre des communes où il constate le manque de sensibilité du gouvernement Diefenbaker à l'égard de la situation particulière du Québec; il est impressionné par la vigueur avec laquelle l'opposition libérale monte à l'assaut du gouvernement, notamment les Lester Pearson, Jack Pickersgill, Lionel Chevrier et Paul Martin père. L'opposition libérale réussira à faire tomber le gouvernement Diefenbaker en février 1963.

L'avocat et économiste Carl Goldenberg, qui avait eu l'occasion d'apprécier le sérieux et la compétence de Robert Bourassa dans le traitement de plusieurs dossiers, le recommande au premier ministre Jean Lesage lorsque ce dernier lui fait part de sa décision de créer une Commission royale d'enquête sur la fiscalité et d'en confier la présidence à Marcel Bélanger, comptable et fiscaliste de grande réputation. Cette commission devait faire enquête et proposer des recommandations sur les sources de revenus du gouvernement du Québec, des municipalités et des commissions scolaires.

De son côté, Marcel Bélanger, qui avait recruté Robert Bourassa au ministère du Revenu à Ottawa, l'engage sur-le-champ. En 1963 il devient le secrétaire et le directeur des recherches de la Commission Bélanger, laquelle comprenait également Carl Goldenberg et Charles Perrault, ingénieur et homme d'affaires de Saint-Hyacinthe.

Robert Bourassa, qui venait de vivre plusieurs années en dehors du Canada, a souvent signalé comment cette fonction lui avait permis de reprendre contact à Québec avec la plupart des artisans de la Révolution tranquille. La Commission Bélanger fait le tour du Québec en tenant des audiences dans chaque région. Ce périple permet à Robert Bourassa de prendre réellement conscience des problèmes financiers de la population. Il retrouve un peu partout des gens qu'il avait rencontrés alors qu'il militait dans les jeunes libéraux.

Finalement, le rapport de la Commission Bélanger est remis officiellement à Jean Lesage le 30 décembre 1965. Le document, qui compte trois volumes et 160 recommandations, propose une réforme complète de la fiscalité du Québec. Le premier ministre comptait beaucoup sur cette étude, mais savait qu'il lui faudrait beaucoup d'argent pour terminer les réformes mises en œuvre par son gouvernement. De bonne humeur, il déclare aux commissaires : « Vous me recommandez sans doute d'augmenter les revenus du gouvernement sans augmenter les taxes ? » Ce à quoi Marcel Bélanger réplique : « Sans que ça fasse mal, peut-être. »

Reconnaissant que le Québec fait déjà une utilisation plus intense de ses propres ressources fiscales que les autres provinces, les commissaires signalent que les voies nouvelles d'imposition à sa portée sont restreintes. Ils indiquent tout de même trois moyens d'accroître les revenus :

- un nouvel aménagement de toute la fiscalité pour augmenter le rendement des impôts sans alourdir le fardeau des contribuables et en s'assurant que le fisc aille chercher tout son dû ;
- un nouveau partage des impôts que le gouvernement fédéral et le Québec lèvent concurremment afin que le Québec retire davantage de ce partage ;
- une augmentation des taxes et des impôts dans les domaines où la concurrence joue le moins, c'est-à-dire en évitant que ces

prélèvements ne soient trop élevés par rapport à ceux des provinces voisines.

Ces trois objectifs fondamentaux, on le verra par la suite, vont fonder la politique fiscale de Bourassa au cours de ses années au pouvoir.

Les prévisions budgétaires 1965-1966, si elles ne comportent pas d'augmentations de taxes — les élections approchent — indiquent toutefois des dépenses qui doivent dépasser deux milliards de dollars. Le gouvernement va avoir besoin d'argent, notamment pour l'éducation et la santé.

Un an avant l'inauguration de l'Exposition universelle de Montréal et après presque quatre ans de pouvoir, n'est-il pas temps, se demande Jean Lesage de retourner devant l'électorat?

Le premier ministre sonde Robert Bourassa sur sa disponibilité comme candidat. Ce dernier souhaitait depuis longtemps faire de la politique active. Il est enchanté de venir travailler aux côtés du père de la Révolution tranquille et chef de «l'équipe du tonnerre», lequel lui a régulièrement manifesté estime et sympathie. Encore faut-il régler une question qui a son importance en ce début d'année 1966: dans quelle circonscription Robert Bourassa va-t-il se présenter?

CHAPITRE 2

Député de Mercier

Lors de la création de la ville de Laval en août 1965, il fallait nommer un juge municipal, comme le prévoyait la loi. Ce poste est convoité par Jean-Baptiste Crépeau, député de la circonscription provinciale de Montréal-Mercier. Crépeau est un homme sympathique, qui ne manquait pas d'amis et la ministre Marie-Claire Kirkland, le député Harry Blank, le maire par intérim de la nouvelle ville Jean-Noël Lavoie et plusieurs autres étaient en faveur de sa nomination.

Par contre, Claude Wagner, le ministre de la Justice, ne bénéficiait pas d'autant de sympathie. Le premier ministre attend donc que Claude Wagner parte en vacances, se désigne ministre intérimaire de la Justice et… nomme Jean-Baptiste Crépeau juge de la cour municipale de Laval, libérant du coup le comté de Mercier. Pendant ce temps, Robert Bourassa fait la manchette des journaux, entre autres, en remettant officiellement au premier ministre Jean Lesage, le rapport de la Commission Bélanger en décembre 1965.

Le jeune fiscaliste vient d'être engagé par le ministère fédéral des Finances comme conseiller spécial sur les questions économiques et fiscales. Il a déjà vécu de 1960 à 1963 à Ottawa, la capitale fédérale n'est pas une ville désagréable, mais on y est tellement loin de Québec, où il y a tant de choses à faire.

Or, la maison natale de Robert Bourassa se trouve justement en plein cœur du nouveau comté de Mercier. Ses années de jeunesse avaient eu pour cadre le Plateau Mont-Royal et, plus précisément, le quartier situé au carrefour du boulevard Saint-Joseph et de la rue

Parthenais. Il connaît donc et aime les gens simples et honnêtes de ce quartier.

Ce comté a été modifié lors de la refonte de la carte électorale de 1965 qui a fait passer de 95 à 108 le nombre des circonscriptions du Québec. Le nouveau comté de Mercier comprend des parties des comtés de Montréal-Mercier et de Montréal-Saint-Louis.

Historiquement, le comté de Montréal-Mercier existe en tant que tel depuis 1922. Il compte une grande majorité d'électeurs francophones, mais il n'est pas sans risque pour Robert Bourassa. Certes, le libéral Jean-Baptiste Crépeau y a été élu en 1962, mais c'est lors de la vague libérale créée en bonne partie par le projet de nationalisation de l'électricité. Cependant les quatre élections précédentes ont été gagnées par le même candidat de l'Union nationale, Gérard Thibault, maître fourreur de son métier, grand promoteur d'organisations sportives dans l'est de Montréal et cofondateur de la Ligue de base-ball royal junior.

Il y a d'autres comtés intéressants pour un passionné de politique comme Robert Bourassa. C'est le cas, par exemple, du nouveau comté de Saint-Laurent, également créé lors de la refonte de la carte électorale en 1965 par regroupement de parties des circonscriptions de Laval et de Jacques-Cartier. Cependant, dans leur majorité, les électeurs de ce nouveau comté sont loin d'être francophones.

Le nouveau comté d'Outremont, créé par cette même refonte de 1965 avec des parties de Montréal-Outremont et de Westmount-Saint-Georges, retient aussi son attention. Georges-Émile Lapalme, quelque peu désillusionné, avait démissionné comme ministre des Affaires culturelles en septembre 1964 et clairement laissé entendre qu'il ne se représentait pas dans Outremont dont il était l'élu depuis 1953. Mais le fougueux président de la Commission politique du parti, l'avocat Jérôme Choquette, associé dans le cabinet du puissant Claude Ducharme, grand ami de Jean Lesage, convoitait le comté.

Le jeune Robert Bourassa a de l'admiration et du respect pour René Lévesque, que Jean Lesage, d'ailleurs, consulte quant à la possibilité de faire accéder le jeune fiscaliste à la politique active. Lévesque, qui connaît Bourassa depuis 1963, réagit positivement car il est impressionné par ses idées de centre gauche et par l'aisance dont le jeune fiscaliste fait preuve dans les domaines économique et financier. Bourassa et Lévesque, tous deux membres de la commission politique du parti, ont des conversations quant au choix du comté. Lévesque fait d'ailleurs preuve d'une certaine candeur, dont Bourassa s'est toujours souvenu, en lui signalant tout simplement que, s'il voulait devenir un jour chef du parti, il valait mieux que sa base politique soit à majorité francophone, comme dans Mercier.

Peu importe le choix du comté. Le premier ministre veut surtout pouvoir compter sur les qualifications de Robert Bourassa dans le gouvernement qu'il espère bien former après la prochaine élection générale.

Robert Bourassa choisit finalement le comté de Mercier, et c'est Léo Pearson, un technicien en électronique, qui défend les couleurs libérales dans Saint-Laurent, avec succès évidemment, à l'élection de juin 1966, tandis que Jérôme Choquette se présente effectivement dans Outremont.

Sans faire de l'histoire apocryphe, on peut dire que cette décision est lourde de conséquences : si Robert Bourassa était devenu par exemple député de Saint-Laurent, un « comté sûr », Laporte et Wagner n'auraient-ils pas été tentés de faire valoir pendant la campagne au leadership du parti en 1969 que la base politique de Bourassa était largement anglophone ? Serait-il resté chef du parti et chef de l'opposition après la défaite de 1976 ? Claude Ryan aurait-il quitté la direction du *Devoir* pour prendre la direction du parti ? Les libéraux auraient-ils perdu l'élection de 1981 sous la direction d'un homme politique avisé comme Robert Bourassa ? Autant de questions que l'on peut valablement se poser, et auxquelles on n'aura jamais de réponses.

La tenue de l'élection générale est décidée lors d'une réunion de Jean Lesage avec ses principaux ministres au début d'avril, pendant les vacances de Pâques, à Miami. L'humeur générale est à l'optimisme, d'autant plus que les participants à cette réunion sont informés des résultats d'un sondage selon lequel les libéraux peuvent remporter 85 circonscriptions sur 108. Le 18 avril, quelques jours après son retour à Québec, un Jean Lesage encore bronzé annonce, sûr de lui, que l'élection générale se tiendra le dimanche 5 juin. C'est la première fois que l'on tient une élection un jour férié au Québec. Les conseillers du premier ministre veulent suivre l'exemple de plusieurs pays européens, comme la France, l'Allemagne et l'Italie.

Robert Bourassa, lui, tiendra toujours ses élections le lundi. Il estime qu'en moyenne 1 500 personnes par comté n'iront pas voter si l'élection se tient un jour férié plutôt qu'un jour ouvrable : pour l'ensemble du Québec, cela représente une différence de 150 000 à 200 000 électeurs. Selon lui, Jean Lesage aurait gardé le pouvoir si l'élection du 5 juin n'avait pas eu lieu un dimanche.

Les résultats sont très serrés : l'Union nationale remporte 56 comtés, les libéraux 50 et 2 comtés vont au libéral indépendant et à l'indépendant tout court. Or, cinq comtés remportés par l'Union nationale ont obtenu une majorité de 104 voix ou même plus faible… d'où la conviction de Robert Bourassa que, si l'élection de 1966 s'était tenue un jour ouvrable, les résultats auraient été inversés : 55 sièges aux libéraux et 51 à l'UN.

Nommé par acclamation à l'assemblée d'investiture, Robert Bourassa forme rapidement son comité électoral et commence immédiatement à arpenter les rues, à monter les centaines d'escaliers extérieurs qui ornent les duplex et les triplex du comté. L'Union nationale lui oppose une personnalité du Plateau Mont-Royal, Conrad Touchette, homme d'affaires avantageusement connu dans l'est de Montréal.

La lutte est âpre. Heureusement pour Bourassa, la région de Montréal a connu un développement exceptionnel et un taux d'emploi élevé grâce aux immenses travaux réalisés pour l'Exposition universelle, sur son site même ou ailleurs, dans la ville (métro, autoroutes, pont-tunnel Louis-Hippolyte-La Fontaine, etc.) Mais le climat est tendu. Jean Lesage fait des déclarations malheureuses et a du mal à défendre à travers le Québec les nombreuses réformes de la Révolution tranquille, notamment dans les domaines de l'éducation, de la fiscalité et des fonctions publique et parapublique. Les syndicats, entre autres, lui donnent du fil à retordre.

Du côté de l'Union nationale, le climat est à l'optimisme. En fait, la machine électorale unioniste, dirigée par André Lagarde, proche de Daniel Johnson père, est gonflée à bloc. Sur le plan électoral, la répétition générale a eu lieu : en effet, l'Union nationale s'est fait les dents six mois plus tôt, le 7 novembre 1965, lors de l'élection tenue à l'échelle de toute l'île Jésus, c'est-à-dire dans la nouvelle ville de Laval. L'Union nationale avait alors réussi, après une campagne féroce dirigée par André Lagarde, à battre Jean-Noël Lavoie, personnalité vigoureuse et artisan du regroupement des municipalités de l'île, devenue Laval, la deuxième ville du Québec à l'époque.

De plus, la campagne électorale est marquée par des attentats à la bombe. Le réseau du Front de libération du Québec (FLQ), dirigé par les activistes Pierre Vallières et Charles Gagnon, fait exploser des bombes à l'usine de chaussures Lagrenade, rue Rachel à Montréal (une femme y est tuée), à l'usine de la Dominion Textile à Drummondville, ainsi qu'au centre Paul-Sauvé à Montréal lors d'une grande assemblée libérale tenue l'avant-veille de l'élection. Là, des bâtons de dynamite explosent dans les toilettes alors que René Lévesque s'adresse à plusieurs milliers de militants libéraux.

L'Union nationale est bien décidée à reprendre le comté de Mercier que Daniel Johnson et ses organisateurs considèrent comme acquis, l'élection de Jean-Baptiste Crépeau en 1962 n'étant à leurs yeux qu'un incident de parcours. Pour eux, Mercier, c'est bleu, et Touchette, qui est populaire, ne va faire qu'une bouchée du jeune Bourassa.

Le 5 juin arrive. C'est une journée magnifique. Robert Bourassa l'emporte, mais de justesse, avec 518 voix de majorité et 44,3 % des voix ; les unionistes récoltent 42,3 % des bulletins tandis qu'un nouveau parti, le Rassemblement pour l'indépendance nationale (RIN), obtient un appui représentant 11,5 % des votes exprimés. On notera que, lors de cette élection générale qui se tenait dans 108 circonscriptions pour la première fois, le RIN, dirigé par l'orateur enflammé qu'est Pierre Bourgault, obtient, à l'échelle du Québec, 9 % des votes, mais ne réussit à faire élire aucun de ses 72 candidats.

L'Union nationale, par contre, fait élire 56 députés, tandis que le Parti libéral du Québec se retrouve avec 50 sièges. En termes de pourcentage, l'Union nationale n'a remporté que 41,2 % du vote populaire contre 47 % pour les libéraux.

Robert Bourassa devient donc, dans un parti défait, critique financier de l'opposition, rôle principalement joué, jusqu'à l'élection, par l'ancien président de la Bourse de Montréal, le ministre Éric Kierans. Mais ce dernier a commis quelques incartades qui ont embarrassé Jean Lesage, comme d'écrire officiellement et directement au gouvernement américain, de son bureau de ministre du Revenu du Québec, à propos de directives de Washington dans le domaine de la fiscalité transnationale. Ou de proposer dans un discours à Sherbrooke que SIDBEC devienne une société d'État, alors que Lesage souhaitait que cette entreprise reste largement entre les mains du secteur privé.

Bourassa, intuitif, prudent et bien informé, a toute la confiance de Jean Lesage, qui se remet difficilement de la défaite. Il apprécie l'appui moral indéfectible du jeune député de Mercier, d'autant que les tensions à l'intérieur du caucus sont considérables. L'apprentissage de l'opposition, la définition des rôles que le caucus des députés et le Parti libéral auront à jouer pendant les quatre prochaines années, le contrôle du financement du parti, le dossier constitutionnel, tous ces éléments font l'objet de vives discussions.

Des clans se forment : Québec contre Montréal, ruraux contre urbains, gauche contre droite, fidèles de Jean Lesage contre partisans de René Lévesque, etc. Deux grandes tendances se dessinent : réformistes contre conservateurs, ce qui fait de l'excellente copie pour les éditorialistes, analystes et autres commentateurs.

René Lévesque, lui, constitue un véritable brûlot idéologique au sein du parti et du caucus. Le jeune député de Mercier éprouve pour lui admiration, respect, sympathie et même de la reconnaissance, car, rappelons-le, c'est Lévesque qui a insisté pour que Bourassa devienne membre de la puissante commission politique du parti.

Robert Bourassa est issu de la classe moyenne québécoise. Très sensible à la recherche de la justice sociale, il est toutefois conscient des dangers qui guettent le parti. Il appréhende l'affrontement dont les signes avant-coureurs sont évidents. Au caucus, il fait valoir une démarche basée sur la modération, le dialogue et la recherche du compromis.

Ayant du temps à sa disposition, il en profite pour donner des cours de finances publiques à l'Université de Montréal. Alors que bien des hommes politiques sont quelque peu effarouchés lorsqu'il s'agit de rencontrer des jeunes, Robert Bourassa considère au contraire que ses étudiants lui fournissent, parfois certes avec vigueur et spontanéité, une information immédiate et précieuse sur les différents courants de l'opinion au Québec. Et un homme politique bien informé a bien des chances d'être également un homme politique efficace.

C'est à cette époque qu'il commence à prononcer régulièrement des conférences. Elles portent toutes sur un seul thème : le développement économique du Québec et ses exigences, ses conditions de succès et les objectifs à poursuivre pour le réaliser. Il s'est aperçu que ce thème passionne les gens alors que, dans la classe politique, peu sont à l'aise pour en parler d'une façon compétente. Ce créneau est disponible, il l'occupe pleinement et il est en demande.

Cependant, dans le camp des vaincus du 5 juin, beaucoup ne prennent pas la défaite avec la même équanimité que lui. Commence alors une série de rencontres, réunions et autres séances de défoulement dont la première se tient à l'instigation, croit-on, de René Lévesque à la résidence de Philippe Brais, libéral notoire, sur les bords du lac Memphrémagog. Par la suite, on se réunit constamment tout l'été : chez Paul Gérin-Lajoie, chez Marie-Claire Kirkland, au Club de Réforme, au Club Saint-Denis.

Robert Bourassa se joint peu à peu à ces rencontres. Totalement loyal à Jean Lesage, il est, sur bien des points, plus à l'aise avec ces contestataires qu'avec l'aile conservatrice du caucus et du parti, surtout en ce qui concerne la réforme du financement des partis politiques ou l'élaboration et l'application de mesures sociales réalistes.

Le congrès de novembre 1966 approche et les positions des deux camps se cristallisent : Bourassa assiste à la constitution d'une équipe réformiste avec l'ex-ministre de la Santé et député de Notre-Dame-de-Grâce Eric Kierans comme candidat à la présidence du parti, l'avocat Marc Brière au poste de secrétaire et l'avocat Philippe Casgrain, mari de l'ex-ministre Marie-Claire Kirkland, à celui de trésorier.

À cette équipe, les éléments traditionalistes du parti vont opposer pour la présidence le notaire Jean Tétrault, et pour le poste de secrétaire, l'ex-ministre de la Voirie et député de Drummondville, Bernard Pinard. Le trésorier en place, Jean Morin, cherchera à conserver son poste, face à la candidature de Philippe Casgrain.

Pour les deux clans, l'enjeu est officiellement celui du financement des partis politiques et, plus prosaïquement, le contrôle de la caisse du Parti libéral. Les premières escarmouches ont lieu à la fin septembre à l'occasion du congrès des jeunes libéraux à Drummondville, dans le comté de Bernard Pinard.

Bourassa écoute, amusé mais aussi un peu inquiet, de belles prises de bec entre, d'une part, Paul Gérin-Lajoie qui parle du renouvellement du parti, François Aquin qui propose la lutte pour la libération du Québec, et, d'autre part, le député des Îles-de-la-Madeleine, Louis-Philippe Lacroix, qui signale que les élections ne se gagnent pas avec des prières, le député de Matane, Jean Bienvenue, qui parle de discipline et de respect de l'autorité à son jeune auditoire, et l'ex-secrétaire de la Province, Bona Arsenault, selon qui des gens de Montréal cherchent à faire du chef du parti leur «prisonnier politique».

Le 18 novembre, date du congrès qui va se tenir à Montréal, approche rapidement. Kierans propose une réforme en trois points: création d'un Comité directeur de sept membres dont Jean Lesage ferait partie, établissement d'un Comité des finances de trois membres pour gérer les avoirs du parti, et obligation pour le trésorier du parti de rendre publiques à chaque congrès annuel l'origine des revenus et la nature des dépenses. De son côté, René Lévesque fait passer par l'exécutif de son comté une résolution inspirée des recommandations du rapport Barbeau commandé par le gouvernement fédéral: cette résolution du comté de Laurier réclame l'accroissement du financement par l'État des dépenses des partis reconnus, un véritable accès de ces partis aux ondes de la radio et de la télévision, et l'obligation de révéler chaque année leurs revenus et leurs dépenses.

L'aile traditionnelle du parti rue littéralement dans les brancards devant de telles exigences, notamment celle concernant l'obligation de révéler l'origine des revenus du parti. Elle dénonce l'angélisme des réformistes. On s'achemine de plus en plus vers une impasse.

À la demande du clan réformiste, Robert Bourassa tente alors, une semaine avant le congrès, une opération de conciliation. Au cours d'une longue réunion qui se prolonge tard dans la nuit, Bourassa réussit à faire accepter par le chef du parti la constitution d'un Comité directeur et d'un Comité des finances, mais Lesage demeure intraitable quant au rapport annuel du trésorier : il y aura publication d'un rapport financier annuel, certes, mais seules les dépenses seront rendues publiques. Le député de Mercier venait de jouer pour la première fois un rôle de médiateur, rôle qu'il allait être amené à assumer fréquemment au cours des mois à venir.

Le congrès se tient dans un climat houleux. Le président sortant, le docteur Irénée Lapierre, fait des déclarations malencontreuses dans lesquelles il met en doute la loyauté de Kierans envers Lesage et l'utilité de René Lévesque pour le parti. Le jeune député de Mercier s'applique surtout à calmer René Lévesque en lui rappelant constamment que la création du Comité directeur et du Comité des finances constitue un progrès par rapport à la situation antérieure, même si Lesage a finalement obtenu de nommer lui-même les trois membres du Comité des finances. En définitive, Kierans devient président du parti en battant Tétreault par 768 voix contre 742, Pinard défait Brière par 867 voix contre 430 au poste de secrétaire tandis que Jean Morin garde son poste de trésorier en triomphant tout aussi facilement de Casgrain. Donc un réformiste et deux traditionalistes à l'exécutif du parti, et un chef qui n'a pas perdu trop de plumes.

Bourassa est satisfait de ce compromis, et le fait savoir. Il a pris de l'expérience, connaît mieux maintenant les profils des différents intervenants et s'est surtout rendu compte par lui-même des divergences presque inconciliables au sein du caucus et du parti. Il sait maintenant qu'il y a un risque réel d'éclatement du parti et, à court ou à moyen terme, il devra faire un choix.

L'année 1967 est cruciale pour lui, une année de réflexion intense qui débouche finalement sur une prise de position politique fondamentale. Au cours de ses études au Québec et à l'étranger, ainsi que des observations qu'il avait pu faire pendant qu'il était à Ottawa, il a dégagé un certain nombre de conclusions.

Bourassa se définit tout d'abord comme Québécois. Le fédéralisme canadien est une formule valable à condition d'être améliorée en s'inspirant du modèle européen proposé par Jean Monnet. Par ailleurs, cette amélioration ne peut se produire que s'il existe un État québécois fort. Le développement économique est la base fondamentale de cette vigueur et, en fait, de tous les progrès et sa responsabilité relève d'un secteur privé dynamique pouvant toutefois bénéficier d'incitations ponctuelles en provenance de l'État. Il appartient de plus à l'État de réduire les inégalités en installant un filet de mesures sociales appropriées. Ainsi équipé idéologiquement, Bourassa est prêt à dialoguer à la fois avec les progressistes et les nationalistes de son parti au cours de cette fatidique année 1967.

C'est ainsi qu'au début d'avril 1967, au Cuttle's Tremblant Club dans les Laurentides, il participe à une rencontre privée qui se voulait au départ discrète, mais qui fera finalement l'objet d'une grande publicité. Eric Kierans, le nouveau président du parti, l'avait organisée. Elle regroupait une vingtaine de députés et libéraux influents. Kierans, selon ce qu'il a déclaré par la suite, aurait oublié d'informer Jean Lesage de la tenue de cette rencontre !

Avec Paul-Gérin Lajoie et le nouveau député d'Ahuntsic Jean-Paul Lefebvre, Bourassa participe à la rédaction d'un exposé sur un éventuel statut spécial du Québec au sein du Canada. Les ultranationalistes rejettent de telles propositions du revers de la main pour ensuite accueillir avec enthousiasme la description que fait René Lévesque de ce que pourrait être un projet de souveraineté-association. Toujours animé par l'esprit de compromis — car, quelle est l'alternative ? —, Bourassa déclare ne pas se formaliser du topo de Lévesque et affirme à qui veut l'entendre que le député de Laurier a toujours sa place dans le Parti libéral. Les réactions dans le parti sont cependant extrêmement vives et le 22 avril Jean Lesage fulmine contre ceux qui veulent aller plus loin que le statut particulier.

Effectivement, les choses ne seront plus jamais les mêmes après cette réunion du Mont-Tremblant. Robert Bourassa déploie néanmoins des prodiges de diplomatie pour ne couper les ponts avec personne, d'autant plus qu'il est président de la Commission politique du parti. La raison en est simple : s'il y a effervescence quelque part, il veut savoir qui en sont les auteurs et quelle est la portée du phénomène.

Par exemple, l'un des membres les plus en vue de la Commission politique, Marc Brière, rédige des « Réflexions sur le rôle de la Commission politique du Parti libéral et sur le libéralisme » et en remet un exemplaire à Bourassa. Ce dernier, dans une démarche quelque peu homéopathique, dépose le pamphlet, peu flatteur pour le parti, à la réunion suivante de la Commission politique. Toujours avec l'accord de Brière, il en remet des copies aux députés membres du caucus. Pierre Laporte exige la démission de Brière de la Commission, mais ne l'obtient pas, résultat des démarches feutrées de Bourassa.

D'ailleurs, les discussions avec les insatisfaits se transportent alors peu à peu dans le sous-sol de la maison qu'occupe le couple Bourassa, au 109 de l'avenue Britanny, à Ville Mont-Royal. C'est plus discret et, de toute façon, les contestataires sont de moins en moins nombreux depuis la réunion du Mont-Tremblant.

CHAPITRE 3

Un choix fondamental

L'été de 1967 est une période de réjouissances. L'Exposition universelle de Montréal s'ouvre le 27 avril. Les dignitaires du monde entier viennent à Montréal inaugurer les pavillons de leurs pays respectifs ou rehausser de leur présence toutes sortes d'activités. Les pavillons rivalisent entre eux en offrant des spectacles exceptionnels et le meilleur de la gastronomie de leur pays. Le Québec y a un pavillon remarquable, conçu par des créateurs d'une grande originalité.

Bourassa ne se laisse pas trop distraire par toute cette atmosphère de fête. Il remet un texte substantiel au *Devoir*, qui le publiera le 30 juin. On y trouve décrites les demandes qui vont marquer les relations entre Québec et Ottawa pendant toute une génération.

Le titre de l'article est: «Revendications du Québec et problème du partage des ressources fiscales». Dès le début de l'article, Bourassa annonce clairement ses couleurs.

> Il n'est pas besoin d'être prophète, pour prévoir que, parmi les options qui s'offrent à lui, le Québec choisira un statut particulier, conforme à ses traits caractéristiques propres, à l'intérieur d'une fédération canadienne renouvelée. Le Québec a déjà fait, d'ailleurs, quelques pas dans cette voie depuis qu'il a choisi de lever et de percevoir ses propres impôts, de se retirer de plusieurs programmes fédéraux-provinciaux moyennant l'équivalence fiscale et de faire de la fiscalité un instrument de la politique économique et sociale. D'ailleurs tous les partis politiques du Québec s'accordent pour pousser plus loin l'affirmation d'un État

dont les besoins primordiaux ne peuvent attendre indéfiniment d'être satisfaits au nom de l'uniformité que propose le gouvernement central aux dix gouvernements provinciaux.

Il passe ensuite en revue les possibilités qu'offrent pour le Québec les trois grands types d'impôt, soit l'impôt sur le revenu des particuliers (dont le fédéral pourrait ne garder que 20 ou 25 %), l'impôt sur les bénéfices des sociétés (dont il réclame pour le Québec une part beaucoup plus élevée) et les impositions indirectes (le Québec pourrait exiger la remise des taxes que le gouvernement fédéral perçoit sur des biens de consommation comme les boissons alcooliques, les tabacs et certains articles de luxe). Ainsi conclut-il :

> L'apport des revenus nouveaux résulterait moins d'un alourdissement du fardeau fiscal des contribuables que d'une répartition plus équitable des contributions et de l'assiette fiscale entre les deux ordres de gouvernement selon les exigences de leur compétence respective. [...] Mais le Québec réclame plus que de l'argent, soit le pouvoir d'orienter son avenir. Des ressources financières accrues signifieraient trop peu pour lui, sans les moyens de modifier sa fiscalité en fonction de sa situation socio-économique.

À Québec et Ottawa, le monde politique a décidé de faire une pause. En cette année 1967 la Confédération canadienne fête son centième anniversaire.

Mais au beau milieu de l'été, le 23 juillet, le général Charles de Gaulle arrive à Québec sur le croiseur Colbert, et le lendemain à Montréal par le chemin du Roy. Du balcon de l'hôtel de ville de Montréal, il lance son « Vive le Québec libre ! » devant une foule en délire, alors qu'à l'intérieur les dignitaires invités par le maire Jean Drapeau n'en croient pas leurs oreilles. Dans un coin de la terrasse, à l'arrière, on a placé un moniteur de télévision autour duquel se pressent Robert Bourassa, René Lévesque, Yves Michaud, François Aquin et Claude Ryan.

Selon Bourassa, comme il le signalera à ses proches collaborateurs, la première réaction sur la terrasse en est une de stupéfaction. « Il l'a dit ! Il l'a dit ! » déclare Bourassa à plusieurs reprises et René Lévesque affirme que «le général est allé un peu trop loin. Ça va accélérer beaucoup de choses, mais quand même il a eu un mot de trop.» Bourassa indiquera également par la suite que Lévesque avait trouvé exagéré le passage où de Gaulle avait lancé à la foule qu'il se trouvait dans une atmosphère du même genre que celle de la Libération. Yves Michaud, un peu effaré, lance autour de lui : «Ça va barder en c...!» Claude Ryan déclare à Bourassa qu'il y a des limites à ne pas dépasser dans le savoir-vivre international. Quant à François Aquin, foncièrement indépendantiste, il trouve tout cela simplement merveilleux.

Quatre jours plus tard Jean Lesage tient à Québec un caucus fort houleux de ses députés. La plupart désapprouvent l'incartade du général, veulent que cela se sache et tiennent à rendre le premier ministre Daniel Johnson responsable de toute l'affaire. L'ambiance est particulièrement tendue, car François Aquin a annoncé son intention de quitter le Parti libéral après la réunion. Aquin est une personnalité en vue du Parti libéral : avant d'être élu député dans Dorion en 1966, il est dès 1961 président de la Fédération des jeunes libéraux du Québec, puis, en 1963, président de la Fédération libérale du Québec. Aquin professe depuis quelques mois un indépendantisme intransigeant que rejettent même les réformistes que sont Lévesque et Michaud. Quand Jean Lesage lit une déclaration selon laquelle le Parti libéral préconise un statut particulier à l'intérieur de la Confédération, Aquin remet sa démission et devient député indépendant.

La déclaration de Lesage convient au contraire plutôt bien à Bourassa, chez qui les réunions vont bon train alors qu'approche le congrès du Parti libéral fixé au 13 octobre (1967) à Québec. Il sait que l'immense majorité des militants libéraux est loin d'être mûre pour la séparation, mais il n'ignore pas non plus que le concept de statut particulier n'est encore qu'une formule qu'il faudra expliciter. C'est ce à quoi s'emploie Paul Gérin-Lajoie pendant l'été, avec l'aide d'un certain Jacques-Yvan Morin, professeur de droit constitutionnel.

Cependant, le contact n'est plus qu'occasionnel entre Bourassa et Gérin-Lajoie : peu à l'aise avec l'orientation encore nébuleuse donnée aux discussions par René Lévesque et ses amis dans le sous-sol de

Bourassa, il a décidé en effet de ne plus venir aux rencontres de l'avenue Britanny.

Du côté de la Commission politique du Parti libéral, la réflexion est plutôt léthargique. André Brossard, qui en était coprésident avec Robert Bourassa, donne sa démission, accusant Jean Lesage d'exercer trop de restrictions, de contrôle et de censure. Bourassa, s'apercevant peu à peu que les réformistes qui viennent discuter dans son sous-sol hésitent, décide alors de coucher par écrit sa propre vision des choses.

C'est également une lutte de vitesse qu'il engage avec René Lévesque. Ce dernier, talonné par ses amis réformistes, s'est décidé finalement à rédiger ce qui sera en définitive le texte de son livre *Option Québec*. D'autre part, comme président de la Commission politique, Bourassa considère qu'il est de sa responsabilité de formuler des propositions concrètes pour le congrès d'octobre.

Sa réflexion débouche sur trois textes fondamentaux, dont deux sont publiés dans la revue *Maintenant* de septembre et d'octobre 1967 tandis que le troisième est en fait un discours prononcé le 27 septembre 1967 à l'hôtel Ritz-Carlton devant les membres du club Kiwanis Saint-Laurent.

Les titres de ces textes sont révélateurs de la gestation idéologique et des préoccupations politiques de Bourassa après le traumatisme de la visite de De Gaulle et devant la lente dérive de René Lévesque vers l'indépendantisme. Le texte publié en septembre s'intitule en effet « Instruments de libération » tandis que celui d'octobre a pour titre « Aspect économique d'un Québec indépendant ». Le choix de ces titres indique en fait les efforts de Bourassa pour retenir Lévesque dans le Parti libéral, conscient qu'il était alors des conséquences redoutables d'un schisme dirigé par le député de Laurier.

Ce que Bourassa appelle des « Instruments de libération », ce sont surtout les outils économiques dont les Québécois se sont déjà dotés (comme la nationalisation de l'électricité, la Caisse de dépôt, la Société québécoise d'exploitation minière), ou qu'il leur reste encore à concrétiser (notamment du côté des industries de transformation, de la recherche, de l'aménagement du territoire et du réinvestissement au

Québec de leurs propres capitaux). Dans son esprit, le vrai pouvoir est le pouvoir économique.

Tout en rédigeant ses textes, Robert Bourassa a été amené à procéder à un choix fondamental : c'est ainsi qu'il avertit finalement René Lévesque qu'après mûre réflexion, il ne le suivra pas dans un cheminement qui va l'amener inexorablement à sortir du parti.

La déception de Lévesque est grande. Il comptait en effet sur la crédibilité de Bourassa pour faciliter l'accréditation de ses thèses dans les milieux économiques et financiers. Dans *Option Québec*, qu'il va lancer bientôt (le 18 septembre), il cite Bourassa à quatre reprises pour donner plus de solidité à son argumentation.

Bourassa sent bien le désarroi dans lequel sa décision plonge un homme pour qui il a toujours eu respect et admiration. Le 27 septembre, quand il prend la parole devant le club Kiwanis Saint-Laurent, il prononce un discours dont le fond et le ton sont en fait une tentative, non de rapprochement, mais plutôt de conciliation avec Lévesque. Nous sommes alors à 15 jours du congrès libéral. *Le Devoir* du lendemain reflète bien la nature et la portée de l'opération tentée par Bourassa puisqu'il titre : « Robert Bourassa n'écarte pas l'option de Lévesque — L'indépendance dans l'association économique éviterait les effets fâcheux de la séparation ».

Pesant chaque mot, Bourassa affirme devant son auditoire d'hommes d'affaires que l'indépendance du Québec, à condition qu'elle soit assortie d'ententes monétaires, douanières et fiscales, pourrait s'avérer intéressante. Malgré sa préférence pour le fédéralisme, il ne rejette pas entièrement la formule de Lévesque en faveur de la souveraineté-association. La pierre d'achoppement, c'est la question de la monnaie.

> Il y a un problème inhérent à l'établissement de toute monnaie nouvelle qui reflète, en définitive, la situation économique d'un pays, rappelle-t-il. En pareilles circonstances, par crainte d'un contrôle des changes et compte tenu du conservatisme des milieux financiers, l'incitation serait grande chez les détenteurs de titres au Québec de les retirer du territoire soit pour les déposer à l'étranger, soit pour les y ramener une fois la stabilité politique et monétaire acquise, soit pour en réclamer le

paiement à l'échéance en dollars canadiens. [...] Il résulterait des réclamations de remboursement une forte pression qui mettrait sérieusement en péril la stabilité de notre monnaie ou réduirait ses réserves de change, et, même en l'absence de réclamations de remboursement, la simple menace que pourraient agiter les détenteurs de titres, de façon concertée ou non, nous mettrait à leur merci par le pouvoir qu'ils posséderaient de nous forcer à dévaluer notre monnaie.

Robert Bourassa n'écarte pas d'emblée l'idée d'une monnaie québécoise mais il précise :

Il paraît toutefois évident que le Québec d'aujourd'hui a intérêt à se rattacher au système monétaire canadien pourvu qu'il participe à l'élaboration de la politique de la Banque centrale.

Accepter de collaborer avec la Banque du Canada signifie pour le Québec une restriction importante à son indépendance totale. Il doit en être conscient, mais c'est le prix qu'il faut payer pour éviter les risques d'ordre économique inhérents à l'institution de sa propre monnaie.

Rappelons que cette mise en garde finit par convaincre René Lévesque qui, après bien des hésitations, propose d'adopter la monnaie canadienne dans un Québec indépendant.

Avec un très grand esprit de conciliation, Bourassa déclare en fait à Lévesque : « À la vérité, une conclusion d'ordre économique ne peut suffire ni à déclencher, ni à arrêter des mouvements d'indépendance, mais elle devrait au moins aider à faire un choix en pleine conscience. »

Dans son deuxième article, il examine plus à fond l'économie d'un Québec indépendant. Il signale la grande incertitude que comporterait cette nouvelle situation, même dans l'hypothèse de l'utilisation de la monnaie canadienne, car qui dit monnaie canadienne dit Parlement canadien. Donc les Québécois, et les Canadiens, auraient à subir toute l'effervescence causée par la sécession du Québec pour revenir finalement à une sorte de fédéralisme. Et si un Québec indépendant se dotait d'une monnaie québécoise, c'est la haute finance américaine qui deviendrait alors rapidement le véritable maître du Québec.

Par ailleurs, un Québec indépendant aura des besoins financiers considérables. Il faudra donc emprunter, mais probablement à des taux élevés du fait de la méfiance qu'éprouveront les milieux financiers aussi bien américains que canadiens-anglais à la suite d'un tel chambardement politique. Les investissements étrangers vont-ils continuer d'affluer dans un contexte fragile qui risque de nuire à la sécurité et au rendement de ces placements ? Subsiste enfin la question de la dette, qui était à l'époque au Canada d'environ seize milliards de dollars (heureuse époque !). Un Québec indépendant devra en assumer une partie, soit environ cinq milliards, ce qui ne pourrait qu'avoir de lourdes conséquences sur ses maigres réserves de change et sur le coût du service de sa dette.

On note dans ce deuxième article un durcissement dans le ton et un traitement plus rigoureux, plus sévère même, des sujets abordés. Bourassa a maintenant terminé son cheminement idéologique. Mais le contexte est certainement plus grave qu'auparavant. On se trouve à la veille du congrès. Bourassa, qui est un intuitif doublé d'un excellent observateur, appréhende l'éclatement du parti. Mais il a fait son lit, et son choix n'est pas la souveraineté-association, mais un statut particulier dont il reste à définir le contour. Lévesque a lancé son livre *Option Québec* le 18 septembre : dans les passages clés de cet ouvrage, il n'hésite pas à faire appel à des textes ou discours de Bourassa. C'est ainsi que Lévesque affirme, dans la deuxième partie de son livre intitulée « Ce pays qu'on peut faire », que « la formule la plus lapidaire et la plus exacte pour décrire l'interdépendance qui va s'imposer avec le reste du Canada est celle qui est venue tout naturellement sous la plume du député de Mercier, M. Robert Bourassa, dans un discours au club Kiwanis de Montréal : États Souverains Associés ».

Mais Lévesque a beau chercher la caution de Bourassa, celui-ci a clairement pris position contre la souveraineté-association, notamment, rappelons-le, à cause de la question monétaire qui, loin d'être de la « plomberie », est en fait, comme Bourassa le répétera si souvent par la suite, le « point d'appui de l'économie » d'un pays. À l'avant-veille de l'ouverture du congrès, Bourassa déclare dans *Le Devoir* : « La thèse de Lévesque est inapplicable ».

Les éléments du drame sont en place. Le congrès libéral s'ouvre au Château Frontenac le vendredi 13 octobre au soir. Vingt-quatre heures plus tard, Lévesque annonce qu'il démissionne et quitte la salle, suivi par quelques dizaines de partisans, dont l'un interpelle Bourassa en lui demandant de les suivre. Bourassa secoue la tête. Lévesque sortira de la salle sans lui.

Jusqu'à la dernière minute, Bourassa aura essayé d'influencer le parti et de retenir Lévesque. Il déclare dans les couloirs du Château Frontenac à qui veut l'entendre que le départ de Lévesque aura des conséquences graves et qu'il faut éviter d'en arriver à une telle extrémité. Il va voir le chef du parti pour proposer une médiation, comme il l'avait fait fréquemment par le passé, mais Jean Lesage cette fois-là réserva un accueil glacial à sa tentative.

Le 14 octobre, Paul Gérin-Lajoie présente sa proposition prônant un statut particulier pour le Québec, puis René Lévesque, lui, présente sa proposition prônant la souveraineté-association. Même si Lévesque la retire immédiatement avant d'annoncer son départ du Parti libéral, sa proposition fait tout de même l'objet d'un vote et est rejetée par une écrasante majorité : 1 217 voix contre 4. La proposition de Gérin-Lajoie est adoptée par 1 500 votes contre 7 et référée à la Commission politique du parti présidée par Robert Bourassa. Au-delà des différences et des différends qui ont marqué leurs relations, en particulier dans les dernières semaines, Bourassa n'hésitera pas à souligner avec franchise la dimension négative du départ de Lévesque. « C'est une grande perte pour le parti », déclarera-t-il au lendemain du congrès. « Ce sera un homme difficile à remplacer. » En fait, ce qui va manquer maintenant au parti, c'est une police d'assurance contre l'embourgeoisement.

De tels bouleversements sont éprouvants, en particulier pour Jean Lesage. Quelques semaines plus tard, tous les députés libéraux sont conviés à réfléchir ensemble dans le cadre d'un caucus extraordinaire. Cette rencontre de deux jours se tient pendant la fin de semaine du 13 décembre 1967 à la maison de retraite des Sœurs Grises à Châteauguay. Jean-Paul Lefebvre, élu député d'Ahuntsic en juin 1966, raconte dans son livre *Entre deux fêtes* comment, après avoir entendu tous les participants livrer leurs commentaires, un Jean Lesage manifestement fatigué avait commencé son exposé en déclarant que le moment était sans doute venu pour lui de quitter la direction du parti. Le président de ce caucus, Pierre Laporte, dont les ambitions étaient connues, prononce une sorte de mot de la fin dans lequel il donne congé aux députés et déclare les assises closes, livrant ainsi Jean Lesage en pâture à la meute des journalistes qui attendent à l'extérieur.

C'est alors que Gérin-Lajoie se lève pour prononcer un discours tellement remarquable qu'il réussit à dissiper l'atmosphère de morosité de la rencontre et à galvaniser non seulement les participants, mais également Jean Lesage qui, soudainement tout ragaillardi, rencontre les médias pour les informer que ce caucus a été un franc succès.

Robert Bourassa assiste médusé à ce revirement spectaculaire. Il est également soulagé, car il n'est pas prêt à une démission de son chef. Par contre, des hommes comme Pierre Laporte, Claude Wagner, Paul Gérin-Lajoie et peut-être Jean Marchand auraient certainement postulé rapidement la succession de Jean Lesage…

Mais Bourassa sent que bien des choses vont changer. Le 19 novembre, René Lévesque fonde le Mouvement Souveraineté-Association avec plus de 400 personnes réunies à Montréal chez les Dominicains de la côte Sainte-Catherine. On apprend, le 14 décembre, que le premier ministre du Canada Lester B. Pearson remet sa démission à Ottawa et les libéraux fédéraux doivent donc se trouver un nouveau chef. Les libéraux québécois vont-ils demeurer longtemps à l'écart de tout changement ?

CHAPITRE 4

La fin d'une époque

L'année 1968 commence sur les chapeaux de roues au Parti libéral du Québec : le 9 janvier, le président Eric Kierans annonce qu'il est candidat à la succession de Lester B. Pearson à la direction du Parti libéral du Canada et, éventuellement, du gouvernement. Jean Lesage, qui est loin d'avoir renoncé à reprendre un jour le pouvoir, fait savoir aussitôt qu'il allait désormais être à la fois le chef et le président du parti. Il pense ainsi désamorcer toute tentative de contestation de son leadership. Il est loin du compte.

Les spéculations vont bon train au sujet de Bourassa : *La Presse* avait même évoqué au lendemain du congrès, le 16 octobre 1967, la possibilité qu'il quitte le Parti libéral.

> M. Bourassa, qui, la semaine dernière, s'est finalement prononcé en faveur de l'option présentée par le Comité constitutionnel du parti à la suite de pressions qu'a exercées sur lui M. Kierans, l'a fait avec tellement de nuances et de restrictions de toutes sortes qu'il rencontrera certainement de l'hostilité au sein du caucus libéral. [...] Il est donc fort possible qu'il soit lui aussi placé devant un cas de conscience qui l'amène à quitter le parti.

C'est bien mal le connaître ! L'une des raisons qui l'ont amené à se séparer de Lévesque, c'est qu'il a toujours considéré que c'était une tâche ardue que de lancer un nouveau parti. Mais il est vrai qu'au début de 1968 il est l'objet d'une certaine méfiance de la part des éléments conservateurs du Parti libéral du Québec. Il affecte de ne pas s'en émouvoir et participe aux réunions, rencontres et caucus avec assiduité.

Mais pour Jean Lesage, la trêve est de courte durée. Dans *La Presse* du 12 janvier, on peut lire : « Tout porte les observateurs à croire que la course au leadership est définitivement engagée entre MM. Laporte et Gérin-Lajoie. »

Lesage réussit cependant à créer un consensus autour d'une définition du statut particulier : à la veille de la conférence fédérale-provinciale d'Ottawa, il fait approuver le 2 février par le caucus le rapport du Comité des affaires constitutionnelles présidé par Paul Gérin-Lajoie.

Robert Bourassa, qui préside toujours la Commission politique dont relève le Comité, est très à l'aise avec les recommandations du rapport, qui se contente de reformuler les demandes traditionnelles du gouvernement québécois.

Mais en février 1968, c'est au tour du député d'Ahuntsic Jean-Paul Lefebvre de marquer sa dissidence. Dans un manifeste de 26 pages, il propose au Parti libéral un virage vers le centre gauche pour tenir compte des forces nouvelles qui émergent avec de plus en plus de vigueur dans la société québécoise : voix des pauvres, syndicats politisés, mouvement coopératif, femmes et jeunes.

Fort déçu que son manifeste semble être « tombé en terrain stérile », Lefebvre demande à deux de ses collègues de contresigner sa lettre de démission comme député. Alerté, Jean Lesage réussit, avec l'aide de Robert Bourassa, de Pierre Laporte et de Jérôme Choquette, à convaincre Jean-Paul Lefebvre de n'en rien faire puisque le parti peut fort bien donner suite à ses propositions.

Mais l'affaire est plus complexe. Il faut signaler ici que Jean-Paul Lefebvre était très près de Jean Marchand, alors ministre fédéral de la Main-d'œuvre et de l'Immigration, ainsi que le chef puissant de l'aile fédérale québécoise. Les deux hommes se connaissent et s'estiment depuis qu'ils ont travaillé ensemble à la Confédération des travailleurs catholiques du Canada, devenue par la suite la Confédération des syndicats nationaux (CSN).

Or, Jean Marchand ainsi que ses amis Pierre Trudeau et Gérard Pelletier n'aiment pas l'orientation que vient de prendre le caucus du

Parti libéral du Québec avec l'adoption du rapport de Gérin-Lajoie faisant du statut particulier la doctrine officielle du parti. Les «trois colombes» considèrent en effet que cette formule revient en quelque sorte à leur couper l'herbe sous le pied, eux qui étaient partis à Ottawa pour établir l'égalité entre les deux peuples fondateurs et non pour promouvoir les particularismes de leur province d'origine. Le leadership précaire de Jean Lesage les inquiète, et la possibilité que Pierre Laporte ou Paul Gérin-Lajoie lui succède ne les rassure pas plus. Le projet de démission de Jean-Paul Lefebvre révèle en fait le malaise vécu par un homme isolé et tiraillé entre son nationalisme modéré, ses convictions sincèrement sociales-démocrates et les inquiétudes dont son ami Jean Marchand lui faisait part quant à l'orientation des libéraux québécois.

Bourassa comprend les réticences de Jean-Paul Lefebvre; il apprécie jusqu'à un certain point les efforts que déploient à Ottawa les «trois colombes», notamment Jean Marchand, avec qui il a peut-être plus d'atomes crochus qu'avec les deux autres; il surveille du coin de l'œil la longue marche entreprise par René Lévesque pour fonder un parti politique.

Bourassa en vient à la conclusion qu'entre un Pierre Trudeau qui a le vent dans les voiles, un René Lévesque dont la popularité ne se dément pas et un Daniel Johnson beaucoup plus habile qu'on ne l'aurait tout d'abord cru, la stratégie doit être double: d'une part, prendre une assurance sur l'avenir en consolidant le parti — par exemple, on fera tout ce qui est possible pour garder Jean-Paul Lefebvre dans les rangs libéraux — et, d'autre part, proposer une réorientation du discours politique du parti vers ce qui intéresse vraiment les gens, soit l'économie et la création d'emplois plutôt que la question constitutionnelle.

D'autant plus qu'une telle réorientation a plusieurs avantages: elle tient compte des préoccupations réelles de la base; elle évite les frictions, inutiles pour le moment, avec le fédéral; elle prend le contre-pied de René Lévesque qui parcourt le Québec en faisant vibrer la corde nationaliste.

Pendant ce temps, la course à la succession de Pearson bat son plein à Ottawa. Rappelons-nous que Pierre Elliott Trudeau, qui est ministre de la Justice dans le cabinet Pearson, annonce sa candidature le 16 février. Le Canada va alors vivre une vague intense de trudeaumanie : issu d'un milieu aisé, l'homme était non seulement intelligent, mais également séduisant, cultivé, brillant et sûr de lui. Le 6 avril, il est choisi chef du Parti libéral du Canada. Le 20 avril, il est assermenté comme premier ministre du Canada alors qu'il n'est en politique que depuis trente mois ! Trois jours plus tard, le 23 avril, de son nouveau siège à la Chambre des communes, il annonce qu'il vient de demander au gouverneur général de dissoudre le Parlement et de décréter des élections générales pour le 25 juin. Les libéraux de Trudeau gagnent ces élections d'une manière décisive : ils remportent 155 sièges sur les 264 de la Chambre des communes.

Quant à l'ex-président du Parti libéral du Québec Eric Kierans, il a dû se retirer, au congrès du 6 avril, dès le premier tour de scrutin avec seulement 103 votes, et ce, malgré une campagne remarquable de l'avis de tous les observateurs. Élu dans la circonscription de Duvernay (Laval) le 25 juin, il devient membre du nouveau cabinet Trudeau le 5 juillet en tant que ministre des Postes et des Communications.

Avec la victoire décisive de Trudeau, l'échiquier politique canadien vient d'être bouleversé.

Bourassa évalue les multiples conséquences d'un tel chambardement. À commencer par l'avenir de la formule du statut particulier sur laquelle Trudeau va déclencher en temps et lieu un tir de barrage impitoyable. Bourassa n'oublie pas que déjà, en septembre 1967, Trudeau, alors ministre de la Justice, ne s'est pas gêné pour exprimer la piètre opinion qu'il a du statut particulier en le qualifiant de « connerie ». Il ira même jusqu'à répéter pendant la campagne électorale de 1968 qu'il considère que le statut particulier pour le Québec est « une fumisterie intellectuelle ».

Or cet homme, toujours aussi bagarreur, est maintenant le premier ministre du Canada. En tant que président de la Commission politique du Parti libéral du Québec, le député de Mercier a certainement là matière à ample réflexion, d'autant plus qu'un congrès du Parti libéral du Québec est prévu pour le mois d'octobre 1968.

La question constitutionnelle va donc devoir faire, à court terme, l'objet d'un traitement qui consistera à la reléguer progressivement à l'arrière-plan sans jamais l'occulter complètement.

Que Trudeau fulmine ou non contre le statut particulier, la réaction des militants – Jean Lesage a effectué une tournée des régions pendant l'été de 1968 – ne laisse en effet place à aucune ambiguïté : la question constitutionnelle n'intéresse tout simplement pas la base ; les gens sont surtout préoccupés par le développement économique, la formation professionnelle, la restructuration scolaire, l'exode des jeunes vers Montréal et l'accès aux soins de santé.

Cette tournée des régions révèle également que le leadership de Jean Lesage, n'en déplaise à plusieurs, est relativement solide. Le financement du parti répond aux attentes de Paul Desrochers, son nouveau directeur général, ce qui est un indice de satisfaction.

Le président de la Commission politique constate toutefois que la position de Gérin-Lajoie, père du statut particulier, est de plus en plus inconfortable. La tournée de l'été laisse peu de place aux ambitions de l'ex-ministre de l'Éducation qui, si elles sont discrètes, n'en sont pas moins réelles. Surtout, le rapport de Gérin-Lajoie, y compris le statut particulier que ce document propose, suscite fort peu d'intérêt chez les militants libéraux provinciaux.

Devant cette situation délicate, les autorités du parti, et notamment Robert Bourassa, font adopter au congrès d'octobre 1968 une résolution plus modérée et plus réaliste que celle qui fut présentée au congrès de 1967.

Pourquoi pas ? Après tout, il n'est plus nécessaire de ménager la chèvre et le chou et de donner des gages aux souverainistes : René Lévesque n'a-t-il pas quitté le parti en emportant avec lui son « option » ? De plus, le texte de cette nouvelle résolution désamorce dans une certaine mesure les appréhensions d'Ottawa au sujet du statut particulier, tout en prévenant qu'il faut s'attendre à une négociation qui portera en priorité sur un partage des pouvoirs dans des domaines importants.

Enfin, on doit se rappeler que le gouvernement de l'Union nationale est sérieusement ébranlé, quelques semaines avant le congrès libéral, par la mort du premier ministre Daniel Johnson survenue à Manic-5 le 25 septembre. Jean-Jacques Bertrand, qui va assurer l'intérim jusqu'à sa confirmation le 21 juin 1969, est un nationaliste modéré qui ne cherchera pas à faire un cheval de bataille avec la résolution adoptée par les libéraux pendant leur congrès d'octobre 1968.

Le texte de cette résolution est très révélateur de l'approche prudente que préconise Bourassa. Il précise notamment :

> Le Parti libéral du Québec opte, d'une façon nette et sans équivoque, pour le maintien du fédéralisme au Canada. Il réaffirme que la souplesse du système fédératif en fait le régime le plus susceptible de permettre aux Canadiens français d'atteindre leurs objectifs d'épanouissement. [...] En conséquence, la négociation que le Parti libéral du Québec s'engage à mener dès la reprise du pouvoir portera en priorité sur un partage nouveau et plus précis des pouvoirs, particulièrement dans les domaines suivants : politique économique, sécurité sociale, santé, mariage et divorce, immigration et main-d'œuvre, ententes internationales, radio et télévision.

On notera également que ce congrès va se dérouler d'une façon harmonieuse, à la différence de celui de 1966 et surtout de 1967. L'organisation mise en place par Paul Desrochers est efficace. Les tournées régionales ont porté fruit et permis à la direction du parti de se mettre à jour sur les problèmes réels des Québécois : on les a constatés sur le terrain, et non uniquement à travers le prisme des états d'âme des éditorialistes montréalais.

En fait, cet automne est aussi marqué par la création du Parti québécois, lequel va clarifier le débat idéologique.

Le 20 avril 1969, l'ex-ministre de la Justice Claude Wagner, grand tenant de la loi et de l'ordre, fait une sortie contre sa propre formation politique, et l'accuse d'être trop loin du peuple. Ce qui surprend, car peu de temps auparavant Wagner avait à plusieurs reprises assuré Lesage de son appui.

Exaspéré par tous ces tiraillements au sein du parti, Lesage convoque un caucus pour le 30 avril et met lui-même à l'ordre du jour une discussion sur son leadership. La majorité des députés apportent leur appui au chef, mais quelques-uns, dont Jean-Paul Lefebvre, indiquent avec franchise leur inquiétude quant à ce leadership. Finalement, le caucus renouvelle à l'unanimité sa confiance à Jean Lesage.

Puis le 20 juin 1969, Paul Gérin-Lajoie, le père du rapport et de la résolution de 1967 qui portent son nom, démissionne. L'homme se sentait sans doute de plus en plus seul, idéologiquement parlant. Plusieurs de ses amis au Comité des affaires constitutionnelles et à la Commission politique du parti avaient suivi Lévesque et rejoint les rangs du MSA, puis du PQ. Il avait donc perdu des appuis, et beaucoup d'autres en fait...

La tournée régionale de l'été avait amené Gérin-Lajoie à envisager une démarche constitutionnelle plus flexible que celle décrite dans son rapport de 1967. Il s'était en effet rendu compte que la plupart des Québécois souhaitaient en fait plutôt un fédéralisme décentralisé. Politiquement seul et lassé d'attendre, il accepte de devenir pour deux ans vice-président de la Commission du gouvernement fédéral sur les prix et les revenus.

Les événements vont se précipiter au début de juillet 1969.

Le 9 juillet, on pourrait croire que la chasse est ouverte contre Lesage : les libéraux du comté de Joliette, Denis Furois, membre de la Commission politique du parti, et Claude Wagner réclament la tenue d'un congrès au leadership. Jean Lesage annonce le surlendemain sa décision de se soumettre à un vote de confiance, au scrutin secret, lors du congrès libéral qui est prévu pour le 31 octobre à Québec.

Le premier ministre du Québec Jean-Jacques Bertrand choisit ce moment pour annoncer, à l'issue d'un caucus de l'Union nationale, qu'il écarte la tenue d'élections générales pour cette année (1969). Si Bertrand voulait mettre de l'huile sur le feu, c'est réussi : la contestation des libéraux rebelles s'intensifie.

Claude Wagner, qui monopolise de plus en plus l'opposition à Lesage, déclare le 11 juillet à *La Presse* que la décision du chef du parti de se soumettre à un vote de confiance au congrès d'octobre est une

« demi-mesure qui ne résout pas le problème. » Le 15 juillet, il déclare à CKAC : « Si M. Lesage persiste dans son intention de ne pas convoquer de congrès de leadership et si le mouvement que j'ai observé depuis six mois chez les militants du parti se poursuit, je crains bien que M. Lesage ne se dirige tout droit vers une humiliation. Il n'aura pas le vote de confiance qu'il demande. »

Cette arrivée vigoureuse de Wagner à l'avant-scène politique inquiète, et en particulier le centre gauche du spectre politique, aussi bien à Québec qu'à Ottawa. Préoccupé par la percée apparente de Wagner, Jean-Paul Lefebvre communique à la mi-juillet avec Robert Bourassa, qu'il sait être près de Jean Lesage, pour qu'il le prévienne de ne plus compter sur son appui. Dans une lettre publiée dans *Le Devoir* du 26 juillet, il déclare notamment : « Jean Lesage est-il l'homme de la situation en 1970 ? Chose certaine, les services signalés qu'il a déjà rendus à la population du Québec lui donnent droit à un jugement objectif et circonstancié. Quant à Claude Wagner, il me semble clair qu'en dépit de sa popularité personnelle, il ne saurait être le leader libéral, c'est-à-dire dynamique, ouvert et l'homme d'équipe dont nous avons besoin. »

Un mois plus tard, Lefebvre récidive. Il va voir Claude Ryan, alors directeur du *Devoir*, et lui demande de publier au complet, afin d'éviter qu'elle ne soit mal interprétée, une déclaration dans laquelle il réclame un congrès pour le choix d'un leader. Le même jour, il convoque une conférence de presse au restaurant chez Butch Bouchard. Le soir même, Jean Marchand se déclare disponible.

Lefebvre titre sa déclaration : « À la recherche d'un chef pour les années 70 » et après un court préambule sur les changements survenus récemment dans la société québécoise, il affirme :

> Je ne crois pas que Jean Lesage puisse répéter le tour de force que son gouvernement a réalisé de 60 à 66. Les amis libéraux de mon comté et beaucoup de citoyens d'Ahuntsic et de diverses régions du Québec, que j'ai consultés, ne le croient pas non plus. Dans les circonstances, un congrès pour le choix d'un leader devient une nécessité. La constitution actuelle du parti laisse toutefois à monsieur Lesage l'initiative de la décision en cette matière. Il serait tout à son honneur de reconnaître

froidement la situation et d'agir en conséquence. Cependant, si M. Lesage s'en tient à la formule du vote de confiance lors du congrès d'octobre, je devrai, à regret, voter « non ».

Lefebvre précise « les trois qualités essentielles » que la situation de l'époque exige d'après lui du futur premier ministre : l'expérience et le sens du travail d'équipe, l'ouverture d'esprit et, enfin, le dynamisme. Certains commentateurs voulurent voir dans cette description un portrait à peine déguisé de Jean Marchand.

Le lendemain jeudi 28 août se tient à Québec un caucus des députés libéraux. L'ordre du jour comprend un tour d'horizon de la situation politique, la participation du parti aux élections complémentaires du 8 octobre dans Saint-Jacques, Sainte-Marie, Trois-Rivières et Vaudreuil-Soulanges, la préparation du congrès d'octobre et une discussion sur la probabilité d'élections générales en 1970.

Mais en cette journée fatidique du 28 août, la manchette sur quatre colonnes de *La Presse* se lit comme suit : « Les libéraux feraient bloc contre Lefebvre ».

Selon l'article, plusieurs députés libéraux auraient l'intention de demander, au cours de leur caucus, la démission de Jean-Paul Lefebvre à cause de ses déclarations à l'endroit de M. Lesage. Et le journal précise que, sur une quinzaine de députés rejoints, aucun n'a pris la défense de leur collègue Lefebvre.

Le caucus est convoqué pour trois heures de l'après-midi. À trois heures et demie, Jean Lesage en sort et annonce avec dignité sa démission comme chef du Parti libéral du Québec.

> Je viens de faire part au caucus de la décision grave que j'ai prise. J'avais demandé la tenue d'un scrutin secret au congrès d'octobre, et je suis convaincu que le vote m'eût été favorable. Je considère cependant que le degré d'unanimité autour de mon leadership est insuffisant pour donner constamment au parti plus de vigueur.
>
> Pour le bien du parti et de la province, je vais demander au Conseil général de se réunir vers le 15 septembre pour décider de la tenue d'un congrès de leadership auquel je ne serai pas candidat.

C'est la fin de la carrière politique de Jean Lesage. C'est également le point final de toute une époque, qui a profondément transformé le Québec en le faisant accéder au statut de société moderne. Si la Révolution tranquille va se poursuivre sous d'autres formes, l'équipe du tonnerre, avec la démission de son pilote, vient de passer à l'Histoire tandis qu'une nouvelle génération se prépare à prendre les commandes.

CHAPITRE 5

La bataille du leadership

Après coup, il est facile de dire ou d'écrire que Robert Bourassa a remporté facilement en janvier 1970 la course à la direction du Parti libéral du Québec.

Si Robert Bourassa est assez peu connu de la population en général, le milieu politique, lui, est au courant des longues soirées de discussion avec ses amis réformistes et reconnaît les qualités de l'homme, mais sait aussi que son expérience de la vie publique est très limitée.

En effet, il n'a jamais été ministre ni dirigé d'organisme important. Les seules sources de tension qu'il ait connues ont été la mort de son père, les nombreux examens et concours qu'il a toujours remportés haut la main, et sa campagne électorale dans Mercier.

Il a cependant des atouts importants. Supérieurement intelligent, la politique n'est pas une corvée pour lui, mais bien une fascination, sinon une passion. En fait, il n'a jamais eu l'intention de faire autre chose qu'une carrière politique. Pour les penseurs grecs comme pour lui, la politique est l'art des arts, l'occupation la plus passionnante qui soit : elle permet de comprendre les ressorts de l'âme humaine, d'en réaliser les espérances et d'être, potentiellement, un facteur réel de progrès pour une société.

Remarquablement informé, doté d'une mémoire extraordinaire, profondément intuitif, il sait se mouvoir dans le monde politique avec assurance et efficacité. Sa simplicité, son affabilité, son sens de l'humour et son absence totale d'arrogance lui gagnent rapidement la sympathie et l'amitié des gens avec qui il est amené à être en relation. Sa formation — droit, fiscalité, finances publiques — lui permet de dégager plus rapidement que n'importe qui l'essentiel d'un problème politique complexe, donc bien souvent sa solution. De plus, grâce à un don remarquable pour les calculs, il peut lire avec rapidité un rapport financier ou une proposition budgétaire et en dégager avec facilité les chiffres, pourcentages et ratios importants.

Toutes ces qualités, Jean Lesage les avait remarquées alors que Bourassa n'était que secrétaire de la Commission Bélanger et l'on a déjà vu combien il tenait en estime ce jeune fiscaliste. Pour bien des observateurs de l'époque, le député de Mercier est devenu le fils spirituel du premier ministre. De son côté, Bourassa a pour Jean Lesage un profond respect. Il admire sa grande culture politique, sa prestance, son éloquence toute classique et ses qualités de juriste. Après la défaite de 1966, il lui est totalement loyal. À son avis d'ailleurs, l'élection prévue pour 1969 ou 1970 devait redonner à Lesage son poste de premier ministre du Québec.

En fait, on peut raisonnablement penser que, outre ses qualités personnelles, le succès de Bourassa au congrès de janvier 1970 relève de deux facteurs: la bienveillance de Jean Lesage à son égard et l'efficacité de Paul Desrochers. Après le pénible congrès de 1966, Jean Lesage était allé chercher Paul Desrochers pour le poste de secrétaire général du Parti libéral du Québec, mais il accepte pourtant en août 1969 de le laisser partir pour s'occuper de la campagne de Bourassa.

En 1969, Desrochers a alors 46 ans. L'homme ne se livre pas facilement. D'allure austère, toujours vêtu de complets bleu sombre, il a l'aspect conservateur et l'assurance d'un homme d'affaires qui a réussi. Après avoir obtenu un diplôme en administration des affaires de l'Université Columbia, il travaille comme organisateur de l'Union nationale à l'époque de Maurice Duplessis. Membre de l'Ordre de Jacques Cartier, Desrochers quitte cette organisation ultranationaliste vers 1962. Il se joint alors au Parti libéral du Québec. Après avoir occupé différents postes dans le monde des affaires, il devient président de la Fédération des commissions scolaires du Québec. Au début de 1967, il devient secrétaire général du parti.

Desrochers est un bourreau de travail. Colonel dans la réserve, ayant même commandé un détachement en 1969 pendant la grève des policiers de Montréal, il est gravement blessé à la colonne vertébrale pendant son entraînement militaire, le toit de son dortoir ayant cédé sous le poids de la neige. Cet accident l'obligera par la suite à porter constamment un corset et à prendre des médicaments pour soulager un mal de dos quasi constant. Sa condition physique l'empêche fréquemment de dormir, ses journées commencent donc souvent à quatre heures du matin.

Ma première rencontre avec Paul Desrochers date de février 1968. Je m'occupe alors de la campagne d'Eric Kierans pour le leadership du Parti libéral du Canada. Kierans s'inquiétait, avec raison, de l'avance considérable de Trudeau et en avait fait part à Jean Lesage. Ce dernier demande donc au secrétaire général du parti de se joindre, à titre privé et en quelque sorte comme conseiller, à la petite équipe dont j'assume la direction et qui fait la promotion de Kierans à travers le Canada. C'est ainsi que Desrochers participera à Montréal à plusieurs réunions de stratégie au comité Kierans pour le Canada. J'ai pu ainsi observer à loisir cet homme remarquable, plutôt réservé et taciturne, mais dont les interventions, toujours intéressantes, sont très écoutées.

En 1968, Paul Desrochers prend vraiment en main le Parti libéral du Québec. Il organise les tournées régionales de l'été, à la suite desquelles Jean Lesage reprend espoir quant à la solidité de son leadership. Il assure avec succès l'opération de financement du parti et contribue activement à rebâtir les associations de comté, lesquelles avaient évidemment perdu des membres après le départ de René Lévesque.

Il crée dans toutes les circonscriptions du Québec un réseau efficace d'amis et d'informateurs ; il leur téléphone dès potron-minet, à raison de huit à dix appels par jour, et se renseigne sur l'actualité politique locale. Pour détendre ses interlocuteurs, il commence par leur raconter rapidement une petite blague et, à la fin de la conversation, il a toujours un mot d'encouragement.

Paul Desrochers est un esprit méthodique. De plus, pendant ses séjours aux États-Unis, à l'Université Columbia ou au cours de ses stages, en 1966, à la direction des partis républicain et démocrate, il s'est rendu compte des avantages, pour une organisation politique ou autre, de la gestion informatique et de l'utilisation de sondages bien faits.

C'est pourquoi, dès 1968, il fait mettre sur ordinateur les données concernant les 75 000 membres du Parti libéral du Québec. Il dote ainsi le parti d'un instrument de travail et de communication redoutable, qui permet de sélectionner rapidement les clientèles que l'on veut rejoindre.

Désireux de faire le point sur les aspirations de l'électorat québécois, Desrochers s'adresse à une maison d'enquêtes et de sondages de Chicago, Social Research Inc. À la suite du départ de René Lévesque du parti, de la création du Mouvement Souveraineté-Association, puis de celle du Parti québécois, on pouvait se demander si le Parti libéral du Québec avait été ébranlé. Les médias accordaient une couverture substantielle aux faits et gestes de René Lévesque ; et selon eux, les jeunes s'enthousiasmaient pour les objectifs proposés par le député de Laurier, les familles étaient divisées et le Parti libéral, déchiré comme il l'était, ne pourrait faire obstacle à l'avancée triomphale de Lévesque et de ses amis.

La firme Social Research remet donc les résultats de son enquête à Jean Lesage et à Paul Desrochers en mai 1969.

Six points saillants s'en dégagent :

- Les Québécois veulent être dirigés par des hommes politiques capables de faire preuve de vision quant à l'avenir, d'assurance et de confiance en eux-mêmes.
- Les Québécois souhaitent un leader qui semble savoir ce qu'il veut et où il s'en va.
- Les Québécois craignent une révolution violente. Ils trouvent d'ailleurs que la Révolution tranquille a déjà été suffisamment bruyante.
- L'opinion prédominante au Québec privilégie la paix et l'harmonie.
- La recherche du développement économique est la clé qui permettra de combler le fossé entre les générations : on pourra ainsi

orienter les jeunes gens vers des objectifs de croissance mûrement programmés, au lieu de les abandonner au chaos.

- Les électeurs souhaitent voir à leur tête quelqu'un qui représente bien le peuple québécois et suffisamment fort pour traiter avec Ottawa, avec les puissances financières et la plupart des porte-parole de la société québécoise, désormais de plus en plus urbanisée et complexe.

En conclusion, la firme souligne que le Parti libéral du Québec devrait capitaliser sur les points forts décrits dans son rapport afin d'apparaître comme la formation politique la mieux préparée pour faire du Québec une société riche et forte.

Paul Desrochers est tellement convaincu que la personnalité de Robert Bourassa correspond aux recommandations de ce rapport qu'il se met au service du député de Mercier dès le 29 août, soit le lendemain de la démission de Jean Lesage.

Il forme immédiatement une équipe de travail. Il va chercher Jean Prieur, un jeune avocat qui a fait partie de l'équipe de Pierre Trudeau pendant sa campagne à la direction du PLC et qui travaille maintenant à son bureau à Ottawa, Guy Morin, un publicitaire de Québec, Guy Langlois, frais émoulu de Harvard où il a obtenu son MBA, moi-même pour les relations de presse, Marie-Paule Denis, ex-collaboratrice du sous-ministre de l'Éducation Arthur Tremblay, aux communications, Françoise Gauthier au secrétariat général.

Desrochers loue également des bureaux au 2015, rue Drummond, à Montréal, ainsi qu'au 620, Saint-Cyrille Ouest, à Québec. Dans son bureau, la seule décoration est une banderole, sur le mur derrière son fauteuil, où l'on peut lire en gros caractères les mots « calme, serein et efficace ».

Deux semaines plus tard, le 15 septembre, le Conseil général du Parti libéral du Québec décide que le congrès à la direction du parti aura lieu au Colisée de Québec les 16 et 17 janvier 1970. Cette décision, pilotée par Jean Lesage, est manifestement destinée à donner du temps à Robert Bourassa pour qu'il se fasse connaître de la population du Québec, et notamment des 1 663 délégués au congrès. Les futurs adversaires de Bourassa ne s'y trompent pas: Laporte et son entourage, notamment, fulminent contre la durée de la campagne. En fait, se manifeste là ce que Bourassa lui-même décrira, avec un sourire, comme « la neutralité d'apparence » de Lesage.

Immédiatement après le Conseil général du parti, Desrochers déclenche l'opération *Les Amis de Robert Bourassa.* L'équipe prépare, rédige, fait imprimer et expédie à tous les militants 75 000 cartes-réponses dans lesquelles on leur demande s'ils sont prêts à appuyer Robert Bourassa. On sait que Desrochers, l'année précédente, a rentré tous leurs noms dans son ordinateur. On y pose également quelques questions pour savoir de quelle façon les destinataires sont prêts à travailler pour le député de Mercier.

Le 22 septembre, tous les militants ont reçu leur carte-réponse. Un mois plus tard, 16 000 militants se déclarent en faveur de Bourassa.

En plus de créer une vague en faveur de Robert Bourassa, l'opé-ration cherche à déterminer l'ampleur de cet appui, mais aussi à dissuader rapidement le plus de rivaux possible de se lancer dans la course au leadership. C'est là une application moderne de la stratégie de la *Blitzkrieg* (guerre éclair), si chère au maréchal Rommel, à savoir qu'une armée dont les interventions sont fulgurantes peut désorga-niser l'adversaire au point de le faire battre en retraite, sans qu'il songe même à livrer combat.

Jean Marchand, l'un de ceux qui avaient manifesté ouvertement de l'intérêt pour la succession de Jean Lesage, annonce très vite qu'il se désiste. Le chef de l'aile fédérale québécoise est pourtant un can-didat impressionnant : populaire, politiquement puissant et capable de soulever les foules. Cependant, dans l'esprit de Desrochers, les recommandations de la firme Social Research correspondent plus au profil de Bourassa qu'à celui de Marchand. D'autre part, Desrochers, en nationaliste modéré qu'il est, éprouve plutôt de la sympathie pour les efforts que Marchand et ses amis déploient afin que des Québécois fassent leur marque sur la scène fédérale : pourquoi ne continueraient-ils pas à œuvrer à Ottawa au lieu de passer pour des velléitaires ?

On peut donc imaginer le soupir de soulagement au 2015, rue Drummond à la lecture, le 26 septembre, de la déclaration de Jean Marchand.

Comme on me presse d'annoncer si oui ou non je serai candidat à la direction du Parti libéral provincial en janvier prochain, je crois le temps venu de communiquer aux militants libéraux et au public ma décision à ce sujet. Cette décision est négative.

Le ministre signale qu'après mûre réflexion il en est venu à la conclusion que sa place est encore au fédéral, « du moins pour le moment ». Mais il profite également de l'occasion pour servir une mise en garde aux libéraux québécois.

On peut évidemment n'être pas d'accord avec les politiques du gouvernement fédéral ou diverger d'opinion sur la forme exacte de fédéralisme que décrit notre Constitution. Mais il faut qu'on cesse de jouer sur les deux plans : être fédéraliste contre René Lévesque et séparatiste contre Pierre Trudeau. Je crois que les citoyens en ont plein le dos de ce double jeu, de cette hypocrisie politique. Le Parti libéral provincial n'a pas d'avenir s'il ne prend pas une attitude franche et nette à ce sujet. Qu'il laisse l'ambivalence à d'autres formations qui ont érigé l'opportunisme en premier principe. Qu'il offre au Québec une option claire qui ne peut être que procanadienne dans le respect des droits de la province. C'est ainsi qu'il reprendra le pouvoir avec l'appui enthousiaste de la grande majorité des Québécois.

Comme on le voit, le ressentiment et la méfiance des fédéraux contre les tenants du statut particulier sont toujours à vif. Ils continuent manifestement de surveiller du coin de l'œil ceux qui ont élaboré ce concept ou qui, avec plus ou moins de conviction, le prônent encore.

La résolution, fort modérée, votée lors du congrès du PLQ d'octobre 1968, même si elle émet nommément des réserves sur l'expression « statut particulier », ne les a manifestement pas satisfaits, et ils continuent de s'en prendre à cette formule en lui reprochant son « ambivalence ». Robert Bourassa comprend par la même occasion que les relations avec les libéraux de Trudeau vont continuer d'être délicates si le PLQ reprend le pouvoir sous sa direction.

Après le désistement de Jean Marchand, Paul Desrochers procède rapidement à la nomination de responsables dans les 28 régions et les 108 circonscriptions électorales de la province. Ces nominations se font souvent à partir de cartes-réponses qui arrivent chaque jour par centaines rue Drummond. Grâce à ces cartes, on va pouvoir établir, dès le début d'octobre, les listes de délégués pro-Bourassa. Il faut en effet être prêt pour le 28 octobre, date à laquelle on va procéder au choix des délégués au congrès, ce qu'on fera jusqu'au 30 novembre.

Le futur chef du Parti libéral du Québec sera choisi le 17 janvier 1970 par 1 663 délégués. Sur ce nombre, 942 sont élus à raison de 7 dans chacun des 108 comtés. Les 22 clubs étudiants de la Fédération des étudiants libéraux du Québec (FELQ) ont droit à 6 délégués par club, et la fédération elle-même, à 18 délégués ex-officio. Selon les journalistes, 80 % des 150 délégués étudiants sont en faveur de Bourassa.

Les groupes ethniques sont représentés par 36 délégués et 721 personnes sont déléguées d'office en raison de leurs fonctions dans le parti : députés, membres du Conseil supérieur du parti, présidents et secrétaires des 108 associations de comté. Le comité directeur du congrès comprend notamment Jean Tétrault, président de la Fédération libérale du Québec et président du congrès, Lise Bacon, présidente de la Fédération des femmes libérales du Québec, Henri-A. Dutil, secrétaire général, et Jean Lesage, à titre de conseiller spécial.

Gérard Filion, président à l'époque de la Société générale de financement et ancien directeur du journal *Le Devoir*, fait alors la manchette des journaux qui, pendant quelques jours, le présente comme candidat possible. Mais Filion a eu maille à partir avec l'establishment du Parti libéral en raison, entre autres, de son intrusion dans la campagne électorale de 1966 : il avait en effet profité de cette période pour démissionner bruyamment de son poste de président de Sidbec à cause de son différend avec le gouvernement Lesage sur le statut, public ou privé, du projet d'aciérie qui figurait dans le programme électoral du parti. Les libéraux sont loin de lui pardonner cette incartade. Et selon un sondage, les députés et les militants libéraux ne l'appuieraient certainement pas. On n'entend plus parler de sa candidature par la suite.

Paul Gérin-Lajoie, qui est maintenant vice-président de la Commission du gouvernement fédéral sur les prix et les revenus, fait des démarches plus ou moins discrètes afin d'évaluer ses chances de succès. Il signe des textes qu'il envoie aux quotidiens et jusqu'à la fin de 1969 un groupe de ses amis s'évertue à attirer l'attention sur lui. Mais il renonce à figurer parmi les candidats.

Le 17 octobre, Robert Bourassa annonce officiellement sa candidature à la succession de Jean Lesage.

Cette annonce se fait dans un contexte social marqué par une agitation considérable. Le 29 septembre, une puissante bombe, probablement placée par le Front de libération du Québec, fait d'énormes dégâts à la résidence du maire Jean Drapeau à Rosemont. Le 7 octobre, c'est la grève générale des policiers et des pompiers de Montréal qui réclament la parité avec leurs collègues de Toronto. Le premier ministre Jean-Jacques Bertrand fait venir l'armée et adopte une loi spéciale obligeant les grévistes à reprendre le travail. L'ultimatum est fixé à minuit. Le soir même, des manifestants du Mouvement de libération du taxi et des représentants d'un certain nombre de groupes de gauche prennent d'assaut le garage de la compagnie d'autobus Murray Hill. On compte un mort et de nombreux blessés. Des scènes de pillage se produisent dans les rues du centre-ouest de Montréal.

Robert Bourassa prend position : la paix sociale ne pourra être maintenue au Québec que si la croissance de son économie s'accélère. Avec un taux de chômage élevé, affirme-t-il, une main-d'œuvre qui augmente plus rapidement que la plupart des pays développés, des industries traditionnelles, comme celle du textile, qui fournissent de moins en moins de travail, le choix est simple : la création de nouveaux emplois, grâce à l'accroissement du développement économique, doit être l'objectif primordial du gouvernement du Québec au cours de la décennie 1970-1980.

Dès l'annonce de sa candidature, Robert Bourassa commence une grande tournée des différentes régions du Québec. Il martèle sa conviction que le développement économique est impérieusement nécessaire pour faire baisser le chômage à travers le Québec, et propose pour chaque région des solutions appropriées. Il souligne aussi l'importance fondamentale de disposer d'un parti aussi uni que possible à l'approche de la campagne électorale.

Ainsi en 45 jours, du 17 octobre au 1er décembre, Robert Bourassa a pu rencontrer dans d'innombrables villes des milliers de militants et la presque totalité des délégués qui allaient se diriger vers Québec les 16 et 17 janvier. La planification minutieuse de l'équipe du Comité Robert Bourassa a parfaitement fonctionné.

La « rue Drummond », comme on disait pendant cette campagne en parlant du Comité Robert Bourassa, prépare aussi la logistique des deux journées du congrès, et ceci dès le début septembre, même si Bourassa n'a pas encore annoncé officiellement sa candidature.

Soixante panneaux-réclames sont ainsi loués pour cette fin de semaine fatidique à des emplacements stratégiques, aux différentes entrées et sur les grandes artères de Québec. De plus, à la suggestion de Guy Morin, publicitaire de Québec et partisan de la première heure de Robert Bourassa, la rue Drummond réserve l'antenne du canal 4, la station de télévision privée de Québec, pour toute la nuit du 16 au 17 janvier. Les délégués pourront ainsi regarder dans leurs chambres d'hôtel, toute la nuit s'ils le désirent, des enregistrements d'entrevues, d'allocutions et de conférences de presse données par Bourassa dans les différentes régions du Québec au cours des semaines précédentes.

Cette initiative surprend. Le journaliste du *Devoir* Michel Roy, qui connaissait bien Bourassa, réussit à me joindre par téléphone. « Mais qu'est-ce que c'est que cette idée de faire passer la nuit à Robert dans un studio de télévision ! Vous êtes vraiment tous tombés sur la tête. Dans quel état va-t-il être pour prononcer cet après-midi le discours peut-être le plus important de sa carrière ! »

Enfin, on doit signaler que Paul Desrochers, dès le début septembre, réserve toutes les chambres d'hôtel et de motel de la ville de Québec et de sa banlieue, soit plus de deux mille chambres. Les centaines de personnes de l'organisation Bourassa pourraient ainsi être logées de façon à avoir facilement et rapidement accès au Colisée, où le congrès allait se tenir.

Par ailleurs, les délégués reçoivent un bulletin de liaison, *Bourassa/ Québec*, à six reprises pendant les deux mois qui précèdent le congrès de la mi-janvier. Les trois premières pages sont en français et la quatrième, en anglais. Le bulletin n° 1 titre : « Pour un gouvernement moderne — Bourassa ! » et « Priorité n° 1 : le développement économique », et le n° 2 : « Mon approche ira au cœur des problèmes dans toutes les régions — Robert Bourassa » et « Partout, la population s'intéresse aux problèmes économiques et financiers ». Dans le bulletin n° 3, on lit : « À un mois du congrès — Il est acquis que la prochaine élection provinciale portera sur l'économie ». Le bulletin n° 4 critique l'inaction de l'Union nationale et propose cinq mesures destinées à renforcer l'agriculture québécoise. Le bulletin n° 5 précise : « Santé : Le contrôle des coûts s'impose / Sécurité sociale : Assistance, mais aussi recyclage / Éducation : Des programmes adaptés au marché du travail ». Enfin, le bulletin n° 6 prévient : « La seule promesse de la campagne — Bourassa réduira l'impôt scolaire foncier des particuliers. »

Finalement, la course se fera à trois. À 36 ans, Bourassa est le plus jeune. Douze députés, dont deux anciens ministres, l'appuient ouvertement. Ce sont Alcide Courcy et Marie-Claire Kirkland, Harry Blank, Jérome Choquette, Guy Fortier, Gilles Houde, Jean-Paul Lefebvre, Yves Michaud, Léo Pearson, Maurice Tessier, William Tetley et Zoël Saindon.

Six autres députés, qui prétendent être neutres, n'en sont pas moins considérés comme des partisans de Bourassa : ce sont Richard Hyde, Gérard D. Levesque, Pierre Maltais, Oswald Parent et Bernard Pinard. Du fait de leurs fonctions dans l'organisation du congrès, Victor Goldbloom et Jean Lesage sont censés être neutres, même si ce dernier a énormément de mal à cacher sa sympathie pour Bourassa. On notera enfin qu'Alcide Courcy, l'organisateur en chef du parti (depuis 1958), ne devait pas, en principe, prendre position mais qu'en définitive il va manifester ouvertement son appui à Bourassa.

Pierre Laporte, à 48 ans, est le plus âgé des trois candidats. Avocat, il a plutôt opté pour le journalisme. Pendant 16 ans il est correspondant parlementaire du *Devoir* à Québec, et fait éclater en 1958 le scandale du gaz naturel qui porte un dur coup à l'Union nationale. Défait comme candidat libéral dans Laurier en 1956, il est élu lors de l'élection partielle du 14 décembre 1961 dans Chambly. Ministre des Affaires municipales, des Affaires culturelles et leader parlementaire avant 1966, il devient ensuite président du caucus des libéraux et leader parlementaire de l'opposition. Vétéran de trois élections, pilier de son parti en Chambre, parlementaire redoutable, il a de solides appuis dans la députation et peut compter sur deux anciens ministres : Gaston Binette et Émilien Lafrance, ainsi que sur les députés Jean Bienvenue, Aimé Brisson, Glendon P. Brown, Gérard Cadieux, Henri Coiteux, Roy Fournier, Kenneth Fraser, Gérald Harvey, Louis-Philippe Lacroix, Jean-Noël Lavoie, Guy Lechasseur, Guy Leduc, Raymond Mailloux, Noël Saint-Germain, Gilbert Théberge et Georges Vaillancourt.

Claude Wagner, lui, a 44 ans en cet automne de 1969. Il a étudié le droit à l'Université McGill. Admis au Barreau en 1949, il plaide avec succès au civil et à plusieurs reprises devant la Cour suprême du Canada. Sa carrière dans le monde judiciaire est météorique à partir de 1960 : il est successivement substitut du procureur général, substitut en chef adjoint du procureur général, juge de la Cour des sessions de la paix à Montréal, solliciteur général et député de Verdun en 1964, procureur général et, le 4 juin 1965, premier titulaire du nouveau ministère de la Justice. C'est un farouche défenseur du respect de la loi et du maintien de l'ordre, ce qui le rend populaire auprès de nombreux électeurs.

Les espoirs de Wagner reposent d'ailleurs plus sur les délégués que sur les députés. Seuls, en effet, deux anciens ministres, Bona Arsenault et Lucien Cliche, et trois députés, Laurier Baillargeon, George Kennedy et Fernand Picard, l'appuient.

Les trois candidats ne se sont pas fait beaucoup de cadeaux : c'est ainsi que Wagner lancera à l'adresse de Bourassa des propos comme « Québec a besoin d'un chef et non d'un individu qui flotte dans les nuages économiques ». Il n'hésitera pas non plus à s'attaquer à Marine Industries et à la famille Simard. Il traitera le député de Mercier d'« enfant braillard ».

Bourassa n'est d'ailleurs pas en reste : aux attaques contre sa belle-famille, il réplique en déclarant que c'est justement l'aisance financière qui permet de gouverner les mains libres. Visant carrément Wagner, dont la stature physique était imposante, il déclare qu'on n'a pas besoin d'avoir l'air d'un taureau pour faire respecter la loi.

Laporte se rend compte assez rapidement que ses chances de l'emporter sont minimes, ce qui l'amène à être peut-être un peu plus mesuré dans ses propos. Son argument principal consiste à répéter à ses interlocuteurs qu'il est l'héritier naturel de Jean Lesage, qui lui a toujours confié les tâches les plus délicates. À Bourassa, il reprochera de jouer la carte de la jeunesse de façon abusive et de laisser entendre par son entourage qu'avoir des liens avec une famille de millionnaires constitue un avantage pour un homme politique. Il dénoncera avec véhémence, comme Wagner d'ailleurs, la réception du 11 janvier au Reine-Élisabeth où se pressent plus de 2 000 partisans de Bourassa.

On parle même, à la veille du congrès, d'une coalition Laporte-Wagner. Les organisateurs de ces deux candidats soutiennent mordicus qu'il y aura un deuxième tour.

Mais ces deux hommes doivent faire face à ce qui ressemble de plus en plus à une vague en faveur de Bourassa. Les médias sont en outre majoritairement sympathiques à l'égard du jeune député de Mercier.

> Chez M. Bourassa, écrit le directeur du *Devoir* Claude Ryan, un premier trait frappe l'observateur : même si l'homme jouit déjà d'appuis chez les militants et les organisateurs libéraux, il n'est pas d'abord un homme de parti au sens étroit du terme. Il est premièrement un politique [...] Ce qui distingue surtout le député de Mercier, c'est sa maîtrise des disciplines qui commandent la politique moderne, et le sens de la mesure.

Michel Roy, également du *Devoir*, va dans le même sens :

> [...] Bourassa a relevé les défis sans recourir aux artifices des fabricants d'image, en restant fidèle à lui-même [...] Sa tournée tend à révéler que la franchise, la simplicité et la spontanéité sont singulièrement rentables. La tranquille assurance du jeune technocrate « qui sait compter » et

annonce des moments difficiles rejoint et impressionne plus qu'on le pensait ceux qui seront appelés à élire le successeur de Jean Lesage.

Dans *La Presse*, les articles sont tout aussi positifs. Gilles Daoust rapporte que « 87 des 117 délégués du Saguenay–Lac-Saint-Jean étaient en faveur de la candidature de Robert Bourassa ». Pierre-C. O'Neil écrira qu'on « sait de M. Bourassa que c'est peut-être lui qui réussirait le mieux à réunir à Québec une équipe nouvelle et dynamique ». Gilles Gariépy formule une hypothèse : « [...] peut-être que le plus jeune député libéral a compris mieux que les autres la véritable humeur des électeurs, à une époque marquée par l'insécurité, le désordre et la stagnation économique ».

The Gazette considère que les déclarations de René Lévesque sont révélatrices de l'avance que détient Bourassa. Ainsi y déclare-t-on : « [...] the opening speech by René Lévesque was largely devoted to a highly critical appraisal of Mr. Robert Bourassa. Mr. Lévesque evidently believes that Mr. Bourassa represents the clearest opposite position to separatism ».

C'est Claude Ryan, dans son éditorial du mercredi 14 janvier, trois jours avant le vote des délégués, qui écrit le texte le plus dithyrambique en faveur de Bourassa.

> M. Bourassa annonce un gouvernement inspiré par le réalisme, la sobriété et la discipline. Cela n'a pas l'air de plaire aux marchands de mythes qui ne voient de vrai que dans la nouveauté. Mais qui oserait nier que ce sont là des thèmes très accordés aux besoins du Québec d'aujourd'hui ? Le fonctionnalisme rationnel de cet homme qui étudie avant de parler, qui sait non seulement compter mais aussi lire, qui tient en toutes circonstances un langage responsable, en fait un homme supérieur à ses deux rivaux.

Cet éditorial contrarie vivement Pierre Laporte : Claude Ryan, espérait-il, se prononcerait en sa faveur, ne serait-ce que par égard pour les 16 ans qu'il avait passés à Québec comme courriériste parlementaire pour *Le Devoir*.

Le réseau mis en place par Paul Desrochers donne toute sa mesure dans les dernières semaines de la campagne ; les 108 responsables de comté font le point le jeudi soir ; le vendredi soir, ils rencontrent les 28 responsables régionaux qui font leurs rapports le samedi matin aux organisateurs Germain Beaudry pour l'est du Québec et Denys Aubé pour Montréal et l'ouest de la province. Le dimanche soir, lors de sa réunion, le comité exécutif de la campagne de Bourassa dispose ainsi des toutes dernières données, compilées évidemment sur l'ordinateur de Desrochers.

Quelques heures avant le vote au Colisée, selon ces données, 967 délégués sur 1 636 devraient voter pour Bourassa, 217 pour Pierre Laporte et 251 en faveur de Claude Wagner. Par ailleurs, 201 délégués ont refusé de se commettre pour qui que ce soit. Pour qu'il n'y ait qu'un tour, il faut que le vainqueur obtienne 819 voix. Le camp Bourassa a donc des raisons d'être confiant.

Mais la tension reste malgré tout extrême dans tous les camps. Les spécialistes ont indiqué une possible marge d'erreur de 15 %. Des délégués peuvent avoir menti aux organisateurs de Paul Desrochers, ou décidé simplement de changer de camp. Ce qui fut effectivement le cas.

Guy Potvin, un employé de Bell Canada, a conçu, en étroite collaboration avec les trois responsables du centre de contrôle, le système de communication du camp Bourassa, le *ops**, installé dans les gradins supérieurs du Colisée. En font partie l'ingénieur Claude Rouleau, Guy Langlois et la secrétaire personnelle de Paul Desrochers, Françoise Gauthier. Les gens du *ops*, d'où ils sont situés, peuvent surveiller tous les délégués, quel que soit le siège qu'ils occupent dans le Colisée. Ils observent aussi, à l'œil nu ou à l'aide de jumelles, les organisateurs des deux autres candidats, leurs démarches éventuelles vers d'autres camps et même l'expression sur leurs visages.

Le *ops* dispose de deux systèmes téléphoniques distincts, au cas où l'un des deux tombe en panne. Ces systèmes sont reliés à sept téléphones. Quatre de ces appareils sont installés parmi les délégués partisans de Bourassa, un dans la loge de celui-ci (qui devait être

---

* *Ops* : Néologisme de Paul Desrochers, qui avait emprunté le terme aux organisateurs d'une campagne présidentielle américaine.

désigné dans les conversations pendant le congrès sous le nom de code « Astérix ») et un autre dans les bureaux de l'organisation, à l'église Sainte-Claire-d'Assise.

Le septième téléphone est placé dans un bureau du Colisée où le service de presse du camp Bourassa peut surveiller toutes les émissions des stations de radio et de télévision se rapportant au congrès, en analyser le contenu, avertir presque instantanément Robert Bourassa et faire rapidement les mises au point nécessaires auprès des journalistes sur le parquet du Colisée.

Beaucoup de délégués à l'intérieur du Colisée ont des transistors et comptent sur la radio pour savoir ce qui se passe. De plus, le *ops* est en communication constante à travers le Colisée avec des personnes équipées de talkies-walkies dont le mandat est de surveiller les autres candidats et les manifestations de leurs partisans, ainsi que de contribuer au succès de celles que *ops* déclenche. Enfin, les 28 responsables régionaux ont des téléavertisseurs ; quand leur appareil sonne, ils doivent courir au téléphone le plus proche et appeler *ops*.

L'avance considérable de Bourassa a évidemment influencé la stratégie adoptée. Il fallait éviter toute déclaration à l'emporte-pièce, qui risquerait de le faire déraper ou qui pourrait donner une prise quelconque aux deux autres candidats. Dans les ateliers ou dans son discours, Bourassa devait s'en tenir aux thèmes qu'il avait eu la possibilité de maîtriser parfaitement pendant cette interminable campagne de quatre mois. Homme de raison, au style caractérisé avant tout par la sobriété, la sérénité et la recherche de l'efficacité, sa prestation confirme pendant les deux jours du congrès l'image qu'il a projetée dans toutes les régions du Québec et qui l'a rendu populaire.

> Nous sommes parmi les sociétés privilégiées de ce monde, déclare-t-il dans son discours du samedi après-midi aux délégués. Nous sommes au cœur du continent technologiquement le plus avancé, continent dont l'effervescence culturelle est extraordinaire. Nous possédons un très haut niveau de compétence et d'efficacité techniques, qui nous permet de relever, si nous le voulons, les défis de cette société.
>
> Sur le plan social, nous sommes à l'affût des développements les plus progressifs de l'histoire.

Sur le plan culturel et linguistique, nous sommes au carrefour des grands courants de la civilisation contemporaine. Cette rencontre de la technique américaine et de la culture française, qui se fait chez nous au Québec, nous donne l'occasion, que nous ne pouvons manquer, de bâtir une société moderne, originale et dynamique. Nous devons édifier une société de l'excellence et être une source d'inspiration et d'exemples pour le reste du pays.

De longues ovations saluent à plusieurs reprises cette allocution qui répond puissamment aux attentes de la foule.

Quant aux discours des deux autres candidats, celui de Wagner a été plus apprécié que celui de Laporte, si l'on en juge par les réactions des délégués.

Le résultat du vote est clair, même s'il s'éloigne quelque peu des prévisions compilées le matin même par l'organisation dirigée par Paul Desrochers.

Finalement, 1 586 délégués ont voté. Robert Bourassa l'emporte avec 843 voix. Claude Wagner obtient 455 voix, un peu plus que la moitié de l'appui obtenu par Bourassa. Pierre Laporte ne remporte que 288 voix, presque trois fois moins que le vainqueur.

Il n'y aura donc pas de deuxième tour. Les délégués ont clairement choisi Robert Bourassa pour diriger les destinées du Parti libéral du Québec.

CHAPITRE 6

Le plus jeune premier ministre du Québec

Ainsi, le grand perdant du congrès est Pierre Laporte. Pourtant, après tous les services rendus à la Province et au Parti libéral, il est convaincu que la succession de Jean Lesage lui revient. Sa campagne a été coûteuse et sa situation financière est maintenant difficile. Il accepte de se rallier au jeune chef, mais le Parti libéral devra assumer en partie ses dettes et celles de ses amis. Ces considérations matérielles n'émeuvent pas beaucoup Bourassa. Ce qui compte pour lui, c'est que Laporte et les nombreux députés qui l'ont appuyé se rallient. Ce qui est primordial à ses yeux, c'est l'unité du parti, car il faut relever avec succès le défi de la campagne électorale imminente. Le jeune chef s'apercevra assez rapidement que les choses ne sont pas toujours faciles.

Pour Claude Wagner, la déception a été brutale. Il pensait réellement avoir des appuis en nombre suffisant pour gagner. Après l'annonce des résultats du vote, le 17 janvier, il est apparu sur tous les écrans du Québec, furieux et amer, résistant à Bryce Mackasey, ministre fédéral du Travail (et député de Verdun à Ottawa), qui le poussait vers l'estrade afin qu'il y prononce quelques mots de ralliement. Il s'enfermera dans un mutisme presque total pour finalement annoncer qu'il prend sa retraite.

Un mois plus tard, le premier ministre Jean-Jacques Bertrand nomme Wagner juge de la Cour des sessions de la paix. Et le même jour, pensant peut-être prendre de court le nouveau chef du Parti libéral, il annonce la tenue d'élections générales le 29 avril.

En fait, Robert Bourassa pousse un double soupir de soulagement.

Ses tentatives discrètes pour établir des contacts avec Wagner
n'ont donné aucun résultat. La rencontre entre les deux hommes,
tenue à l'instigation de Bourassa deux jours après le congrès, a été
cordiale, sans plus, et vague à souhait. La force politique de l'ex-
ministre de la Justice est indéniable : lors du congrès, il a obtenu
l'appui de 455 délégués, plus de la moitié du nombre de ceux qui ont
voté pour Bourassa. Sa base populaire est incontestable. Il inspire
en effet la confiance et apparaît comme un justicier et un pourfen-
deur de la pègre. Bourassa, négociateur dans l'âme, aurait pu à la
rigueur passer l'éponge sur certaines déclarations désagréables, mais
la recherche du compromis risquait d'être épuisante et dangereuse
pour son autorité.

De toute façon, cette recherche de formules acceptables est de
courte durée : Wagner ne rappelle pas quand on essaie de le joindre
au téléphone. Il démissionne en tant que député de Verdun le
16 février 1970, soit un mois après le congrès. Bourassa apprend cette
démission en ouvrant les journaux. En fait, en nommant Wagner
juge, le premier ministre Bertrand tire à Bourassa une belle épine
du pied.

Par ailleurs, en déclenchant des élections aussi rapidement,
Bertrand lui évite de languir dans les frustrations de l'opposition. On
sait en effet que la tâche d'un chef de parti dans l'opposition est
souvent ingrate et que les risques sont grands en termes de perte de
popularité et d'appuis dans l'électorat. En fait, l'annonce des élections
permettra à Bourassa de consolider rapidement l'unité du Parti
libéral, unité fragilisée par quatre mois de campagne de leadership.

Le comportement de Pierre Laporte illustre parfaitement cette
fragilité. Bourassa le nomme à nouveau leader de l'équipe libérale à
l'Assemblée nationale, tâche qu'il assume avec talent. Même s'il a
assuré le nouveau chef du parti de sa loyauté, il réussit, appuyé par
de nombreux députés qui lui ont été fidèles au congrès, à faire reculer
Bourassa sur la réintégration au caucus du député de Gouin Yves
Michaud. On se souvient en effet que Michaud avait quitté le caucus

libéral en raison de son désaccord avec la position de son parti sur le projet de loi 63 qui accordait aux immigrants le droit de faire instruire leurs enfants dans la langue de leur choix.

Quoi qu'il en soit, le Parti libéral est prêt pour la campagne électorale. Bertrand a sous-évalué l'efficacité de la machine politique bâtie par l'organisateur exceptionnel qu'était Paul Desrochers, pour lequel la précédente course au leadership n'avait été qu'une répétition. Les campagnes de financement, menées avec vigueur, ont permis au parti de disposer de moyens financiers substantiels. Les listes de délégués partisans de Bourassa, motivés par la victoire de leur poulain le 17 janvier, sont toujours disponibles. Les réseaux sont toujours en place. Il suffit de les réactiver, ce qui ne sera pas difficile, car tous ces militants n'ont pas eu le temps de rouiller.

Pour la première fois de l'histoire politique du Québec, cinq partis vont se faire la lutte au printemps de 1970 : l'Union nationale, dont le slogan précédent, « Québec d'abord », se transforme en « Québec plus que jamais » ; le Parti libéral du Québec, qui propose le cri de ralliement « Québec au travail » et que Bourassa personnalisera par l'objectif de 100 000 emplois à créer ; le Parti québécois, avec un slogan d'une syllabe, « Oui » ; le Ralliement créditiste du Québec, dont le chef Camille Samson est élu lors d'un congrès tenu en vitesse le 22 mars, soit dix jours après l'annonce des élections générales. Enfin, le Nouveau Parti démocratique du Québec, sous la houlette de Roland Morin, son chef provincial, qui ne présentera que 14 candidats.

À mon retour de vacances, Paul Desrochers me convoque à une réunion au Club canadien : l'organisation doit être remise en place, car des rumeurs d'élections courent. Je retrouve toute l'équipe qui a travaillé pendant quatre mois pour Robert Bourassa pendant sa course au leadership.

Paul Desrochers commande alors un gigantesque sondage dans 30 comtés. On interroge près de 15 000 personnes. Les résultats, entre les mains de Desrochers le 15 mars, trois jours après le déclenchement des élections, constituent une mine de renseignements précieux.

Ainsi apprend-on que le Parti québécois, et non l'Union nationale, est l'adversaire principal des libéraux. Le Parti libéral du Québec arrive en tête avec 18 % des intentions de vote, suivi du Parti québécois avec 14,3 %, puis de l'Union nationale avec 12,6 %. Le Ralliement créditiste du Québec n'obtient que 9,3 %. Cependant, on doit noter le pourcentage important d'indécis : 42,6 %.

Par ailleurs, les problèmes les plus graves auxquels sont confrontés les Québécois viennent dans cet ordre : le chômage, puis l'éducation, l'économie, le niveau des taxes, l'industrialisation et enfin le coût de la vie.

Ce sondage indique également la position respective des partis en lice dans les 30 comtés sélectionnés. Dans huit de ces circonscriptions, le sondage prévoit, à tort, une victoire péquiste ; il s'agit des comtés d'Ahuntsic, Fabre, Joliette, Jonquière, Matapédia, Mercier, Saint-Henri et Terrebonne. On notera que le comté de Robert Bourassa fait partie de la liste : selon les sondeurs, le candidat péquiste, qui n'est nul autre que Pierre Bourgault, devrait défaire Bourassa.

Desrochers ne transmet pas cette triste prévision à Bourassa. Il se contente de le prévenir que la lutte sera serrée et qu'il ne devrait pas tenir son comté pour acquis. Selon Desrochers, ce sondage est un reflet passager de l'électorat de Mercier, comté que Bourassa, pendant la course au leadership, avait peut-être négligé en choisissant plutôt de parcourir toutes les régions du Québec. Le jeune chef va donc consacrer de nombreuses heures à rencontrer ses électeurs. Andrée Bourassa passera elle aussi beaucoup de temps à faire des rencontres et du porte-à-porte : sa présence simple et chaleureuse a certainement beaucoup aidé son mari. C'est sans doute finalement cette intense présence dans sa circonscription qui permettra à Bourassa de faire mentir le sondage.

Les préoccupations populaires — développement économique et crainte du chômage — correspondent bien aux propres pôles d'intérêt de Bourassa. Le développement économique avait été, rappelons-le, le thème dominant de Bourassa pendant les quatre longs mois de la campagne au leadership. On le savait maintenant à l'aise pour faire valoir des formules et des solutions pour le Québec, non seulement pour l'ensemble de la province, mais également pour chacune des régions.

Deux autres sondages, celui de l'IQOP en mars et celui du journal *Le Soleil* en avril, viennent indiquer l'avance solide de Bourassa sur les autres chefs de parti. Et dire qu'il n'est chef du Parti libéral du Québec que depuis moins de trois mois!

Encouragé par ces sondages, Bourassa continue ses efforts pour renouveler l'équipe libérale. Mais la tâche ne se révèle pas facile: ceux qui sont approchés par Bourassa et ses collaborateurs immédiats ignorent la faiblesse de l'Union nationale. Ses organisateurs, tels André Lagarde, Jean Bruneau ou Fernand Lafontaine, sont considérés comme des hommes rusés et expérimentés. Par ailleurs, Bourassa est un homme nouveau, et ce statut comporte bien des avantages mais également des inconvénients: n'encourt-on pas un risque à tout laisser tomber pour se joindre à un homme politique, encore très jeune, qui n'a jamais été au pouvoir et dont on ne connaît pas la résistance aux tensions de la vie politique?

Ont ainsi refusé Mario Cardinal, à l'époque superviseur de l'émission *Présent* à Radio-Canada, Paul Gérin-Lajoie, ancien ministre de l'Éducation devenu haut fonctionnaire fédéral, Jean-Paul Gignac, président de Sidbec, Pierre Nadeau, de Radio-Canada, André Raynault, professeur d'économie à l'Université de Montréal et membre de la commission sur le bilinguisme et le biculturalisme, Guy Rocher, professeur de sociologie à l'Université de Montréal et ancien membre de la Commission Parent sur l'éducation, Alfred Rouleau, président du Conseil de coopération du Mouvement coopératif Desjardins, Lucien Saulnier, président du Comité exécutif de Montréal, et la journaliste Jeanne Sauvé.

Détenteur d'une carte de membre du Parti travailliste alors qu'il étudiait à Oxford, Bourassa n'hésite pas à proposer une circonscription à des vedettes de la gauche québécoise comme Charles Taylor et Robert Cliche. Sans succès.

Par contre, certains refusent de céder leur place. Le cas de Jean-Noël Lavoie en est un bel exemple. Défait comme candidat à la mairie de la nouvelle ville de Laval le 2 novembre 1969 après avoir démissionné comme député à Québec une semaine auparavant, Lavoie, qui est très populaire dans l'ouest de l'île Jésus, décide de se représenter dans la circonscription de Laval le 29 avril 1970. Il va voir Paul Desrochers, qui lui déclare que, puisqu'il n'est plus député, il va devoir subir une « convention ». « Pas de problème », lui répond Lavoie qui est, à juste titre, sûr de son affaire.

Sauf que, quelques jours avant que ne se tienne cette assemblée d'investiture, Lavoie reçoit un appel de Claude Rouleau, l'un des organisateurs très proches de Bourassa. Rouleau lui demande de se retirer comme candidat dans la circonscription de Laval pour laisser la place à une vedette montante. « À quelle vedette ? » demande Lavoie. Rouleau mentionne alors le Dr François Cloutier ou le sociologue Guy Rocher. « Que Bourassa me téléphone », lui déclare simplement Lavoie, tout en constatant que l'injuste campagne de dénigrement menée contre lui par l'Union nationale dans l'île Jésus a quand même réussi à faire effet sur des libéraux.

Le lendemain, Lavoie reçoit effectivement un appel de Bourassa. Il lui rappelle que l'assemblée d'investiture dans Laval a lieu la semaine suivante, que trois candidats sont sur les rangs et qu'il faudra donc faire la même démarche auprès des deux autres. « Laissez donc passer la convention, suggère Lavoie. Je suis sûr de la gagner. Ensuite, vous n'aurez à négocier qu'avec moi… », ce que Bourassa accepte.

Lavoie remporte la victoire avec 80 % du vote des quelque 400 militants présents. Cette majorité substantielle a dû calmer bien des appétits. En tout cas, elle impressionne Bourassa qui n'a jamais rappelé Lavoie avant l'élection. Mieux, à la formation de son cabinet en mai 1970, le premier ministre propose Lavoie comme président de l'Assemblée nationale, fonction qu'il assumera avec brio et imagination jusqu'en décembre 1976.

Bona Arsenault est un autre dur à cuire qui ne se laisse pas facilement émouvoir. Ce vieux renard de la politique fédérale et provinciale remporte haut la main la victoire lors d'une assemblée d'investiture que Desrochers lui a imposée sous d'obscurs prétextes dans son comté de Matapédia. Bona, comme tout le monde l'appelait, fera même mordre la poussière à Doris Lussier, candidat-vedette du Parti québécois.

Bourassa et Desrochers travaillent donc fort au renouvellement de la députation. Leurs efforts donnent des résultats ; le Dr François Cloutier, connu pour son émission de radio *Un homme vous écoute,* remplacera dans Ahuntsic Jean-Paul Lefebvre qui ne se représente pas. L'actuaire Claude Castonguay sera candidat dans Louis-Hébert, comté laissé vacant par Jean Lesage qui se retire de la vie politique. L'ingénieur Guy Saint-Pierre succédera dans Verchères à Guy Lechasseur, nommé à la magistrature. Kevin Drummond, chef de cabinet du président du Conseil du Trésor à Ottawa, défendra les couleurs libérales dans Westmount à la place de Richard Hyde qui sera nommé juge à la Cour provinciale. L'informaticien Paul Berthiaume sera candidat dans Napierville-Laprairie, Laurier Baillargeon ne s'y représentant pas.

Finalement, l'objectif du renouvellement de l'équipe est atteint : Bourassa présente 73 nouveaux candidats, soit plus des deux tiers, dans les 108 comtés que compte le Québec en avril 1970.

Ayant été chargé des communications de l'équipe Bourassa pendant la course au leadership, j'avais évidemment réfléchi, avant même l'annonce des élections, aux moyens à mettre en œuvre pour gagner la deuxième étape, à savoir la campagne électorale. Comme les ressources financières d'un parti en campagne ne sont pas illimitées, le problème fondamental consistait à maximiser le rapport coût/bénéfice après avoir soigneusement analysé le contexte.

On sait que dans toute opération de communication, deux éléments sont fondamentaux : le message et le médium.

Entre l'annonce et la date des élections, les candidats disposaient de 46 jours. Il fallait donc, pour vaincre, utiliser au maximum cette période de moins de sept semaines en tenant compte de trois facteurs :

- Bourassa est plus populaire que le parti qu'il dirige maintenant.
- La classe politique (députés, membres des associations de comté, médias spécialisés) connaît Bourassa, mais pas ses priorités en

tant que premier ministre du Québec ; elle n'a qu'une faible idée
de la composition de la nouvelle équipe qui l'entoure.
- La population n'a pas eu l'occasion de se familiariser avec Bourassa,
   si ce n'est par la couverture, partagée avec Laporte et Wagner, que
   les médias ont accordée au congrès de leadership libéral. L'électeur
   moyen ne connaît pas du tout la nouvelle équipe de Bourassa.

Pour déterminer le message, nous devions donc mettre l'accent
sur Bourassa, ensuite faire connaître à la classe politique sa philosophie et son programme de gouvernement, enfin faire en sorte que
Bourassa rejoigne lui-même les électeurs de la manière la plus efficace
possible.

Quant au médium, il faudrait moduler l'approche en gardant
toutefois l'attention sur Bourassa.

Pour convaincre la classe politique, cette modulation va prendre
la forme d'un livre de 126 pages, illustré d'une dizaine de photos, et
qui porte le titre *Bourassa/Québec* et le sous-titre *Nous gouvernerons
ensemble une société prospère*.

L'ouvrage, publié aux Éditions de l'Homme, fait l'objet d'un lancement quasi simultané à Montréal et à Québec. Tous les directeurs de
médias, rédacteurs en chef, éditorialistes, chroniqueurs politiques,
tous les « *spinners* » comme on dirait maintenant, en reçoivent un
exemplaire. Une pleine page publicitaire annonçant le livre paraît dans
les quotidiens du samedi 4 avril. De plus, un exemplaire est envoyé à
tous les membres des conseils de direction des associations libérales
de comté. Une table recouverte de piles de livres est placée à l'entrée
de toutes les assemblées et réunions auxquelles Bourassa participe.

Bourassa/Québec fait connaître ses prises de position, les lignes
de force de sa pensée politique, et les orientations que prendrait un
gouvernement sous sa direction. Après une introduction de Claude
Castonguay, onze chapitres précisent les points de vue du nouveau
chef du Parti libéral tels qu'il les a lui-même exposés en différentes
circonstances. Ces chapitres portent sur la priorité (le développement
économique) et les objectifs d'un gouvernement Bourassa, le fédéralisme, la question linguistique, la dimension sociale du Québec

d'aujourd'hui, le développement économique, les partis politiques, le Parlement, la fonction publique, la jeunesse, les fondements d'un véritable gouvernement démocratique et, enfin, les nouvelles dimensions de la société québécoise.

La critique de Claude Ryan, dans *Le Devoir* du 2 avril, signale quelques faiblesses, mais est favorable au livre :

> [...] Depuis son entrée dans la vie politique, M. Bourassa s'est révélé un homme studieux, possédant une intégrité intellectuelle remarquable, et entièrement dévoué au bien public. Dans les pages qu'il vient de livrer au public, on le retrouve tel qu'il est, avec son langage sobre et précis, avec sa courtoisie exemplaire, avec son souci des chiffres et des faits, avec son irénisme* un peu facile qui procède probablement plus de sa bonté foncière que d'un refus systématique de regarder les choses en face...

Et Ryan conclut ainsi :

> Il n'est pas trop tôt, cependant, pour souligner l'excellente contribution que le volume de M. Bourassa apporte au dialogue politique, à un moment où celui-ci a plus que jamais besoin de se nourrir d'idées.

Un livre est certainement une bonne façon de rejoindre une partie de l'électorat, du moins celle qui lit. Le président Kennedy, par exemple, avait lancé *Profiles in Courage* lors de sa campagne présidentielle et, au Canada même, Pierre Trudeau, aidé de Gérard Pelletier, a publié, en janvier 1968 pour sa campagne de leadership, un recueil de huit textes, *Le fédéralisme et la société canadienne-française*. Mais il faut beaucoup plus pour rejoindre l'ensemble de l'électorat.

Les nouvelles technologies de communication ont-elles quelque chose à offrir en ce printemps 1970 ? En tant que communicateur, je me pose la question et constate l'apparition régulière de nouveaux procédés qui permettent aux hommes politiques d'informer plus efficacement leurs électeurs. Les modalités du débat télévisé mises

---

* Le *Larousse encyclopédique* 1997 définit l'irénisme comme une attitude de compréhension adoptée entre chrétiens de confessions différentes pour étudier les problèmes qui les séparent. Du grec « eirênê » qui veut dire « paix ».

au point par un Maurice Leroux ou par un Jean Loiselle, ou l'utilisation intensive de l'agence d'acheminement de nouvelles Telbec par un Paul Gros d'Aillon ont certainement constitué des étapes importantes de la communication politique au Québec. Encore fallait-il trouver quelque chose qui place Bourassa en prise directe avec l'électeur québécois. En tombant par hasard, dans une librairie de la Place Ville-Marie, sur l'ouvrage *The Selling of the President 1968*, du journaliste Joe McGinnis, je viens de trouver la formule : les assemblées électroniques !

Le principe de cette formule est simple : au lieu de faire l'assemblée populaire du parti en campagne dans un aréna ou un sous-sol d'église, on tient plutôt cette assemblée dans le plus grand studio de télévision de la région. Pour ce faire, il suffit d'en négocier la location pour quelques heures avec la station de télévision privée de la région, ainsi que l'engagement, sur une base horaire, du personnel professionnel de la station nécessaire à la production de l'émission, d'une durée de 60 ou 90 minutes selon le cas. Il faut aussi évidemment acheter le temps d'antenne nécessaire à la diffusion, ainsi que quelques annonces de 15 secondes pour informer l'auditoire du jour et de l'heure de l'émission.

Les avantages de la formule sont nombreux : on obtient un produit télévisuel dont la qualité est impeccable. Les gens de la région reconnaissent les notables, leurs voisins, leurs amis et leurs parents sur l'écran. Les questions portent sur des sujets d'intérêt local, qui passionnent bien souvent l'électeur en région beaucoup plus que les grands thèmes nationaux. Les téléspectateurs voient le chef du Parti libéral aux côtés des candidats libéraux de leur région, discutant de leurs problèmes et des solutions qu'ils proposent. On rejoint d'un seul coup des dizaines, et même dans les grands centres, des centaines de milliers de personnes.

Les questions sont préparées avec les responsables libéraux de la région et doivent évidemment porter en bonne partie sur des problèmes locaux. Des militants connus localement et qui savent s'exprimer posent ces questions. Bien préparés, le chef et les candidats répondent à tour de rôle avec vigueur et assurance, en faisant valoir les orientations et les solutions proposées localement par le Parti libéral, conformément aux grandes lignes que l'on retrouve dans le programme officiel du parti.

Ces enregistrements, préparés soigneusement, se déroulent sans anicroche, et même dans la bonne humeur. Bourassa, tout sou-riant, prend manifestement plaisir à retrouver des gens qu'il a souvent déjà rencontrés au cours de ses pérégrinations à travers le Québec aussi bien comme député que comme candidat au leadership du parti.

Cette formule, j'en suis convaincu, a atteint pleinement l'objectif fixé : faire connaître Robert Bourassa aux millions de Québécois qui n'avaient eu que peu d'occasions de le voir et de l'entendre, leur pré-senter l'équipe libérale (avec ses 73 nouveaux candidats) qui appuie le nouveau chef dans cette campagne, et sensibiliser la population aussi bien aux grandes lignes du programme libéral qu'aux solutions proposées pour résoudre les problèmes respectifs des régions.

Ces assemblées électroniques ont complètement transformé la communication politique sur un territoire aussi vaste que celui du Québec. Elles ont eu une tout autre portée que les assemblées popu-laires traditionnelles, même les plus réussies, que les autres partis se sont efforcés de tenir : les maisons spécialisées dans l'évaluation des cotes d'écoute rapportent des auditoires allant jusqu'à 100 000 personnes dans les centres régionaux moyens, 300 000 à Québec et 450 000 à Montréal.

Par ailleurs, on envoie aux stations de télévision pendant les derniers 21 jours de la campagne des bulletins télévisés tournés par Roger Morride, cinéaste de talent recruté par le Parti libéral. Morride et son preneur de son suivent le chef du parti dans ses principaux déplacements. À la fin de la journée, ils expédient rapidement films et bandes sonores à un monteur expérimenté, préparent au cours de la soirée un bulletin télévisuel de deux à trois minutes que l'on fait parvenir pendant la nuit par les moyens les plus rapides à toutes les stations de télévision du Québec.

Il s'agit en quelque sorte de communiqués télévisuels que les stations peuvent utiliser ou non, exactement comme les communi-qués écrits qu'elles reçoivent par l'agence Telbec. Ces films montrent

Bourassa, entouré des candidats libéraux de la région visitée, en train d'exposer avec dynamisme le sujet qui a été choisi comme thème de la journée. Les stations en région, dont les moyens sont limités, se servent volontiers de ces bulletins télévisuels. Radio-Canada, par contre, suit Bourassa avec sa propre équipe de télévision. Le message politique de Bourassa est également véhiculé à la télévision privée, mais par des moyens plus traditionnels.

Pendant les six semaines de la campagne, trois messages de 60 secondes font connaître quotidiennement la position de Bourassa et de quelques-uns de ses candidats sur différents sujets. Pendant les quatre dernières semaines, les stations diffusent chaque jour un message de cinq minutes de Bourassa et de certains de ses candidats. Cinq émissions thématiques de 15 minutes sont préparées et diffusées à raison d'une par semaine pendant les cinq dernières semaines de la campagne. Enfin, deux émissions de 30 minutes sont diffusées les 13 et 27 avril dans toutes les stations francophones privées situées en région, à l'exception donc de Télé-Métropole. Leur objectif est d'assurer une présence vigoureuse de Bourassa et du Parti libéral dans les comtés ruraux où, selon certaines indications, l'Union nationale et les créditistes travaillent très activement.

Les anglophones ne sont pas oubliés. En 1970, quatre stations privées de télévision sont de langue anglaise. Un message d'une minute est diffusé chaque jour sur les ondes de ces stations pendant les six semaines que dure la campagne. Une entrevue de 15 minutes est également diffusée dans le courant de la semaine du 6 avril.

Enfin, la télévision de Radio-Canada met six périodes gratuites de 15 minutes à la disposition du Parti libéral entre le 9 et le 27 avril.

Par ailleurs, pendant la campagne, les journalistes de la télévision demandent de nombreuses entrevues à Bourassa, qui les accepte toutes, malgré un horaire très chargé. Sa disponibilité pour la télévision est en effet totale. Depuis la campagne de leadership, il a maîtrisé ce médium au point d'être parfaitement à l'aise devant les caméras. On sait que l'impact de quelques minutes à la télévision n'a aucune commune mesure, en termes d'efficacité, avec le temps passé par exemple à faire du porte-à-porte ou à participer à des assemblées de cuisine. Bourassa insiste cependant pour utiliser ces deux méthodes traditionnelles, avec l'aide de son épouse, dans son comté de Mercier. Avec raison, car tous les efforts doivent être déployés dans ce comté où le candidat péquiste Pierre Bourgault, orateur passionné, lui fait une dure lutte.

Enfin, on utilise la radio de façon intensive. En 1970, on compte 46 stations de radio francophones privées et onze stations anglophones, y compris celles d'Ottawa et de Pembroke que beaucoup de résidents du Québec écoutent.

On divise le Québec radiophonique en 12 régions. Pour chaque région, Bourassa enregistre 10 messages différents, soit 120 textes de 60 secondes chacun. Jean Riendeau, connu à l'époque sous le surnom de « la voix d'or de CJMS », agit à mes côtés comme conseiller. Les 120 messages sont enregistrés par Bourassa en partie à CJMS à Montréal et en partie à CJRP à Québec. Le chef du parti manifeste comme d'habitude sa patience orientale au cours de ce processus un peu fastidieux.

On augmente peu à peu la fréquence de diffusion de ces messages. Si bien que, pendant les deux derniers jours où la publicité est autorisée sur les ondes, soit les 26 et 27 avril, les 46 stations francophones diffusent chacune 14 messages différents par jour. Du côté anglophone, les 11 stations diffusent chaque jour un message, puis pendant les quatre derniers jours de la campagne, deux messages par jour.

Pour l'information de l'ensemble de l'électorat, le programme du Parti libéral a pour titre *Québec au travail*. Ce document de 54 pages, présenté sous la signature de Bourassa, est rédigé dans un style sobre et dépouillé. En introduction, on y lit ceci :

> Les grands thèmes qui ont inspiré ce programme de gestion des affaires québécoises pour les années 1970 sont le progrès économique et social, l'efficacité administrative, la dignité de l'homme québécois et le développement harmonieux de son identité culturelle. La nouvelle équipe libérale veut s'engager par ce programme réaliste à bâtir au Québec une société moderne, originale et dynamique.

Les objectifs du Parti libéral sont regroupés sous cinq titres : le développement économique, le progrès social, l'épanouissement culturel, le renouveau politique et l'avenir du Québec.

Il est intéressant de prendre connaissance de cette dernière partie, dont Bourassa a pesé et soupesé chaque mot en sachant fort bien que ses adversaires allaient se lancer dans une exégèse minutieuse de son texte.

Le 29 avril 1970, les Québécois décideront de leur avenir. Alors que certains veulent détruire le régime actuel pour nous plonger dans l'aventurisme et l'inconnu, alors que d'autres tergiversent sans savoir où ils vont ni ce qu'ils veulent, le Parti libéral du Québec s'engage à miser positivement sur un véritable fédéralisme.

Essentiellement québécois, entièrement consacré aux seuls intérêts du Québec, le Parti libéral opte sans équivoque pour le maintien du régime fédéral dont la souplesse en fait le système le plus efficace et le plus apte à garantir la réalisation des objectifs fondamentaux du Québec. [...]

Le Parti libéral du Québec croit que ce fédéralisme doit tenir compte du fait que le Québec a des problèmes et des objectifs sociaux et culturels souvent différents et distincts de ceux du reste du Canada. Le régime fédéral canadien doit donc tenir compte de ces différences et de cette identité culturelle et linguistique qui confèrent au Québec une vocation distincte dans l'ensemble fédéral.

Le Québec doit détenir, à l'intérieur de ce régime, tous les pouvoirs fiscaux et économiques nécessaires à la réalisation de ses objectifs propres sur le plan social et culturel.

Le Parti libéral du Québec s'engage donc publiquement à rechercher en priorité un partage nouveau, plus moderne et plus juste, des ressources fiscales et des pouvoirs nécessaires à l'épanouissement économique, social et culturel de la collectivité québécoise, conformément à sa politique constitutionnelle, notamment dans les domaines de la radio et de la télévision, de l'immigration, de la sécurité sociale, de la fiscalité et du développement économique.

C'est avec sérieux, compétence et détermination que le Parti libéral du Québec s'engage à entamer, avec le gouvernement fédéral et les autres provinces, des négociations serrées qui mèneront à ce réaménagement des compétences législatives propres à chacun des niveaux de gouvernement.

Les dernières journées de la campagne se font sur un rythme endiablé. Bourassa fait preuve d'une résistance physique remarquable, et respecte l'horaire de plus en plus lourd que les responsables de sa tournée, rue Gilford, lui proposent. L'optimisme, il est vrai, règne car les sondages sont encourageants ; la maison CROP donne les libéraux en avance dans ses sondages du 18 avril et du 25 avril.

Le jour de l'élection arrive enfin. Le Parti libéral du Québec s'empare de 72 comtés, sur 108, avec 45,3 % du vote, l'Union nationale ne prend que 17 comtés avec 19,6 % d'appuis, les créditistes sont vainqueurs dans 12 comtés avec seulement 11,19 % du vote tandis que le Parti québécois se retrouve avec sept députés même s'il remporte 23,06 % du vote.

Sur ces 72 députés libéraux, 37 n'ont jamais siégé à l'Assemblée nationale. C'est plus de la moitié. Le souhait de Bourassa est donc exaucé : il a réussi à largement renouveler la députation libérale tout en maintenant une certaine continuité puisque, sur les 35 députés réélus, 3 députés le sont depuis 1956, 9 depuis 1960 (ou 1961 dans les cas de Pierre Laporte et de Marie-Claire Kirkland), 8 depuis 1962, et 15 depuis 1966 (ou 1968 dans le cas de William Tetley).

Malgré la lutte inlassable menée contre lui, Bourassa gagne son comté de Mercier avec 15 379 voix, soit une belle majorité de 3 064 voix sur Pierre Bourgault qui obtient tout de même 12 315 voix. Le candidat de l'Union nationale Conrad Touchette, que Bourassa avait déjà battu en 1966, n'a que 4 065 voix.

Lors de son premier déplacement au cours de la soirée, Bourassa va remercier ses organisateurs du comté de Mercier qui l'attendent rue Saint-Denis. La rencontre est à la fois brève, émouvante et enthousiaste. Pierre Bourgault avait, de son côté, mené une campagne énergique et, la veille du scrutin, le quotidien *Montréal-Matin*, propriété de l'Union nationale, avait même publié un soi-disant sondage selon lequel Bourgault détenait une avance, bien que faible, sur le chef du Parti libéral.

Bourassa déclare alors à ses militants du comté de Mercier :

Jamais je n'oublierai cette victoire éclatante dans mon comté. Je sais quels efforts vous avez dû déployer pour multiplier par six ma majorité de 1966, alors que ma campagne provinciale m'obligeait à m'absenter du comté. J'ai toujours affiché ma fierté de pouvoir représenter Mercier, un comté typique composé en majorité de travailleurs.

Puis le nouveau premier ministre du Québec, accompagné de sa femme, se rend vers 22 heures au local de la Fraternité des policiers où les militants lui réservent une ovation monstre.

Robert Bourassa, à 36 ans, va devenir officiellement le plus jeune des 22 premiers ministres que le Québec a élus depuis Pierre-Joseph-Olivier Chauveau en 1867.

CHAPITRE 7

Le défi du pouvoir

Entre le jour de la victoire, le 29 avril, et celui de l'assermentation des nouveaux ministres, le 12 mai, Bourassa est intensément occupé : passation du pouvoir, nomination des membres de son cabinet personnel, choix des membres du nouveau Conseil des ministres et expédition, conjointement avec son prédécesseur Jean-Jacques Bertrand et le secrétaire général du gouvernement Julien Chouinard, des dossiers urgents.

Le surlendemain des élections, Desrochers m'informe que Robert Bourassa souhaite que je devienne le directeur de l'Information du Conseil exécutif, c'est-à-dire du ministère du premier ministre. Je ne pouvais pas évidemment refuser un tel défi. Desrochers me donne alors rendez-vous à Québec le lundi 4 mai pour une séance de travail.

Il faut gérer la transition d'un gouvernement à l'autre et préparer la présentation du nouveau cabinet des ministres. Tout naturellement, Bourassa veut que le choix des ministres reflète les priorités dont il a parlé pendant la course au leadership et la campagne électorale.

D'emblée, je lui propose qu'il fasse lui-même la présentation de son équipe à la télévision : beaucoup de noms et de visages seront inconnus et il faut les faire connaître le plus rapidement possible à la population. Bourassa accepte cette formule, et je prends les arrangements nécessaires avec les réseaux. On décide que cette émission sera diffusée en direct le 12 mai à 17 heures dans le décor prestigieux du Salon rouge de l'Assemblée nationale.

Vers quatre heures de l'après-midi du 12 mai, Bourassa se rend chez le lieutenant-gouverneur pour l'assermentation des membres du nouveau cabinet. Cette formalité remplie, il se rend ensuite au Salon rouge, rempli au maximum et ruisselant pour la première fois de la lumière éclatante des projecteurs de la télévision.

Dans son discours il fait valoir qu'une nouvelle génération accède à la direction des affaires au Québec. Son équipe est probablement la plus jeune de l'histoire du Québec, puisque neuf de ses membres, y compris lui-même, sont âgés de 40 ans ou moins. Mais l'équipe compte aussi quatre ministres qui ont fait leurs preuves de 1960 à 1966, soit Pierre Laporte, Bernard Pinard, Gérard D. Levesque et Marie-Claire Kirkland.

Le premier ministre annonce alors les noms de ses ministres et signale qu'il a l'intention d'être pour un certain temps ministre des Finances. Puis, au fur et à mesure que Bourassa prononce leurs noms et leurs titres, les ministres pénètrent l'un après l'autre dans l'éclatante clarté du Salon rouge et vont s'asseoir en face du premier ministre.

C'est ainsi que l'auditoire et les téléspectateurs apprennent que Pierre Laporte, 49 ans, devient ministre du Travail et de la Main-d'œuvre et ministre de l'Immigration, ainsi que leader du gouvernement à l'Assemblée nationale. Aspirant malheureux à la direction du Parti libéral quatre mois plus tôt, son dynamisme et son expérience lui permettaient d'être en tête de la liste protocolaire des ministres. Ministre des Affaires municipales de 1962 à 1966 et ministre des Affaires culturelles de 1964 à 1966, homme d'une grande éloquence, Pierre Laporte était aussi un stratège parlementaire redoutable.

Bernard Pinard, 47 ans, devient ministre de la Voirie, fonction qu'il a déjà occupée pendant six ans sous Jean Lesage. Bourassa rend ainsi hommage à l'architecte du réseau routier du Québec.

Gérard D. Levesque, 44 ans, avait réussi à déjouer les assauts de la machine électorale de l'Union nationale en se faisant élire en 1956 dans Bonaventure alors qu'il n'avait que 30 ans. Bourassa lui redonne le portefeuille qu'il détenait en 1966, celui de l'Industrie et du

Commerce, et le nomme également ministre des Affaires intergouvernementales.

Marie-Claire Kirkland, 45 ans, est nommée ministre du Tourisme, de la Chasse et de la Pêche. Première femme élue au Parlement de Québec lors d'une élection partielle tenue dans Jacques-Cartier en décembre 1961, elle avait été également la première femme ministre au Québec en 1962.

Claude Castonguay, 41 ans, actuaire de renom et conseiller respecté du Gouvernement du Québec, devient ministre de la Santé et ministre de la Famille et du Bien-être social.

Jérôme Choquette, 42 ans, juriste et économiste, élu en 1966, se voit confier les portefeuilles de la Justice et des Institutions financières. Guy Saint-Pierre, 41 ans, ingénieur, est nommé ministre de l'Éducation. Raymond Garneau, 35 ans, administrateur et économiste, ancien chef de cabinet de Jean Lesage, devient ministre de la Fonction publique et adjoint au ministre des Finances.

Maurice Tessier, 58 ans, est le doyen du cabinet. Avocat, maire de Rimouski depuis 1961, élu en 1966 à Québec, Bourassa lui confie les portefeuilles des Affaires municipales et des Travaux publics. William Tetley, 43 ans, obtient la responsabilité du ministère du Revenu. Normand Toupin, 36 ans, devient ministre de l'Agriculture. Kevin Drummond, 38 ans, sera responsable des Terres et forêts. Georges-E. Tremblay, 42 ans, reçoit le portefeuille des Transports.

François Cloutier, 48 ans, psychiatre, bien connu en tant qu'animateur de l'émission *Un homme vous écoute* à Radio-Canada, devient ministre des Affaires culturelles. Jean-Paul L'Allier, 32 ans, juriste, assume la responsabilité des Communications ; il sera également responsable du Haut-Commissariat à la Jeunesse, aux Loisirs et aux Sports, ainsi que chargé de l'Office franco-québécois, dont il est le secrétaire depuis 1968.

Enfin, Bourassa nomme cinq ministres d'État, soit Oswald Parent, 40 ans ; Gérald Harvey, 42 ans, à la Famille et au Bien-être social ; Victor C. Goldbloom, 46 ans ; Claude Simard, 31 ans, son beau-frère, à l'Industrie et au Commerce, et Robert Quenneville, 48 ans, à la Santé.

Le premier ministre annonce également qu'il va recommander à l'Assemblée nationale de choisir Jean-Noël Lavoie, 42 ans, député de Laval, comme président de l'Assemblée nationale le 9 juin lors de l'ouverture de la session, ce qui fut accepté par les trois autres partis.

Dans ce cabinet de vingt-deux ministres, dix viennent d'être élus quinze jours auparavant: mêlant le sang nouveau et l'expérience politique, Bourassa estime qu'il a tenu ses promesses de la campagne électorale sur l'efficacité et le renouveau du gouvernement.

Bourassa procède également sans délai au choix de son entourage immédiat et en fait l'annonce le 27 mai. Prudent, il fait confiance à des gens qu'il a eu l'occasion de voir à l'œuvre pendant la course au leadership et pendant la campagne électorale.

Paul Desrochers, 50 ans, dont il a déjà été souvent question, est nommé conseiller spécial. Détenteur d'un MBA de l'Université Columbia de New York, ancien président de la Fédération des commissions scolaires du Québec, spécialiste de la restructuration d'entreprises, homme de confiance de Lesage, puis de Bourassa, c'est un organisateur remarquable dont la réserve apparente cache une efficacité redoutable pour ceux qui ont le malheur de se trouver sur son chemin.

Guy Langlois, 27 ans, de Terrebonne, diplômé de Harvard, devient son chef de cabinet. Il est ainsi le sous-ministre du Conseil exécutif, dont relèvent l'Office de planification et de développement u Québec et la Commission d'enquête sur le statut de la langue française au Québec. Rompu au monde des affaires malgré son jeune âge, il a un beau défi à relever: aider le premier ministre à réaliser son ambitieux objectif de créer 100 000 emplois en 1971.

Jean Prieur, 29 ans, devient chef de cabinet adjoint. Individu original, véritable boute-en-train, il excelle dans l'analyse politique. Après avoir pratiqué le droit à Montréal chez Martineau Walker, il devient adjoint spécial au bureau du premier ministre du Canada. Il n'hésite pas à quitter ce poste prestigieux pour se joindre en septembre 1969 aux Amis de Robert Bourassa.

Jean-Claude Rivest, 27 ans, devient le secrétaire exécutif du premier ministre. Licencié en droit, il détient une maîtrise en droit public, option droit administratif et constitutionnel de l'Université de Montréal ; il a occupé le poste de secrétaire particulier de Jean Lesage à partir de novembre 1967. Il devient en 1969 directeur du Centre de recherche et de documentation de l'Opposition à l'Assemblée nationale. Esprit brillant, maniant admirablement l'humour et l'ironie, ses conseils sont régulièrement recherchés par Bourassa.

Le premier ministre me confirme à la direction de l'Information du Conseil exécutif. Après des études en droit et en sciences politiques à Paris, en sciences économiques à Montréal, suivies de quelques années dans le journalisme et à la Bourse, j'ai fait mes premières armes dans le monde politique en 1964 en tant que directeur du cabinet du ministre Eric Kierans au Revenu, puis à la Santé. Bourassa m'avait chargé des communications pendant sa campagne au leadership et pendant la campagne électorale. J'avais alors 40 ans.

Pierre Grenier, 25 ans, devient secrétaire particulier du premier ministre. Il s'était spécialisé aux HEC dans l'administration du personnel et les relations humaines. Claude Trudel, 28 ans, est nommé secrétaire administratif du premier ministre. Il détient une maîtrise en administration publique de la London School of Economics and Political Science, en Angleterre.

En annonçant la composition de son bureau, Bourassa a déclaré qu'il avait recruté une équipe de jeunes administrateurs qui possédaient déjà une expérience variée dans plusieurs domaines de l'administration tant publique que privée. De plus, avec l'intention manifeste de faire contrepoids au Parti québécois qui prétendait que les jeunes l'appuyaient en masse, il souligne que la moyenne d'âge du personnel de son bureau est de 32 ans. Jean-Claude Rivest, qui n'a jamais pu résister au plaisir de faire une blague, ne se gênait pas d'ailleurs pour souligner à qui voulait l'entendre que cette moyenne d'âge aurait pu être encore plus impressionnante s'il n'y avait pas eu Paul Desrochers et… Charles Denis.

Les défis ne manquent pas pour le nouveau gouvernement. Il faut être prêt pour la nouvelle session qui va s'ouvrir le 9 juin, moins d'un mois après l'assermentation des nouveaux ministres. Cette première session devait être assez courte puisque le 17 juillet elle fut ajournée au 27 octobre.

On se souviendra que Jean-Jacques Bertrand avait déclenché le 12 mars l'élection générale pour le 29 avril 1970 sans présenter de budget, ce que Bourassa lui avait d'ailleurs abondamment reproché pendant la campagne en l'accusant de manquer de transparence quant à la situation financière du Québec.

S'étant réservé le portefeuille des Finances justement pour gérer à sa guise la préparation de son premier budget, le premier ministre consacre de nombreuses heures en compagnie de Raymond Garneau à la rédaction de ce document fondamental. Lors de la présentation de son budget à l'Assemblée nationale, il a du mal à cacher sa satisfaction lorsqu'il annonce qu'il n'y aura pas de hausse de taxes pour la nouvelle année fiscale. Pour lui, c'est une façon concrète de démontrer son expertise en matière de finances publiques. Il souligne également que le nouveau gouvernement a dû effectuer en un très court laps de temps une révision complète des estimations budgétaires.

Bourassa avait déclaré dans son discours d'ouverture le 9 juin que la session qui commençait serait sous le signe de l'efficacité et de la productivité et qu'elle aurait comme objectif principal de régler un certain nombre d'urgences.

L'activité intense de la session confirme les paroles du premier ministre : 36 projets de loi sont proposés et adoptés en 19 jours, soit une moyenne de presque 2 projets de loi par jour. Sur ces 36 projets de loi, 5 seulement avaient été déposés par le gouvernement Bertrand. Sur ce nombre, 2 sont remaniés en profondeur, soit le projet de loi n° 8 sur l'assurance-maladie et le projet de loi n° 3 qui devait permettre aux caisses populaires de participer, plus activement que dans le projet de loi du gouvernement de l'Union nationale, à l'essor industriel du Québec.

Les relations fédérales-provinciales exigent immédiatement l'attention du nouveau premier ministre. Le 4 mai, soit quatre jours après l'élection, le Comité permanent des questions fiscales et économiques se réunit à Ottawa afin de déterminer l'ordre du jour de la conférence des ministres des Finances prévue pour les 5 et 6 juin à Winnipeg. Les discussions, lors cette conférence, devaient porter sur les propositions d'un livre blanc préparé par le gouvernement fédéral. Bourassa, dont c'était la première prestation officielle en dehors du Québec, est accompagné d'une délégation importante dont il a établi lui-même la composition. L'événement est important : le premier ministre va avoir l'occasion d'exposer le point de vue du nouveau gouvernement du Québec dans des domaines qu'il maîtrise parfaitement.

Deux de ses ministres, Gérard D. Levesque et Raymond Garneau, sont à ses côtés. Font également partie de la délégation Claude Morin, sous-ministre des Affaires intergouvernementales, Marcel Cazavan, sous-ministre des Finances, Michel Bélanger, conseiller économique auprès du Conseil des ministres, Marcel Bélanger, conseiller économique, Louis Bernard, sous-ministre adjoint des Affaires intergouvernementales, Gérard Veilleux, directeur général des Relations fédérales-provinciales, et Denis Bédard, directeur de la recherche au ministère des Affaires intergouvernementales.

Bourassa expose le 5 juin au matin les principes fondamentaux qui vont guider le nouveau gouvernement du Québec sur l'ensemble des relations économiques et fiscales que doivent, à son avis, entretenir entre eux tous les gouvernements qui forment la fédération canadienne. L'ancien secrétaire de la Commission Bélanger fait ensuite six propositions concrètes aux participants, manifestement intéressés à l'écouter.

C'est ainsi qu'il décrit la conception qu'il se fait du fédéralisme économique canadien. Il fait d'abord un bref rappel des relations fiscales et économiques parfois difficiles existant entre les deux ordres de gouvernement : arrangements fiscaux, assurance-maladie, Comité du régime fiscal, étude de la réforme fiscale, abandon ou plafonnement de certains programmes conjoints.

À propos de la réforme fiscale proposée dans le livre blanc fédéral, il exprime le regret que le développement économique et l'accroissement de la productivité n'en constituent que le second objectif. Il se prononce en faveur du maintien du taux préférentiel de l'impôt sur les bénéfices des sociétés, formule qui avantage les petites entreprises familiales québécoises ; il exprime par contre son inquiétude quant à l'opportunité d'échelonner l'imposition des gains de capital sur un certain nombre d'années et, également, quant aux problèmes soulevés par l'acceptation du principe de l'évaluation aux cinq ans des gains concernant les actions de compagnies ouvertes. Pour des fins d'équité fiscale entre compagnies ouvertes et compagnies fermées quant au traitement des gains de capital, il fait cinq propositions d'ordre technique.

Dans le cas des sociétés minières, il propose que soit remis aux provinces tout le champ de l'imposition des richesses naturelles, les provinces déterminant le revenu fiscal de ces entreprises : redevances, droits ou impôts. En matière d'exemptions fiscales, il suggère de remplacer les abattements de base proposés dans le livre blanc fédéral par des crédits d'impôt. Un groupe de travail est formé pour étudier cette question.

Le partage fiscal doit être conçu, souligne-t-il, en fonction de deux impératifs majeurs : d'une part, l'accès de chaque niveau de gouvernement à des revenus suffisants pour assumer le coût des programmes relevant de sa juridiction et, d'autre part, le maintien de la position concurrentielle du Canada en évitant d'alourdir le fardeau fiscal des particuliers et des entreprises. Il rappelle enfin que la péréquation est l'une des raisons mêmes de la fédération canadienne. La formule de péréquation doit tenir compte non seulement des revenus provinciaux, mais également des revenus des administrations locales. Il est favorable à l'idée qu'une province profite d'autant plus de la péréquation qu'elle exige plus d'effort fiscal de ses contribuables.

Les relations fédérales-provinciales prennent immédiatement une tournure concrète puisque Bourassa, à peine revenu de Winnipeg, signe le 8 juin à Québec l'entente fédérale-provinciale permettant l'établissement en Gaspésie d'un parc national, le parc Forillon, dans la presqu'île du même nom. L'occasion est bonne de rappeler l'urgence d'améliorer le réseau routier en Gaspésie. La route de ceinture qui traverse les comtés de Matane, Matépédia, Bonaventure et Gaspé-Sud laisse fortement à désirer et il faut la refaire dans le plus court délai possible, quitte à ne pas attendre la renégociation de l'entente fédérale-provinciale portant sur le développement du Bas-du-Fleuve et de la Gaspésie.

Le premier ministre procède pendant cette période préestivale à un certain nombre de nominations : Gilles Houde est nommé agent de liaison entre le gouvernement du Québec et le Comité international olympique ; Yves Michaud, lui, est nommé commissaire général de la Coopération avec l'extérieur tandis que le Dr Jacques Brunet devient sous-ministre de la Santé.

Sept adjoints parlementaires sont également nommés le 3 juin : Henri L. Coiteux, Georges Vaillancourt, Gérard Cadieux, Raymond Mailloux, Gilbert Théberge, Gilles Houde, Jean Perreault.

Le 19 juin, Bourassa annonce que le député de l'Assomption Jean Perreault devient le président du Comité interministériel de l'administration des eaux. Mission de ce comité : définir une politique globale de l'eau en coordonnant l'action d'une dizaine de ministères et organismes ayant compétence à un titre ou à un autre dans ce domaine vital. Par ailleurs, Robert De Coster, président de la Régie des rentes du Québec, devient sous-ministre de l'Industrie et du Commerce du Québec.

Pendant ce temps, l'activité terroriste connaît une recrudescence. Il s'agit là, il est vrai, à cette époque d'un phénomène quasi universel, que ce soit aux États-Unis ou en Europe. L'époque est contestataire et les activistes les plus virulents n'hésitent pas à recourir à la violence. On estime par exemple qu'aux États-Unis la période 1970-1971 est marquée par une soixantaine d'attentats à la bombe en moyenne par mois.

Le premier ministre est régulièrement tenu au courant par le ministre de la Justice Jérôme Choquette des faits et gestes d'un groupe de jeunes gens que la police surveille. Ce qui a semblé être une trêve pendant la campagne électorale, cesse rapidement après le 29 avril. Des bombes explosent le 24 mai au Board of Trade, le 28 mai au siège de la Canadian General Electric et au Queen Mary's Hospital et le 31 mai près de sept résidences d'hommes d'affaires anglophones de Westmount. Le lendemain, le ministre de la Justice annonce qu'une récompense de 50 000 $ sera versée à quiconque aidera la police à trouver les responsables de ces actes.

Cette offre ne semble pas avoir beaucoup d'effet : les attentats continuent de plus belle jusqu'à la mi-juillet, puis cessent pendant le reste de l'été. Mais entre le 5 juin et le 16 juillet, au moins 14 bombes explosent ou sont déposées en différents endroits au Québec, dont une que la police réussit à désamorcer et qui avait été placée dans la nuit du 16 juillet contre le mur de l'hôtel Victoria où loge régulièrement Bourassa depuis 1966 lorsqu'il est à Québec. Par contre, une bombe placée le 24 juin au ministère de la Défense à Ottawa tue une employée et fait deux blessés.

Dans son premier message officiel à l'occasion de la fête de la Saint-Jean, Bourassa propose aux Québécois des objectifs concrets pour faire contrepoids aux déclarations enflammées que l'on retrouve dans les communiqués des poseurs de bombes.

> Au moment où la société québécoise a à faire face à un défi exceptionnellement exigeant, celui d'instaurer une plus grande prospérité et un plus grand bien-être, la fête du Canada français prend de ce fait une dimension nouvelle. Pour atteindre nos objectifs culturels, nous croyons qu'il n'y a pas de voie plus sûre que celle d'un progrès économique constant et d'une justice sociale équilibrée… Aussi est-ce par une vision réaliste de notre avenir que nous réussirons le mieux à nous affirmer.

Manifestement déterminé à faire face à tous les problèmes, Bourassa nomme un syndicaliste d'expérience pour s'attaquer aux problèmes du taxi dans la région montréalaise. Le député de Dorion, Alfred Bossé, ancien conseiller technique de la Confédération des syndicats nationaux, doit soumettre des recommandations avant le 1er octobre. Le mandat de Bossé est vaste : il porte sur toutes les causes du malaise qui règne dans l'industrie du taxi de la région métropolitaine.

Bossé travaille bien. Le premier ministre est en mesure dès le 2 septembre d'annoncer un règlement du différend très vif opposant les chauffeurs de taxi à la compagnie Murray Hill à l'aéroport de Dorval : les taxis de Montréal peuvent désormais prendre des passagers à Dorval à partir d'un poste en commun d'une capacité de 30 voitures.

La création de la Commission de développement de la région de Montréal (CDRM) est annoncée le 9 juillet. Bourassa choisit Yvon Tremblay, spécialiste de l'aménagement du territoire, pour présider le nouvel organisme qui doit donner priorité à la planification du développement de la région au nord de Montréal du fait de l'implantation du nouvel aéroport international à Sainte-Scholastique (qui deviendra Mirabel). La CDRM relèvera d'un Comité du Conseil exécutif présidé par le premier ministre.

Le dossier du nouvel aéroport progresse rapidement, à tel point qu'une rencontre fédérale-provinciale a lieu le 2 octobre à Québec, en plein débat sur l'assurance-maladie. Dans son allocution liminaire, le premier ministre fait part aux participants de son intention de collaborer pleinement avec le gouvernement fédéral afin de permettre à ce dernier de respecter l'échéance de 1974, année d'ouverture prévue pour le nouvel aéroport. Puis il propose un programme en trois points.

Un projet de la Société de développement fédérale-provinciale, visant à regrouper les municipalités affectées par l'expropriation fédérale et la relocalisation des voies du Canadien national sont en effet les points majeurs annoncés à l'issue de cette rencontre.

Le soir de sa victoire, le 29 avril, Bourassa avait déclaré que tout le domaine de la loi électorale au Québec ferait l'objet d'une étude d'envergure afin qu'en soient éliminées les injustices. Le 17 juillet, il annonce donc que la Commission de l'Assemblée nationale, chargée d'examiner la réforme de cette loi, a été autorisée à siéger durant l'ajournement d'été. Il précise que cette commission devra formuler des recommandations précises sur la loi électorale, le mode de scrutin, la révision de la carte électorale, ainsi que la question du serment d'allégeance.

Sur le plan culturel et linguistique, Bourassa décide de mener une opération d'envergure : il rencontre le 26 juin à Montréal les 50 plus gros employeurs du Québec et leur signifie le désir du nouveau gouvernement que le français devienne partout la langue de travail. Trois mois plus tard, le 29 septembre, plus de 140 directeurs de personnel au service de grandes entreprises installées au Québec se réunissent à l'invitation du premier ministre qui leur déclare : « Nous sommes réunis ici aujourd'hui pour établir un inventaire précis des besoins et un calendrier des échéances, cela dans un esprit de complète coopération entre le gouvernement et le secteur privé. »

La présence du gouvernement dans les régions est un autre de ses grands objectifs. En juillet, il visite Saint-Félicien, Roberval et Chicoutimi. Quelques jours après la fin de la session, il décide que, pour la première fois de l'histoire politique du Québec, le caucus des députés se tiendra le 31 juillet en région, au Manoir Durocher d'Alma, au Lac-Saint-Jean. Prenant l'un de ses premiers véritables bains de foule depuis la campagne électorale, il accueille le lendemain à Roberval les nageurs qui viennent d'effectuer la traversée du lac.

Les journalistes et les observateurs en général constatent que le nouveau premier ministre excelle dans les rencontres avec le grand public. Il est détendu, souriant, et n'hésite pas à raconter des anecdotes en les ponctuant de grands éclats de rire, le tout accompagné de tapes cordiales dans le dos de ses interlocuteurs.

Au début d'août, Bourassa participe à sa première conférence des premiers ministres des provinces, qui se tient les 3 et 4 août à Winnipeg. Bourassa est accompagné de Claude Morin, sous-ministre des Affaires intergouvernementales, et de Roch Bolduc, sous-ministre de la Fonction publique.

Quelques jours plus tard, le 11 août, il rencontre pour la première fois depuis son élection le premier ministre du Canada Pierre Trudeau. Les deux hommes déjeunent en privé au 24, Sussex Drive, dans une ambiance sans formalisme. Leurs relations sont cordiales, sans plus. On se souviendra que Trudeau avait déclaré le soir du 29 avril 1970 que la victoire de Bourassa était un vote de confiance dans le Canada. Mais on se rappellera également ce que Trudeau pensait du concept de statut particulier, défendu par les libéraux québécois.

Le Conseil des ministres se réunit le week-end du 29 et du 30 août au lac à l'Épaule, au nord de Québec, pour une session intensive de réflexion et faire le point sur les cent premiers jours de pouvoir.

Cette réunion extraordinaire est particulièrement fructueuse. Sur le plan économique, on décide de mettre sur pied un groupe mobile de promoteurs industriels au sein du ministère de l'Industrie et du Commerce afin de piloter à travers l'administration les projets d'investissement ; Bourassa annonce également que ce ministère pourra faire appel à des cadres supérieurs du secteur privé et bénéficier de leur expérience ; enfin la politique des achats du gouvernement sera modifiée afin d'encourager davantage l'industrie et l'agriculture québécoises.

Sur le plan administratif, la budgétisation par programme, dont Bourassa a abondamment parlé pendant la campagne, sera introduite à titre d'essai dans les secteurs de la Main-d'œuvre, des Terres et Forêts et du Revenu ; les lois du ministère des Finances et de la vérification des comptes seront modifiées pour renforcer les rôles du Conseil de la Trésorerie et du Contrôleur de la Trésorerie, et changer le rôle de l'Auditeur afin d'en faire un vérificateur après paiement. On précise enfin les fonctions des ministres d'État en leur assignant des secteurs précis de l'administration.

Dans le délicat domaine de l'assurance-maladie, Bourassa annonce que le gouvernement a l'intention de poursuivre activement les négociations tout en réitérant qu'il n'a aucunement l'intention de restreindre les libertés professionnelles des médecins ou de modifier le libre choix du médecin par le patient. Deux points sensibles subsistent : le désengagement et la rémunération. Par le désengagement, les médecins veulent pouvoir obtenir directement de leurs patients des honoraires plus élevés que ceux prévus dans l'entente. Or, une telle pratique irait à l'encontre de l'égalité face aux services de santé, droit que cherche à instaurer un tel régime. Et ce serait un moyen pour les médecins d'obtenir un revenu plus élevé que celui convenu.

Au plan constitutionnel, Bourassa demande à tous les ministres de préparer rapidement un inventaire des points de discussion entre Québec et Ottawa afin de mettre à jour le document de travail préparé par le gouvernement Bertrand à la lumière des nouvelles priorités décidées au lac à l'Épaule. Une conférence constitutionnelle doit en effet se tenir le 14 septembre.

La politique sociale et la politique de la main-d'œuvre feront l'objet d'une coordination accrue aussi bien à Québec, sous la forme d'une commission interministérielle, qu'en région. Le lien ainsi établi devrait éliminer des registres du Bien-être social, sur une base régionale, les personnes en mesure de travailler, afin de répondre aux demandes de main-d'œuvre reçues par les bureaux régionaux du ministère du Travail et de la Main-d'œuvre du Québec.

Dans le domaine de l'environnement, les organismes qui ont juridiction en matière de pollution vont être regroupés et un ministre d'État deviendra sous peu responsable de l'élaboration et de l'administration de la politique de l'environnement du Québec, qu'il s'agisse de l'eau, de l'air, du sol ou du bruit.

Quant à la politique linguistique, la Commission Gendron devra accélérer ses travaux et soumettre le plus tôt possible un rapport sur le français comme langue de travail. Un livre blanc sur toute la question linguistique sera publié au printemps.

C'est le 24 septembre que Bourassa annonce son premier voyage à l'étranger. Contrairement à la tradition, sa destination n'est pas l'Europe mais San Francisco, Los Angeles, New York et Boston. C'est la première fois qu'un premier ministre du Québec visite les grands centres de la côte ouest des États-Unis.

Le but du voyage est triple : rencontrer des investisseurs éventuels, informer les milieux financiers américains des possibilités offertes par le Québec, et faire connaître d'une façon générale le nouveau style de l'administration québécoise. Les billets du dîner annuel de la Société canadienne de New York le 8 octobre à l'hôtel Plaza sont vendus en moins de deux jours après l'annonce que le premier ministre du Québec y sera le conférencier invité.

Mais l'adoption de la loi de l'assurance-maladie s'avère beaucoup plus difficile que prévu ; certains milieux de la santé résistent. Voulant suivre de près les négociations, Bourassa se fait remplacer par les ministres Levesque, Simard et Tetley à San Francisco, Los Angeles et Dallas. Il ne quitte le Québec que le 7 octobre en fin de journée pour se rendre seulement à New York et Boston.

Après un été relativement tranquille, les vols de dynamite reprennent, notamment le 26 septembre aux installations de la CIL à McMasterville et le lendemain à la carrière Demix à Saint-Hilaire. Dans ces conditions, Bourassa annonce le 30 septembre que la Loi concernant les explosifs entrera en vigueur dès le 1er novembre. Il s'agit du projet de loi no 35 qui venait d'être sanctionné. Cette loi prévoit que personne ne peut avoir d'explosifs en sa possession ni en acheter sans détenir au préalable un permis. L'article 22 permet également l'adoption de ce qui devient le règlement no 1, et qui donne des pouvoirs extraordinaires à la police en matière de perquisition et de détention d'individus soupçonnés d'avoir volé ou entreposé des explosifs.

Quelques jours auparavant, soit le 24 septembre, le premier ministre et trois proches collaborateurs (Jean Prieur, Guy Potvin et moi-même) ont failli être victimes d'un accident d'avion. Parti de Québec, le groupe se dirige vers Dorval à bord d'un vieux DC-3 du gouvernement lorsqu'un violent orage éclate. Alors que la piste d'Execaire est déjà en vue, l'avion est presque plaqué au sol par les courants descendants d'une véritable tornade de style tropical.

Avec un total sang-froid, le pilote fait rugir les deux moteurs pendant que nous tombons, et réussit, alors que nous ne sommes plus qu'à quelques mètres du sol, à faire reprendre de l'altitude à l'appareil.

C'est alors que commence un étrange périple : le commandant demande l'autorisation d'atterrir à l'aéroport de Saint-Hubert. Autorisation refusée : les installations électriques de Saint-Hubert, comme celles Dorval, ont été foudroyées. Même demande, même situation, même refus à Trois-Rivières. Sherbrooke, Québec, Rimouski, même chose. L'avion continue donc de voler le plus rapidement possible vers l'est pour gagner de vitesse l'ouragan et réussit finalement à se poser à Sainte-Flavie, l'aéroport de Mont-Joli.

Deux voitures de la Sûreté du Québec nous attendent sur la piste. « Va me chercher un 40 onces de gin », lance le premier ministre à un jeune policier, figé dans un salut impeccable. « Mais… c'est fermé partout, monsieur le premier ministre », bredouille le brave jeune homme qui n'en croit pas ses oreilles. « Débrouille-toi, et amène-nous ça au plus vite au motel », lui rétorque Bourassa. Vingt-cinq minutes plus tard, les survivants, premier ministre, équipage et collaborateurs, boivent du gin dans des verres en plastique, tout en écoutant le pilote leur expliquer qu'ils ont eu la vie sauve grâce à la largeur exceptionnelle des ailes du DC-3, laquelle aurait eu pour effet de freiner considérablement la chute du vieil avion.

* * *

Le 1er octobre, le premier ministre procède à un remaniement du cabinet des ministres. Raymond Garneau devient ministre des Finances, fonction que Bourassa détenait jusqu'alors. Bernard Pinard conserve le ministère de la Voirie auquel s'ajoute celui des Travaux publics. Bourassa signale que le gouvernement s'oriente ainsi vers la création d'un ministère de l'Équipement. William Tetley devient ministre des Institutions financières. Jean-Paul L'Allier devient ministre de la Fonction publique, mais conserve les Communications. Gérald Harvey devient ministre du Revenu. Victor C. Goldbloom devient ministre d'État responsable de la qualité de l'environnement. Enfin, Bourassa annonce son intention d'assumer sous peu le portefeuille du ministère des Affaires intergouvernementales pour dégager Gérard D. Levesque qui souhaite se consacrer uniquement à la promotion économique du Québec en tant que ministre de l'Industrie et du Commerce.

Un projet de loi prévoit l'entrée en vigueur du régime d'assurance-maladie dès le 1er novembre, même si les négociations ne sont pas entièrement terminées avec la Fédération des médecins spécialistes.

Il ne s'agit pas, déclare Bourassa, d'enlever aux médecins spécialistes, ni à toute autre catégorie de travailleurs, le moyen de pression que représente le retrait de services. Le gouvernement doit plutôt s'assurer que la santé publique est protégée.

C'était clair. Il y aura négociations, mais il n'y aura pas de compromis quand la santé publique est en cause.

CHAPITRE 8

La crise d'Octobre

Comme chaque lundi matin, ce 5 octobre 1970, je suis dans mon bureau du 17e étage d'Hydro-Québec où se trouve alors le bureau du premier ministre à Montréal, et je parcours les journaux.

Robert Bourassa entre, l'air préoccupé, et s'installe devant la fenêtre d'où l'on a une vue magnifique sur la ville. « Quelque chose qui ne va pas ? » lui dis-je au bout de quelques secondes. Et je l'entends me dire : « Ils viennent d'enlever l'attaché commercial britannique à Montréal, un dénommé Cross. »

Il reste là, pensif, songeant sans doute aux implications d'un tel événement et probablement déjà à quelque stratégie. Avant de quitter la pièce, il ne peut retenir un soupir : « Je ne peux pas croire qu'on devient une véritable république de bananes ! »

Si les enlèvements politiques ne font pas partie des mœurs politiques canadiennes, pendant l'été 1970 en Amérique du Sud, certains, spectaculaires, ont fait la manchette des journaux du Québec. En juillet, les Tupamaros de l'Uruguay ont notamment kidnappé quatre personnes, dont le consul du Brésil à Montevideo ; en Argentine les Montoneros ont enlevé l'ex-président du pays, le général Pedro Aramburu, qu'on a retrouvé mort.

Il est donc probable que la lecture des journaux rapportant ces enlèvements a eu un effet d'entraînement sur les jeunes gens qui allaient précipiter le Québec dans ce que l'on appellera « la crise d'Octobre ». Ils ont également accès au *Manuel du guérillero urbain*, rédigé par un révolutionnaire brésilien, Carlos Marighela. L'opuscule circule sous le manteau à Montréal au cours de l'hiver 1969-1970.

Une nouvelle étape vient d'être franchie dans l'activité terroriste qui, en fait, n'a pas cessé depuis qu'un cocktail Molotov a fracassé, en février 1963, une vitrine de la station de radio anglophone CKGM à Montréal.

Le premier ministre a déjà annulé son voyage sur la côte ouest américaine à cause de la crise créée par les médecins spécialistes. Il ne peut être question d'annuler le voyage du 7 octobre à New York ; des rencontres importantes avec de grandes institutions financières y sont organisées par Roland Giroux, le président d'Hydro-Québec. Sont en jeu des financements colossaux nécessaires au projet hydro-électrique de la Baie James. Bourassa veut également montrer aux milieux financiers, entre autres, que la stabilité politique du Québec n'est pas ébranlée au point de l'empêcher de se déplacer.

Une coordination des actions à mener est immédiatement établie ce 5 octobre entre Ottawa, Québec et Montréal. Le directeur de la police de Montréal Marcel Saint-Aubin a informé le maire Drapeau de l'appel téléphonique que ses services ont reçu de Mme Cross. Un diplomate étranger en poste au Canada étant concerné, le ministre des Affaires extérieures Mitchell Sharp s'en occupe de façon prioritaire tandis que Bourassa désigne le ministre de la Justice Jérôme Choquette responsable au Québec des diverses opérations à mener dans un tel contexte. Ces ministres sont appuyés par trois « mandarins » : Marc Lalonde, chef de cabinet du premier ministre Trudeau à Ottawa, Julien Chouinard, secrétaire général du gouvernement à Québec et Michel Côté, directeur du contentieux de la ville de Montréal.

De concert avec le gouvernement fédéral, le Québec rejette sept exigences contenues dans le communiqué n° 1 de la cellule « Libération », nom que s'est donné le groupe des ravisseurs de Cross. Les deux gouvernements déclarent cependant souhaiter déterminer une base de négociations.

Le mercredi 7 octobre, le ministre Choquette déclare peu avant midi, heure limite de l'ultimatum du FLQ, qu'il est prêt à discuter avec les ravisseurs et souhaite qu'ils se manifestent en conséquence. Le FLQ répond en accordant un autre délai de 24 heures, mais exige l'arrêt des fouilles policières et la diffusion d'un texte de huit pages que les ravisseurs de Cross appellent leur « Manifeste ». Ce texte accompagne le communiqué n° 1 de la cellule Libération.

Une réunion du Conseil des ministres se tient ensuite à Québec. Pierre Laporte la préside en tant que premier ministre par intérim. Le principe de la diffusion du manifeste sur les ondes de Radio-Canada, tel que proposé par le gouvernement fédéral, est accepté par le Conseil des ministres qui refuse, par contre, d'accéder aux autres exigences des ravisseurs de Cross.

Bourassa part donc comme prévu le 7 octobre pour New York en début d'après-midi à bord d'un F-27 du gouvernement. Il y est accueilli par le consul général du Canada à New York, Bruce Rankin, et par le conseiller économique en chef du Québec à New York, William G. Brayley. Les rencontres avec les représentants de grandes sociétés financières commencent le soir même.

En soirée, Mitchell Sharp annonce que le manifeste sera lu sur les ondes de Radio-Canada. Immédiatement après cette annonce, la station de radio CKAC de Montréal prend l'initiative de lire ce texte en ondes et sur-le-champ. Le lendemain soir seulement, soit le jeudi 8 octobre, l'annonceur Gaétan Montreuil lit à son tour le document sur les ondes de Radio-Canada.

Le manifeste s'inspire des manchettes des journaux et puise dans l'actualité des événements qui viennent, selon les auteurs, confirmer leur thèse selon laquelle les Québécois ne peuvent devenir un peuple fier, heureux et libre que s'ils obtiennent le socialisme et l'indépendance par la révolution. En fait, ce texte est bourré de clichés et de mythes, dont le choix révèle une grande naïveté chez ses auteurs, lesquels, de plus, utilisent évidemment l'insulte d'une façon délibérément provocatrice.

Si les rédacteurs du texte citent avec complaisance les déclarations de René Lévesque le soir de la victoire libérale du 29 avril, ils n'ont pas par contre des choses très aimables à dire au sujet du jeune premier ministre du Québec. Son gouvernement en est un de « mitaines »; c'est un « hypocrite »; il est désigné comme étant « l'envoyé d'Ottawa au Québec », le « serin des Simard »; il va « prendre de la maturité » avec «100 000 travailleurs révolutionnaires organisés et armés», allusion évidente à l'objectif des 100 000 emplois dont Bourassa avait fait son cheval de bataille pendant la campagne électorale.

Pendant ce temps, imperturbable, Bourassa tient à New York les nombreuses rencontres prévues dans le programme de sa visite tout en restant en contact régulier avec Pierre Laporte et Jérôme Choquette.

Le jeudi 8 octobre, il reçoit dans sa suite de l'hôtel Plaza la visite du secrétaire de l'État de New York, le juge Lomenzo, accompagné de Stuart Anderson, chef de cabinet du gouverneur de l'État de New York, Nelson Rockefeller. Le gouverneur est retenu dans le nord de l'État par sa campagne électorale. Après une visite à l'hôtel de ville de New York, le premier ministre a de nouveau plusieurs rencontres avec des financiers. En soirée, il prend la parole devant plusieurs centaines de personnes au banquet de la Feuille d'Érable de la Société canadienne de New York. Cette association joue un rôle important du fait de la présence, à l'époque du moins, de plus de 600 000 Canadiens dans la région new-yorkaise.

Le vendredi 9 octobre est également une journée bien remplie pour Bourassa. Il donne une conférence de presse en fin de matinée à la Maison du Québec située au Rockefeller Center. Après un après-midi consacré à de nouvelles rencontres avec des financiers, il préside dans la soirée une réception à la Maison du Québec en l'honneur des amis du Québec à New York.

Pendant ce temps, à Montréal, la cellule Libération fait savoir qu'elle suspend temporairement l'exécution de Cross, le manifeste ayant été diffusé. Elle insiste cependant pour que les «prisonniers politiques» soient libérés au plus tard le lendemain 10 octobre à 18 heures.

Les conditions météorologiques obligent ce même jour le premier ministre à modifier son itinéraire : il devait s'envoler le samedi matin 10 octobre de l'aéroport La Guardia pour Boston où étaient prévues des rencontres avec des universitaires de Harvard, puis avec le sénateur Edward (Ted) Kennedy, et rentrer à Montréal le lendemain.

Or, ce samedi-là, un épais brouillard recouvre la région de Boston et le trafic aérien y est interrompu. L'étape de Boston sera donc annulée et le premier ministre s'envole directement vers Montréal.

L'appareil se pose à Dorval au début de l'après-midi; Bourassa rencontre brièvement le ministre Choquette dans sa voiture, sur le Champ-de-Mars, derrière l'hôtel de ville. Les deux hommes s'entendent sur la déclaration du ministre de la Justice qui sera diffusée à la radio en début de soirée. La demande de libération des «prisonniers politiques» y est refusée. Les autorités n'offrent aux ravisseurs de Cross que la possibilité de quitter le Canada sans encombre s'ils libèrent l'attaché commercial. Cette offre répond à l'une de leurs sept exigences.

Bourassa continue ensuite vers Sorel en compagnie de son chef de cabinet Guy Langlois. Deux agents de la Sûreté du Québec les escortent dans une voiture banalisée.

C'est alors qu'intervient un autre groupe d'activistes, la cellule Chénier. Ses membres connaissent bien ceux de la cellule Libération, mais pour des raisons logistiques, ils avaient, eux, décidé d'attendre un peu avant de frapper un grand coup. La cellule Libération, apparemment plus impatiente, était passée à l'action le 5 octobre en enlevant Cross.

Le samedi 10 octobre, quand les membres de la cellule Chénier entendent à la radio le ministre de la Justice du Québec déclarer peu avant 18 heures que les autorités refusent clairement de libérer les «prisonniers politiques», ils décident que le moment est venu d'agir. Ils sont d'ailleurs déjà prêts: selon certains rapports, cela fait apparemment trois jours qu'ils ont décidé que la prochaine victime serait Pierre Laporte et qu'ils surveillent la résidence du ministre à Saint-Lambert.

À 18 heures 20, la cellule Chénier kidnappe le vice-premier ministre du gouvernement du Québec. Cinq mois et onze jours auparavant, Pierre Laporte avait été élu député de la circonscription de Chambly pour la quatrième fois et avait recueilli 56,75 % des voix.

Guy Langlois, le chef de cabinet de Bourassa, m'appelle vers 19 heures chez moi à Montréal pour m'informer, d'une part, de l'enlèvement de Laporte et, d'autre part, du désir du premier ministre de regrouper pour quelques jours ses ministres et son cabinet personnel à l'hôtel Reine-Élisabeth.

Outre cette décision de tenir un conseil des ministres permanent dans un lieu sécuritaire, Bourassa communique avec le premier ministre du Canada afin de l'informer qu'il pourrait avoir besoin de l'armée. Puis il se rend avec sa famille au Reine-Élisabeth où les ministres commencent à arriver.

Contrairement à ce qui a été parfois dit et écrit, la panique ne règne pas à l'hôtel. Certes, chacun est attristé ou choqué, selon son tempérament, par ce qui vient d'arriver à Pierre Laporte. Pour tous, il s'agit d'une épreuve qui doit être affrontée avec calme, courage et détermination. Le fait d'être ensemble sous le même toit suscite et stimule un esprit d'équipe peut-être plus fort qu'il ne l'a été auparavant. N'oublions pas que toutes ces personnes ne travaillent ensemble que depuis cinq mois et viennent d'horizons et de milieux différents. De plus, le contexte sécuritaire de l'hôtel, que la Sûreté du Québec a pris en main, contribue certainement à la sérénité des esprits.

Car il en faudra de la sérénité lorsque le lendemain, le dimanche 11 octobre, on prend connaissance du communiqué de la cellule Chénier, auquel les ravisseurs ont pris soin de joindre la carte d'identité de Laporte ainsi qu'une lettre de ce dernier adressée à Bourassa.

Le communiqué déclare que les ravisseurs viennent d'enlever « [...] le ministre du Chômage et de l'Assimilation des Québécois Pierre Laporte. Le ministre sera exécuté dimanche soir à 22 heures si d'ici là les autorités en place n'ont pas répondu favorablement aux sept demandes émises à la suite de l'enlèvement de M. James Cross. Toute acceptation partielle sera considérée comme un refus [...] ».

Quant à la lettre de Laporte à Bourassa, elle a été manifestement dictée, en partie du moins, par ses ravisseurs. Elle se lit comme suit :

Mon cher Robert,

J'ai la conviction d'écrire la lettre la plus importante de toute ma vie.

Pour le moment, je suis en parfaite santé, je suis bien traité, même avec courtoisie.

J'insiste pour que la police cesse toute recherche pour me retrouver. Si elle y parvenait, cela se traduirait par une fusillade meurtrière dont je ne sortirais certainement pas vivant. Ceci est absolument capital.

Tu as le pouvoir en somme de décider de ma vie. S'il ne s'agissait que de cela et que le sacrifice doive avoir de bons résultats, on pourrait y penser. Mais nous sommes en présence d'une escalade bien organisée, qui ne se terminera qu'avec la libération des prisonniers politiques. Après moi, ce sera un troisième, puis un quatrième et un cinquième. Si tous les hommes politiques sont protégés, on frappera ailleurs, donc dans d'autres classes de la société. Autant agir tout de suite et éviter ainsi un bain de sang et une panique bien inutiles.

Tu connais mon cas personnel, qui mérite de retenir l'attention. J'avais deux frères. Ils sont morts tous les deux. Je reste seul comme chef d'une grande famille qui comprend ma mère, mes sœurs, ma propre femme ainsi que les enfants de Roland dont je suis le tuteur. Mon départ sèmerait un deuil irréparable, car tu connais les liens qui unissent les membres de ma famille. Ce n'est plus moi seul qui suis en cause, mais une douzaine de personnes; je crois que tu comprends.

Si le départ des prisonniers politiques est organisé et mené à bonne fin, j'ai la certitude que ma sécurité personnelle sera absolue, la mienne et celle des autres qui suivraient.

Cela pourrait se faire rapidement, car je ne vois pas pourquoi on y mettrait plus de temps; on continuerait à me faire mourir à petit feu dans l'endroit où je suis détenu. Décide de ma vie ou de ma mort. Je compte sur toi et t'en remercie. Amitiés. Pierre Laporte.

P.S. — Je te le répète, fais cesser les recherches et que la police ne s'avise pas de les continuer sans que tu le saches. Le succès de cette recherche serait un arrêt de mort pour moi.

Le contexte est dramatique. Si Bourassa accepte les conditions des ravisseurs, il remet alors en cause le fonctionnement du régime démocratique québécois. Par ailleurs, s'il refuse la moindre ouverture, il met en danger la vie des otages. En d'autres mots, le premier ministre doit faire preuve à la fois de fermeté et de pragmatisme. La libération des «prisonniers politiques» ne doit pas constituer un précédent, mais il faut aussi éviter tout propos provocateur.

Bourassa convoque alors un Conseil des ministres d'urgence à Hydro-Québec pour trois heures de l'après-midi le jour même, c'est-à-dire le dimanche 11 octobre.

On y discute longuement de la crise créée par les enlèvements. Puis on aborde le problème de la grève déclenchée par les médecins spécialistes, et pour y mettre fin, l'Assemblée nationale est convoquée le 15 octobre.

Après cette réunion, le premier ministre retourne au Reine-Élisabeth et s'entretient au téléphone avec le chef de l'opposition officielle Jean-Jacques Bertrand et le chef du Parti québécois René Lévesque. Il reçoit ensuite Rémi Paul, leader parlementaire de l'opposition et ancien ministre de la Justice, Camil Samson, chef du Ralliement créditiste, et Camille Laurin, chef parlementaire du Parti québécois. On sent certes de la tension et de l'inquiétude dans l'air : le défi est énorme, puisqu'il faut concilier l'ordre public, d'une part, et la vie de deux otages, d'autre part. Bourassa communique également à plusieurs reprises pendant la journée avec les autorités fédérales et la direction des forces policières.

Pendant que Bourassa rédige lui-même en début de soirée le texte de sa déclaration, je retiens pour 21 heures le studio de télévision de l'hôtel, lequel est remarquablement équipé et permet d'alimenter en direct tous les réseaux de radio et de télévision du Québec. On me garantit que tout fonctionne parfaitement et que l'allocution pourra être diffusée en direct sans problème à cette heure-là.

Un peu plus tard, dans sa suite, le premier ministre me fait lire son texte, rédigé à la main. Je le trouve ambigu, mais il me rétorque que c'est exactement ce qu'il veut. Je n'insiste pas, pensant qu'il détient beaucoup plus d'informations que moi puisqu'il passe littéralement son temps au téléphone.

Vers 21 heures 30 seulement, nous pénétrons dans le studio. On se rappellera que l'heure limite fixée par les ravisseurs de Laporte était 22 heures : «Allons-y!» déclare, à peine assis, Bourassa. Cinq minutes plus tard, le signal de départ n'est toujours pas donné. Dans une pièce, à côté du studio, le responsable et le technicien fouillent fébrilement dans des tiroirs. « Que se passe-t-il ? » « On cherche un petit câble reliant le micro à la console », me répondent-ils. J'ai alors une démonstration du flegme incroyable dont est capable Bourassa : informé du contretemps, il me déclare simplement : « Eh bien, qu'ils le trouvent, ce câble ! »

Le câble est finalement localisé et le premier ministre réussit à faire sa déclaration à temps. La voici, dans son style sobre et dépouillé :

Des événements exceptionnels et sans précédent dans notre province menacent la stabilité de nos institutions politiques. Ce qu'il y a à la fois de foncièrement injuste et d'extrêmement dangereux, c'est que nous vivons dans un endroit où la liberté d'expression et d'action est l'une des plus grandes de tous les pays du monde.

Même les partis qui mettent en cause le régime politique lui-même ont toutes les libertés de s'exprimer. D'ailleurs, cette liberté d'expression, on n'a pas manqué de l'utiliser ces dernières années en semant systématiquement la haine et le mensonge.

Le gouvernement ne peut, ne doit et ne restera pas passif lorsque le bien-être de l'individu est menacé jusque dans ses racines. Je suis trop fier d'être Québécois pour ne pas vous dire toute ma résolution et celle du gouvernement que je dirige pour surmonter cette crise très grave.

Dans ce travail pour sauvegarder les valeurs fondamentales de notre civilisation, je suis convaincu d'avoir l'appui de tous les représentants élus du peuple. Je demande à toute la population de faire preuve, dans ces circonstances difficiles, de calme et de confiance.

En effet, la valeur de notre peuple, son exceptionnel esprit de travail, son respect d'autrui, son sens de la liberté ne sont-ils pas les meilleurs gages de la victoire, de la justice et de la paix ?

Cette situation de fond qui, en fin de compte, pourra nous rassurer, ne doit pas nous faire oublier toutefois les problèmes extrêmement pressants et qui ont pour enjeu la vie de deux personnes, soit un homme politique typiquement québécois et combien dévoué au progrès de sa communauté et un distingué diplomate, étranger aux tensions qu'affronte notre société.

À cet égard, le Front de libération du Québec a fait parvenir un communiqué exigeant l'acceptation intégrale et totale de leurs sept demandes. Par ailleurs, le ministre du Travail m'a fait parvenir une lettre où il traite de deux questions, soit les fouilles policières et la libération des «prisonniers politiques».

Nous tenons tous, est-il besoin de le dire, à la vie de M. Laporte ainsi qu'à celle de M. Cross. Le sort, dans un rare exemple de sa cruauté, a voulu que ce soit sur eux que repose le maintien de l'ordre public. Et c'est parce que nous tenons véritablement à la vie de M. Laporte et à celle de M. Cross que nous voulons, avant de discuter de l'application des demandes qui sont faites, établir des mécanismes qui garantiraient, si l'on veut prendre l'exemple dont parle M. Laporte, que la libération des prisonniers politiques ait comme résultat certain la vie sauve aux deux otages.

Il y a là un préalable que le simple bon sens nous force à demander, et c'est à ce titre que nous demandons aux ravisseurs d'entrer en communication avec nous.

Comment en effet accéder aux demandes sans avoir la conviction que la contrepartie sera réalisée. Le gouvernement du Québec croit qu'il serait irresponsable vis-à-vis et de l'État et de MM. Laporte et Cross s'il ne demandait pas cette précaution.

Nous voulons sauver la vie de MM. Laporte et Cross, et c'est parce que nous le voulons de toutes nos forces que nous posons ce geste.

Mes chers concitoyens, un grand homme d'État a déjà dit: «Gouverner, c'est choisir.» Nous avons choisi, nous, la justice individuelle et collective.

Quant à moi, je me battrai pour cette justice jusqu'à la limite de mes moyens, en assumant tous les risques, quels qu'ils soient, qui sont essentiels à l'avenir de notre peuple.

Le premier ministre obtient le résultat souhaité: les médias tirent des conclusions, parfois diamétralement opposées, de sa réponse. Radio-Canada français considère que Bourassa a dit oui aux ravisseurs tandis que Radio-Canada anglais affirme le contraire!

Cette incertitude accorde à Bourassa une légère marge de manœuvre et permet, dans les jours qui suivent, une certaine accalmie. Cependant, deux objectifs sont toujours essentiels dans la stratégie qu'il poursuit: d'une part, éviter toute parole ou toute action qui puisse mettre en danger les vies de Cross et de Laporte, et d'autre part, ne pas céder sur l'essentiel.

Le lendemain lundi 12 octobre, le premier ministre nomme en fin de journée l'avocat Robert Demers négociateur du gouvernement pour établir les mécanismes de garantie évoqués dans sa déclaration. Demers est un ami de longue date et, au cours des années, l'un de ses principaux conseillers. Entre les deux hommes s'est établie une relation de grande confiance.

De leur côté, les ravisseurs continuent de mandater Robert Lemieux, même s'il a été arrêté quelques jours auparavant, pour les représenter dans les discussions. Le soir même, Demers, un homme décidé, n'hésite pas à rencontrer Lemieux dans sa cellule, au quartier général de la police municipale. Le lendemain, à la demande de Demers, Lemieux sera d'ailleurs libéré.

Le mardi 13 octobre, le premier ministre demande que les services essentiels soient entièrement assurés. Ce message est publié au cours de la réunion d'un Conseil des ministres qui se tient à Montréal. Le texte a été endossé par tous les ministres. Il se lit comme suit :

> Dans cette période difficile que nous traversons, le bon fonctionnement des services essentiels à la population apparaît comme une nécessité évidente.
>
> Chaque Québécois qui œuvre dans ces services, à quelque niveau que ce soit, se doit donc d'assumer pleinement la part de responsabilité qui lui incombe afin que l'ordre règne dans notre société.
>
> Aussi je compte que chaque médecin spécialiste verra à maintenir ou, le cas échéant, à reprendre ses activités professionnelles normales.

Le même jour, Robert Demers rencontre Robert Lemieux au 17e étage de l'immeuble d'Hydro-Québec. Demers explique que son premier mandat est d'établir des mécanismes garantissant la libération des deux otages. Lemieux affirme qu'il a le mandat de négocier. Les deux hommes se revoient ensuite dans la soirée. Ensemble, ils examinent la déclaration de Bourassa du 10 octobre sur la question préalable, ainsi que les sept exigences du FLQ. Ils conviennent d'éviter, de part et d'autre, toute déclaration qui envenimerait une situation déjà survoltée et décident de poursuivre la négociation le lendemain 14 octobre à 10 heures du matin.

Lemieux fait néanmoins une conférence de presse, contrairement à l'entente intervenue, et déclare, à la surprise de Demers, que les négociations sont rompues parce qu'il considère ne pas avoir de mandat pour discuter de la condition préalable. *La Presse* titre le lendemain 14 octobre : « Négociations rompues – Lemieux attend un nouveau mandat du FLQ ».

Mais Demers rencontre Lemieux, comme convenu la veille : ils se retrouvent à nouveau à Hydro-Québec à 11 heures 30 du matin. Demers annonce à Lemieux qu'il pense que le gouvernement ne va pas accepter de payer la rançon demandée de 500 000 $. Quant à l'avion pour transporter les ravisseurs vers Cuba ou vers l'Algérie, Demers informe Lemieux que le gouvernement négocie activement avec ces deux pays. Lemieux écarte lui-même rapidement, comme non pertinentes, les exigences concernant le réengagement des « gars de Lapalme » et la révélation du nom d'un délateur, mais affirme que la véritable demande porte sur la libération des 23 « prisonniers politiques ». Demers lui signale que cinq d'entre eux ont déjà demandé leur libération conditionnelle.

Les deux hommes conviennent d'une nouvelle rencontre le lendemain 15 octobre pour rediscuter de la question préalable, c'est-à-dire la libération de Cross et de Laporte. Il est entendu de nouveau qu'ils ne feront pas de déclaration, malgré le scepticisme de Demers quant à la valeur d'un tel engagement. Il a raison : le soir même, Lemieux est à l'Université de Montréal où il prononce un grand discours aux étudiants, et les incite à se mettre en grève.

Bourassa se bat alors sur deux fronts. En effet, le 15 octobre, l'Assemblée nationale se réunit lors d'une session spéciale destinée à étudier trois projets de loi concernant l'instauration de l'assurance-maladie au Québec. L'insistance du premier ministre à faire adopter ces projets de loi est la meilleure démonstration de sa détermination et de son sang-froid alors que la société québécoise vit l'une de ses pires crises. La loi spéciale exigeant le retour au travail des médecins est adoptée et la séance est ajournée vers 11 heures du soir.

Cette journée du 15 octobre est donc riche en événements.

Les négociations entre Demers et Lemieux n'aboutissent pas. Dans les conférences de presse qu'il donne à profusion, Lemieux fait des déclarations qui ne correspondent pas aux échanges tenus en privé avec le représentant officiel du premier ministre.

On l'a vu, le 14 au soir Lemieux participait avec d'autres meneurs à une assemblée à l'UQAM. Dans un discours virulent, il demande à des étudiants survoltés de « suspendre leurs cours pendant quelques heures afin de réfléchir sur le problème ». Ce qu'ils font le lendemain dans de nombreux établissements. Ils exigent la libération des prisonniers dits « politiques ». Le 15, Lemieux et plusieurs de ses amis se retrouvent au centre Paul-Sauvé pour d'autres discours et scandent « FLQ! FLQ! FLQ! », ce qu'une foule de plusieurs milliers de sympathisants reprend avec entrain.

Par ailleurs, ce même jour, le quotidien *La Presse* rapporte qu'un groupe de dix personnalités se prononce pour que les autorités acceptent la demande du FLQ de procéder à l'échange des « prisonniers politiques ».

On retrouve dans ce groupe le directeur du *Devoir* Claude Ryan, le chef du Parti québécois René Lévesque, le chef de l'aile parlementaire du Parti québécois Camille Laurin, l'économiste du Parti québécois Jacques Parizeau, le président de la CSN Marcel Pepin, le président de la FTQ Louis Laberge et le secrétaire général de ce syndicat Fernand Daoust, le secrétaire général de l'Union catholique des cultivateurs Jean-Marc Kirouac, le président de la CEQ Yvon Charbonneau, le président de l'Alliance des professeurs de Montréal Matthias Rioux, et Alfred Rouleau, du Mouvement Desjardins.

Ce souhait a certes une dimension humanitaire, mais le premier ministre du Québec ne peut en tant que chef du gouvernement poser un tel geste. Le Québec est à tous égards dans une situation de démocratie modèle. Pierre Laporte a été élu dans le cadre d'une élection libre. La liberté d'expression au Québec est sans limite. L'oppression est inexistante. Tous ces jeunes fanatiques peuvent semer la haine et le mensonge presque impunément. Ceux qui se trouvent en prison ont commis des attentats, perpétré des vols à main armée et placé des bombes qui, parfois, ont tué des innocents.

Ce qui est en cause, et le groupe des Dix ne semble pas le comprendre, c'est l'autorité de l'État, gardien démocratiquement désigné du maintien de la paix publique. L'État peut faire preuve d'ouverture et d'esprit de négociation (par exemple, par la lecture du manifeste, les recommandations de libération conditionnelle pour certains prisonniers, l'octroi de sauf-conduits aux ravisseurs), mais il est hors de question d'accepter, dans un pays où règne la règle de droit, le principe de la libération de prisonniers dits « politiques » : en situation normale, personne n'est emprisonné au Canada pour des raisons politiques.

Enfin, une raison bien simple justifie aussi les décisions qui vont être annoncées : les policiers des trois niveaux de gouvernement sont « sur les dents ». À Montréal, dès l'enlèvement de Cross, le maire Jean Drapeau et son bras droit Lucien Saulnier ont fait pression sur les premiers ministres Trudeau et Bourassa afin de pouvoir compter sur l'armée. Celle-ci était d'ailleurs intervenue l'année précédente, soit en octobre 1969, à la demande du premier ministre Jean-Jacques Bertrand lors de la grève des policiers de Montréal. Personne n'avait alors poussé de cris d'orfraie à cause de ce déploiement spectaculaire de l'armée, bien au contraire.

De son côté, le directeur de la Sûreté du Québec Maurice Saint-Pierre fait des pressions auprès de Bourassa. L'intervention de l'armée est, selon lui, nécessaire : ses hommes doivent être libérés d'une partie de leurs tâches habituelles, notamment la protection des personnes et des biens, pour pouvoir procéder aux multiples interventions qui doivent mener à l'arrestation des ravisseurs et de leurs complices.

Le 15 octobre en matinée, d'ultimes discussions se tiennent entre les différents niveaux de gouvernement et les autorités policières au sujet de la sécurité de la population et des édifices publics. Bourassa annonce vers 14 heures que le gouvernement du Québec a demandé officiellement le soutien de l'armée en vertu des dispositions de la Loi de la défense nationale.

> J'ai évité jusqu'à maintenant de recourir à cette mesure. Un souci normal du bien-être et de la sécurité ne peut cependant me permettre de retarder plus longtemps les appuis nécessaires.

Aux petites heures du matin du 16 octobre, les hommes du 5ᵉ Groupement de combat de Valcartier, sous le commandement du brigadier général Jacques Chouinard, se déploient en tenue de combat à travers le Québec et commencent à assurer la protection de centaines de personnes et de bâtiments.

Au cours de la réunion du Conseil des ministres tenue le 15 octobre à 18 heures, Bourassa propose et fait accepter le point de vue définitif de son gouvernement à l'égard des négociations avec le FLQ.

L'atmosphère est survoltée : les négociations entre Robert Demers et Robert Lemieux ne débouchent sur aucun compromis acceptable ; les étudiants ont décidé de débrayer ; le FLQ tient des assemblées publiques, telle celle du centre Paul-Sauvé ; certaines élites québécoises sont prêtes, ce qui est un précédent très grave, à faire bon marché de l'autorité de l'État en recommandant de céder au chantage des ravisseurs de Cross et de Laporte.

Lucien Saulnier raconte même, quelque peu consterné, que le directeur du *Devoir* Claude Ryan, qui n'a jamais douté de rien, est venu le voir le lendemain de l'enlèvement de Pierre Laporte, pour lui demander quelle serait sa réaction s'il mettait sur pied un gouvernement parallèle ! On frémit en racontant l'affaire, comme aurait dit le poète.

Ce qui est beaucoup plus sérieux, c'est que la police, quoi qu'elle en dise, n'obtient aucun résultat dans ses recherches. Quelques jours plus tôt, par exemple, la police affirme détenir une piste sérieuse : on a vu des suspects avec des carabines derrière le théâtre Stella, rue Saint-Denis, à Montréal. Fausse alerte ! Les présumés terroristes ne sont que des chasseurs revenus en ville.

Le premier ministre, donc, présente le 15 octobre vers 21 heures la position définitive du gouvernement du Québec. En ce qui concerne la question préalable, soit la libération de Cross et de Laporte, on propose que la Croix-Rouge internationale ou le Consulat de Cuba à Montréal serve d'intermédiaire entre les deux parties.

Quant aux conditions exigées par le FLQ, le premier ministre annonce ce qui suit :

1. Le gouvernement du Québec n'accepte pas l'élargissement de la totalité des prisonniers énumérés par le FLQ. Par ailleurs, il s'engage à recommander fermement la libération conditionnelle de cinq de ces prisonniers qui l'ont demandée. Il a déjà entrepris des démarches à cet égard.
2. Les autorités concernées s'engagent à fournir un sauf-conduit aux membres des cellules du FLQ qui ont procédé à l'enlèvement de Cross et de Laporte.
3. Les mêmes autorités sont disposées à s'assurer qu'il y ait un avion pour fins de transport dans le pays choisi.
4. Pour ce qui a trait aux autres conditions, le gouvernement ne croit pas qu'il soit légitime de les accepter.

En raison de la situation et des délais multiples qui existent déjà, le gouvernement demande une réponse dans les six heures qui vont suivre cette annonce. Le Cabinet signale également que le négociateur du FLQ, Robert Lemieux, a été prévenu du contenu de cette annonce par Robert Demers, le négociateur du gouvernement.

Le FLQ ne s'étant pas manifesté dans les six heures qui suivent cette annonce, la Loi des mesures de guerre est appliquée à la demande de Bourassa le lendemain 16 octobre vers trois heures du matin. L'annonce publique en est faite à 5 heures 35.

Dans la lettre qu'il a fait parvenir au premier ministre Trudeau en fin de soirée le 15 octobre, Bourassa signale d'abord que la population du Québec a été bouleversée par les enlèvements de Cross et de Laporte et par les menaces proférées contre la sécurité de l'État et des personnes dans les communiqués émis par le FLQ. Puis il poursuit:

> Après consultation des autorités directement responsables de l'administration de la justice au Québec, le gouvernement du Québec est convaincu que la loi, dans son état actuel, ne permet pas de répondre d'une façon satisfaisante à cette situation.
>
> Dans les circonstances, au nom du gouvernement du Québec, je demande que des pouvoirs d'urgence soient prévus le plus tôt possible permettant de prendre des mesures plus efficaces. Je demande en

particulier que ces pouvoirs comprennent l'autorité d'arrêter et de détenir les personnes que le Procureur général du Québec estime, pour des motifs raisonnables, être dédiées au renversement du gouvernement par la violence et des moyens illégaux. Selon l'information que nous possédons et qui vous est accessible, nous faisons face à un effort concerté pour intimider et renverser le gouvernement et les institutions démocratiques de cette Province par la commission planifiée et systématique d'actes illégaux, y compris l'insurrection; il est clair que les individus engagés dans cet effort concerté rejettent totalement le principe de la liberté dans le respect du droit.

Le gouvernement du Québec est convaincu de la nécessité de tels pouvoirs pour faire face à la crise actuelle. Non seulement deux hommes complètement innocents sont menacés d'assassinat, mais encore nous faisons face à une tentative de destruction de l'ordre social par une minorité ayant recours à la commission d'actes criminels; ce sont ces considérations qui amènent notre gouvernement à faire cette demande.

Le gouvernement est confiant que par le recours à de tels pouvoirs, il pourra sans délai mettre un frein à l'intimidation et à la terreur, et assurer à tous les citoyens la paix et la sécurité.

La suite des événements lui donne entièrement raison. Au cours des trente années qui suivront l'imposition de mesures aussi rigoureuses que celles appliquées en octobre 1970 en vertu de la Loi sur les mesures de guerre, le Québec bénéficiera d'une relative paix sociale.

Le gouvernement du Québec adopte également le 15 octobre l'arrêté en conseil 3772 concernant la mise en application des pouvoirs d'urgence prévus à la Loi de Police. Par cette décision, le directeur général de la Sûreté du Québec assume jusqu'au 10 novembre 1970, sous l'autorité du procureur général, le commandement et la direction de tous les corps de police du Québec, y compris les polices municipales.

Au même moment, le gouvernement fédéral adopte, en vertu de la Loi sur les mesures de guerre, des dispositions très sévères portant le titre de: «Règlement prévoyant des pouvoirs d'urgence pour le maintien de l'ordre public au Canada» et dont le titre abrégé est «Règlement de 1970 concernant l'ordre public». Les forces de l'ordre ont le droit d'appréhender sans mandat quiconque est soupçonné d'appartenir au FLQ ou d'appuyer ce groupe, que l'on déclare par ailleurs « association illégale ».

Quelque 500 personnes, selon certaines sources — 300 à 400, selon d'autres sources —, sont ainsi arrêtées aux petites heures du matin le 16 octobre et dans les jours qui suivent. Le poète Gérald Godin et la chanteuse Pauline Julien, arrêtés par des policiers peut-être un peu trop zélés, sont rapidement relâchés à la demande de Bourassa. « Voyons donc, monsieur Saint-Pierre ! déclare le premier ministre au directeur général de la Sûreté du Québec, qui lui montre la liste des personnes appréhendées pendant la nuit, « Gérald Godin, je le connais. C'est un poète ! »

Le 16 en fin d'après-midi, Bourassa rencontre les journalistes de la galerie de la presse. Avec un calme et une sérénité remarquables, en véritable chef de gouvernement en pleine possession de ses moyens, il leur confirme que le gouvernement du Québec a demandé au gouvernement fédéral l'adoption de certains pouvoirs d'urgence afin d'apporter des remèdes efficaces à la crise que le Québec traverse. Il aurait évidemment préféré se dispenser de tels pouvoirs et du soutien de l'armée, mais devant des risques accrus d'anarchie il a décidé d'agir de façon rapide et ferme.

> Les événements au Québec ces derniers jours ont démontré d'une façon certaine que le plein exercice des libertés fondamentales exigeait que des limites soient apportées, en certaines occasions du moins, pour assurer le fonctionnement normal en régime démocratique.
>
> C'est avec énormément de réticence que le gouvernement a décidé d'avoir recours aux mesures des dernières heures. Il se rend bien compte des implications de ces décisions, mais les gestes successifs posés par le FLQ — manifestations violentes, bombes, enlèvements — ne lui laissaient qu'un seul choix s'il ne voulait pas trahir son mandat de gouvernement élu démocratiquement.
>
> Le FLQ, par ses actes qui briment les droits de la personne humaine, conclut Bourassa, ne peut certainement pas prétendre légitimement servir le Québec. Bien au contraire, ses gestes des derniers jours constituent des atteintes à la fierté de tous les Québécois.

Bourassa souhaite également que le FLQ renonce à son escalade qui a pour conséquence certaine de « desservir lourdement ceux qu'il prétend vouloir aider ». Il affirme enfin sa détermination à poursuivre « sa lutte non seulement pour la sauvegarde des libertés démocratiques fondamentales, mais également pour une société où la justice et le progrès social n'auront pour limites que le respect de ces libertés ».

Après avoir entendu ces propos à la radio, Pierre Laporte tente en fin d'après-midi de s'enfuir de la maison de Saint-Hubert où ses ravisseurs le gardent prisonnier. Laporte se blesse à la poitrine et aux poignets en tentant de défoncer une fenêtre et en se débattant avec ses gardiens. Il perd beaucoup de sang. Après l'incident, Bernard Lortie part pour Montréal, où se trouve Paul Rose, pour l'avertir de la tentative d'évasion du ministre, laissant ce dernier seul avec Jacques Rose et Francis Simard.

Dans la nuit du 16 au 17 octobre, Bourassa décide de mettre un terme aux négociations de plus en plus rocambolesques avec Lemieux. Il va donc s'adresser directement aux ravisseurs. Le bureau du premier ministre fait connaître l'offre du gouvernement par un communiqué expédié le 16 à 23 heures 28, mais daté du 17 du fait de l'heure très tardive. Ce texte est préparé par Demers, Prieur et moi-même, puis approuvé par le premier ministre.

On y décrit en sept points les mécanismes permettant de régler la « question préalable », soit la vie sauve pour Cross et Laporte contre des sauf-conduits pour les ravisseurs. Peu après minuit, nous sommes le 17, les stations de radio font la lecture de ce communiqué.

Voici le scénario retenu :

1. Les ravisseurs, toujours armés, et accompagnés de Cross et Laporte, devront se rendre par le pont de la Concorde à Terre des Hommes, lieu désigné comme étant une extension temporaire du consulat de Cuba à Montréal, avec tous les privilèges et immunités attachés à un consulat.

2. La route conduisant au lieu désigné sera complètement dégagée ou gardée par la police et par l'armée. Il suffira pour cela que les

ravisseurs en fassent la demande en appelant la Sûreté du Québec à 395-4195. Les militaires et policiers recevront alors l'ordre de laisser passer indemnes les ravisseurs, toujours armés, se dirigeant accompagnés des deux otages vers le lieu désigné.

3. À leur arrivée au lieu désigné, les ravisseurs remettront les deux otages au gouvernement cubain représenté par son consul. Ce dernier demandera alors aux ravisseurs de lui remettre leurs armes.

4. Dans l'heure suivant leur arrivée au lieu désigné, les ravisseurs, accompagnés du consul de Cuba, seront conduits à un aéroport où ils prendront place à bord d'un avion. En nombre restreint, des fonctionnaires canadiens et des représentants du gouvernement cubain accompagneront les ravisseurs. Des documents de voyage seront remis aux passagers.

5. À l'arrivée à Cuba, le gouvernement de ce pays autorisera son consul à Montréal à remettre les deux otages aux autorités canadiennes.

Le bureau du premier ministre Bourassa précise que, de concert avec le gouvernement du Québec, le gouvernement du Canada fait cette demande au gouvernement de Cuba pour des raisons humanitaires. De son côté, c'est pour les mêmes raisons humanitaires que le gouvernement cubain autorise ses représentants à participer à l'élaboration et à la mise en œuvre de ces modalités.

Le premier ministre, par l'entremise de son bureau, signale à la population de Montréal que des mesures de sécurité sans précédent sont mises en place. Il recommande donc à chacun de vaquer à ses occupations habituelles ; de cette façon, la population n'a aucune raison de s'inquiéter, en particulier si personne ne s'approche des lieux mentionnés.

Le 17 octobre en soirée, le premier ministre me demande, ainsi qu'à son chef de cabinet adjoint Jean Prieur, de participer à une réunion de travail convoquée par Robert Demers au bâtiment administratif de Terre des Hommes. Près d'une centaine de personnes sont présentes : des représentants d'organismes et de ministères fédéraux, du gouvernement cubain, de la ville de Montréal, de différents corps de police et de l'armée. L'objet de la rencontre est de coordonner l'opération d'échange ravisseurs-otages et d'informer les différentes parties concernées de ce que chacune doit faire, pour mettre en œuvre l'offre finale faite aux ravisseurs.

La réunion dure depuis au moins une heure lorsque, soudain, un militaire s'approche de la personne alors au micro, lui parle à voix basse, puis prend la parole. La voix brisée par l'émotion, l'officier annonce qu'une information vient de lui parvenir, selon laquelle le ministre Pierre Laporte est mort.

On apprend par la suite que Laporte a été étranglé par ses deux gardiens, Jacques Rose et Francis Simard. Deux versions circulent. L'une veut que Rose et Simard aient seulement tenté de maintenir Laporte, qui était très agité, en tenant trop longtemps serrés le col de son chandail et la chaînette qu'il portait au cou. L'autre version est celle de Francis Simard lui-même qui déclare dans son livre *Pour en finir avec Octobre*: «[...] nous l'avons tué. Ce n'est pas du tout un accident.»

Cette dernière version correspond au rapport du coroner qui affirme que Pierre Laporte est mort par strangulation, et non des suites d'hémorragies dues à des blessures qu'il se serait infligées en brisant une fenêtre pour tenter de s'enfuir.

Le lendemain dimanche 18 octobre, Bourassa s'adresse à la population du Québec par le truchement de la radio et de la télévision.

Mes chers compatriotes, le Québec traverse aujourd'hui l'un des moments les plus dramatiques de son histoire. Nous sommes tous profondément affligés par le crime inqualifiable qui a été commis hier contre un homme dont le plus grand tort, aux yeux de ses assassins, était d'avoir été élu démocratiquement et de servir son peuple dans une tâche difficile et importante.

En mon nom personnel, au nom du Conseil des ministres, au nom de tous les députés à l'Assemblée nationale, et en celui de tous les Québécois, je veux exprimer à Madame Laporte, à sa fille Claire, à son fils Jean, et à sa mère, notre plus vive sympathie. Je sais qu'il les adorait tous, et qu'eux le lui rendaient bien.

Pierre Laporte a été une victime de la haine, une haine criminelle que n'avaient pas encore connue les Québécois et les Canadiens. Il a payé de sa vie la défense des libertés fondamentales, et cela après avoir attendu durant toute une semaine, dans une angoisse cruelle, ce dénouement tragique.

Je dis à ces individus, qui l'ont assassiné, qu'ils sont à tout jamais indignes d'être Québécois, indignes d'être des Canadiens français.

Ce meurtre ignoble d'un homme innocent est un témoignage du genre de société que voudraient établir ces mouvements. Mais quelques individus ne peuvent pas écraser la volonté de tout un peuple, quelles que soient leur cruauté et l'ignominie de leur chantage. La foi dans le régime démocratique est trop profonde et trop authentique au Québec pour qu'elle se laisse détruire ainsi. Je demande à tous les Québécois de rester calmes et de garder confiance dans leurs institutions. Le coup qui nous est porté aujourd'hui, comme peuple est terrible, mais c'est là un test pour notre sang-froid et pour notre ferme détermination à faire triompher la justice et la liberté.

Le gouvernement que je dirige ne se laissera pas abattre par une telle épreuve. Il y fera face de la façon la plus ferme. Je suis convaincu que Pierre Laporte aurait cette volonté de vaincre. Toute sa vie en est le meilleur exemple, lui qui a été l'un des grands animateurs du renouveau québécois.

Chers Québécois, il nous faut tous aujourd'hui du courage. Il nous faut aussi une solidarité, solidarité de tous ceux qui rejettent la terreur et le meurtre, et qui veulent lutter pour que le Québec poursuive sa marche, combien difficile, mais essentielle, en vue de se réaliser pleinement.

C'est ensemble, et seulement ensemble, que nous allons surmonter cette crise. J'ai confiance que nous le voulons parce que nous sommes des Québécois.

Bourassa annonce le même jour que le Conseil des ministres réuni exceptionnellement à Montréal a décrété les 18, 19 et 20 octobre journées de deuil en l'honneur de Pierre Laporte et que les bureaux du gouvernement seront fermés le 19 à partir de 13 heures 30 et le 20 toute la journée. Il invite la population à se recueillir auprès de la dépouille mortelle qui sera exposée en chapelle ardente à partir de 20 heures au nouveau palais de justice de Montréal, rue Notre-Dame.

Les funérailles auront lieu le mardi 20 octobre à 16 heures en l'église Notre-Dame de Montréal, monseigneur Cimichella, évêque auxiliaire de Montréal, officiera et Mme Laporte fait savoir qu'elle souhaite que l'argent destiné habituellement à l'achat de fleurs soit plutôt envoyé au Camp Françoise Cabrini. L'inhumation, strictement privée, aura lieu au cimetière de la Côte-des-Neiges.

Après son allocution à la population du Québec, Bourassa rencontre pendant environ une heure le premier ministre Pierre Trudeau et le maire de Montréal Jean Drapeau.

Cependant l'attaché commercial britannique reste toujours introuvable. Bourassa insiste donc dès le lundi 19 octobre pour rappeler que l'offre de sauf-conduit du samedi 17 tient toujours pour les ravisseurs de Cross, que Me Robert Demers est toujours le représentant des autorités concernées, que le lieu désigné est le Pavillon du Canada, toujours considéré comme une extension du Consulat de Cuba, et que le consul de Cuba à Montréal Alfredo Ramirez y a effectivement établi un bureau.

De son côté, l'ambassadeur de Cuba au Canada confirme qu'un accord existe entre les gouvernements cubain et canadien à la demande du gouvernement canadien, et que le gouvernement cubain accepte pour des raisons humanitaires de participer aux modalités publiées par le gouvernement canadien.

Le 22 octobre, le premier ministre annonce que Gérard D. Levesque, député de Bonaventure, déjà ministre de l'Industrie et du Commerce et des Affaires intergouvernementales, assumera la fonction que Pierre Laporte détenait en tant que leader parlementaire du gouvernement à l'Assemblée nationale. Louis Vézina, député de Montmorency, est choisi pour seconder Gérard D. Levesque dans sa nouvelle fonction.

Les élections municipales de Montréal, le 25 octobre, soit huit jours après l'assassinat de Laporte, sont une victoire triomphale pour l'équipe du maire Drapeau qui remporte tous les sièges de conseillers municipaux, avec 92,5 % du vote.

Les rumeurs concernant l'affaire du présumé gouvernement parallèle continuent de circuler. Elles sont colportées, comme par hasard, par des individus dont la caractéristique commune est en fait leur jalousie ou leur hostilité à l'égard de Bourassa. Le premier ministre déclare le 27 octobre qu'il a été mis au courant de la possibilité d'un tel projet, mais que seules des raisons de sécurité et d'ordre publics ont incité son gouvernement à prendre ses décisions. Et l'appui massif de la population au cours de la crise confirme le bien-fondé de son attitude.

La police finit par trouver et cerner le 2 décembre la maison de Montréal-Nord où Cross est détenu depuis son enlèvement. Robert Demers négocie avec l'avocat Bernard Mergler, désigné par les ravisseurs. Les deux hommes s'entendent pour que soient appliquées les modalités énoncées par le bureau du premier ministre le 17 octobre et réitérées dans les communiqués du 19 et du 26 octobre.

Le 3 décembre, les ravisseurs de Cross s'envolent en fin de journée, certains avec leur famille, pour Cuba et l'exil. Le 4 décembre, à deux heures du matin, l'attaché commercial recouvre sa liberté. Le premier ministre lui rend visite le jour même pour lui exprimer sa vive satisfaction de le savoir sain et sauf.

L'un des ravisseurs de Pierre Laporte est arrêté le 6 novembre à Montréal et les trois autres à Saint-Luc le 27 décembre. Tous sont condamnés à des peines de prison. Paul Rose et Francis Simard écopent de la prison à perpétuité pour le meurtre de Pierre Laporte.

La crise d'Octobre est terminée. Dure épreuve pour le jeune gouvernement de Robert Bourassa.

CHAPITRE 9

La Baie James

« La Baie James, c'est notre jeunesse à la conquête de son avenir », déclare Bourassa lors du lancement de ce gigantesque projet. Une quinzaine d'années plus tard, en 1985, alors qu'il s'apprête à reprendre le pouvoir, c'est « À la jeunesse du Québec » qu'il dédiera son livre *L'énergie du Nord — La force du Québec*, dans lequel sont fixés de nouveaux défis hydroélectriques.

On se souvient des grands thèmes de la campagne électorale libérale d'avril 1970. « Un peuple économiquement faible peut toujours avoir un passé, mais il n'aura jamais d'avenir. » Pour Bourassa, la plus importante des richesses naturelles du Québec est son potentiel hydroélectrique. Alors même qu'il n'est que député à l'Assemblée nationale, il en est déjà venu à la conclusion que l'avenir du développement économique du Québec passe par la mise en valeur des ressources hydroélectriques de la Baie James. Roland Giroux, alors président d'Hydro-Québec, vient expliquer à l'Assemblée nationale les diverses possibilités de l'approvisionnement du Québec en énergie, et notamment l'ampleur du potentiel de la Baie James.

Bourassa écoute avec un immense intérêt le long exposé de Giroux, et notamment sa description du potentiel et des défis que représente la mise en valeur de la Baie James. Persuadé que ce projet est réalisable, Bourassa exprime dès le 15 décembre 1969 au Comité permanent des Richesses naturelles sa conviction que le Québec va avoir besoin de 11 000 mégawatts supplémentaires en 1983 et qu'il faut donc procéder à la mise en valeur de la Baie James au plus tard en 1973.

Lors de la rédaction du programme du Parti libéral du Québec, au début de 1970, Bourassa s'assure que le projet de la Baie James fait clairement partie des engagements électoraux, en matière d'énergie. Ainsi, dans le premier chapitre du programme, qui porte évidemment sur « Le développement économique », Bourassa fait inscrire, sous la rubrique « Les richesses naturelles — L'énergie », les trois propositions suivantes :

- Accélérer les recherches d'Hydro-Québec dans le domaine de l'énergie nucléaire.
- Créer un plan intégré d'aménagement du territoire de la Baie James, en vue de la mise en valeur du potentiel hydroélectrique et du développement de l'industrie forestière de cette région.
- Intensifier la recherche et l'exploitation des gisements de pétrole et de gaz.

Comme on peut le voir, aucun type d'énergie n'est oublié dans ce programme… Cependant, seule l'énergie hydroélectrique de la Baie James fait l'objet d'un plan intégré d'aménagement.

La solide victoire des libéraux en avril 1970 donne à Bourassa la marge de manœuvre nécessaire pour pouvoir procéder rapidement à la mise en marche du projet. Il demande notamment à son principal conseiller politique de l'époque, Paul Desrochers, de talonner Hydro-Québec afin que cette société d'État travaille sans relâche au démarrage du développement de la Baie James.

Les avantages économiques de l'hydroélectricité sont de loin supérieurs à ceux des autres sources d'énergie. Il s'agit d'une énergie propre et renouvelable. Et à l'abri de l'inflation. En effet, lorsque les barrages et autres installations sont terminés, les coûts d'exploitation sont relativement minimes. De plus, les barrages sont construits pour longtemps. Bourassa, qui sait compter, accorde une grande importance à cette dernière dimension. Qu'aucune réparation majeure des barrages construits 60 ans auparavant n'ait été nécessaire l'impressionne fortement.

En fait, Hydro-Québec est d'accord sur le principe du développement hydroélectrique même si, à l'intérieur de la société d'État, certains sont plutôt en faveur de l'option nucléaire pour subvenir aux besoins futurs en électricité du Québec.

Même parmi les « hydroélectriciens », deux écoles de pensée s'opposent : certains souhaitent la mise en valeur des rivières au sud du territoire, plus proches de Montréal, soit les rivières Notaway, Broadback et Rupert, également appelé le complexe NBR, tandis que d'autres prônent l'aménagement de la Grande Rivière, située plus au nord.

Bourassa tient en grande estime l'ingénieur en chef d'Hydro-Québec François Rousseau. Celui-ci est convaincu des avantages que possède la Grande Rivière ; tout bien considéré, son aménagement, malgré son éloignement, lui apparaît plus facile et plus économique que celui des autres rivières.

En septembre 1970, Giroux a une rencontre décisive avec Robert A. Boyd, de la Commission hydroélectrique de Québec. Les deux hommes abordent tous les aspects techniques et les coûts des différentes options. Et de cette réunion il ressort que le projet d'aménagement de la Baie James est compétitif, avantageux et de coût raisonnable.

Mais quelle rivière doit-on aménager ? Deux bureaux d'ingénieurs travaillent sur cette question tout l'hiver de 1970. Résultat : deux possibilités, la Grande Rivière et NBR, sont réalisables économiquement et techniquement.

Bourassa, toujours impatient d'aller de l'avant, veut annoncer la mise en marche du projet pour marquer le premier anniversaire de sa victoire électorale. La veille de l'annonce, le 29 avril 1971, le président d'Hydro-Québec fait parvenir au premier ministre une lettre fort attendue.

Pour faire suite aux nombreuses réunions qui ont eu lieu depuis plusieurs mois avec vous-même et avec vos représentants concernant le projet de la Baie James, la Commission hydroélectrique de Québec croit opportun de vous faire connaître son point de vue relativement à ce projet.

Hydro-Québec, se basant sur les études déjà faites et sur les opinions émises par ses propres ingénieurs, par les ingénieurs-conseils Asselin, Benoît, Boucher, Ducharme et Lapointe et par les ingénieurs-conseils Rousseau, Sauvé et Warren, recommande au gouvernement du Québec que le projet de développement des ressources hydroélectriques de la Baie James soit entrepris sans délai. Ces études démontrent en effet que le harnachement de ces rivières constitue, en regard des connaissances actuelles, la source d'énergie la plus économique si on la compare aux sources alternatives d'énergie, qu'elles soient thermiques ou nucléaires.

Devant 8 000 militants libéraux réunis au Colisée de Québec, les travaux de la Baie James sont officiellement annoncés.

Après un bilan sur écran géant des douze premiers mois de l'administration libérale, soudainement, des images d'une beauté sauvage, mises en valeur par une remarquable trame musicale de Marcel Lefebvre, transportent l'assistance à la Baie James. Et l'on entend la voix de Roland Chenail tenir, entre autres, ces propos : « Dès la fin de 1971, 3 500 personnes travailleront sur notre ancienne terre de Caïn, devenue la Terre promise dont nous rêvions. » La description du projet se poursuit ainsi :

> La Baie James, c'est plus de 125 000 emplois engendrés par des investissements qui atteindront 6 milliards de dollars. Et nous ne comptabilisons pas ici les milliers d'emplois indirects créés par cet investissement monstre.
>
> La Baie James, ça veut dire des travaux gigantesques qui couvriront un territoire équivalant aux trois quarts de la surface de la France ou à deux fois la totalité du territoire de l'Angleterre.
>
> Ça veut dire 10 millions de kilowatts, autant que la totalité de la production actuelle d'Hydro-Québec. Un potentiel deux fois plus élevé que celui des Chutes Churchill.
>
> La mise en marche de ces nouvelles centrales nous permettra, en plus de répondre à nos propres besoins, d'exporter de l'électricité et de récupérer ainsi des millions de dollars défrayant le coût de leur production.

Grâce au développement de la Baie James, dans vingt ans, le Québec sera seul en Amérique du Nord à pouvoir encore vendre de l'électricité pour les besoins industriels.

Giroux propose la création d'une entreprise dont le mandat spécifique serait de gérer la réalisation du projet. Le gouvernement, associé dans cette entreprise à Hydro-Québec, qui tient à en avoir le contrôle majoritaire, accepte finalement certains amendements de nature à consolider le rôle d'Hydro-Québec dans le développement énergétique.

Après de longs débats, souvent acrimonieux, tenus durant une bonne partie de l'été 1971, cette entente prend finalement la forme du projet de loi 50, intitulé Loi du développement de région de la Baie James, qui crée la Société de développement de la Baie James (SDBJ). Cette société devient responsable de la réalisation des différentes phases du développement de la Baie James. Son capital de 100 millions de dollars est garanti par le gouvernement du Québec.

Selon les dispositions de cette loi, Hydro-Québec détient 51 pour cent des actions de la SDBJ. Pierre Nadeau, administrateur agréé, en devient le président, tandis que les quatre autres membres sont Lucien Cliche, avocat de Val-d'Or et ministre dans le cabinet Lesage, Fred H. Ernst, avocat de Montréal, Roland Giroux, président d'Hydro-Québec, et Raymond Primeau, vice-président de la Banque Provinciale du Canada.

Le mandat de cette nouvelle société est le développement des richesses naturelles d'un territoire de 350 000 kilomètres carrés, soit approximativement l'équivalent des deux tiers de la France, situé entre le 49e et le 55e parallèle. Ses limites sont, à l'ouest, l'Ontario et la baie James et, à l'est, les circonscriptions de Roberval, de Québec et du Saguenay.

Le projet de loi 50 est adopté par 73 voix contre 6 le 14 juillet 1971, à la grande satisfaction de Bourassa. «Je ne pourrais pas avoir un plus beau cadeau d'anniversaire», déclare-t-il. Le Parti québécois vote contre: il est en faveur de l'énergie nucléaire. Pourtant cette énergie pose des problèmes de déchets radioactifs et la sécurité des installations ne peut pas être totalement garantie. Ce qui n'a pas l'air d'impressionner les troupes de René Lévesque.

C'est ainsi que, dès l'annonce du projet en avril 1971, Jacques Parizeau, l'une des vedettes du Parti québécois, n'avait pas hésité à déclarer avec sa belle assurance habituelle : « Le Québec va passer à côté de la révolution industrielle de l'énergie nucléaire. Il aurait été préférable de diversifier, quitte à harnacher de plus petites rivières. Le projet, c'est du délire. » L'économiste en chef du Parti québécois récidivait le lendemain dans *Le Devoir.* Selon ses calculs, l'énergie nucléaire coûterait trois fois moins cher que l'énergie hydroélectrique. En fait, l'avenir démontrera à peu près le contraire. Dans la province voisine, Hydro-Ontario s'oriente vers le nucléaire. Là encore, on sait le triste sort qu'ont connu par la suite les installations nucléaires ontariennes.

Cette opposition féroce et sans fondement, sinon pour des fins de déstabilisation politique, se poursuit longtemps. Par exemple, en juin 1972, le Parti québécois lance un pamphlet, *L'affaire de la Baie James,* dans lequel on affirme mordicus : « Lorsqu'il fait miroiter la possibilité de vendre de l'électricité aux Américains, M. Bourassa pêche par inconscience ou alors il se paie la tête des Québécois. »

Mais le trophée en matière de manque de vision revient certainement au député péquiste Guy Joron. Il se demande en effet à haute voix, le 19 mai 1971, en pleine Commission permanente des Richesses naturelles, alors qu'il fait subir un interrogatoire agressif au président d'Hydro-Québec : « Comment pouvons-nous envisager, même pour un instant, la possibilité d'exporter de l'électricité ? »

Pour Bourassa, il n'est pas question, maintenant qu'il a l'aval sur le plan technique des experts d'Hydro-Québec, de se laisser détourner de son objectif par des critiques qu'il considère simplement comme non fondées ou mal intentionnées. Le 19 mai, le premier ministre répond en quelque sorte à Guy Joron en annonçant l'approbation par le Conseil des ministres d'un budget supplémentaire d'Hydro-Québec de 26 millions de dollars pour l'année 1971 relativement aux travaux de la Baie James. La joie de l'âme est dans l'action, n'est-ce pas ?

Le premier ministre révèle que ce budget supplémentaire va permettre à Hydro-Québec d'exécuter les travaux requis pour assurer le développement des ressources hydroélectriques et des richesses naturelles des bassins des rivières de la Baie James : construction de routes d'accès et d'aéroports, arpentage et relevés, déboisement et défrichement, ingénierie, télécommunications, acquisitions d'équipement et de matériaux ainsi que moyens de transport.

De ce budget supplémentaire, une somme de 12 millions de dollars sera dépensée exclusivement à la construction de sections de route, tandis qu'une somme de plus de six millions de dollars doit servir à défrayer les coûts d'ingénierie, d'études, de relevés et de forages des rivières Nottaway, Broadback et Rupert situées au sud de la région de la Baie James.

En vue d'assurer la réalisation du projet de la Baie James selon le calendrier envisagé, et de maintenir les coûts à leur plus bas niveau possible, ces travaux préliminaires doivent être effectués immédiatement et Hydro-Québec doit obtenir le plus rapidement possible les droits, autorisations et exemptions requis.

Plus tard, alors qu'approche l'adoption de la loi créant la SDBJ, Bourassa se lève le vendredi 9 juillet vers minuit à l'Assemblée nationale pour affirmer que le seul choix qui s'offre au gouvernement pour le développement de la Baie James est la création d'une société d'État.

Mais auparavant le premier ministre décrit lui-même le processus de réflexion suivi par le gouvernement à l'égard de l'aménagement de cet immense territoire, ceci afin de répondre à « un flot de paroles, inutiles à mon sens, certaines même pernicieuses, qui révèlent le manque de sang-froid de ceux qui les ont prononcées ».

> Le gouvernement en face de ce développement extraordinaire que constitue la Baie James, avait le choix entre plusieurs alternatives. Il aurait pu confier ce développement à Hydro-Québec, comme cela a été suggéré. Nous l'avons fait temporairement, pour le stade initial, en attendant la formation de cette société. Mais Hydro-Québec a elle-même reconnu qu'il était normal, alors qu'il y avait une dizaine de juridictions, qu'il y ait une société, ou une structure de gestion, pour avoir une administration plus efficace.

[...] On a également dit que l'entreprise privée serait exclue du développement. Or, il n'en est pas du tout question. Encore là, nous sommes prêts, même si ça se trouve dans le projet de loi, à apporter des amendements pour clarifier le rôle de l'entreprise privée ou des autres agents économiques et industriels dans ce développement.

Nous sommes prêts également à considérer que les expropriations pourraient se faire selon des règles générales. Nous sommes évidemment d'accord puisque, d'après nous, ça demeure implicite dans le projet de loi que tous les renseignements nécessaires soient donnés à un ministre désigné par le premier ministre, ou au premier ministre lui-même, de telle sorte que la société demeure fondamentalement responsable vis-à-vis du Conseil des ministres et vis-à-vis du Parlement.

La nouvelle loi, outre la création de la SDBJ, permet la mise sur pied d'autres sociétés pour la mise en valeur des différentes ressources de cet immense territoire.

C'est ainsi que le développement des ressources hydroélectriques devient la responsabilité spécifique de la Société d'énergie de la Baie James (SEBJ). Le premier ministre en annonce la création le 21 décembre 1971.

Conformément aux dispositions de la loi 50, le conseil d'administration de la SEBJ est composé de cinq membres nommés par le gouvernement du Québec, dont trois sur recommandation d'Hydro-Québec et deux proposés par la SDBJ.

La SEBJ commence rapidement à accorder des contrats, d'une valeur totale de 60 millions de dollars, en vue de construire une route de Matagami jusqu'à Fort George, à l'embouchure de La Grande Rivière. Cette route, la fameuse route 109, longue de 725 kilomètres, est construite en 15 mois. La route d'hiver, passant sur des lacs gelés, est en effet inaugurée le 1er février 1973. Quant à la route permanente, elle est ouverte officiellement le 20 octobre 1974, asphaltée en 1975 et 1976 et coûte en tout 400 millions de dollars.

Le Québec vient d'ouvrir sa nouvelle frontière au nord en transformant les arpents de neige de Voltaire en sources de richesses pour tous les Québécois.

Le bien-fondé de la décision de réaliser le développement de la Baie James reçoit une confirmation inattendue lors de la rencontre le 20 octobre 1971 à Montréal entre Bourassa et le président du Conseil des ministres de l'URSS Alekseï Kossyguine, à l'occasion de la visite officielle que fait ce dernier au Canada.

Le premier ministre lui décrit l'ampleur du projet de la Baie James, ainsi que les critiques dont il est l'objet de la part de ses adversaires politiques parce qu'il privilégie l'option hydroélectrique plutôt que l'option nucléaire. Kossyguine lui donne raison.

> Tant que vous aurez des ressources hydroélectriques importantes potentiellement disponibles, efforcez-vous de les mettre en valeur plutôt que de construire des centrales nucléaires en lesquelles moi, pour ma part, je n'ai pas pleinement confiance et que nous construisons en URSS parce que nous n'avons vraiment plus de rivières valables à harnacher.

On peut facilement imaginer comment ces paroles sont de la musique pour les oreilles de Bourassa qui cite encore Kossyguine plusieurs mois après la rencontre. D'autant plus qu'on ne peut qu'être frappé par la justesse du pressentiment de Kossyguine quand on pense à ce qui est survenu par la suite à Tchernobyl, dans son propre pays, à Three Mile Island, aux États-Unis, et dans les centrales nucléaires de l'Ontario.

Hydro-Québec, sur la recommandation de plusieurs experts, se décide en définitive pour la construction de quatre centrales le long de la Grande Rivière : LG1, à 37 kilomètres du village côtier de Fort George ; LG2, la plus puissante de ces centrales, dont les travaux commencent à l'été 1973 et qui sera inaugurée en 1979, en fait avant la date prévue à l'échéancier ; LG3 démarre en 1983, et LG4 commence à produire de l'électricité dès 1984. Cependant, étant donné que la capacité des trois autres centrales est augmentée au fur et à mesure que les travaux se concrétisent, la construction de LG1 est reportée car sa production n'est plus nécessaire pour satisfaire les besoins prévus dans un avenir rapproché.

Le 14 juillet 1973, Bourassa va célébrer son quarantième anniversaire de naissance avec les travailleurs des chantiers de la Baie James.

C'est sa première visite dans ce territoire dont il a annoncé l'aménagement exactement deux ans auparavant.

Plus de soixante journalistes l'accompagnent. Ils atterrissent sur la piste de l'aéroport de Matagami, à plus de 700 kilomètres au nord-ouest de Montréal. Cette piste suscite d'ailleurs l'étonnement, car personne ne s'attendait à trouver à la porte de la Baie James un aéroport créé en pleine forêt et qui connaît un an plus tard une activité équivalente à celle des aéroports de Québec et d'Ottawa.

Charles Boulva et Fred H. Ernst, président et vice-président de la Société de développement de la Baie James, leur présentent l'immense projet d'aménagement. Puis trois DC3 emmènent le premier ministre, sa suite et les journalistes découvrir le territoire de la Baie James. Le premier arrêt prévu doit être le camp de construction de la route, SB3, géré par l'entreprise Simard et Beaudry.

La SDBJ veut montrer à Bourassa un exemple de l'organisation, des techniques et des travaux d'infrastructure routière du territoire de la Baie James. Avec la construction de la route permanente entre Matagami et Fort George, la SDBJ est en train d'ouvrir la première voie de terre vers la baie d'Hudson, permettant ainsi à la fois la prospection et le développement des richesses de cette région et de l'extrême Nord québécois.

Malheureusement, il est impossible d'atterrir à cet endroit à cause de vents violents, à la grande déception des ouvriers de SB3, et surtout du cuisinier du camp qui a passé la nuit à préparer des repas et un gâteau d'anniversaire pour 300 personnes. Les avions continuent vers l'aéroport de LG2 où l'on a démarré la construction de la plus importante des centrales prévues sur la Grande Rivière.

Le premier ministre est accueilli par Charles Boulva et par Robert Boyd, président de la Société d'énergie de la Baie James. Parvenus au chantier en autobus depuis la piste, les voyageurs sont impressionnés par le caractère majestueux et spectaculaire de la Grande Rivière. Les travaux devraient permettre de produire les 58 milliards supplémentaires de kWh dont le Québec aura besoin en 1985. Bourassa visite également au lac Attila le camp spécialisé dans la recherche et l'étude des données susceptibles de préserver et d'améliorer l'environnement de la région de la Baie James.

Sur tous ces chantiers, le premier ministre est chaleureusement accueilli par les gens qui y travaillent, originaires principalement de l'Abitibi, du Lac-Saint-Jean, de la Côte-Nord et de la Gaspésie. Parmi ces travailleurs, on trouve des étudiants, des immigrants et quelques autochtones. Tous témoignent de leur enthousiasme et de leur fierté d'être les pionniers de la Baie James.

C'est finalement cette détermination des travailleurs qui impressionne le plus les journalistes. Ils sont aussi étonnés de constater que, contrairement aux déclarations passionnées qui entourent le démarrage du projet, une très faible proportion de territoire va être inondé par le développement hydroélectrique de la Baie James, soit 1,85 % de la surface totale de la région. Beaucoup notent également la vitalité des services de protection de l'environnement des sociétés participant à l'aménagement.

Plusieurs de ceux qui sont partis le matin avec l'idée de critiquer le projet admettent que la fierté des pionniers de la Baie James pourrait bien devenir avec le temps l'orgueil de tout le peuple québécois.

La construction de ces barrages est néanmoins marquée par de nombreux incidents. En août 1973, des feux de forêt d'une violence inouïe encerclent le chantier. La rivalité entre deux grands syndicats s'achève le 21 mars 1974 par un véritable saccage du chantier, qui doit rester fermé pendant 51 jours. Ce saccage est à l'origine de la création par Bourassa de la Commission d'enquête sur l'exercice de la liberté syndicale sur les chantiers de construction.

Le premier ministre, voulant que les recommandations de cette commission n'aient aucun caractère partisan, choisit des personnalités qui ont pour caractéristique commune de ne pas être d'allégeance libérale.

Bourassa nomme le juge Robert Cliche, ancien candidat du NPD, président de cette commission, et comme commissaires l'avocat Brian Mulroney, d'obédience conservatrice, et Guy Chevrette, alors président de l'Association péquiste de Joliette. Comme procureur en chef de la Commission, le premier ministre choisit un avocat de Chicoutimi du nom de Lucien Bouchard. Si Bouchard avait travaillé activement pour le Parti libéral du Québec en 1970, il a cependant agi à plein temps comme directeur des communications pendant la campagne électorale de 1973 pour le candidat péquiste Marc-André Bédard. Le critère de sélection est donc respecté…!

La Commission Cliche fait un excellent travail et remet son rapport un an plus tard, en mai 1975. Le gouvernement Bourassa procède à l'application de toutes les recommandations contenues dans ce rapport.

Les travaux à la Baie James sont également interrompus pendant sept jours le 15 novembre 1973 lorsque le juge Albert Malouf, de la Cour supérieure du Québec, accorde aux autochtones l'injonction interlocutoire qu'ils ont demandée en invoquant une loi de 1912 qui, disent-ils, leur accorde les droits exclusifs sur ce territoire et rendrait inconstitutionnelle la loi créant la SDBJ.

Hydro-Québec, la SDBJ et la SEBJ en ont immédiatement appelé de la décision du juge Malouf et demandé que cette injonction soit suspendue jusqu'à ce que la Cour d'appel se prononce, ce qui fut accordé le 22 novembre. Les travaux reprennent donc immédiatement à la Baie James, que des milliers de travailleurs avaient quittée une semaine plus tôt. Les autochtones tentent de porter leur cause devant la Cour suprême du Canada qui refuse d'intervenir dans l'attente de la décision de la Cour d'appel du Québec sur la requête visant à faire déclarer inconstitutionnelle la loi 50.

Dans une tentative pour conclure une entente négociée avec les autochtones, le gouvernement du Québec accepte que John Ciaccia, délégué personnel du premier ministre Bourassa, leur présente le 25 novembre 1973 une offre en 11 points, qui fera l'objet d'un accord de principe signé le 15 novembre 1975.

Par ailleurs, la Cour d'appel du Québec annule le 21 novembre 1974 le jugement rendu un an plus tôt par le juge Malouf. L'entente finale avec les autochtones est conclue le 15 novembre 1975.

Les autochtones obtiennent des droits de pleine propriété assez semblables à ceux que le gouvernement du Parti québécois reconnaîtra en 1995 aux Montagnais sur certaines terres : des droits de chasse et de pêche sur un grand territoire et une compensation financière totale de 225 millions de dollars. John Ciaccia, dans cette négociation historique, formule le 20 décembre 1984 un avis juridique selon lequel la convention de 1975 s'applique à toute la mise en valeur de la région, et notamment au développement des rivières plus au sud comme la Nottaway, la Broadback et la Rupert.

Cette convention est d'ailleurs entérinée par une loi fédérale et par une loi de l'Assemblée nationale du Québec.

La mise en valeur de la Baie James permet ainsi au Québec de conquérir une nouvelle frontière dont le potentiel est énorme. Elle fait également la preuve que les Québécois sont capables de relever des défis d'envergure, de manifester un esprit d'entreprise dont ils peuvent légitimement être fiers, et de s'entendre avec leurs compatriotes autochtones du nord-du-Québec.

Pour Bourassa, le projet de la Baie James est surtout l'illustration par excellence de la grandeur et de la force du Québec. Que ce soit avec l'oléoduc, le gazoduc ou l'énergie hydroélectrique, toutes ces formes d'énergie devenues disponibles peuvent faire de Montréal l'un des principaux centres énergétiques de l'Amérique du Nord. Ainsi le Québec, avec toutes ses richesses, est de plus en plus capable grâce à sa force économique d'agir sur les secteurs social et culturel.

S'il a autorisé le développement à titre expérimental de l'énergie nucléaire au Québec, et notamment à Gentilly, Bourassa est cependant fermement convaincu que la mise en valeur du potentiel hydroélectrique du Québec offre trois avantages incontestables, au plan des coûts, de l'écologie et des retombées économiques.

Pendant que les Américains et les Russes se lancent dans l'exploration de l'espace, Bourassa souligne à la moindre occasion qu'il y a sur notre territoire, tout près de nous et à l'intérieur de nos frontières, le plus beau défi que l'on puisse relever : la conquête du Nord québécois, avec ses rivières qui sont autant de fleuves, ses lacs qui sont autant de mers intérieures et ses forêts qui cachent des ressources inouïes en gisements miniers de toutes sortes.

En fait, pour le chef du gouvernement, c'est toute l'histoire du Québec qu'il faut réécrire, c'est l'esprit des pionniers qu'il faut réinventer, c'est le courage et la volonté des ancêtres qu'il faut répéter au 20ᵉ siècle. Pour lui, en un mot, la Baie James est un projet de nature à susciter à juste titre chez tous les Québécois une authentique fierté.

CHAPITRE 10

Le « patriement » de la constitution

Parmi toutes les rumeurs que l'on fait courir dès 1970 au sujet de Bourassa, deux s'opposent diamétralement. Certains lui attribuent des tendances séparatistes, probablement parce qu'il était très proche de René Lévesque avant que ce dernier ne quitte le Parti libéral. D'autres au contraire ne voient en lui que « l'homme d'Ottawa ».

La réalité est que Bourassa a toujours fait preuve d'une liberté d'action totale. Il considère d'ailleurs cette liberté comme essentielle pour faire face aux problèmes auxquels le Québec est confronté dans tous les domaines, y compris en matière de politique constitutionnelle.

Il rappelle régulièrement que le Parti libéral s'est toujours prononcé, lors de ses congrès et dans ses mémoires, en faveur du maintien du lien fédéral. Mais la formule peut être améliorée. Déjà en octobre 1969, lors de l'annonce de sa candidature à la direction du Parti libéral, il avait déclaré :

> Les tiraillements qui compromettent le bon fonctionnement du système fédéral indiquent clairement que les applications de cette structure politique sont à repenser. […] La formule fédérative est certes la forme de gouvernement qui assurera aux Québécois le plus haut niveau de bien-être, leur développement culturel, leur présence active dans la communauté des peuples, en particulier des peuples francophones. Mais tout cela ne se réalisera qu'à la condition de corriger les abus et les glissements qui ont amoindri l'expérience du fédéralisme depuis cent ans…

Arrivent ensuite les élections générales du 29 avril 1970. Dans les sept paragraphes du programme du parti qui sont de sa main, Bourassa définit sa démarche constitutionnelle pour les années à venir.

Dès le premier paragraphe, il règle leurs comptes aussi bien aux troupes de son ami René Lévesque qu'aux tenants de la droite politique.

> Alors que certains veulent détruire le régime actuel pour nous plonger dans l'aventurisme et l'inconnu, alors que d'autres tergiversent sans savoir où ils vont ni ce qu'ils veulent, le Parti libéral du Québec s'engage à miser positivement sur un véritable fédéralisme.

Cependant, le fédéralisme ne saurait être un concept monolithique. Il doit permettre de tenir compte des différences et de l'identité culturelle et linguistique qui confèrent au Québec une vocation distincte dans l'ensemble fédéral.

Et pour atteindre cet objectif, cela prend des moyens.

> Le Québec doit détenir, à l'intérieur de ce régime, tous les pouvoirs fiscaux et économiques nécessaires à la réalisation de ses objectifs propres sur le plan social et culturel. Le Parti libéral du Québec s'engage donc publiquement à rechercher en priorité un partage nouveau, plus moderne et plus juste, des ressources fiscales et des pouvoirs nécessaires à l'épanouissement économique, social et culturel de la collectivité québécoise, conformément à sa politique constitutionnelle, notamment dans les domaines de la radio et de la télévision, de l'immigration, de la sécurité sociale, de la fiscalité et du développement économique. Le parti s'engage à entamer, avec le gouvernement fédéral et les autres provinces, des négociations serrées qui mèneront à ce réaménagement des compétences législatives propres à chacun des niveaux de gouvernement.

Cette approche cohérente se veut une réponse constructive et franche à la sempiternelle question du Canada anglais : « What does Quebec want ? »

Mais cette approche ne règle pas pour autant la question de savoir comment la Constitution, de loi anglaise, peut devenir loi canadienne.

Quelles seront les exigences du gouvernement dirigé par Robert Bourassa ? Il convient de rappeler que pas moins de six conférences fédérales-provinciales ont été tenues en 1927, 1931, 1935, 1950, 1960 et 1964 afin d'en venir à une formule visant à transférer du Royaume-Uni au Canada les pouvoirs de modifier la Constitution canadienne. Toutes se soldèrent par un échec.

Bourassa le sait. Passionné par les affaires publiques, il a pu observer le prix politique que Jean Lesage a dû payer en 1965 à cause de cette affaire de rapatriement de la Constitution. En effet, après avoir accepté à la conférence fédérale-provinciale d'octobre 1964 la procédure d'amendement qui portait le nom de formule Fulton-Favreau, le premier ministre du Québec s'est trouvé dans l'obligation de faire piteusement volte-face, au début de 1965, sur ce que *Le Devoir* avait appelé un « inacceptable compromis ». En fait, d'après un sondage, une majorité de Québécois, probablement inquiétée par le tapage de l'opposition à Québec, par l'hostilité des médias et par les mises en garde tonitruantes du constitutionnaliste et futur ministre péquiste Jacques-Yvan Morin, avait fini par s'opposer à la formule Fulton-Favreau. Le recul fut total : alors que les neuf autres législatures provinciales avaient approuvé cette formule, Lesage renonce à la soumettre au vote du Parlement de Québec… et à la démagogie du chef de l'opposition Daniel Johnson.

Bourassa avait d'ailleurs noté qu'Ottawa n'avait nullement aidé Jean Lesage après que ce dernier se fut lancé, lui et ses ministres, dont René Lévesque, dans une campagne en faveur de l'adoption de cette formule de modification de la Constitution. N'était-ce pas en effet le ministre fédéral de la Justice Guy Favreau lui-même, l'un des deux auteurs de cette formule, qui avait admis, en déposant son livre blanc sur la Constitution, que sa formule ne permettrait pas au Québec, sur le plan pratique, de bénéficier d'un régime différent des autres provinces à l'intérieur de la Confédération.

On a pu voir, avec ce que Bourassa a inscrit dans le programme électoral de 1970, que, pour lui, le dossier constitutionnel consiste surtout en la recherche d'un nouveau partage des ressources fiscales et qu'il invoque en cela les différences évidentes, notamment sociales et culturelles, entre le Québec et les autres provinces. En tous les cas, un fait est incontestable : le mot « rapatriement » n'apparaît pas dans le programme électoral de 1970 du Parti libéral du Québec.

Pour le premier ministre Trudeau, par contre, le dossier constitutionnel est surtout et avant tout, comme pour tous ses prédécesseurs depuis Mackenzie King, le rapatriement de la Constitution. N'était-ce pas le moment de procéder à la réalisation de ce vieux rêve du nationalisme canadien ?

Politicologues et linguistes lancent tout un débat autour du néologisme qui refléterait avec précision la nature du transfert de Londres à Ottawa de cette loi anglaise qu'est l'Acte de l'Amérique du Nord britannique (AANB). Le dictionnaire Larousse, par exemple, précise que le verbe « rapatrier » signifie « ramener ou renvoyer dans sa patrie ». L'AANB étant une loi anglaise, certains affirment qu'on ne peut pas la rapatrier à proprement parler, puisqu'elle n'a pas été adoptée à l'origine au Canada. C'est alors que les néologismes « patrier » et « patriement » furent proposés et même utilisés à plusieurs reprises.

Quoi qu'il en soit, la première conférence constitutionnelle à laquelle participe Robert Bourassa comme premier ministre se tient à Ottawa du 14 au 16 septembre. Le résultat principal de la rencontre est d'accepter le principe d'aborder séparément, d'une part, la question du nouveau partage des ressources fiscales et des compétences et, d'autre part, la question du rapatriement de la Constitution.

Une autre conférence fédérale-provinciale se tient les 8 et 9 février 1971. Bourassa dispose alors du rapport de la Commission Castonguay-Nepveu, lequel contient des propositions sur une politique québécoise du revenu familial. En février 1971, il a eu le temps de réfléchir à ces propositions et d'en mesurer les différentes implications. De plus, quelques jours avant la conférence, le ministre des Affaires sociales du Québec, Claude Castonguay, a clairement indiqué que le gouvernement allait revendiquer un accroissement substantiel de ses pouvoirs dans le domaine social. Castonguay mène des négociations ardues sur ce dossier au cours du mois de janvier avec son homologue fédéral John Munro. Il informe Bourassa qu'Ottawa ne manifeste pas beaucoup d'enthousiasme devant les demandes québécoises.

Le 7 février au soir, Bourassa rencontre Trudeau à sa résidence officielle du 24, Sussex Drive. Sont également présents le ministre de la Justice du Canada John Turner, Claude Castonguay et le secrétaire général du gouvernement du Québec, Julien Chouinard.

Bourassa considère que cette conférence constitutionnelle est surtout une réunion de travail au cours de laquelle il devrait être possible de faire progresser et de préciser le règlement des principales questions à l'ordre du jour, notamment la politique sociale et, évidemment, la procédure d'amendement à la Constitution. En fait, dès février 1971, Bourassa négocie en vue d'obtenir sinon la compétence exclusive, du moins la priorité législative dans le domaine de la politique sociale.

Trudeau se fait cependant tirer l'oreille pour discuter d'un nouveau partage des pouvoirs. Il remet plutôt à Bourassa un ensemble de propositions concernant le rapatriement de la Constitution. Le premier ministre du Québec accepte d'en faire l'étude, de retour à Québec, surtout pour ne pas interrompre le processus de négociation entamé tant bien que mal sur le nouveau partage des compétences qu'il recherche.

La formule d'amendement proposée finalement en février 1971, et qui fera partie en juin du document appelé pompeusement la « Charte de Victoria », comporte des éléments intéressants : elle accorde un droit de veto à n'importe lequel des quatre groupes suivants : le gouvernement fédéral, toute province comptant plus que 25 % de la population canadienne (c'est-à-dire l'Ontario ou le Québec), deux des quatre provinces maritimes, et deux des quatre provinces de l'Ouest dans la mesure où elles comprennent la moitié de la population de cette région (donc en fait la Colombie-Britannique et une autre province de l'Ouest ou les trois provinces des Prairies ensemble).

Ce que Bourassa veut surtout, quant à la formule d'amendement, c'est que le Québec dispose du droit de veto. Il a fait entériner cette demande fondamentale par le caucus et par le Conseil des ministres. Il y eut de nombreuses discussions sur ce point entre le secrétaire général du gouvernement, Julien Chouinard, et le greffier du Conseil privé, Gordon Robertson, aussi bien avant qu'après la conférence de février 1971. Au fond, les discussions entre ces deux grands commis de l'État, fédéral et québécois, se sont en général déroulées assez harmonieusement, Trudeau étant prêt à reconnaître le droit de veto au Québec.

En fait, à partir de février 1971, Bourassa cherche à déterminer la nature d'un consensus possible au Québec aussi bien sur les propositions fédérales d'amendement que sur l'ampleur des compétences que le Québec réclame.

Quelques jours après la conférence de février, soit le 14 février, Bourassa prend la parole devant les jeunes libéraux et, sans mentionner la thèse du statut particulier, rappelle les caractéristiques culturelles originales et incontestables de la société québécoise sur lesquelles il s'appuie dans ses négociations avec Ottawa.

> Que ce soit par des garanties spécifiques dans la Constitution du pays, que ce soit par la récupération de tous les pouvoirs culturels, le gouvernement du Québec doit assurer l'avenir culturel des Canadiens français. C'est une position sur laquelle nous ne pourrons céder sans manquer d'une façon très grave à notre premier devoir. Et cela se fera par des négociations avec le reste du Canada. C'est une question de vie ou de mort pour les Canadiens français. Et je ne vois pas pourquoi le reste du Canada s'y objecterait.

Quelques jours plus tard, le 23 février, lors de l'ouverture de la deuxième session de la 29e législature, le premier ministre évoque la double réalité des impératifs économiques et culturels du Québec.

> Le fédéralisme canadien doit tenir compte autant des impératifs nécessaires au développement économique du Québec qu'au caractère culturel distinct de la société québécoise.

Comme on le voit, les allégations selon lesquelles le premier ministre du Québec aurait accepté en février une quelconque formule d'amendement de la Constitution ne sont que des procès d'intention provenant de ses adversaires politiques ou de « gérants d'estrade » en mal de publicité.

Il se peut également qu'il y ait eu des erreurs d'interprétation quant aux déclarations de Bourassa, qui peut être parfaitement énigmatique quand il décide de cacher son jeu. Un bel exemple est manifestement l'erreur de Trudeau qui déclare en mai à Radio-Canada, un mois avant la conférence de Victoria : « Permettez-moi de vous rappeler que la formule d'amendement a été acceptée par M. Bourassa… » « Je ne lui ai jamais dit cela », déclare l'intéressé le lendemain avec un sourire.

Pendant ce temps, à Québec, on travaille à la préparation de la prochaine rencontre constitutionnelle du 14 juin 1971. Dans un mémoire officiel, on prévoit entre autres un amendement à l'article 94 de l'AANB sur les pensions de vieillesse. Cet amendement accorderait au Québec la priorité législative dans les politiques sociales. C'est cet amendement qui va donner lieu à de durs affrontements.

Si le mémoire québécois propose de reconnaître au fédéral le droit de légiférer dans tout le domaine social, il revendique par ailleurs la primauté, dans certains secteurs, d'une loi provinciale sur une loi fédérale alors que, dans d'autres secteurs, le fédéral peut être tenu d'ajuster ses programmes. Enfin l'amendement constitutionnel proposé par le Québec comporte une clause selon laquelle les provinces doivent recevoir automatiquement une compensation financière, sous forme de points d'impôt ou sous forme de paiements de transfert, lorsqu'une loi fédérale dans le domaine social fait double emploi avec une loi provinciale.

Bourassa met toutes les chances de son côté avant de partir pour Victoria : il convoque le Comité parlementaire de la Constitution et se fait confirmer sa résolution d'obtenir d'Ottawa un nouveau partage des pouvoirs, avec le financement correspondant, en échange de son appui à la formule de rapatriement de la Constitution.

La conférence constitutionnelle de Victoria se tient du 14 au 16 juin 1971 dans l'enceinte de l'assemblée législative de la Colombie-

Britannique. Il s'agit de la septième réunion de cette nature depuis que Lester B. Pearson a relancé en 1968 le processus de révision constitutionnelle.

Le document officiel à partir duquel vont discuter les onze premiers ministres présents, traite de neuf sujets, soit : les droits fondamentaux ; les langues officielles et les droits linguistiques ; la péréquation et les disparités régionales ; les mécanismes des relations fédérales-provinciales ; la Cour suprême ; la modernisation de la Constitution ; la sécurité du revenu ; les services sociaux ; et, enfin, la procédure de modification et le rapatriement de la Constitution. C'est ce qu'on a appelé la « Charte de Victoria ».

En tout, la Charte comprend 61 clauses, mais elle ne comporte pas de préambule parce que les onze gouvernements n'ont pas pu s'entendre sur un texte liminaire.

Bourassa déclare à plusieurs reprises qu'il y a des aspects intéressants pour le Québec dans la Charte de Victoria. Notamment, un droit de veto régional est accordé à quatre régions, dont le Québec. En ce qui concerne la Cour suprême, le document garantit que trois juges proviendront du Québec. La Charte prévoit de nouveaux droits linguistiques pour les minorités francophones, ce que le Québec appuie évidemment avec vigueur.

Par contre, s'il y a dans la Charte un début de partage des pouvoirs, le document est loin d'accorder aux lois du Québec ce que Bourassa souhaite, soit la priorité sur les lois fédérales dans toutes les politiques sociales, avec pleine compensation lorsque la loi fédérale prévoit que des dépenses auraient pu être effectuées au Québec. Tout ce que l'on trouve dans la Charte, c'est une « préséance » dans les secteurs des allocations familiales, des allocations à la jeunesse et de la formation professionnelle, c'est-à-dire que dans ces secteurs les lois fédérales ne doivent pas contredire les lois provinciales. Cette préséance est donc loin de correspondre aux demandes du Québec.

En fait, la Charte offre fort peu quant au réaménagement des pouvoirs. Si Bourassa n'a pas d'objection de principe à ce que la Constitution soit rapatriée, il exige par contre qu'il y ait un nouveau

Robert Bourassa (à g.), accompagné de son prédécesseur, Jean Lesage (à dr.) et de son grand stratège électoral, Paul Desrochers (au centre).

Jean Cournoyer avait le don de détendre Robert Bourassa qui avait beaucoup d'admiration pour les méthodes efficaces de son ministre du Travail et de la Main-d'œuvre. En deuxième plan, le sous-ministre Robert De Coster (à g.) et Guy Potvin, un adjoint du premier ministre Bourassa.

3

Soirée du 29 avril 1970 – L'allégresse règne à la permanence du Parti libéral du Québec.
De g. à dr. : Claude Rouleau (assis), Fernand Lalonde, René Hébert, Jérôme Choquette,
Charles Denis et l'organisateur en chef du PLQ, Paul Desrochers.

Le premier ministre du Québec signe, le 8 juin 1970, avec M. Jean Marchand, ministre fédéral de l'Expansion économique régionale, une entente fédérale-provinciale aux termes de laquelle le gouvernement fédéral déboursera 52 millions de dollars sous forme de prêts et de subventions pour le développement de zones spéciales à Québec, à Trois-Rivières et à Sept-Îles.

Düsseldorf – Robert Bourassa, lors de sa tournée européenne d'avril 1971, rencontre le ministre de l'Intérieur de l'Allemagne de l'Ouest, M. Hans Dietrich Genssher.

Le pape Paul VI reçoit le premier ministre du Québec au Vatican le 16 avril 1971.
À dr., le directeur des communications du Conseil exécutif, Charles Denis, et le chef
du protocole du gouvernement québécois, Romuald Miville-desChênes.

Le 18 mai 1971 à Québec, remise au premier ministre du Rapport final de la Commission
d'enquête sur le commerce des boissons alcooliques présidée par le juge Lucien Thinel.
Apparaissent sur cette photo (de g. à dr.), MM. Raymond Garneau, le juge Lucien
Thinel, Robert Bourassa, Jérôme Choquette, Marcel Bélanger et Otto Thur.

En août 1972, à sa résidence d'Outremont, le premier ministre Bourassa
rencontre le premier ministre Trudeau. À dr., le directeur
des communications du Conseil exécutif, Charles Denis.

Le couple Bourassa accueille la première ministre de l'Inde,
Mme Indira Gandhi, à Montréal le 21 juin 1973.

14 juillet 1973 – Robert Bourassa en grande discussion
avec des travailleurs, à la cafétéria du chantier de LG2.

15 juillet 1973 – Robert Bourassa en discussion avec des ingénieurs sur le chantier de LG2.

12

26 août 1973 – Robert Bourassa vient de prononcer le discours de clôture du colloque
«Le Québec et son avenir», tenu au mont Orford à l'instigation de
Mme Lise Bacon, la dynamique présidente du PLQ (au centre).

Le premier ministre se soumet à une séance de prises de photos alors qu'approchent les élections générales de 1973. Charles Denis, sans doute heureux de l'avoir convaincu qu'une bonne photo vaut mille mots, est tout souriant.

Le premier ministre Bourassa en réunion de travail au 3e étage de l'édifice J à Québec, en 1973. De g. à dr., Guy Langlois, chef de cabinet, Pierre Lajoie, chef de cabinet adjoint, Robert Bourassa et Jean-Claude Rivest, secrétaire exécutif.

partage des pouvoirs. Bourassa considère que cette volonté du gouvernement fédéral de rapatrier la Constitution offre une occasion unique de rééquilibrer le rapport de force du Québec au sein du Canada.

Le premier ministre du Québec est d'ailleurs très clair dès l'ouverture de la conférence le 14 juin. Ainsi souligne-t-il dans sa déclaration liminaire :

> Dans la mesure où la nouvelle Constitution du Canada peut engager son avenir et, de là, son identité, le Québec est déterminé à ce qu'il lui soit clairement reconnu le droit et les moyens de traduire dans les faits la responsabilité qu'il a à l'égard de la culture de l'immense majorité de sa population. La donnée culturelle ne peut pas se ramener à la seule dimension linguistique. Elle rejoint l'ensemble des activités humaines, le travail, le loisir, la famille, les institutions politiques, économiques et sociales.

L'ouverture de la conférence est télévisée. Par la suite, les discussions ont lieu à huis clos. Elles sont difficiles pour Bourassa. Ses collègues des provinces de l'Ouest lui signalent que le Québec aura un droit de veto, ce qui n'est pas leur cas. Bourassa leur réplique que cela ne lui suffit pas parce que le Québec, du fait de ses caractéristiques culturelles et sociales, doit obtenir un réaménagement significatif des pouvoirs. Certes, lui répondent les autres provinces, mais réglons d'abord la question du rapatriement et après on pourra s'occuper du partage des pouvoirs.

Il n'en est pas question. Fondamentalement, Bourassa est en effet convaincu qu'il ne peut renoncer à l'atout que constitue la possibilité pour lui de n'appuyer le rapatriement de la Constitution que si elle contient des modalités nouvelles qui donneront au Québec des avantages qu'il n'a pas encore. Il s'agit là d'un atout unique et qui risque de ne plus se représenter à partir du moment où la Constitution serait « patriée ». Il ne peut pas faire preuve de naïveté en permettant que l'on rapatrie la Constitution pour voir ensuite jusqu'à quel point Ottawa est sincère lorsqu'il affirme vouloir redonner des pouvoirs aux provinces.

D'autant plus que, pour Bourassa, cette question du rapatriement n'a pas le même caractère d'urgence que pour Trudeau. La situation économique et les problèmes financiers auxquels doit faire face le Québec ont un caractère autrement plus pressant que le rapatriement de la Constitution.

Ce n'est pas le cas de Trudeau, selon lequel les circonstances lui sont favorables. Il estime en effet que c'est le moment pour lui de négocier le rapatriement parce qu'il est Canadien français, parce qu'il a été élu premier ministre du Canada avec une forte majorité au Québec, et parce que Bourassa, après tout, a été élu avec un programme incontestablement fédéraliste. Enfin, il ne faut pas oublier que le mandat de Trudeau tire à sa fin — on est en juin 1971 et il a été élu en juin 1968 — et qu'un rapatriement de la Constitution réussi lui ferait une belle plume à son chapeau lors de sa prochaine campagne électorale.

Les trois journées de la conférence sont rapidement marquées par des tractations intenses. Le ministre des Affaires sociales Claude Castonguay, à un moment donné, paraît particulièrement désappointé non seulement par le refus que Trudeau oppose aux demandes du Québec, mais également par le ton ironique qu'il utilise pour les écarter. Le premier ministre du Québec, quant à lui, n'hésite pas, dans une intervention personnelle, à rappeler au premier ministre fédéral que la conférence est un lieu de négociation et non de persiflage.

Sachant que je connais assez bien le ministre fédéral Jean Marchand, grand ami de Trudeau et présent dans la salle, Bourassa me demande en aparté d'aller le voir et de lui signaler que, si Trudeau continue sur ce ton, il ne serait pas étonné que Castonguay démissionne et rentre à Montréal. Le fait est que, par la suite, Trudeau manifeste peut-être une plus grande souplesse dans sa façon d'intervenir et de participer aux discussions, bien que sur le fond il n'y ait pratiquement aucun changement.

L'atmosphère de la dernière journée de la conférence, soit le 16 juin, est particulièrement lourde. Bourassa sent que l'on se dirige vers une impasse puisque, tout compte fait, les discussions sur le nouveau partage des pouvoirs ne vont nulle part. Trudeau et plusieurs de ses ministres font courir la rumeur que Bourassa a accepté le projet de rapatriement de la Constitution en contrepartie d'un engagement préalable du fédéral à discuter, après le rapatriement, du partage des pouvoirs.

De tels ragots incitent Bourassa à redoubler de prudence. S'il croit au fédéralisme, si pour lui, comme il aime à le répéter, le fédéralisme est une forme de gouvernement supérieure à toute autre, il vient de vivre quelques mois auparavant l'épreuve de la crise d'Octobre et doit tenir compte du fait que l'effervescence nationaliste peut facilement redoubler d'intensité s'il accepte la Charte sans obtenir en même temps des pouvoirs accrus pour le Québec, notamment dans le domaine social.

Bourassa estimait en effet, avant la conférence de Victoria, même s'il était loin d'en être sûr, qu'une nouvelle répartition des pouvoirs, au moins dans le domaine social, pouvait peut-être être rationnellement négociée avec Trudeau. Castonguay avait fait une étude sérieuse des possibilités qui s'offraient à cet égard dans son rapport.

Trudeau lui-même, dans l'avant-propos de son livre *Le fédéralisme et la société canadienne-française*, n'avait-il pas écrit quatre ans plus tôt, en août 1967, alors qu'il était ministre fédéral de la Justice, « [...] cette option [fédéraliste] n'empêchera évidemment pas les Québécois de se particulariser autant qu'ils le voudront, à l'intérieur de la juridiction provinciale, par le Code civil, la législation sociale (je souligne), le développement des ressources et une Constitution provinciale toute neuve, par exemple » ? La conférence de Victoria n'est-elle donc pas justement l'occasion rêvée pour faire en sorte que le Québec « se particularise » avec sa propre législation sociale ? Apparemment, ce n'est pas le cas, puisque la réponse, étrangement, est négative.

Par ailleurs, en acceptant simplement la Charte de Victoria, sans nouveau partage des pouvoirs, Bourassa n'aurait-il pas donné de nouvelles munitions au Parti québécois qui, l'année précédente, avec 25 % des voix, était tout de même devenu d'un coup sec le premier parti de l'opposition en terme de votes obtenus. Sur le plan de la politique intérieure québécoise, Bourassa avait le droit et le devoir de faire de la stratégie pour prévenir les coups.

C'est alors qu'il commence à évoquer avec ses collègues des autres provinces la possibilité de retourner dans leurs capitales respectives et de donner leurs réponses définitives après quelques jours d'ultime réflexion. On a prétendu que le premier ministre du Canada avait servi un ultimatum aux premiers ministres des provinces. C'est faux : il y a eu discussion entre les onze premiers ministres et ils sont tombés d'accord pour se donner dix jours, soit jusqu'au 28 juin, pour faire connaître leur décision. Il se peut que Trudeau ait présenté cette entente d'une manière tellement péremptoire que cela a pu être interprété comme un ultimatum. De toute façon, avec Bourassa, cela n'aurait rien changé, car la désinvolture du premier ministre du Canada l'a toujours plus amusé qu'autre chose.

De retour au Québec, Bourassa peut constater que l'appui à sa position est général. Il a derrière lui son caucus, le Conseil des ministres, les responsables du Parti libéral du Québec, la plupart des leaders d'opinion du monde des affaires et du monde syndical, les ténors des médias et même le quotidien anglophone de Montréal *The Gazette*, qui lui a clairement recommandé de dire non. Pendant une semaine, il consulte et écoute beaucoup de monde, expliquant dans son bureau ou au téléphone les tenants et les aboutissants de la situation, prenant bonne note des commentaires, sans toutefois révéler la nature de la décision qu'il va prendre.

Le lundi 21 juin, Bourassa, après avoir rencontré Castonguay à Québec en fin d'après-midi, tient une réunion spéciale du Conseil des ministres à vingt-deux heures.

Le lendemain, il a une longue conversation téléphonique avec Jean-Paul Desbiens, l'auteur des *Insolences du frère Untel*, dont il a toujours apprécié la verve, l'originalité et l'indépendance d'esprit. Puis, il rencontre tous ses députés réunis en caucus spécial. De tous les côtés, l'appui est pratiquement unanime.

En fin de soirée, Bourassa fait connaître sa réponse quant au projet de Charte constitutionnelle, puis il se rend à la galerie de la presse pour répondre aux questions des journalistes qui l'attendent avec impatience.

C'est non. On est le 22 juin. Le premier ministre du Québec a donné sa réponse six jours avant la date limite prévue. Dans sa déclaration, il affirmera que :

> Le fédéralisme constitue pour les Québécois le meilleur moyen d'atteindre leurs objectifs économiques, sociaux et culturels.
>
> Les Québécois ont appuyé cette option du gouvernement du Québec lors des dernières élections générales.
>
> Soucieux de respecter cette volonté clairement exprimée par la population du Québec, le gouvernement s'applique à renforcer le fédéralisme canadien. Dans cet esprit, il estime que ce fédéralisme doit être décentralisé pour refléter la diversité des régions de notre pays. Ce fédéralisme doit ainsi garantir aux provinces la liberté d'action nécessaire pour qu'elles assument pleinement leurs responsabilités à l'égard de leurs citoyens ; ce fédéralisme doit aussi permettre au gouvernement du Québec d'assurer l'avenir culturel de la majorité de sa population.
>
> La révision constitutionnelle est précisément la voie qui doit nous donner ce type de fédéralisme. Les travaux des trois dernières années ont permis aux Canadiens de progresser dans cette voie. La récente conférence des premiers ministres du Canada a constitué un pas en avant dans cette direction ; des progrès importants ont pu être réalisés en ce qui concerne le mécanisme de rapatriement et de modification de la Constitution, les droits politiques et linguistiques, le statut de la Cour suprême, etc.
>
> Dans l'état actuel du dossier de la réforme constitutionnelle, le gouvernement du Québec ne peut toutefois pas faire une recommandation positive à l'Assemblée nationale en ce qui a trait à l'acceptation du présent projet de Charte constitutionnelle.
>
> Cette décision relève de la nécessité qu'il y a de convenir dans toute la mesure du possible de textes constitutionnels clairs et précis, évitant ainsi de transporter au pouvoir judiciaire une responsabilité qui appartient avant tout au pouvoir politique, c'est-à-dire aux élus du peuple. Ainsi, les textes traitant de la sécurité du revenu laissent subsister une

incertitude qui cadre mal avec les objectifs inhérents à toute idée de révision constitutionnelle. Si cette incertitude était éliminée, notre conclusion pourrait être différente.

Ainsi le gouvernement du Québec entend-il signifier au secrétaire de la Conférence constitutionnelle qu'il ne peut accepter ce projet de Charte constitutionnelle.

Cette décision du gouvernement du Québec fait appel à la capacité d'innovation et à la détermination de tous les Canadiens et les incite à poursuivre la tâche qu'ils ont entreprise pour donner au Canada une Constitution vraiment moderne.

À l'exception de la Saskatchewan, qui signifie également son refus d'accepter la Charte de Victoria, les autres provinces n'ont pas compris que l'invasion constante d'Ottawa dans les champs de juridiction provinciale constitue un problème pour toutes les provinces, pas seulement pour le Québec. Un pays aussi immense que le Canada ne peut survivre que s'il ne sombre pas dans la tentation de devenir un État unitaire.

Le lendemain, c'est la veille de la Saint-Jean-Baptiste.

Lorsque le premier ministre du Québec pénètre à 11 heures 30 du matin dans l'enceinte de l'Assemblée nationale pour gagner son siège, il est salué par une formidable ovation debout de tous les députés sans exception. Libéraux, péquistes, unionistes, créditistes reconnaissent avec une rare unanimité la détermination de celui qui a su dire non avec dignité et élégance. Tous ne sont pas fédéralistes, au moins pour sept d'entre eux, mais tous tiennent à manifester leur admiration pour le courage dont a fait preuve le jeune premier ministre du Québec dans la défense d'un véritable fédéralisme.

Après les déchirements que la société québécoise a connus quelques mois plus tôt avec la crise d'Octobre, un tel consensus peut en inciter certains à faire preuve d'optimisme.

Cependant, le premier ministre du Québec sait que ce n'est que partie remise. Il sait que le problème doit se régler un jour ou l'autre. Mais en face de lui, il ne l'oublie pas, l'opposition, malgré cette manifestation temporaire d'estime, a choisi le démantèlement de la fédération que lui, Bourassa, veut moderniser.

C'est sans doute à cette opposition péquiste qu'il avait songé lorsque, dans une entrevue au journal *Le Monde*, le 6 août 1970, il avait déclaré : « Je suis la dernière chance du fédéralisme canadien. Si je ne parviens pas à m'entendre avec Ottawa, personne n'y parviendra. »

CHAPITRE 11

L'effervescence syndicale

La relation entre Bourassa et le mouvement syndical québécois est quelque peu paradoxale. Homme politique issu d'un milieu modeste, détenteur d'une carte du Parti travailliste alors qu'il étudiait à Oxford, se décrivant fréquemment comme un social-démocrate, le sort veut que ce soit contre lui, en tant que premier ministre du Québec, que se déchaînent les grandes centrales syndicales québécoises, et ce, à plusieurs reprises avec une rare virulence. En retour, c'est sous son administration que se produit l'impensable : l'emprisonnement des chefs de ces centrales.

Il est vrai que les relations entre le gouvernement du Québec et les syndicats sont orageuses depuis un certain temps. L'une des principales causes remonte à la Loi sur la fonction publique, adoptée sous le gouvernement Lesage en 1965. Cette loi donne pour la première fois un statut officiel aux employés de l'État. Elle décrit leurs droits et obligations, ainsi que les mécanismes d'appel et d'arbitrage qu'ils doivent utiliser au moment de la négociation de leurs conventions collectives. Les premiers ministres Jean Lesage et Daniel Johnson ont vécu, l'un après l'autre, des moments difficiles avec les fonctionnaires, le personnel hospitalier ou les enseignants.

Très près de Jean Lesage avant 1966, puis député d'opposition, Bourassa a suivi avec beaucoup d'attention la lutte de pouvoir à laquelle se sont livrés les syndicats et le gouvernement : d'un côté, les menaces de grève générale, de l'autre, lois spéciales, décrets et même menaces d'élections anticipées.

Le code du travail adopté par le gouvernement Lesage en 1964 avait reconnu le droit de grève dans la fonction publique; la Loi de la fonction publique de 1965 est à l'origine d'un événement fondamental: la syndicalisation des secteurs public et parapublic. Les syndicats pouvaient désormais négocier avec le gouvernement du Québec l'établissement de normes salariales élevées, qu'ils pouvaient ensuite facilement désigner comme étant les objectifs à atteindre dans le secteur privé.

Pendant sa campagne pour la direction du Parti libéral en octobre 1969, Bourassa s'explique sur le rôle des syndicats dans le cadre d'un exposé sur la productivité. Il souligne que les gains de productivité dépendent de l'efficacité des deux grandes institutions qui encadrent la production: les entreprises et les syndicats. Dans le cas des entreprises, il propose un programme encourageant les fusions. Puis il souligne l'absence d'efficacité des structures syndicales dans le secteur privé du point de vue des entreprises et des contribuables.

> Le gouvernement ne s'est pas tellement penché jusqu'ici sur l'efficacité des structures syndicales. Pourtant, elles sont trop souvent fragmentées. Il n'est pas sûr que le faible taux de syndicalisation dans le secteur privé, alors que presque tous les travailleurs du secteur public sont syndiqués, soit à l'avantage des entreprises et des contribuables.

Il insiste par ailleurs sur une autre donnée fondamentale: bon an mal an le Québec exporte au moins 40 % de sa production. Il faut donc maintenir le coût de cette production à un niveau concurrentiel avec nos voisins.

L'hypersyndicalisation du secteur public favorise aussi la tentation politique. Du fait de leur nouveau pouvoir, les syndicats peuvent prendre exemple sur les syndicats du Canada anglais, notamment dans l'Ouest, avec le Nouveau Parti démocratique comme véhicule. Certes ce genre de tentative vers la gauche n'a jamais débouché sur de grands succès au Québec, mais il ne faut jamais jurer de rien.

Cependant, pour les syndicats, la tentation politique pouvait également prendre une autre forme: donner une leçon à Bourassa, s'il était trop récalcitrant, et lui mener tout simplement la vie dure ou même fournir des appuis à un parti d'opposition comme le Parti québécois. Des centaines de milliers d'électeurs n'étaient-ils pas désormais syndiqués? Il est vrai par contre que bon nombre de penseurs syndicaux de gauche, appliquant volontiers au Québec la grille d'analyse marxiste, ne considéraient le Parti québécois que comme une nouvelle illustration de la lutte des classes ou au moins comme une manifestation de l'appétit de pouvoir de la petite bourgeoisie, auparavant inféodée à l'Union nationale.

Pour assurer la concertation entre le secteur privé, les syndicats et le gouvernement, Bourassa comptait s'appuyer sur un Conseil de développement et de planification économique (CPDE) qu'il met sur pied peu après la crise d'Octobre en décembre 1970. Il en confie la présidence à Pierre Côté, homme d'affaires bien connu de Québec. Pour Bourassa, le CPDE est un forum où les grands intervenants de la société québécoise peuvent se rencontrer, dialoguer et pourquoi pas, en arriver à établir des consensus sur les grandes questions. Parmi les trente-cinq membres du CPDE, on compte un représentant de chacune des grandes centrales syndicales.

> En fait, déclare Bourassa lors de la première réunion du CPDE le 3 juin 1971, nous nous engageons aujourd'hui dans une sorte de pari sur la possibilité de mobiliser, aux fins d'une planification du développement du Québec, non seulement l'administration gouvernementale, mais aussi les énergies du milieu au-delà de la diversité de points de vue souvent contradictoires et d'une égale diversité d'intérêts, souvent divergents.

Cet espoir de dialogue permanent ne dure pas: dès le 7 juin, les journaux annoncent que la FTQ retire son représentant du CPDE. La centrale allègue que les travailleurs ne sont pas suffisamment représentés. Ça promet!

En fait, pendant l'été 1971, avec la grève de *La Presse*, l'effervescence syndicale commence vraiment à se manifester. L'automatisation croissante des opérations de ce quotidien éveille les craintes de plusieurs de ses syndicats. Après des mois de négociations très difficiles, les propriétaires de *La Presse*, excédés, décrètent finalement le lock-out des employés syndiqués, à l'exception cependant des journalistes dont la convention collective est encore valable pour une autre année. Après la manifestation du 29 octobre 1971, qui se termine par une solide empoignade avec la police, les responsables syndicaux commencent à parler de « l'alliance du pouvoir politique et du pouvoir économique contre les travailleurs ».

Le 1er novembre, Bourassa fait discrètement appel à son ministre du Travail, Jean Cournoyer qui désigne immédiatement le sous-ministre, Réal Mirault, comme médiateur spécial et lui demande de faire un rapport quotidien.

Cournoyer est avocat et spécialiste des relations de travail. Surtout, entre Bourassa et lui s'est établie une vieille relation, faite d'amitié et de confiance, qui s'était notamment manifestée lorsque le 29 octobre 1970, douze jours après l'assassinat de Pierre Laporte, le premier ministre l'avait nommé, malgré ses antécédents unionistes, ministre du Travail et de la Main-d'œuvre. On sait que, trois mois plus tard, il est élu haut la main député de Chambly, le comté de Pierre Laporte.

Cournoyer avait déjà été élu député de l'Union nationale en 1969 lors d'une élection partielle dans le comté de Saint-Jacques, où sept mois plus tard le péquiste Claude Charron l'avait battu lors de l'élection générale de 1970. Le premier ministre Jean-Jacques Bertrand avait d'ailleurs fait appel rapidement à ses talents de négociateur en le nommant ministre de la Fonction publique en décembre, puis ministre du Travail et de la Main-d'œuvre en mars.

Personnalité sympathique et controversée, bénéficiant de l'appui inébranlable de Bourassa, Cournoyer a l'une des responsabilités les plus lourdes du cabinet puisqu'il garde le portefeuille du Travail et de la Main-d'œuvre.

C'est justement à la fin de 1971, dans le contexte de la grève de *La Presse*, que se crée vraiment le Front commun des syndicats. Ce Front commun existe en fait d'une façon plus ou moins latente depuis la négociation des conventions collectives de 1968 et, d'une façon plus concrète, avec la création au début de 1970 du Comité de coordination des négociations dans le secteur public.

Les penseurs de gauche de cette alliance ne cachent pas leur objectif d'en finir avec le capitalisme québécois et d'instaurer un système socialiste. Les centrales syndicales annoncent d'ailleurs leurs couleurs en 1971 en publiant chacune des textes sulfureux. Les Éditions de la CSN lancent *Il n'y a plus d'avenir pour le Québec dans le système économique actuel*. De leur côté, les Éditions de la FTQ publient leur brûlot intitulé *L'État, rouage de notre exploitation*. Puis, en 1972, les Éditions de la CSN lancent le manifeste *Ne comptons que sur nos propres moyens*, lequel prône la lutte des classes pour les ouvriers.

La situation sent de plus en plus l'affrontement. Les syndicats commettent l'erreur de confondre le ton conciliant de Bourassa avec de la faiblesse. Il va bientôt faire la démonstration du contraire.

Au début de 1972, les syndicats envoient, et rendent public, un télégramme dans lequel ils invitent le premier ministre à s'adresser à une assemblée qui doit se tenir le 28 février au Forum de Montréal afin qu'il y fasse, entre autres, un «bilan du travail accompli en vue de lutter contre le chômage». Il est également question d'un manifeste qu'ils veulent rendre public à l'occasion de cette assemblée.

C'est tout de même un peu gros. Et le premier ministre écrit le 24 janvier à Fernand Daoust, l'un des signataires du télégramme:

> J'ai déjà eu l'occasion de rendre compte publiquement à l'ensemble de la population québécoise du travail accompli par le gouvernement du Québec en matière économique au cours des quelque vingt derniers mois. [...] Cependant, je serais très heureux, si cela vous convenait, de recevoir un nombre précis de représentants de vos syndicats respectifs qui voudraient me présenter le manifeste dont vous parlez et me faire part, par la même occasion, des conclusions de votre assemblée et de vos suggestions concrètes afin d'accroître encore davantage le volume de l'emploi au Québec.

Cette offre de rencontre n'a pas de suite.

L'Assemblée nationale recommence à siéger le 7 mars. Les négociations ne donnent aucun résultat. Le premier ministre déclare dans son discours inaugural que «le Québec doit vivre selon ses moyens et le temps est venu pour tout le monde de s'en rendre compte». En fait une bonne partie de son discours est consacrée aux négociations qui vont décider de la rémunération des 280 000 employés des secteurs public et parapublic, soit 12 % de la main-d'œuvre totale du Québec.

Il souligne que le gouvernement a fait preuve d'ouverture et de calme pendant les négociations. Il rappelle cependant que l'arbitrage des intérêts des uns et des autres comporte nécessairement des exigences de fermeté, surtout lorsque l'autorité aussi bien que la légitimité des grandes valeurs démocratiques sont mises en cause, et quand la sécurité ainsi que l'intérêt publics sont menacés.

Deux jours plus tard, le Front commun des centrales vote en faveur de la grève générale. Le 13 mars, le ministre de la Fonction publique Jean-Paul L'Allier, qui aurait préféré traiter avec chaque syndicat, accepte le principe de la table de négociations, c'est-à-dire qu'il reconnaît la réalité du Front commun.

Prévoyant l'inéluctable, Bourassa fait émettre des injonctions interdisant la grève aux employés d'hôpitaux et à ceux d'Hydro-Québec. La grève éclate tout de même le 28 mars 1972. La paralysie, malgré l'injonction, est à peu près totale. Les négociations reprennent, mais sans donner de résultats.

Les syndicats donnent l'ordre de grève générale pour le mardi 11 avril. De plus, ils demandent aux travailleurs des hôpitaux de ne pas tenir compte de l'injonction leur ordonnant de ne pas quitter leur travail. Les chefs syndicaux contestent ainsi le système judiciaire : il s'agit là d'une décision extrêmement grave, de nature à renverser l'ordre établi dans un pays de droit.

Les syndiqués d'Hydro-Québec se retirent du Front commun et rentrent au travail le lendemain. Il est vrai que ces employés ont déjà des salaires plus substantiels que les autres syndiqués. Ceux-là continuent donc la grève.

Dans ces conditions, le même jour, le ministre de la Justice et procureur général du Québec, Jérôme Choquette, obtient à la sortie du Conseil des ministres l'émission d'ordonnances d'outrage au tribunal contre les syndicats d'employés et les responsables de ces syndicats dans les cas des Services communautaires hospitaliers de

Québec et de l'Hôpital Saint-Augustin de Courville. Ce nouveau recours aux tribunaux fait ainsi suite au non-respect de l'injonction déjà obtenue, laquelle prohibe la grève dans ces deux établissements ainsi que dans une soixantaine d'autres institutions hospitalières.

De son côté, le juge Georges Pelletier de la Cour supérieure du district de Québec émet un ordre de comparaître devant le tribunal pour que les intéressés justifient les raisons pour lesquelles ils ne se sont pas conformés à l'injonction. Cette ordonnance est signifiée au cours de la matinée du 12 avril à tous les intéressés, lesquels sont passibles de pénalités allant jusqu'à cinquante mille dollars et un an de prison.

Le week-end du 14 avril est particulièrement chargé pour le premier ministre : le vendredi soir il s'adresse à la population du Québec sur le réseau TVA. Puis le dimanche 16 avril, il fait un vaste tour d'horizon politique à l'occasion du dîner-bénéfice du Parti libéral tenu à Montréal en l'hôtel Reine-Élisabeth.

Aux téléspectateurs de TVA, Bourassa explique ce qu'il appelle lui-même le « fond du problème ».

> Nous devons savoir que l'ensemble des salaires constitue plus de 40 % du budget québécois et qu'accepter les demandes des syndicats voudrait dire deux choses : ou bien nous diminuons de façon très substantielle les sommes qui sont accordées à d'autres secteurs, comme l'assistance sociale ou le développement économique, ou bien nous haussons les impôts alors que nous avons actuellement une situation où le Québec est l'une des provinces les plus taxées du Canada.
>
> Je pense que tous ont intérêt, y compris les salariés des secteurs public et parapublic, à ce que nous ayons une économie saine au Québec parce que c'est seulement avec une économie saine que le gouvernement pourra obtenir les revenus suffisants et nécessaires pour payer ses salariés.
>
> C'est au gouvernement, et seulement au gouvernement, à faire une juste allocation des ressources en tenant compte des priorités québécoises.

Par ailleurs, devant les militants libéraux le dimanche suivant, Bourassa s'exprime, dans un véritable discours-fleuve de plus d'une heure, sur les négociations avec le Front commun.

J'ai dit et je répète qu'il n'est pas question avec mon gouvernement de négocier le respect de la loi. C'est pour nous un principe fondamental […] Les poursuites que nous avons prises — non par caprice et non pas inutilement —, nous les avons prises dans le cas des hôpitaux alors qu'il y avait des personnes complètement innocentes, complètement étrangères au conflit, qui se trouvaient plus ou moins les otages de cette situation. Le devoir du gouvernement était de prendre les moyens juridiques pour protéger la santé publique. Nous les avons pris. Nous irons jusqu'au bout.

À la suite de ce discours, le Front commun annonce une grande manifestation devant l'Assemblée nationale le lendemain, mardi 18 avril. Bourassa réplique que les députés siégeront ce jour-là, tel que prévu, à quinze heures.

Pendant que les manifestants chantent et crient à l'extérieur, le premier ministre fait une brève intervention dès l'ouverture de la séance. Il déclare, entre autres :

Compte tenu de l'urgence de la situation, nous nous attendons à une réponse de la part de la partie syndicale pour demain matin. Suivant le sens de cette réponse, le gouvernement, M. le président, avisera et prendra toutes les décisions qui correspondent à la situation très sérieuse que nous connaissons actuellement. Ces décisions, évidemment, se prendront dans l'intérêt de toute la collectivité du Québec.

Le 19 avril au soir, les ministres L'Allier (Fonction publique), Cloutier (Éducation), Castonguay (Affaires sociales) et Garneau (Finances) rencontrent un groupe de neuf négociateurs syndicaux. La séance dure une bonne partie de la nuit. L'enjeu est le respect des injonctions dans les services essentiels. Le pari des syndicats est qu'en refusant d'assurer les services essentiels, le Front commun va obliger le gouvernement à céder à leurs demandes.

Le lendemain, jeudi 20 avril, Bourassa dépose en fin de journée à l'Assemblée nationale le projet de loi n° 19 intitulé « Loi assurant la reprise des services dans le secteur public ». Ce projet de loi met fin à la grève qui sévit dans le secteur public. Le gouvernement donne l'ordre aux grévistes de retourner au travail à partir de minuit le vendredi soir 21 avril. Les employeurs doivent les reprendre à ce même moment. Par ailleurs, la Commission parlementaire de la Fonction publique devra recevoir des explications relatives à la négociation des ententes collectives à compter du 25 avril 1972 et faire rapport au plus tard le 15 mai 1972. Il est enfin spécifié qu'à défaut d'entente entre syndicats et employeurs avant le 1er juin 1972, le gouvernement décrétera les conditions de travail des salariés jusqu'au 30 juin 1974.

Le premier ministre fait par la suite, toujours le 20 avril, une longue intervention à l'Assemblée nationale alors qu'il défend le projet de loi n° 19.

> Nous sommes un gouvernement et un parti profondément attachés au syndicalisme. Il n'est pas question dans ce projet de loi de s'opposer au syndicalisme. [...] Mais quand on voit toute une population affectée par la grève que nous connaissons, quand on voit des étudiants qui peuvent manquer leur année scolaire, quand on voit les dommages qui ont été faits à la propriété, quand on voit que des injonctions ne sont pas respectées, quand on voit qu'il y a du piquetage illégal, quand on voit que des ententes qui ont été signées ne sont pas respectées, quand on voit qu'on défie ouvertement le respect de la loi, le gouvernement et le chef du gouvernement dit : « Assez, c'est assez ! »

Le projet de loi n° 19 est adopté et promulgué le 21 avril.

Le 25 avril, le premier ministre prend la parole lors de l'ouverture des séances de la Commission parlementaire de la Fonction publique et signale que la loi 19 met fin à la grève mais non à la négociation.

La loi 19 contribue à un début d'effritement du Front commun. Quelques jours plus tard, 900 modérés de la CSN, dirigés par trois responsables désignés par l'expression « les trois D » (Dalpé, Dion et Daigle), décident d'abandonner la CSN et de créer la Centrale des syndicats démocratiques (CSD). Ces modérés souhaitaient le respect de la loi 19.

Le ministère de la Justice a évidemment ouvert un dossier le 11 avril lorsque les trois chefs Yvon Charbonneau, Louis Laberge et Marcel Pepin ont demandé aux syndiqués des hôpitaux de désobéir aux injonctions leur ordonnant de ne pas cesser le travail. Les dossiers étant prêts, des poursuites sont annoncées le 27 avril contre ces trois chefs. Le 8 mai, ils sont condamnés à un an de prison par le juge Pierre Côté et, le lendemain, ils sont incarcérés à la prison d'Orsainville, près de Québec. Ils en appellent ensuite du jugement et sont libérés le 23 mai pendant que la procédure d'appel suit son cours.

La semaine qui suit est marquée naturellement par une grande fébrilité déclenchée notamment par le Conseil des métiers de la construction de la FTQ : des grèves sauvages éclatent un peu partout en guise de protestation contre l'incarcération des trois chefs syndicaux. Sur la Côte-Nord, les syndicats transforment Sept-Îles en ville fermée, avec occupation des postes de radio et paralysie des services publics. Les états-majors syndicaux se déchaînent vraiment contre le gouvernement Bourassa ; un syndicaliste bien connu déclare à Québec le 9 mai que l'autorité n'est pas à l'Assemblée nationale, mais entre les mains des travailleurs ; il faut donc chambarder tout le système. On accuse le pouvoir judiciaire de collusion avec le pouvoir politique et le pouvoir financier. Concrètement, les syndicats exigent évidemment l'abrogation de la loi 19 et la mise en liberté des trois détenus.

Certains ministres, comme Claude Castonguay ou Jean-Paul L'Allier, vivent difficilement cette période de tension extrême. Castonguay, de plus, est particulièrement irrité par la désinvolture du ministre fédéral des Finances, John Turner, qui vient d'annoncer dans son discours sur le budget une augmentation des pensions de vieillesse sans consulter le gouvernement du Québec. L'austère actuaire annonce donc au premier ministre qu'il songe à démissionner, ce que Bourassa le dissuade de faire.

Jean-Paul L'Allier, épuisé par les longues journées passées à négocier avec les syndicats en tant que ministre de la Fonction publique, veut à son tour se retirer du cabinet. Là encore, Bourassa sait faire preuve de persuasion pour le faire changer d'idée.

Le 12 mai 1972, alors que les syndicats multiplient les protestations à travers le Québec contre l'emprisonnement des chefs syndicaux, le premier ministre annonce que, si L'Allier garde le portefeuille des Communications, il nomme par contre à la Fonction publique Jean

Cournoyer, son homme de confiance, qui continue d'être également ministre du Travail et de la Main-d'œuvre.

Par ailleurs, outre qu'il est maintenu aux Communications, L'Allier se voit confier la présidence d'un groupe de travail destiné à étudier toute la question des relations de travail dans les secteurs public et parapublic. « La tâche de cet organisme, déclare le premier ministre le 12 mai, consistera à élaborer, tout en respectant les principes fondamentaux du syndicalisme dans la fonction publique, des formules qui permettront d'éviter certaines situations difficiles du genre de celles survenues dans les hôpitaux au cours de la dernière grève de la fonction publique. »

Enfin, voulant illustrer la confiance qu'il garde en L'Allier, Bourassa lui demande d'accorder une importance particulière au travail effectué au Comité de la réforme administrative, « étant donné la contribution qu'il est en mesure de fournir pour que cet organisme remette des conclusions de nature à rendre encore plus efficaces les structures de l'administration québécoise ».

Au bout d'une semaine, le vent se met nettement à tourner en faveur du gouvernement.

C'est ainsi que l'éditorialiste Vincent Prince, dans son texte *Une dure confrontation*, donne son appui dès le 11 mai au gouvernement Bourassa. Il déplore qu'à l'occasion d'une négociation, c'est notre mode de vie au complet qu'on veut détruire, c'est l'ordre établi qu'on veut renverser.

Le Front commun lui-même commence à vivre des moments difficiles. La CSN perd ses membres par dizaines de milliers. La CSD, qui s'oppose résolument à la politisation des conflits syndicaux, est devenue le centre de ralliement des syndiqués modérés au point que ses effectifs vont jusqu'à compter 35 000 membres, principalement en provenance de la CSN. Des bagarres éclatent sur les lignes de piquetage entre militants de la CSN et militants de la FTQ.

Pendant ce temps, Bourassa, jouant ses cartes avec autant de prudence que de détermination, voit la situation tourner à son avantage. La CSD n'a pas été créée avec l'aide des libéraux, contrairement aux allégations lancées par la CSN. Ce qui est arrivé, c'est que Bourassa, en bon stratège, a fait une évaluation juste et réaliste du terrain politique et des appuis respectifs des intervenants. Il a ensuite agi avec fermeté, mais aussi avec modération, en évitant soigneusement toute provocation inutile.

Le premier ministre, en fait, réussit un véritable tour de force pendant cette période : maintenir le dialogue, ne serait-ce parfois que sur une base officieuse, avec toutes les parties concernées, que ce soit le président du Conseil du patronat Charles Perreault ou le président de la CSN Marcel Pepin. Bourassa considère d'ailleurs qu'il lui appartient d'agir ainsi en tant qu'arbitre ultime. Il a toujours maintenu des contacts avec les principaux intervenants lors de grèves dans lesquelles le gouvernement, d'une façon ou d'une autre, était impliqué. On lui a souvent reproché ses interventions ; s'il n'était pas intervenu, on le lui aurait probablement reproché tout autant.

Constatant que les grévistes sont effectivement retournés au travail et que les représentants syndicaux négocient réellement avec Cournoyer et la partie gouvernementale, Bourassa n'hésite pas à prolonger les délais de négociation avec une autre loi spéciale, la loi 53, qui est adoptée le 27 juin 1972. La loi 19 prévoit en effet que le gouvernement doit régler la situation par décret s'il n'y a pas d'ententes collectives signées au plus tard le 30 juin 1972.

Finalement, on peut dire que la tension est retombée quand arrive l'été 1972. Les négociations continuent cependant activement jusqu'à la fin de l'année.

D'une part, les chefs syndicaux en appellent de la décision de la Cour supérieure. Ils perdent en appel au mois de février 1973. En Cour suprême, ils n'ont pas plus de succès. Finalement, ils doivent retourner en prison purger leur sentence du 2 février au 16 mai 1973.

Le projet de loi n° 58 reconnaît un statut juridique à la nouvelle centrale syndicale, la Confédération des syndicats démocratiques (CSD). La fin de l'année 1972 est particulièrement productive au plan des relations de travail. Le 11 octobre, le ministre du Travail Jean Cournoyer annonce qu'une entente de principe est intervenue avec le Front commun. Le 24 octobre, on rend publique une convention collective entre le gouvernement et les fonctionnaires et qui s'étend jusqu'en juillet 1975. Le 27 octobre, les syndicats concernés signent deux conventions collectives avec la Société des alcools.

Le 15 novembre, la Loi sur les services essentiels d'Hydro-Québec est sanctionnée, mettant ainsi fin à de nombreuses pannes d'électricité qui affectent jusqu'à 29 000 personnes pendant l'étude de cette loi. Dans le cas des enseignants, le gouvernement doit recourir le 15 décembre à un décret.

Enfin le 21 décembre, le projet de loi 89 intitulé « Loi assurant le bien-être de la population en cas de conflit de travail » est déposé en première lecture. Cette loi vise à assurer les services essentiels sans que le gouvernement soit obligé de recourir à des lois spéciales pour que soient protégés la santé, la sécurité et le bien-être publics, et que ne soit pas mise en danger l'éducation d'un groupe d'élèves.

La crise du Front commun n'a pas nui à la confiance que les Québécois placent en Bourassa. Un sondage de la maison CROP, publié dans *La Presse* du 7 octobre 1972, indique en effet que 46,3 % des Québécois considèrent le premier ministre comme l'homme politique le plus en mesure de répondre à leurs besoins. Le chef du Parti québécois René Lévesque se classe loin derrière avec 15,1 %.

Cette période se termine sur une note positive avec le renouvellement des conventions collectives pour 205 000 personnes sur les 225 000 fonctionnaires que comptent alors au Québec les secteurs public et parapublic.

Le premier ministre peut ainsi souligner l'amélioration du climat social aux 800 militants réunis à Joliette le 17 septembre 1972 à l'occasion du congrès régional du Parti libéral du Québec. Il signale que la revue *Executive*, publiée à Toronto, déclare dans sa livraison d'août 1972 qu'il y a moins de violence au Québec qu'en Ontario. « Je voudrais également mentionner, précise-t-il, le boom que connaît en ce moment à travers tout le Québec cette industrie-clef de toute économie, à savoir l'industrie de la construction. Ce ne sont partout que chantiers. »

L'année 1972 se termine donc bien pour le gouvernement. Le journal *La Presse* titre le 26 décembre sa revue politique de l'année

1972 avec la manchette « Bien en selle, le premier ministre Bourassa pave la voie à sa réélection », tandis que *Le Nouvelliste* déclare le même jour sur cinq colonnes que « Bourassa a consolidé ses forces en 1972 ». *Le Devoir* de son côté affirme le 27 décembre que « Les libéraux restent forts, malgré les crises qu'ils ont subies. »

De fait, avec la relance de l'économie québécoise, la déconfiture des syndicats et la position de faiblesse du gouvernement minoritaire de Trudeau à Ottawa, Bourassa a en mains toutes les cartes nécessaires à la préparation d'un rendez-vous électoral réussi en 1973.

CHAPITRE 12

Un bilan impressionnant

L'adoption de l'assurance-maladie en pleine crise d'Octobre, la création du ministère des Affaires sociales ou la refonte de la loi électorale illustrent bien la détermination dont Bourassa sait faire preuve quand il s'agit de réformes qui lui tiennent à cœur.

En décembre 1970, il présente à l'Assemblée nationale le projet de loi sur le nouveau ministère des Affaires sociales (qui doit regrouper le ministère de la Santé et celui de la Famille et du Bien-Être social). À cette occasion, il énonce sa philosophie sociale en tant que chef d'un gouvernement déterminé à faire progresser la société québécoise « malgré les crises ».

> Nos lois sociales ne doivent plus prendre l'allure de concessions aux défavorisés ; elles doivent venir sanctionner un droit légitime du citoyen et témoigner du degré de respect que notre société porte à la dignité et à la liberté de l'homme.

La méthode de gouvernement de Bourassa est exigeante. On sait par exemple que le gouvernement de Jean-Jacques Bertrand avait déclenché des élections générales en mars 1970 sans avoir présenté de budget pour l'exercice 1970-1971. Pour Bourassa, c'était là une erreur politique, et il ne s'est jamais gêné par la suite pour le rappeler. Intrigué par les véritables motifs de Jean-Jacques Bertrand pour se lancer dans l'aventure électorale, le nouveau premier ministre, qui veut avoir le cœur net quant à la véritable situation financière du Québec, s'accorde alors le portefeuille des Finances.

En un temps record, il révise complètement les estimations budgétaires afin qu'elles reflètent les objectifs de son nouveau gouvernement.

Le système PPBS (Planning, programming, budgeting system) ou, en français, la budgétisation par programme est introduit en 1972. Il permet au gouvernement d'éliminer le gaspillage, de maximiser la productivité des dépenses publiques et de maintenir à un taux acceptable la croissance des dépenses.

Avec l'adoption par l'Assemblée nationale du premier budget libéral et des crédits s'y rapportant, Bourassa peut constater que les revenus autonomes du Québec s'élèvent à 2,67 milliards $, auxquels s'ajoutent des transferts fédéraux de 1,2 milliard $ pour un revenu total de 3,79 milliards $. Quant aux dépenses du gouvernement, elles sont évaluées à 3,94 milliards $, ce qui fait donc apparaître un déficit de 150 millions $. La dette totale s'établit à 2,48 milliards $, ce qui représente 11 % du produit intérieur brut du Québec.

Le premier ministre n'oublie pas, par ailleurs, la promesse faite le 29 avril 1970, le soir même de la victoire, lorsqu'il a déclaré que la loi électorale au Québec allait être révisée et que toutes les injustices en seraient éliminées. Bourassa annonce donc le 17 juillet 1970 que la Commission de l'Assemblée nationale est chargée d'examiner la réforme de cette loi et qu'elle devra formuler des recommandations précises.

Bourassa légifère tout d'abord pour que soit abandonné le caractère privilégié des 17 comtés dits « protégés » en vertu des dispositions de l'article 80 de l'Acte de l'Amérique du Nord britannique. Il s'agit des circonscriptions d'Argenteuil, Brome, Compton, Frontenac, Hull, Huntingdon, Labelle, Mégantic, Missisquoi, Papineau, Pontiac, Richmond, Shefford, Sherbrooke, Stanstead, Témiscamingue et Wolfe. Cette loi constitue un acte courageux, car une bonne partie de la population de ces 17 circonscriptions fait principalement partie de la clientèle du Parti libéral du Québec.

Bourassa n'oublie pas non plus son engagement personnel au sujet de la réforme électorale. Il dépose le 8 juillet 1971 en première lecture le projet de loi intitulé : « Loi de la commission permanente de la réforme des districts électoraux». Cette commission permanente, indépendante du gouvernement, relèvera de l'Assemblée nationale et devra remettre avant mars 1972 une proposition de nouvelle carte électorale. Les nouveaux districts électoraux devront comprendre 32 000 électeurs, avec un écart de 25 % en plus ou en moins si nécessaire.

Par contre, le premier ministre précise aux députés un point important :

> [L'état actuel du dossier de la réforme électorale] ne nous permet pas de prendre une orientation définitive pour ce qui est de la question du mode de scrutin, bien que le consensus des membres de la commission sur cette dernière question aille dans le sens du maintien pour l'essentiel du présent mode de scrutin, tout en envisageant la possibilité d'y introduire à titre subsidiaire un certain nombre d'éléments de proportionnel sous une forme et à un degré à définir.

Bourassa souhaiterait cependant que soit introduit un élément de scrutin proportionnel dans le système électoral québécois qui, lui, est basé sur le scrutin majoritaire uninominal à un tour. Le premier ministre est cependant vivement conscient que l'introduction de la proportionnalité dans un système électoral est un facteur important d'instabilité politique.

Le 14 juillet 1971, anniversaire de Robert Bourassa, l'Assemblée nationale forme à l'unanimité, sur proposition du premier ministre, la Commission permanente de la réforme des districts électoraux. Trois personnes composeront cette Commission, soit le président général des élections François Drouin, le juge de la Cour supérieure Alphonse Barbeau et le directeur de la Bibliothèque de la Législature Jacques Prémont.

L'année suivante, lors de l'ouverture de la deuxième session le 23 février 1979, Bourassa annonce à l'Assemblée nationale dans son discours de politique générale que le thème du développement économique demeure la principale préoccupation du gouvernement.

Ce ne sont pas de vaines paroles : pas moins de dix projets de loi importants dans le secteur économique sont adoptés en 1971.

En voici l'impressionnante liste, qui traduit d'une façon concrète la préoccupation principale de Bourassa, à savoir l'établissement de conditions susceptibles de créer le maximum d'emplois au Québec:

- loi créant la Société de développement de la région de la Baie James (SDBJ);
- loi créant la Société de développement industriel (SDI);
- loi prévoyant dans certaines conditions des réductions de taxes sur les profits des entreprises;
- loi augmentant de plus d'un tiers le fonds social de la Société générale d'exploitation minière (SOQUEM) ainsi que les moyens financiers de cette société d'État;
- loi élargissant le champ d'action et les ressources financières de la Société de récupération et d'exploitation forestière du Québec (REXFOR);
- loi créant la Société de développement immobilier du Québec (autorisant également le gouvernement à investir 10 millions $ pour le développement de la Place Desjardins à Montréal);
- loi autorisant le gouvernement à consacrer 10 millions $ à la consolidation des opérations de la Société générale de financement (SGF);
- loi concernant le Mouvement Desjardins prévoyant d'une part le regroupement de l'ensemble de ses activités au sein d'une fédération et, d'autre part, la création de la Société d'Investissements Desjardins, fonds d'investissements et de placement destiné à établir et à développer des entreprises industrielles et commerciales;
- loi régissant le commerce des produits pétroliers et déterminant des normes de qualité quant à ces produits et aux normes qu'ils requièrent;
- loi autorisant Hydro-Québec à vendre à Hydro-Ontario un milliard de kWh pour la somme de 40 millions $.

Le premier ministre est en mesure de signaler à la fin de 1971 que 269 projets de loi ont été déposés au cours des 600 premiers jours de son administration. Sur ce nombre, 100 lois ont été adoptées en 1970 pendant la première session et 120 en 1971 pendant la deuxième session. L'année 1971 marque incontestablement le début de la reprise économique au Québec. Le budget 1971-1972, présenté par Raymond Garneau, indique des revenus totaux de 4,42 milliards $, dont 1,31 milliard de transferts fédéraux. Le déficit s'établit à 360 millions $, la dette totale passe à 2,92 milliards $, soit 12 % du produit intérieur brut.

La création nette d'emplois en 1971 quadruple par rapport à 1970, et passe de 12 000 à 50 000. Cette année 1971 est la meilleure depuis 1967, et ce, malgré plusieurs facteurs négatifs, tels que la crise d'Octobre, l'incertitude à l'égard de la relance américaine à la suite d'une grave crise du dollar, ou la politique protectionniste des États-Unis (avec sa surtaxe de 10 % du 15 août au 18 décembre 1971).

Certes le programme du Parti libéral du Québec de 1970 déclarait, dans la première partie consacrée au développement économique : « L'objectif économique vital du Québec au cours des années 1970 doit être la création de nouveaux emplois, dont 100 000 dans la seule année 1971. » On peut cependant considérer que Bourassa a respecté les lignes de force de ce programme, même si l'objectif ambitieux de 100 000 emplois n'est qu'à moitié atteint en raison des freins qui, en 1971, jouent sur les décisions d'investir d'un bon nombre de chefs d'entreprises.

C'est vraiment à partir de cette année que l'on assiste au début d'une reprise. Les principaux stimulants sont, d'une part, les immobilisations et les dépenses du secteur public, qui augmentent de plus d'un tiers par rapport à 1970, et, d'autre part, la construction domiciliaire, avec une augmentation de plus de 50 % des permis de construction résidentielle et de plus de 30 % des mises en chantier.

L'industrie des pâtes et papiers bénéficie à partir de septembre 1971 de mesures exceptionnelles : pour prévenir la fermeture d'usines, on va soutenir financièrement les sociétés en difficulté. Pour ce faire, on leur permet, d'une part, de différer le paiement d'une partie des droits de coupe et, d'autre part, de bénéficier d'allégements fiscaux pouvant aller jusqu'à 60 % du montant des droits de coupe.

Les investissements privés dépassent cette année-là un milliard de dollars : on remarque notamment ceux effectués par Falconbridge Nickel (60 millions $), Chibougamau Lumber (3,5 millions $), Steinberg-Eaton (25 millions $), Noranda Mines (123 millions $), Place Desjardins (100 millions $), Dupuis Frères (25 millions $), Hilton-Trizec (60 millions $) et ITT-Rayonier (500 millions $). Des usines importantes sont inaugurées en 1971, par exemple la raffinerie de l'Aigle d'Or à Saint-Romuald ou ASEA à Varennes. En outre, 90 % des immobilisations brutes du gouvernement du Québec, soit 400 millions $, sont consacrés en 1971 à des immobilisations dans la Voirie et les Travaux publics.

Le travail législatif accompli au cours des deux premières sessions se poursuit en 1972. Ainsi que le remarque Bourassa en décembre 1972 :

> Plus de 300 lois ont donc été adoptées au cours des 900 jours de l'administration actuelle. C'est un bilan solide, en particulier si l'on tient compte du fait que ces réalisations n'ont pas alourdi le fardeau fiscal des contribuables québécois puisque le budget 1972-1973 ne comporte pas d'augmentations d'impôt, et ceci pour la troisième fois consécutive.

Ce troisième budget fait même bénéficier les contribuables québécois de quatre réductions d'impôt : abolition de la taxe sur les transferts de valeurs mobilières, abolition de la taxe de vente appliquée à la machinerie industrielle, abolition de l'impôt successoral appliqué aux biens meubles des successions étrangères et réduction de 50 % de l'impôt successoral sur les successions rapprochées.

Le budget 1972-1973 frise les cinq milliards de dollars, y compris des transferts fédéraux de 1,26 milliard. Le déficit, à 350 millions $, recule légèrement par rapport à 1971 tandis que la dette totale atteint 3,31 milliards $, soit 12,2 % du produit intérieur brut québécois. Dans son discours inaugural le 7 mars, Bourassa déclare :

> Le Québec doit vivre selon ses moyens, et le temps est venu pour tous de s'en rendre compte.

Ce budget ramène le taux de croissance des dépenses courantes de 16 à 8 %, soit à un niveau qui ne grève pas inutilement la capacité de payer des contribuables québécois. Par contre, les dépenses à incidence directe sur l'activité économique et sur le volume d'emplois sont maintenues à un niveau élevé.

L'activité législative est de plus stimulée à partir de 1972 par la refonte des règles et procédures de l'Assemblée nationale. Les députés et la population vont désormais pouvoir participer pleinement, par le truchement des commissions parlementaires, à l'administration gouvernementale. L'Assemblée nationale a connu ainsi un renouvellement significatif.

Ainsi, en 1972, les 17 commissions parlementaires permanentes ou spéciales tiennent plus de 200 séances. Au cours de ces séances, 94 projets de loi ou règlements sont étudiés, 576 mémoires écrits ou autres documents y sont déposés tandis que 224 requêtes verbales y sont entendues. Ce nouveau système permet aussi au travail législatif de se poursuivre pendant l'ajournement.

Les travaux parlementaires deviennent plus efficaces à partir de 1972 grâce au Code Lavoie, un nouveau règlement rédigé en 1971 par un groupe de travail que dirige le président de l'Assemblée nationale Jean-Noël Lavoie.

Le but de ce nouveau règlement est de faire de l'Assemblée nationale un parlement moderne, démocratique et efficace. Et il y parvient : la majorité peut faire adopter sa législation ; l'opposition peut s'exprimer en toute liberté pour informer l'opinion publique de ses positions ; et tous les députés peuvent remplir pleinement leur rôle de législateurs.

L'année 1972 confirme l'affermissement de la confiance de la population dans l'avenir du Québec. Les milieux économiques du Québec, du Canada et de l'étranger manifestent un optimisme nouveau grâce à l'amélioration du climat social, à l'assainissement des finances publiques et aux initiatives gouvernementales prises pour assurer l'essor économique.

Cette année 1972 permet également au Québec de faire des progrès importants dans les domaines majeurs de la protection de l'environnement, de la restructuration scolaire, de la réforme électorale et de la souveraineté culturelle du Québec.

La réforme électorale continue sur sa lancée. La Commission permanente de la réforme des districts électoraux propose 110 nouveaux districts électoraux et le projet de loi est adopté par l'Assemblée nationale le 20 décembre 1972. Les électeurs québécois seront ainsi assurés d'une représentation plus juste et équitable.

En décembre 1972, une autre mesure facilitera la tenue d'élections et en améliorera la qualité : on établit une liste électorale permanente dans chaque comté grâce à un recensement qui se tient désormais annuellement, pendant la première quinzaine de mai.

Cette même année, en février, on inaugure à Québec l'édifice du Conseil exécutif. Le responsable du projet est l'architecte Paul Gauthier, dont la firme Gauthier, Guité, Roy s'est distinguée dans de nombreux concours. Les aménagements ont été exécutés par les entrepreneurs généraux Janin-Komo, qui ont également réalisé ce qu'on appelait alors le complexe H.

Ce nouvel édifice, le « bunker » pour certains, comprend quatre étages. Le troisième sous-sol donne accès à un tunnel qui relie tous les édifices de la Colline parlementaire. À cause de la dénivellation de la Grande-Allée, on entre en fait dans le complexe J au niveau du premier sous-sol. Cet espace est libre et peut servir de hall d'accueil, de salle d'attente et de lieu de rencontre avec de larges groupes. À l'arrière, près de l'entrée du complexe H, un gardien contrôle sur sa console les systèmes de garde et de protection contre l'incendie.

Au niveau du rez-de-chaussée on a placé tout le système d'archives actives depuis 1942, et au premier étage, les services administratifs du Cabinet du premier ministre et du ministère du Conseil exécutif.

Au deuxième étage se trouve le bureau du secrétaire général, du greffier et les bureaux des conseillers. C'est là, à proximité du greffe, que se trouve la salle du Conseil des ministres. La table et la voûte de la salle ont été recouvertes en chêne, un matériau qui offre une grande qualité de réflexion du son.

Ainsi deux interlocuteurs assis de part et d'autre de cette table, dont le diamètre fait près de trente pieds, peuvent-ils très bien discuter à voix normale sans l'aide de haut-parleurs. Le mur périphérique de cette salle circulaire n'est pas vertical, mais à angle, ce qui donne vraiment l'impression de se trouver à l'intérieur d'une grande soucoupe volante. Ce mur, de plus, est recouvert de tapis, pour absorber les sons et en éviter la réverbération.

Au troisième étage se trouvent l'appartement du premier ministre, son bureau ainsi que les bureaux du chef de cabinet et des conseillers immédiats. Cet appartement du premier ministre comprend un grand salon-salle à manger et deux chambres. Dans le bureau du premier ministre, on a gardé un meuble d'une grande valeur historique : le pupitre qui a servi à tous les premiers ministres depuis Maurice Duplessis. Ce bureau est relié par un escalier privé en colimaçon au bureau du secrétaire général du gouvernement et à la salle du Conseil des ministres, situés au deuxième étage.

On peut dire que l'aménagement du complexe J constitue un ensemble sobre et de bon goût. Les meubles, de même style, ont été fabriqués à Saint-Jean-sur-Richelieu. Les plafonds ont été laissés en béton lorsque c'était possible. Les normes appliquées pour cet édifice sont les mêmes que celles qui ont prévalu pour l'ensemble des nouveaux complexes bâtis à cette époque sur la Colline parlementaire.

Est-ce le caractère un peu froid de cet immeuble de béton, ou l'isolement de l'endroit juché entre la Grande-Allée et les plaines d'Abraham, toujours est-il que Bourassa n'a pour ainsi dire jamais habité cet édifice et n'y a jamais dormi. Certes, le salon-salle à manger a été souvent utilisé, notamment pour des repas du soir qui souvent n'étaient que des réunions de travail. On avait effectivement l'impression que, pour Bourassa, le complexe J était avant tout un lieu de travail avec ses ministres et les représentants de la haute administration, mais certainement pas un endroit où il pouvait lire tranquillement, regarder Pierre Nadeau à la télévision ou rencontrer des amis de longue date. Pour cela, il préférait de loin les anciens bureaux du lieutenant-gouverneur dont il avait fait son appartement personnel et qui étaient situés dans l'angle sud-est de l'immeuble du Parlement, au premier étage, juste à côté d'un ascenseur qui lui permettait de rejoindre rapidement par le souterrain sous la Grande-Allée ses bureaux au troisième étage de l'édifice J.

Cependant, pendant les mois d'été, il affectionnait le toit du J et sa terrasse tout en gravier, aménagée avec des caillebotis, des meubles de plein air et des bacs remplis d'arbustes et de fleurs. Il pouvait y travailler avec ses collaborateurs les plus immédiats, téléphoner, recevoir certains visiteurs et profiter en même temps du soleil lorsqu'il faisait beau.

L'année 1973 allait être une année d'élections générales. Pour cela Bourassa cherche soigneusement à créer un contexte qui lui soit favorable: aucune augmentation de taxes n'est prévue dans le 4ᵉ budget de son administration. Ce budget prévoit des dépenses de 5,2 milliards $, soit une hausse de seulement 9,5 % par rapport à 1972-1973, ainsi que des allégements fiscaux très sélectifs dont bénéficient les particuliers (30 millions $), les municipalités (40 millions $), les entreprises (15 millions $) et Hydro-Québec (10 millions $). La dette totale s'établit à 3,68 milliards $, mais, du fait de la reprise économique, elle ne représente que 11,9 % du produit intérieur brut québécois, soit une légère baisse de 0,3 % par rapport à l'exercice précédent.

Les points forts qui se dégagent de ce budget méritent d'être examinés pour bien comprendre les raisons de la remarquable victoire de Bourassa quelques mois plus tard.

- La situation financière du Québec est saine, grâce à la réduction du rythme d'accroissement des dépenses publiques. Pour la première fois depuis de nombreuses années, le Québec connaît enfin en 1973 la stabilité financière. Les vieilles dettes sont toutes payées.
- Le fait qu'il n'y ait pas d'augmentations d'impôt pour la quatrième fois de suite est une performance unique, qui prend d'autant plus de relief que des provinces comme l'Ontario, la Colombie-

Britannique et la Saskatchewan augmentent au même moment leurs impôts.

- Par ailleurs, la qualité de la situation financière permet au gouvernement de fournir à la population des services publics accrus dans les domaines de l'économie, des affaires sociales, de l'éducation, de la santé, des équipements collectifs et de la justice.
- L'aide aux municipalités double par rapport à 1969-1970, soit 400 millions de dollars au lieu de 200 millions. La loi 23 accordant des subventions aux municipalités de 25 000 habitants ou plus vient d'ailleurs concrétiser cette aide du gouvernement québécois à ces municipalités.
- Le gouvernement du Québec augmente son aide financière aux municipalités comprenant moins de 25 000 habitants, et répond ainsi aux besoins de ces municipalités par des subventions sélectives qui atteignent 15 $ per capita et plus, ce qui représente une augmentation globale de 10 millions de dollars par an.
- À partir d'avril 1973, 125 000 petits salariés ne paient plus d'impôt sur le revenu.
- Le montant brut des immobilisations des secteurs public et parapublic est de 1,8 milliard de dollars en 1973, soit une augmentation de 200 millions par rapport à 1972.
- L'agriculture québécoise est encouragée par deux mesures fiscales importantes : exemption de l'impôt sur le gain de capital au décès et, par ailleurs, hausse de l'exemption spéciale de 25 000 $ à 75 000 $ lorsqu'il y a don de la terre aux enfants.
- Bourassa obtient d'Ottawa l'élargissement du calcul de la formule de péréquation en y incluant l'impôt foncier scolaire. Résultat de cette négociation : un montant additionnel de 78 millions de dollars échoit dès 1973 au Trésor québécois.

Comme le souligne Bourassa alors qu'il prend la parole le 29 avril à Victoriaville : « Ce sont les finances fortes qui font les gouvernements forts. »

Le premier ministre résume bien le 6 juillet 1973, lors de l'ajournement de ce que l'on pensait être la première partie de la quatrième session de la 29ᵉ législature, le sentiment d'euphorie que l'on retrouve sur les banquettes ministérielles.

La présentation à l'Assemblée nationale d'un quatrième budget sans augmentation de taxes, d'une part, la mise en application de nouvelles mesures afin que prévale plus que jamais la justice sociale au Québec, d'autre part, et, enfin, un essor économique sans précédent, tels sont les faits saillants qui caractérisent le premier semestre de 1973 après quarante mois d'administration libérale.

L'amélioration de la situation générale a des conséquences positives dont une confiance nouvelle, laquelle se manifeste de quatre façons différentes :
- pour la première fois depuis 15 ans, le coût des emprunts pour le Québec est inférieur en 1973 à celui de l'Ontario. Cela se traduit par des économies considérables pour le Trésor québécois. Très fier, Bourassa déclare le 13 mai 1973 : « Le crédit du Québec n'a jamais été aussi bon » ;
- la campagne 1973 d'obligations d'épargne du Québec remporte un succès considérable : les épargnants québécois achètent ces titres d'épargne pour 132 millions de dollars, alors que ce montant n'était que de 118 millions de dollars en 1972 ;
- la maison de courtage Ames fait au gouvernement du Québec une offre de 500 millions de dollars au nom d'un groupe financier international : le gouvernement refuse cette proposition en signalant qu'il n'a pas besoin de ces capitaux ;
- Seulement 1 424 Québécois âgés de 20 à 39 ans ont quitté le Québec en 1972, contre 2 743 en 1969. Il s'agit donc d'une diminution de près de 100 % de l'exode des jeunes Québécois vers l'extérieur du Québec. Ces chiffres sont importants pour Bourassa qui déclare le 17 juin 1973 :

Le vrai nationalisme consiste à consolider notre force économique et financière pour que les jeunes travaillent au Québec.

La popularité du gouvernement de Bourassa pendant l'été de 1973 s'explique par son style, fait de pragmatisme sur le plan idéologique et de réalisme sur le plan de l'action. Il semble bien que seule une telle démarche pouvait être de nature à susciter confiance et stabilité auprès de la société québécoise, de plus en plus pluraliste et ouverte aux grands courants du monde moderne.

Le 25 septembre 1973, Bourassa annonce la tenue d'élections générales.

CHAPITRE 13

L'ouverture sur le monde

L'ouverture sur le monde figure clairement parmi les grands objectifs de Robert Bourassa, et ce, depuis son entrée en politique. Mais cette ouverture doit être substantielle. Il a en horreur tout ce qui est affecté, artificiel ou qui tient du simple discours.

C'est pourquoi dans le programme du Parti libéral, sous la rubrique « La personnalité internationale du Québec », on peut lire ce qui suit : « Tout en maintenant les rapports privilégiés du Québec avec les États francophones dans le domaine des échanges culturels, il est primordial d'accentuer la vocation économique de nos délégations générales à l'étranger, afin d'épauler le travail qui se fera chez nous pour la création de nouveaux emplois. » Les mots soulignés le sont dans le texte du programme à la demande expresse de Bourassa.

Tout en rappelant que « les relations culturelles avec la France sont fondamentales », il n'hésite pas à exprimer le fond de sa pensée. Dans un discours du 15 mars à Laval, il déclare entre autres :

> J'espérais pour ma part que les relations économiques auraient été plus fructueuses au cours des dernières années. Cependant, nous devons prendre note qu'on nous promet depuis trois ans, que ce soit au niveau français ou au niveau québécois, à l'occasion de toutes les missions, de toutes les délégations, de tous les voyages qui ont été faits depuis quelques années, qu'il y aura des investissements français importants. On dit même qu'il faut asseoir la coopération culturelle sur la coopération économique. [...] Cependant les faits sont là. Vous avez trois exemples d'investissements importants qui ne viennent pas au Québec, alors que

nous les attendions sur la foi des informations qui nous avaient été fournies. Il y a Péchiney qui devait s'établir, à ce qu'on nous a dit, sur la Côte-Nord et qui a décidé de ne pas venir. Vous avez le cas bien connu de Michelin. Il y a enfin Dassault qui a décidé de ne pas venir.

En créant ainsi de faux espoirs, comme on l'a fait en particulier depuis trois ans, il est à craindre que l'on ait développé dans la population un certain scepticisme à l'égard de l'ensemble des relations franco-québécoises, et ceci alors qu'il est tellement important d'avoir des relations culturelles avec la France. En ce qui me concerne, j'espère que la prochaine fois que l'on parlera d'investissements français au Québec, on sera en mesure de mentionner des projets concrets et précis.

Dans une lettre au premier ministre Jacques Chaban-Delmas, il réaffirme néanmoins sa volonté de poursuivre la coopération franco-québécoise. « Nous y attachons le plus grand prix, car elle correspond à la nature même des choses. »

On aurait pu penser que les derniers mots de ce message, avec leur accent gaullien, allaient combler d'aise les activistes du ministère des Affaires intergouvernementales. Tel ne fut pas le cas, car le sous-ministre Claude Morin, personnage au demeurant sympathique, mais également grand maître en *combinazioni* plus ou moins efficaces, me signala qu'une entorse avait été commise à ce qu'il appelait le « rituel », à savoir que, dans les communications au plus haut niveau entre la France et le Québec, il fallait toujours que les mots « maintien des relations directes et privilégiées entre la France et le Québec » apparaissent quelque part dans le message. J'informai Bourassa de la remarque du sous-ministre. Apparemment peu ému, et même facilement impatienté lorsque l'on essayait de lui imposer ce genre d'exigence protocolaire, il se contenta de me déclarer : « Ne t'occupe donc pas des *sparages* de Claude Morin ! »

Mais la semaine suivante, le 3 juin 1970, il annonce la nomination de Yves Michaud au poste de haut-commissaire à la Coopération, en remplacement de Guy Frégault qui reprend ses fonctions de sous-ministre aux Affaires culturelles. Contestataire congénital, Michaud a quitté le caucus du Parti libéral du Québec en octobre 1969 pour former, avec trois autres dissidents, une « opposition circonstancielle ».

Ils ont voulu ainsi manifester leur réprobation à l'égard du « bill 63 » piloté par le premier ministre Jean-Jacques Bertrand. Ce projet de loi permettait aux parents de choisir la langue d'enseignement de leurs enfants, au risque d'angliciser rapidement la population francophone du Québec. Michaud trouvait en effet que Jean Lesage ne s'opposait pas assez énergiquement à la disposition principale de ce projet de loi et au danger qu'elle comportait. Il décide donc de siéger à titre de libéral indépendant, tout en continuant de rester en contact étroit avec Bourassa.

Malgré les très vives réserves du caucus, le premier ministre fait confiance à Michaud pour promouvoir les intérêts du Québec dans les nombreuses rencontres et réunions de travail de la Coopération, ce dont il s'acquitte d'ailleurs fort bien. Bourassa apprécie son esprit vif et sa remarquable facilité d'élocution. Il trouvera Michaud moins drôle lorsque celui-ci, devenu en octobre 1973 directeur du quotidien indépendantiste *Le Jour*, se mettra à tirer à boulets rouges sur les libéraux.

Plus que jamais le Québec continue à cette époque de tisser son réseau de bureaux économiques à travers le monde, et notamment aux États-Unis. Seule la crise d'Octobre empêche le premier ministre d'inaugurer lui-même les bureaux de Los Angeles et de Dallas.

De retour de New York, tout juste après avoir appris l'enlèvement de Pierre Laporte, voilà que l'on apprend la mort du général de Gaulle.

N'eût été la situation de crise qui sévissait au Québec, il ne fait aucun doute que Bourassa serait allé en France rendre hommage à la mémoire du grand disparu. Mais dans le contexte particulièrement survolté du moment, il n'est évidemment pas question que Bourassa se rende à Paris.

Il est donc décidé que le ministre François Cloutier, responsable des Affaires culturelles et de l'Immigration, ainsi que Jean-Paul L'Allier, ministre des Communications et de la Fonction publique, seront, le 12 novembre, les représentants personnels du premier ministre du Québec lors du service solennel en la cathédrale Notre-Dame de Paris. On notera que Jean-Paul L'Allier était également chargé de la bonne marche de l'Office franco-québécois pour la jeunesse, organisme qui avait notoirement contribué au cours des années à établir des relations étroites et substantielles avec la France. D'autre part, le délégué général du Québec à Paris Jean Chapdelaine est chargé de représenter officiellement le gouvernement du Québec à cette cérémonie.

Le fleurdelisé est mis en berne du 10 au 12 novembre sur tous les édifices publics situés sur le territoire du Québec, et le premier ministre du Québec assiste le 12 novembre à un service solennel à la mémoire du général de Gaulle en la Basilique de Québec.

Une quinzaine de jours plus tard se tient à Paris la 10e session de la Commission permanente de coopération franco-québécoise. Informé des décisions prises dans les jours précédents, Bourassa fait parvenir le 7 décembre 1970 une lettre au président de la République française Georges Pompidou. Cette lettre, ainsi que la réponse du président, est remise aux médias le lendemain.

Dans sa lettre, Bourassa exprime à Pompidou sa satisfaction devant les excellents résultats de la 10e session de la Commission permanente, et notamment devant la contribution engagée par le gouvernement français à l'égard d'un objectif qui lui tenait particulièrement à cœur. On se souviendra en effet que, dès l'annonce de sa candidature à la direction du Parti libéral en 1969, il avait déclaré son intention de tout mettre en œuvre pour que le français soit la langue de travail au Québec, précisant même que « comme chef de gouvernement, ce sera l'une de mes priorités ».

> Vous aurez noté la détermination de notre gouvernement d'implanter le français, langue de travail, au Québec. Cet objectif, qui constitue l'une des grandes priorités de notre action, doit être atteint. Seul État francophone d'Amérique du Nord, héritier et dépositaire d'une culture intimement liée à celle du peuple français, le Québec doit vivre en français s'il veut garder les traits profondément originaux de sa personnalité.

Bourassa exprime alors sa confiance dans l'appui de la France à cet égard.

[…] notre intention est de puiser abondamment au patrimoine culturel et linguistique de la France. Ce patrimoine est indispensable à la vitalité de notre culture. La France, nous en avons l'assurance, ne nous ménagera pas sa collaboration.

Et le premier ministre du Québec réitère toute l'importance que son gouvernement attache au caractère privilégié et indispensable de la coopération franco-québécoise.

Peu de temps après, le président Pompidou répond chaleureusement au premier ministre Bourassa en lui signalant qu'ils avaient raison d'être satisfaits de l'œuvre accomplie en commun depuis plusieurs années.

Si les relations avec la France sont importantes, Bourassa est vivement conscient par ailleurs du potentiel qu'offrent les États-Unis, d'autant plus que l'annonce officielle du développement de la Baie James approche à grands pas.

C'est pourquoi, en compagnie du président d'Hydro-Québec Roland Giroux, il passe trois jours à New York en mars 1971 pour rencontrer à nouveau les représentants des milieux financiers qui vont être mis à contribution pour le développement de la Baie James. Le premier ministre rencontre également le maire de New York, John Lindsay : les deux hommes ont un entretien sur la situation de l'emploi tant au Québec qu'à New York ainsi que sur les possibilités d'utilisation des excédents d'énergie électrique que le Québec pourrait diriger vers New York. Ils discutent également des problèmes de plus en plus délicats que pose de nos jours la fiscalité municipale.

Bourassa inaugure également au cours de son séjour dans la métropole américaine le Pavillon du Québec à l'hôtel Hilton de New York. Il s'agit d'une remarquable vitrine sur les technologies modernes du Québec, de nature à susciter l'intérêt des Américains pour le Québec, ses produits et ses possibilités.

Après New York, au début d'avril 1971, commence la première visite officielle de capitales européennes. C'est tout d'abord Bruxelles.

Quoi de plus naturel pour un premier ministre du Québec que de se retrouver, au début de cette tournée européenne, dans la capitale d'un pays avec lequel nous ressentons autant d'affinités.

C'est par ces mots que Bourassa s'adresse le 7 avril à des hommes d'affaires et des financiers belges au cours d'un déjeuner offert par l'Ambassade du Canada en son honneur.

> Pour des raisons évidentes, les diverses communautés de nos deux pays cèdent fréquemment à la tentation de s'observer et de comparer leur évolution. Cela est tout à fait légitime puisque les défis qui nous sont proposés sont fréquemment du même ordre. En effet, où pourrait-on mieux comprendre qu'ici, au cœur du Marché commun, à quelle réussite spectaculaire nous pouvons prétendre en Amérique du Nord si nous faisons, comme vous, preuve de détermination et de dynamisme?

Bourassa parle avec une grande franchise et explique qu'à son avis les investissements américains au Québec vont continuer d'être considérables, mais que son souci est de chercher une diversification en se tournant vers des pays comme la Belgique, la France, l'Allemagne ou l'Italie.

Le 9 avril *Le Soir* décrivait ainsi le chef du gouvernement québécois sous le titre «La visite d'un PDG de marque»:

> Ce jeune premier ministre, élégant mélange de technocrate à la française et de *business executive* américain, fait preuve d'un optimisme qu'aucune question ne parvient à entamer. Il se veut modéré. Imposer l'usage exclusif de la langue française au Québec? Ce serait faire preuve d'intolérance et décourager les investisseurs anglo-saxons. Pousser plus loin nos exigences politiques? Ce n'est pas opportun.

Pendant son séjour à Londres, le premier ministre a l'occasion de saluer le diplomate J. R. Cross qui, après sa libération, a été nommé sous-ministre adjoint responsable de la politique des exportations au ministère de l'Industrie et du Commerce.

Le lendemain, il déjeune avec le financier Edmund de Rothschild avant de prononcer un discours au Canada Club de Londres, un club plus que centenaire fréquenté par d'influents hommes d'affaires canadiens et anglais. Il croit bon de rappeler que les objectifs économiques qu'il poursuit n'impliquent en aucune façon l'abandon des politiques de promotion culturelle mises en vigueur au début des années 1960.

Nous nous sommes engagés à améliorer la culture française au Québec. Le Canada ne sera vraiment canadien que dans la mesure où le Québec pourra développer les caractéristiques dominantes de sa culture et de sa personnalité. J'insiste sur ce point parce que je pense que le pays dans lequel nous vivons ne trouve principalement sa signification que par ses dimensions biculturelles.

Le 14 avril au soir, Bourassa arrive à Düsseldorf où le représentant du Québec, Patrick Hyndman, fait des miracles pour qu'en moins de 24 heures le premier ministre puisse rencontrer le plus grand nombre possible de banquiers et d'hommes d'affaires. Il a également un entretien avec le ministre de l'Intérieur, Hans Dietrich Genscher, qui représentait en l'occurrence le gouvernement de l'Allemagne de l'Ouest.

C'est en fin de journée, le 15 avril, que le premier ministre arrive à Milan à l'hôtel Principe où le responsable du Bureau économique du Québec, Marcel Bergeron, a organisé le lendemain un certain nombre de rencontres avec des financiers et des industriels, ainsi qu'une réception en fin d'après-midi. En soirée, il reprend l'avion pour Rome, où il est reçu le lendemain tout d'abord au Vatican par le pape Paul VI, puis au Palais Chigi par le président du Conseil italien Emilio Colombo. Plus tard, il rencontre un groupe d'industriels et de financiers italiens à l'occasion d'un déjeuner offert dans un magnifique club de golf en banlieue de Rome.

Il arrive à Paris le 17 avril en fin de journée. Il est officiellement accueilli à sa descente d'avion à Orly par le secrétaire d'État aux Affaires étrangères Jean de Lipkowski et par le délégué général du Québec Jean Chapdelaine. Puis le cortège officiel s'ébranle rapidement vers Paris, précédé par une escorte de gendarmes à moto. Bourassa et la délégation qui l'accompagne s'installent à l'hôtel George V, lequel, en passant, contrairement aux rumeurs, n'a jamais appartenu à la famille Simard.

Depuis la fin de mars les principaux quotidiens de Paris font état de la venue prochaine en Europe du premier ministre du Québec.

Le quotidien français de droite *L'Aurore*, évoquant la récente crise d'Octobre, fait dire au premier ministre que « les excès auxquels se

sont livrés les éléments gauchistes qui existent au sein des séparatistes (une infime minorité de Québécois par conséquent) n'étaient
pas liés à la situation économique. Il s'agissait de terrorisme pur et
simple. Le gouvernement Bourassa s'est employé à redresser une
situation qui semblait au début très alarmante, et il y est parvenu».

Le 17 avril, le quotidien *La Croix* consacre à la visite de Robert
Bourassa son éditorial en première page ainsi que la majeure partie
de sa page de politique internationale. Signé par François Roussel,
l'éditorial saluait : « Un réformateur partisan d'un Canada à double
identité».

Que ce soit dans ses entretiens avec le président de la République,
dans ses discours ou lors d'interviews avec des journalistes, Robert
Bourassa reprend inlassablement le même message. Son gouvernement souhaite maintenir et développer des relations étroites avec la
France, dans tous les domaines susceptibles de renforcer le caractère
culturel fondamental du Québec. Mais il rappelle aussi sans cesse
ses préoccupations d'ordre économique. Et il a raison de croire que
sa visite en France lui a permis de faire avancer certains dossiers
concrets.

* * *

Robert Bourassa est le quatrième premier ministre du Québec à
effectuer une visite officielle en France. Un bref rappel historique
permet de mieux situer la portée de ces rencontres.

Le voyage du premier ministre Honoré Mercier en 1891 marque
le début des rencontres au sommet entre les chefs des deux gouvernements. Le but du voyage de Mercier est alors d'emprunter dix
millions de dollars sur le marché européen pour terminer le réseau
ferroviaire. Pendant les trois mois et demi de son séjour en Europe,
on l'accueille avec tous les égards réservés à un chef d'État. Le président Carnot le reçoit à l'Élysée et le fait commandeur de la Légion
d'honneur.

Le premier ministre Jean Lesage fait trois voyages officiels en
France. Le premier a lieu en octobre 1961 pour l'inauguration de la
Délégation générale du Québec au 19, rue Barbet-de-Jouy. Premier

homme d'État depuis le tsar Nicolas II à assister à une séance de l'Académie française, Lesage pose les premiers jalons de la coopération franco-québécoise qui mèneront à la signature des accords technique et culturel de 1964 et 1965.

Jean Lesage revient à Paris en mai 1963 dans le cadre d'une tournée européenne qui le conduit à Londres, où il inaugure la Maison du Québec, à Bruxelles et, enfin, à Paris où il est de nouveau reçu par le président de la République. En novembre 1964, il effectue un troisième voyage de trois semaines en Europe, dont une semaine à Paris.

Enfin, en mai 1967, le premier ministre Daniel Johnson fait lui aussi un voyage officiel à Paris. Il inaugure le nouvel immeuble de la Délégation générale du Québec au 66, rue Pergolèse, procède à des négociations qui débouchent sur de nouvelles ententes entre les deux gouvernements et est reçu comme ses prédécesseurs par le président de la République Charles de Gaulle.

* * *

Le mardi 20 avril, une première cérémonie se déroule à l'Arc de triomphe, devant la flamme du Soldat inconnu. Puis, à 13 heures, un déjeuner de cinquante couverts est offert rue Pergolèse, à la délégation générale du Québec. Parmi les convives, on note MM. Shumann, Couve de Murville, Bettencourt, Alphand, ainsi que plusieurs personnalités du monde des affaires. On remarque également la présence de M. Huvelin, président du Conseil national du patronat français.

Dans son allocution, Bourassa se félicite que les dirigeants français aient compris ses préoccupations économiques. Sa visite, déclare-t-il, lui a permis de «faire avancer un certain nombre de dossiers déjà en discussion avec des fonctionnaires et des industriels français».

Il cite quelques résultats: la Compagnie générale d'électricité (CGE), qui possédait déjà 51% du capital de l'entreprise franco-québécoise CEGELEC, fabricant de disjoncteurs et d'isolateurs, procédera à de «substantiels investissements» au cours des prochaines années. L'usine de montages d'automobiles SOMA installée à Saint-Bruno-de-Montarville par Renault, usine qui faisait encore l'objet de bien des espoirs à cette époque, devait, à la suite d'un protocole signé en octobre 1970 et de nouvelles discussions à Paris pendant son séjour, « retrouver sa rentabilité » en utilisant davantage de produits québécois et en accroissant sa production de façon à pouvoir desservir le marché du nord-est des États-Unis.

Par ailleurs, le premier ministre révèle que des pourparlers sont non seulement en cours pour la construction de navires par Marine Industries pour le compte de chantiers français au cours des trois années à venir, mais également dans les secteurs de l'industrie chimique et de la pâte à papier. Il est même question de construire un satellite franco-québécois de télécommunications.

Interrogé sur son évaluation du mouvement indépendantiste québécois, il se dit convaincu que le « fédéralisme rentable » qu'il a promis a l'appui de la majorité de la population. « Mais, ajoute-t-il, à l'intérieur de la formule fédérale, nous voulons assurer une sécurité culturelle aux Québécois. » D'où l'importance des relations privilégiées avec la France.

Enfin, sur un plan plus concret, il annonce son intention de favoriser l'utilisation de firmes de consultants installés dans les pays qui intéressent le Québec, afin d'accélérer sa promotion industrielle. Cette méthode éviterait d'avoir à procéder à l'ouverture de nouvelles délégations.

Le ministre français des Affaires étrangères Maurice Shumann donne suite au cours de l'automne à l'invitation de Robert Bourassa. Après Ottawa et New York, il passe deux jours en visite officielle au Québec. Il a une rencontre privée au bureau du chef du gouvernement québécois, puis une réunion élargie entre les fonctionnaires français accompagnant Maurice Shumann et les fonctionnaires québécois.

Arthur Tremblay, que le premier ministre venait de nommer sous-ministre des Affaires intergouvernementales, dirigeait les interventions des fonctionnaires québécois pendant cette réunion. Du côté français, cette responsabilité relevait du ministre plénipotentiaire et directeur politique du ministère des Affaires étrangères Jacques, Delarue Caron de Beaumarchais.

Les discussions portèrent sur les points suivants :

- le bilan général des investissements au Québec ;
- les perspectives quant aux investissements français au Québec ;
- le point sur les négociations concernant la participation du Québec à l'Agence de coopération culturelle et technique ;
- l'activité et le bilan du Comité de coopération économique ;
- la coopération franco-québécoise en ce qui concerne l'éducation, le français en tant que langue de travail, et le développement de cette coopération sur les plans culturel, technique et scientifique ;
- les communications et, en particulier, la possibilité de former des spécialistes québécois au moyen de stages au Centre de télécommunications spatiales de Pleumeur-Bodou, en Bretagne ; il fut également convenu de poursuivre les travaux franco-québécois suivant le calendrier établi l'année précédente en vue de l'utilisation éventuelle conjointe des satellites dans la poursuite d'objectifs communs.

Par ailleurs, en pleine visite de Maurice Shumann à Québec, Bourassa signe le 1er septembre, à titre de ministre des Affaires intergouvernementales, avec le ministre fédéral Mitchell Sharp un document conjoint Québec-Ottawa concernant les modalités de la participation du Québec à la nouvelle Agence de coopération culturelle et technique (ACCT). Il était temps : deux semaines plus tard se tenait au Canada même la deuxième conférence de cette agence.

L'ACCT est une organisation francophone de coopération multilatérale. Elle avait au départ été proposée par des chefs d'État africains, tels le président du Sénégal Léopold Senghor, le président de la Tunisie Habib Bourguiba et le président du Niger Hamani Diori.

Les quatre domaines d'intervention de l'Agence étaient la promotion des cultures et des langues nationales, la coopération scientifique et technique, l'éducation et la formation, ainsi que le développement économique et social. Vaste programme !

Dans cette négociation avec Ottawa, le Québec a bénéficié d'un soutien certain de la France. C'est elle, en effet, qui avait proposé en mars 1970 à la 2ᵉ conférence de Niamey un compromis original et novateur qui permettait à un gouvernement non souverain, comme celui du Québec, de signer une convention internationale. Ce compromis prit la forme suivante dans le texte final de la charte de l'ACCT :

> Dans le plein respect de la souveraineté et de la compétence internationale des États membres, tout gouvernement peut être admis comme gouvernement participant aux institutions, aux activités et aux programmes de l'Agence, sous réserve de l'approbation de l'État membre dont relève le territoire sur lequel le gouvernement participant concerné exerce son autorité et selon les modalités convenues entre ce gouvernement et celui de l'État membre.

Les motivations des intervenants étaient de natures différentes.

Pour la France, l'Agence offrait la possibilité d'agir dans un cadre de coopération multilatérale avec ses anciens territoires africains, ce qui, espérait-elle, allait la dédouaner largement des accusations de néocolonialisme tellement fréquentes dans un contexte bilatéral, c'est-à-dire entre la France et l'une de ses anciennes colonies. Par ailleurs, l'appui au Québec était une dimension rentable de la politique intérieure française pour le gouvernement postgaulliste de Georges Pompidou. De plus, cet appui était de nature à donner une leçon au gouvernement canadien dont les largesses à l'égard des pays africains irritaient la classe politique française au pouvoir, surtout lorsque les anciennes colonies françaises étaient les bénéficiaires de ces largesses.

Pour le Québec, l'ouverture sur le monde a déjà été proposée par Paul Gérin-Lajoie au début des années 1960 lorsqu'il avait formulé la théorie de la prolongation sur le plan extérieur des juridictions internes du Québec. En fait, lors de la négociation, Robert Bourassa ajoute à la thèse de Gérin-Lajoie des éléments nouveaux, comme les impératifs de la recherche du développement économique et financier du Québec: les marchés extérieurs, outre les débouchés qu'ils offrent pour les produits et services, peuvent être sources d'investissements et de financement, donc de création d'emplois.

La préoccupation principale du Canada est la préservation de l'unité du pays et le maintien de sa compétence exclusive en matière de relations internationales, ceci dans un contexte malheureusement trop rigide et restrictif. Bourassa put le constater en juin 1971 lorsque le gouvernement fédéral tenta d'inclure dans le projet de charte de Victoria les articles 37 à 41 qui auraient coulé dans le béton une compétence exclusivement fédérale des relations avec l'extérieur. Vivement contestés par les négociateurs québécois, ces articles ne furent pas retenus dans le texte final. Mais de toute façon, le premier ministre Bourassa finit par refuser la Charte de Victoria.

Ce pouvoir exclusif en matière de politique étrangère et de relations internationales allait à l'encontre non seulement du désir d'ouverture de Bourassa sur le monde, mais également des orientations que l'on pouvait constater depuis plusieurs années aux Nations unies. Ces dernières avaient en effet adopté dès 1968 le principe novateur selon lequel les États membres d'une union fédérale peuvent avoir la capacité de conclure des traités si cette capacité est admise par la Constitution de ladite union fédérale. Même si ce principe fut par la suite battu en brèche à Vienne en 1969 lors de la conférence des Nations unies sur le droit des traités, c'est ce prin-cipe qui a sous-tendu la charte de l'ACCT adoptée en mars 1970 à Niamey II, ceci, il faut le rappeler, à l'initiative d'une diplomatie française particulièrement militante en faveur du Québec.

Après avoir pris le pouvoir en avril 1970, Robert Bourassa donne très vite instruction au nouveau ministre des Affaires intergouvernementales Gérard D. Levesque de faire confirmer par son vis-à-vis fédéral Mitchell Sharp le statut de gouvernement participant que le Québec avait obtenu trois mois plus tôt à Niamey.

Les communications entre les deux gouvernements sur ce dossier sont ardues. Manifestement, le gouvernement fédéral n'est pas à l'aise avec le nouveau statut du Québec au sein de l'Agence. En octobre

1970, la crise du FLQ éclate et retient l'attention d'Ottawa et de Québec beaucoup plus que l'application d'une entente conclue un an plus tôt en Afrique. Puis le 11 février 1971, Bourassa nomme Gérard D. Levesque ministre de l'Industrie et du Commerce et s'attribue, alors qu'approche la conférence constitutionnelle de Victoria, le portefeuille des Affaires intergouvernementales.

Les modalités précises du nouveau statut du Québec au sein de l'ACCT ne sont cependant toujours pas clarifiées. Le premier ministre confie le dossier vers la mi-février 1971 au ministre des Affaires culturelles François Cloutier. Bourassa propose en mars au gouvernement fédéral, dans un télégramme adressé à Mitchell Sharp, que la prochaine réunion de l'Agence, qui doit avoir lieu au Canada du 10 au 15 octobre 1971, se tienne au Québec plutôt qu'à Ottawa. Après bien des palabres, on coupe finalement la poire en deux ; la première partie de la conférence aura lieu à Ottawa les 10 et 11 octobre et la deuxième, à Québec, les 14 et 15 du même mois.

Mais les modalités définitives n'étant toujours pas réglées, François Cloutier accélère le rythme des négociations. Finalement le 1er octobre 1971, soit quinze jours avant le début prévu de la réunion, Bourassa et Cloutier sont en mesure d'annoncer qu'il y a eu entente avec le gouvernement fédéral, et que le gouvernement du Québec participera à toutes les institutions, activités et programmes de l'Agence.

Un représentant du gouvernement du Québec occupera donc l'un des deux postes disponibles pour le Canada au conseil d'administration de l'organisme. La présence du Québec est assurée au comité des programmes, au comité de gestion administrative et au secrétariat général. Enfin les représentants québécois aux conférences et réunions officielles de l'Agence exprimeront le point de vue de leur gouvernement sur toute matière ressortissant à sa compétence constitutionnelle. « Cet accord, signale le premier ministre, satisfait d'une manière générale aux exigences de la personnalité québécoise. Il assure la participation efficace du gouvernement québécois aux travaux de cet organisme international qui s'est donné pour objectifs de promouvoir la culture francophone et d'en assurer le rayonnement aux quatre coins du monde. »

L'Agence regroupe, en 1971, une vingtaine de pays francophones. Son budget n'est au début que de 325 000 $ et il est fourni par la contribution statutaire des pays membres, répartie comme suit : France 45 %, Canada 31 %, Belgique 12 %, Québec 3 %, Luxembourg 0,6 %, Monaco 0,3 % et tous les autres États 0,2 % (selon leurs moyens).

Les programmes et activités de l'ACCT portent sur un grand nombre de domaines où le Québec exerce sa compétence constitutionnelle : la télévision éducative, la pédagogie du français, la formation du personnel de la fonction publique, le cinéma, les échanges de jeunes, l'édition, les centres culturels, les communications, les affaires universitaires, etc.

Bourassa accueille donc les délégations des pays membres de l'Agence, et deux jours plus tard, le 15 octobre 1971, il prononce le discours de clôture de la Conférence générale qui se déroule à l'Assemblée nationale. On peut parler d'une date historique : pour la première fois en effet, le Québec se fait entendre de plein droit dans une organisation internationale à titre de gouvernement participant. Et, le lendemain, le Canada continue toujours d'exister...

La fin de cette année 1971 est notamment marquée par la venue au Québec de deux visiteurs prestigieux ; le président du Conseil des ministres de l'URSS Alekseï Kossyguine et le président de la République socialiste fédérative de Yougoslavie, Josip Broz Tito.

Kossyguine est venu au Canada signer un accord touchant les domaines de l'éducation, de la culture, de la science et de la technologie. La conversation qu'il a avec Bourassa porte surtout sur les avantages respectifs de l'hydraulique et du nucléaire comme sources d'énergie. À cette époque, le Parti québécois lutte contre la mise en valeur des rivières de la Baie James et pour l'implantation de centrales nucléaires. Le premier ministre apprend avec plaisir que Kossyguine appuie l'orientation qu'il a donnée avec détermination à la politique énergétique du Québec. « Vous avez raison à mon avis, déclare-t-il, de vouloir mettre en valeur votre potentiel hydroélectrique qui est considérable. Nous construisons des centrales nucléaires en URSS parce que nous n'avons plus d'emplacements dans notre pays où nous pouvons construire des centrales hydroélectriques rentables. »

La rencontre entre le maréchal Tito et Bourassa a lieu à Québec. Des entretiens privés se déroulent le 5 novembre en fin de matinée tandis qu'en soirée le maréchal et sa femme sont les hôtes du premier ministre et de Mme Bourassa à un dîner offert dans les salons de l'Assemblée nationale. Le premier ministre évoque dans son allocution le contexte fédératif de la Yougoslavie.

> Vous incarnez, M. le Président, non seulement aux yeux de votre peuple mais également aux yeux de l'opinion publique mondiale, des valeurs fondées sur un profond attachement à votre pays, sur une volonté de résistance à toute contrainte extérieure et sur un dévouement inconditionnel aux valeurs de votre État. Il n'est que de suivre votre longue et prestigieuse carrière pour mesurer jusqu'à quel point vous avec pu, malgré des difficultés et des dangers sans nombre, orienter le cours de l'Histoire et exercer une influence de premier plan sur les grandes décisions qui conditionnent l'équilibre et la paix mondiales.

L'année 1971 se termine avec la signature de l'accord de Washington selon lequel le dollar américain est dévalué de 8 %, les monnaies allemande et japonaise réévaluées et la surtaxe américaine de 10 % abolie. Bourassa, qui a suivi avec beaucoup d'attention le déroulement de ces négociations, déclare le 19 décembre qu'il partage le sentiment de satisfaction des milieux monétaires internationaux devant l'accord réalisé à Washington, car cet accord va avoir des effets extrêmement positifs pour l'économie québécoise.

On s'attendait généralement que le dollar canadien, dont le taux était flottant, suive de près le dollar américain. La position concurrentielle des produits canadiens et québécois sur le marché américain devait donc normalement demeurer pratiquement inchangée en termes purement monétaires, tout en étant améliorée par l'élimination de la surtaxe.

> Par contre, souligne le premier ministre lors d'une entrevue à la radio le 20 décembre, la position des produits québécois et canadiens sur les autres marchés deviendra meilleure. Nos produits deviendront moins chers en Allemagne et au Japon par suite de la réévaluation de la monnaie de ces pays. En même temps, plusieurs industries québécoises, dont l'industrie textile et celle du vêtement, verront diminuer la pression

concurrentielle des produits japonais et européens, produits qui, eux, deviendront plus chers.

Bourassa signale le 17 mai 1972 l'ampleur de l'orientation qu'il a résolument donnée aux relations du Québec avec les autres gouvernements lorsqu'il déclare, lors d'un dîner offert à Québec en l'honneur du corps consulaire et de l'Organisation de l'aviation civile internationale, que le mouvement d'ouverture du Québec sur le monde s'amplifie d'année en année au rythme du progrès et du développement de la société québécoise.

> Ce mouvement est irréversible parce qu'intimement lié au dynamisme de nos forces vives et à l'éveil de tous nos milieux aux réalités internationales. Dans les domaines sociaux, industriels, économiques, universitaires, gouvernementaux, partout l'on sent le besoin de mesurer nos expériences avec celles d'autres pays ou d'autres types de sociétés qui, comme nous, sont à la recherche de nouveaux équilibres et de nouvelles voies propres à assurer la paix sociale et le bon fonctionnement des pouvoirs publics.
>
> [...] En même temps que le Québec ouvre ses portes au monde extérieur, il affirme sa personnalité et les nombreux particularismes qui lui confèrent au Canada et en Amérique un statut politique et social qui distingue nettement ses formes d'appartenance aux ensembles auxquels il est lié d'une façon ou d'une autre. En d'autres mots, conclut le premier ministre, le Québec ne peut se concevoir qu'avec tous les pouvoirs propres à assurer sa sécurité culturelle et l'épanouissement de son identité.

À la fin de novembre 1972, Bourassa passe une semaine à Londres. Plusieurs rencontres importantes y sont prévues et il doit prononcer une allocution à la Conférence européenne des investisseurs.

Après une profession de foi dans un fédéralisme décentralisé, « c'est-à-dire un fédéralisme qui reflète la diversité et les besoins des différentes régions du pays », il décrit la mise en valeur de notre « gigantesque » potentiel hydroélectrique, et les nombreux avantages économiques offerts aux sociétés qui s'installent au Québec ou qui veulent faire affaire avec ses entreprises.

Quelques semaines plus tard, le 27 janvier, le premier ministre est à New York où il évoque devant les membres du prestigieux Economic

Club l'avenir du Québec dans ce qu'il appelle la «communauté économique transnationale». Les présidents des plus grandes entreprises industrielles et financières des États-Unis sont assis à la table d'honneur tandis que l'on remarque dans la salle les chefs de nombreuses sociétés américaines et étrangères ayant des projets d'implantation au Québec.

Après avoir expliqué le désir du Québec de voir le fédéralisme canadien s'adapter à des conditions nouvelles, Bourassa insiste sur le rôle particulier que le Québec peut jouer à travers le continent nord-américain.

> Nous ne devons pas seulement considérer le Canada, nous devons également envisager la situation de l'ensemble de la communauté nord-américaine […]

À la fin de juin 1973, le Québec accueille une très grande dame : Indira Gandhi, première ministre de l'Inde, à l'occasion de sa visite au Canada. Un dîner est organisé en son honneur à l'hôtel Ritz-Carlton et Bourassa déclare dans son allocution :

> Nous essayons de traduire ici, en Amérique, un modèle original de culture et de civilisation qui soit le reflet véritable de ce que nous sommes, c'est-à-dire des francophones, membres de l'ensemble canadien et intégrés à la vie américaine… En vous accueillant aujourd'hui, le peuple du Québec salue en votre personne le peuple indien et ses dirigeants. Il fait des vœux pour qu'en ce lointain pays asiatique, représenté avec tant de grâce par Votre Excellence, continuent de s'épanouir une culture et des traditions qui enrichissent depuis des millénaires le patrimoine universel.

D'autres rencontres auront lieu au cours de l'été 1973 et Bourassa continue à promouvoir les intérêts du Québec sur le plan extérieur. Avec le gouverneur de l'État du Maine Kenneth M. Curtis, par exemple, vont avoir lieu toute une série de conversations préliminaires destinées à faire valoir les atouts du Québec en matière d'énergie et de transports. La crise du pétrole s'amorce et une bonne partie des discussions avec le gouverneur Curtis porte sur la création d'un superport pétrolier.

Lorsque le premier ministre annonçe le 25 septembre 1973 la tenue d'élections générales, il sait que la politique d'ouverture sur le monde, qu'il a menée depuis 1970 avec sagacité et détermination, correspond à une aspiration profonde de la société québécoise, de plus en plus pluraliste et de plus en plus ouverte aux grands courants du monde moderne. Les Québécois vont bientôt lui faire savoir leur approbation.

CHAPITRE 14

Le reste du Canada

Les relations fédérales-provinciales occupent rapidement une place de premier plan dans la stratégie de Robert Bourassa. Sans perdre de temps, il va annoncer ses couleurs. Dès juin 1970, soit cinq semaines après son accession au pouvoir, il profite d'une conférence des ministres des Finances à Winnipeg, pour rappeler que l'amélioration des relations fiscales et économiques entre les gouvernements est un préalable à toute réforme constitutionnelle.

La conférence des premiers ministres tenue à Ottawa en novembre 1971 est une bonne occasion de faire des propositions importantes qui ne manquent pas d'impressionner les autres premiers ministres.

Concernant le renouvellement des accords fiscaux, il propose de modifier la mécanique même de la formule de péréquation et d'élargir la liste des revenus en tenant compte en particulier des revenus des commissions scolaires. « Il ne serait que juste, conclut-il, que l'ensemble de ces revenus soit traité de la même façon par toutes les provinces. »

Il fait également d'autres propositions concrètes concernant entre autres l'assurance-maladie, l'impôt sur le revenu des particuliers, l'équivalence fiscale, l'imposition des entreprises minières et des transactions internationales.

Quelques mois plus tard, le 14 février 1972, il accueille à Montréal le premier ministre conservateur de l'Ontario, William G. Davis, avec lequel il entretient des relations cordiales, et même chaleureuses. Les deux hommes sont pleinement conscients que l'équilibre du pays et la réussite de nombreux dossiers dépendent justement de la qualité de leurs relations.

Les deux provinces se sont engagées dans des voies différentes concernant la politique énergétique. Et cette rencontre sera l'occasion de ratifier un projet d'entente relatif à la vente d'électricité d'Hydro-Québec à Hydro-Ontario.

Dans une deuxième rencontre, en juillet, il est surtout question de partage fiscal et des mesures à prendre pour qu'il y ait un réel équilibre entre les revenus et les dépenses des différents niveaux de gouvernement. On s'entend pour dire que les responsabilités des provinces ont dépassé les sources de revenus qui leur sont accessibles. Si le gouvernement fédéral veut que les provinces empruntent moins à l'étranger pour protéger le dollar canadien, il est normal qu'il leur consente des sources de revenus additionnelles.

En 1972, le niveau de taxation au Québec est en effet à tout le moins relativement élevé, même si Bourassa a réussi à ne pas augmenter les impôts depuis 1970. Il faut donc emprunter substantiellement sur les marchés étrangers. Même si les taux d'intérêt sont alors fort raisonnables, ils exercent néanmoins une pression sur le dollar canadien.

Enfin, les deux premiers ministres ont un long entretien le 10 novembre alors qu'à la suite des élections du 30 octobre les libéraux fédéraux sont devenus minoritaires et doivent compter sur l'appui des néodémocrates dirigés par David Lewis.

Comme il l'a souvent fait remarquer, notamment lors de la conférence interprovinciale des 2 et 3 août, puis lors de sa rencontre avec le premier ministre Trudeau deux semaines plus tard, Bourassa préconise de nouvelles formules visant plus de cohérence dans l'utilisation des fonds publics. Les besoins financiers, qui sont les reflets des responsabilités constitutionnelles du Québec, augmentent plus vite que l'accroissement naturel de ses revenus. La solution n'est donc pas dans une hausse des impôts des gouvernements provinciaux, mais bien plutôt dans un nouveau partage fiscal en fonction des responsabilités constitutionnelles des provinces.

L'un des déplacements importants du premier ministre en 1972 est son voyage à Churchill Falls à l'occasion de l'inauguration le

16 juin de l'énorme centrale construite dans cette région ingrate par Hydro-Québec. Cela lui permet également d'établir des relations avec le nouveau premier ministre de Terre-Neuve, Frank D. Moores.

Les négociations pour le développement de ces chutes avaient débuté en 1953. Après de longs pourparlers, une lettre d'entente avait finalement été signée en 1969 entre Hydro-Québec et la Chuchill Falls Development Corporation. En 1966, on projetait la fin des travaux pour 1972. Le projet était effectivement terminé moins de six ans plus tard, ce qui n'était pas un mince exploit.

Le développement hydroélectrique des chutes de la Haute-Churchill, situées à 400 kilomètres au nord-est de Sept-Îles, ou à quelque 1 100 kilomètres de Montréal, consiste en une centrale unique, en fait le plus grand complexe hydroélectrique du monde. La puissance de cette centrale, soit 5 225 000 kWh, est transportée au Québec au moyen d'un réseau de lignes de transport le plus puissant et à la tension la plus élevée au monde. L'énergie disponible des chutes est de 32 milliards de kilowattheures par année.

Détentrice de 34 % des actions de Churchill Falls Corporation, Hydro-Québec, comme principale cliente, bénéficie de l'aménagement des chutes. N'eût été sa participation, ce gigantesque projet n'aurait sans doute pas été réalisé. Hydro-Québec utilise de fait la presque totalité du potentiel hydroélectrique des chutes, et ceci pour une période de 65 ans, soit jusqu'en 2037.

L'impact d'un projet comme les chutes Churchill est considérable pour l'économie québécoise. La majeure partie des gros équipements, comme les pylônes, turbines et alternateurs, a été fournie par le Québec, et c'est dans cette même province qu'une partie importante de la main-d'œuvre spécialisée a été recrutée.

Les résultats ne se font d'ailleurs pas attendre. Un mois plus tard, soit le 26 juillet 1972, Bourassa annonce une entente selon laquelle la Consolidated Edison Company of New York va recevoir d'Hydro-Québec une puissance de 800 000 kWh durant les mois d'été à compter du 1er juin 1977. L'entente va rapporter à Hydro-Québec 123 millions de dollars pendant les cinq premières années. Elle n'anticipe pas sur l'énergie à venir de la future Baie James et ne repose que sur la production des centrales existantes et celles dont la construction s'achève, à Manic 3 et aux chutes Churchill.

Le 10 novembre 1972, onze jours après les élections fédérales, Bourassa rencontre de nouveau à Montréal son homologue ontarien, le conservateur William G. Davis.

Pour le premier ministre du Québec, l'une des conclusions à tirer de cette dernière élection fédérale est le fait que le Québec est manifestement le point d'appui du Canada français : c'est en effet le seul gouvernement issu d'une majorité francophone. Cette élection indique clairement que les Québécois ne peuvent pas se fier d'une manière permanente, pour leur sécurité culturelle, au gouvernement fédéral issu d'une majorité incontestablement anglophone.

Davis écoute, pensif, son homologue québécois commenter ce qui est l'évidence même. Bourassa admet qu'il peut y avoir parfois à Ottawa une forte représentation francophone, que des ministres québécois francophones peuvent être responsables du secteur culturel, au bénéfice du secteur culturel français au Canada. Mais de là à se fier uniquement à ces pouvoirs du gouvernement fédéral, il y a un pas que Bourassa n'est pas prêt à franchir. Le Québec ne peut pas accepter une telle situation. En fait, l'élection fédérale du 30 octobre 1972 vient de mettre en relief la nécessité pour le gouvernement du Québec d'assumer davantage de responsabilités en matière culturelle.

D'une part, les provinces de Québec et de l'Ontario à la fin de 1972 ont deux gouvernements fortement majoritaires alors que le gouvernement à Ottawa est minoritaire. D'autre part, les deux provinces sont plus que jamais sur la même longueur d'onde. En fait, elles le sont dès le début, mais plus Bourassa et Davis discutent de ce sujet fondamental qu'est pour eux la question fiscale, plus ils réalisent qu'il est essentiel et pressant que le gouvernement fédéral effectue un transfert net de ressources en faveur des provinces.

Selon la stratégie de Bourassa, le Québec ne doit plus agir de façon isolée, mais l'ensemble des provinces, et notamment les provinces principales, doivent développer une argumentation structurée et commune. Puisque les deux provinces centrales constituent les deux tiers de la population et de la force économique du pays, elles peuvent, à elles deux, amener le régime fédéral canadien à fonctionner d'une manière mieux équilibrée.

À cette époque, le Québec a des responsabilités croissantes à assumer et il lui faut implanter des programmes nouveaux. En même temps, Bourassa fait des efforts considérables pour ne pas augmenter les impôts, ce qu'il a d'ailleurs réussi depuis 1970 à l'occasion de trois budgets consécutifs. Il a même réduit les impôts dans plusieurs secteurs — en payant par surcroît de vieilles dettes. Le fardeau fiscal des Québécois est suffisamment élevé et il n'y a pas lieu de l'accroître davantage. Mais, par ailleurs, le premier ministre a besoin de sommes additionnelles pour faire face à ses devoirs de gouvernement moderne.

Davis est pleinement d'accord avec Bourassa. La situation financière de sa province est similaire à celle du Québec. L'Ontario prévoit d'ailleurs un déficit de plusieurs centaines de millions de dollars pour l'année 1972. Il y a donc lieu de faire les mêmes demandes. Encore faut-il déterminer la formule de transfert qui peut être conjointement suggérée.

Il ne s'agit pas de sommes énormes. Les provinces ne vont pas demander des milliards additionnels au gouvernement fédéral. Mais cela fait plusieurs années qu'il n'y a pas eu un transfert net de ressources et il est normal que le gouvernement fédéral accède à leur demande. Les sommes additionnelles versées par Ottawa devraient ainsi permettre aux provinces d'attaquer le problème économique avec plus de moyens qu'elles n'en avaient eus jusqu'ici.

Dans le cas du Québec, il est exact de dire que la situation relative a été améliorée de 1970 à 1972. Cependant la politique du gouvernement fédéral au sujet des disparités régionales n'a pas eu un succès foudroyant si l'on s'en tient à ses résultats. Il reste en fait à la fin de 1972 des disparités régionales encore très importantes entre les provinces riches et celles qui le sont moins.

Les 17 et 18 janvier 1973, Bourassa fait un bref séjour à Toronto. Il y rencontre une trentaine de financiers et d'industriels, puis son homologue ontarien William Davis, avec qui il a établi une relation de grande confiance.

En mai 1973, le premier ministre du Québec participe à la conférence des premiers ministres qui se tient à Ottawa du 23 au 25. Bourassa est accompagné du ministre des Affaires sociales Claude Castonguay, du ministre de l'Industrie et du Commerce Guy Saint-Pierre et du ministre des Finances et président du Conseil du Trésor Raymond Garneau.

Deux sujets importants sont à l'ordre du jour : le financement des programmes de santé et celui de l'enseignement postsecondaire. Le défi est de mettre au point, d'une part, une formule servant à calculer la croissance du montant de la contribution fédérale annuelle dans ces deux secteurs et, d'autre part, de déterminer les modes de transfert aux provinces des ressources que ces secteurs requièrent.

Les 9 et 10 août, à l'Île-du-Prince-Édouard, une autre conférence des premiers ministres s'intéresse plutôt aux problèmes énergétiques. Bourassa en profite pour signaler que sur ce plan le Québec est dans une excellente situation géographique, que ce soit dans le domaine du gaz, du pétrole ou de l'électricité.

Au cours de l'émission *Bourassa dialogue* diffusée le 12 août sur les ondes du réseau Télémédia, il expose l'idée de la création d'un superport pétrolier.

> Nous devons considérer qu'en 1976 ou 1977 il y aura saturation de l'oléoduc entre Portland et Montréal. Il nous faut donc trouver d'autres sources pour nous approvisionner en pétrole, pour maintenir Montréal comme centre de raffinage important et pour continuer à développer notre secteur pétrochimique, élément de plus en plus important du dynamisme économique et industriel du Québec.

Bourassa retourne à l'Île-du-Prince-Édouard, à Brudenell, les 17 et 18 août pour participer cette fois à la conférence des premiers ministres de l'est du Canada et des gouverneurs de la Nouvelle-Angleterre. L'établissement du superport pétrolier au Québec est de nouveau à l'ordre du jour. La localisation de cette infrastructure n'est pas encore choisie. Ces rencontres permettent à Bourassa d'être pleinement informé sur le marché éventuel ainsi que sur les besoins, projets ou décisions des autres gouvernements, ceci pour déterminer l'ampleur de l'infrastructure qu'il souhaite voir s'établir au Québec.

La conférence de Brudenell lui fournit l'occasion de mettre en relief devant les gouverneurs des six États de la Nouvelle-Angleterre les avantages que peut représenter pour tous les participants la construction d'un superport pétrolier au Québec. Il avait été en effet proposé qu'un oléoduc relie Portland et Montréal, ce qui aurait rendu inutile le superport au Québec. Bourassa s'oppose vivement à ce projet d'oléoduc en faisant valoir une série d'arguments, qu'il résume comme suit :

> J'ai fait valoir qu'un oléoduc tout d'abord coûterait plus cher. Deuxièmement, j'ai souligné que le Québec avec son superport aura une plus grande sécurité en ce qui concerne ses approvisionnements. Troisièmement, les retombées économiques d'un superport seront plus importantes : construction de raffineries, développement du secteur pétrochimique, etc. Quatrièmement, le superport présentera moins de problèmes du point de vue de l'environnement, étant donné l'espace géographique dont dispose le Québec et notre densité de population moins élevée que dans les États de la Nouvelle-Angleterre.

Avec l'aéroport de Mirabel, Montréal peut devenir un centre international dans le secteur des transports. Les avantages par rapport à New York : les délais de livraison y sont moindres parce que New York est plus congestionné et, de plus, les frais de manutention y sont plus élevés. « Les installations de Mirabel, souligne-t-il, vont avoir une ampleur qui en fera l'un des plus grands aéroports de l'Amérique du Nord. »

Pour Bourassa, il est en effet important que les gouverneurs et les premiers ministres du nord-est du continent se rendent compte des avantages considérables qu'offre le Québec tant sur le plan énergétique que sur celui des transports. En fait, le premier ministre participe volontiers à ce genre de conférence qui lui permet de faire valoir les richesses et les avantages que possède le Québec.

L'un des aspects les plus marquants de l'évolution du fédéralisme canadien à la veille de l'élection de 1973 est le fait que les gouvernements provinciaux se sont mis à adopter des attitudes de plus en plus proches de celle du Québec. L'approche rationnelle et réaliste adoptée par Bourassa à l'égard d'Ottawa a fini par convaincre ses collègues des autres provinces, au cours de multiples rencontres et d'innombrables conversations téléphoniques, de l'importance stratégique d'avoir des vues identiques sur la meilleure façon de faire face aux vrais défis du Canada, c'est-à-dire à la solution des problèmes économiques et sociaux du pays.

Cette identité de vue s'exprime principalement par la recherche d'une plus grande décentralisation du fédéralisme canadien, plus précisément dans quatre domaines : le partage fiscal, la sécurité du revenu, les communications et la consultation interprovinciale.

De leur côté, les Québécois ne sont pas insensibles aux efforts déployés par Bourassa pour renouveler le fédéralisme à partir de Québec, dans une démarche similaire à celle des Marchand, Pelletier et Trudeau en 1965 qui, eux, l'ont menée à partir d'Ottawa. Bourassa a, en effet, toujours été convaincu que le fédéralisme canadien peut être un instrument puissant de redistribution de la richesse nationale.

Incontestablement, le pragmatisme de Bourassa sur le plan idéologique et son réalisme sur le plan des relations fédérales-provinciales est en train de lui rapporter à l'été de 1973 des dividendes politiques considérables qui ne vont pas tarder à se matérialiser.

CHAPITRE 15

Un balayage électoral

L'année 1972 se termine avec un Bourassa bien en selle. Son style de gouvernement, fait de vigilance constante et d'absence d'arrogance, commence à lui rapporter des dividendes politiques incontestables.

Au même moment, Pierre Trudeau doit compter sur 31 députés néodémocrates pour se maintenir au pouvoir et, d'une façon générale, tenir compte du Québec puisque la majorité de son caucus (56 députés sur 109) provient de cette province. Tout en continuant de réclamer d'Ottawa une plus grande part de responsabilité, notamment en matière de politique sociale, Bourassa ne cherche pas toutefois à abuser de cette situation.

Par ailleurs, la guerre ouverte que mène le Front commun des centrales syndicales afin de forcer Bourassa à négocier des conventions collectives pour les 200 000 syndiqués des secteurs public et parapublic a tourné en queue de poisson : les présidents des trois centrales, qui veulent « casser le système », comme ils disent, se retrouvent en prison pour avoir défié les injonctions des tribunaux ; on assiste à la scission de la CSN ; des syndicalistes modérés créent la Centrale des syndicats démocratiques (CSD) ; puis des luttes intersyndicales féroces ont lieu pour contrôler le secteur de la construction. Le premier ministre déclare le 20 avril 1972 à l'Assemblée nationale : « Assez, c'est assez ! » ; les événements se précipitent et les 200 000 syndiqués retournent finalement au travail.

Enfin, le 31 décembre 1972, Bourassa reçoit le rapport de la Commission d'enquête sur la situation de la langue française au Québec présidée par Jean-Denis Gendron. Ce rapport va être au cœur de la problématique politique au cours des années qui suivent.

Les partis d'opposition sont en désarroi en ce début de 1973. L'opposition officielle, l'ancienne Union nationale devenue Unité-Québec, est encore une fois à la recherche d'un nouveau nom. Le Ralliement créditiste tient un congrès pour choisir un nouveau chef. Le Parti québécois, lui, vient d'essuyer une double défaite dans des partielles tenues dans Gatineau et Duplessis et n'arrive pas à atteindre les objectifs, quant au recrutement des nouveaux membres, que René Lévesque avait annoncés.

Dans les relations fédérales-provinciales, on peut constater une certaine détente. Le premier ministre Trudeau est allé jusqu'à reconnaître la possibilité pour le Québec de déterminer sa propre structure du régime fédéral des allocations familiales. Bourassa ne manque pas de saluer ce « grand pas en avant ».

En fait, Bourassa prépare déjà l'affrontement qui va le reporter au pouvoir.

Et les observateurs s'entendent pour reconnaître que Bourassa a consolidé ses forces. On note un optimisme nouveau dû sans doute à l'amélioration du climat social, à l'assainissement des finances publiques et aux initiatives en faveur du développement.

Dès le début de 1973, le premier ministre confie l'analyse du rapport Gendron et la préparation de la nouvelle politique linguistique au ministre de l'Éducation, François Cloutier. Mais il se garde bien de vouloir régler le délicat problème linguistique dans un contexte préélectoral. Il sait que la question du français peut facilement enflammer les passions et ne veut surtout pas en faire un enjeu électoral. Une fois les élections passées, il pourra s'attaquer au problème avec toute la sérénité nécessaire.

Sentant le piège de Bourassa se refermer sur lui, cherchant à détourner l'attention du public des vives dissensions qui secouent le Parti québécois et craignant que le premier ministre ne fasse d'une législation linguistique un enjeu électoral majeur, René Lévesque utilise toutes les tribunes, notamment sa chronique du *Journal de Montréal*, pour prendre Bourassa de vitesse.

Constatant qu'il a de plus en plus le vent dans les voiles, Bourassa se lance à l'attaque du Parti québécois sur un tout autre terrain. Dans un discours d'une vigueur inusitée, il met René Lévesque au défi de rendre public ce que serait le budget d'un Québec indépendant.

> Cela fait plusieurs années que le Parti québécois promet un budget pour un Québec indépendant. On va en effet bientôt «fêter» le troisième ou quatrième anniversaire de la promesse du Parti québécois de donner au public un budget pour un Québec indépendant. En attendant, ils sont prêts à toutes sortes de promesses électorales et démagogiques.

Le fait est que les bonnes nouvelles abondent pour Bourassa au printemps de 1973. Il réussit à déposer un quatrième budget sans augmentation d'impôts. «Quatre budgets sans augmentation de taxes, ça vaut bien mille discours», aime-t-il à souligner à cette époque. Le 17 avril, le Bureau fédéral de la statistique publie des données qui le rendent particulièrement heureux. Selon cet organisme, on compte 2 242 000 emplois au Québec en mars 1973 contre 2 135 000 en mars 1972, soit 107 000 nouveaux emplois. «C'est une amélioration très sensible de la situation», souligne Bourassa en entrevues et sur les différentes tribunes qui s'offrent à lui.

Le 30 avril, dans sa colonne du *Journal de Montréal*, René Lévesque concède qu'il y a des aspects positifs dans les réalisations du gouvernement Bourassa, cette admission étant, il est vrai, noyée dans un flot de critiques virulentes contre l'équipe au pouvoir depuis trois ans:

> L'assurance-maladie, le projet de réforme des corporations professionnelles, la loi-cadre des services sociaux, le remaniement de la carte électorale, de timides amorces du côté des services judiciaires et de la protection des consommateurs, dans quelques secteurs vraiment fondamentaux où, comme les autres, notre société cherche la voie d'une civilisation plus équitable et plus humaine, voilà certes des éléments positifs.

Les finances du Québec connaissent aussi un point tournant de leur histoire: pour la première fois en 15 ans, le coût des emprunts pour le Québec est maintenant légèrement inférieur à celui de l'Ontario. Lorsque les libéraux avaient repris le pouvoir en avril 1970, il y avait un écart de 1 % en faveur de l'Ontario.

Avec ces bonnes nouvelles en poche, le premier ministre multiplie ses présences dans les régions. Il reprend chaque fois les mêmes trois thèmes : son gouvernement a adopté et mis en application la plus importante législation sociale que le Québec ait jamais connue ; le Québec connaît un essor économique record ; les dépenses publiques sont rigoureusement contrôlées.

Le mois de juillet est marqué notamment par son voyage à la Baie James en compagnie d'une cinquantaine de journalistes. Trois DC-3 ont été nolisés à partir de Matagami pour l'opération. Les avions ne peuvent atterrir à LG3, comme prévu, à cause de vents violents. Ils continuent vers LG2 où, le temps plus clément leur permet de se poser. Bourassa visite l'emplacement du futur barrage, donne des entrevues aux journalistes qui l'accompagnent et rencontre les travailleurs du chantier. Puis c'est le retour à Montréal. Dans l'avion, le premier ministre offre le champagne à tout le monde, sans frais pour le contribuable comme le précise l'hôtesse de l'air dans son micro.

> Je ne veux pas faire de politique partisane en ce 14 juillet que je célèbre en compagnie des travailleurs en train de construire cette nouvelle frontière du Québec moderne qu'est la Baie James. Cependant on notera que les partis qui s'opposaient au développement de la Baie James ont été obligés de réviser leur point de vue puisqu'il a été maintenant clairement démontré qu'il y avait moins de pollution avec l'hydraulique, plus de retombées économiques qu'avec le nucléaire, et que cela coûtait moins cher. La Baie James est donc vraiment un projet de nature à susciter chez tous les Québécois une authentique fierté.

Une question, pendant cet été de 1973, préoccupe cependant Bourassa : les taux d'intérêt sont à la hausse, au Canada comme aux États-Unis. Ces augmentations risquent d'entraver le développement économique du Québec.

Mais il y a plus. La période fatidique de quatre ans tire à sa fin, et, à l'été 1973, il faut commencer à songer sérieusement au contexte des élections générales prévues normalement pour l'année suivante.

Comme la stratégie générale est fondée sur des succès dans le secteur de l'économie, cette tendance à la hausse des taux d'intérêt l'inquiète car elle ne peut avoir que des conséquences négatives sur le budget de 1974, sur les décisions des milieux d'affaires et sur le taux de création d'emplois.

À court terme, le problème ne se pose pas. Même avec les taux d'intérêt courants en 1973 (8,5 à 8,75 %), l'impact sur les programmes de dépenses publiques est minimal. D'autre part, le gros des emprunts nécessaires à la mise en valeur de la Baie James va être effectué surtout à partir de 1977.

Mais cette hausse des taux d'intérêt est malencontreuse, car elle ne peut que faire bondir les coûts de l'administration du Québec et, donc, se refléter dans le budget de 1974. Or, dès son arrivée au pouvoir en 1970, la stratégie budgétaire de Bourassa a été délibérément structurée en fonction de ce budget de 1974 : en bref, il s'agit de ne pas augmenter les impôts pendant quatre budgets, puis d'annoncer des baisses d'impôts à l'occasion du budget de 1974, c'est-à-dire juste avant d'annoncer des élections générales pour la fin du printemps 1974. Bourassa est en effet convaincu que l'opinion publique réagit favorablement lorsque la situation économique est favorable.

C'est ce contexte qui amène le premier ministre à considérer au cours de l'été 1973 qu'il vaut mieux envisager des élections générales à l'automne plutôt que d'attendre au printemps de 1974. D'autant plus qu'il craint qu'Ottawa ne se lance dans des politiques destinées à lutter contre l'inflation afin de contrer les effets de la hausse des taux d'intérêt. Ces politiques fédérales, loin de tenir compte de facteurs régionaux, ont souvent eu pour résultat de créer des situations difficiles pour les gouvernements québécois. La mise en place de mesures anti-inflationnistes par le ministre fédéral des Finances John Turner aurait certainement rendu difficile l'annonce par Bourassa de diminutions d'impôts dans son budget préélectoral de 1974.

De plus en plus, pour Bourassa, la solution apparaît donc claire et évidente : il faut tenir des élections générales au Québec à l'automne de 1973.

Le 1ᵉʳ août, le premier ministre annonce la mise en vigueur de la nouvelle carte électorale, l'un des éléments importants de la réforme qui a déjà conduit en mai à l'établissement de la première liste électorale permanente.

Le 26 août, Bourassa prononce au mont Orford le discours de clôture au colloque tenu par le Parti libéral du Québec sur le thème « Le Québec et son avenir ». Ces assises sont dues à l'initiative de Lise Bacon, la dynamique présidente du parti.

Robert Bourassa est maintenant un homme aguerri, sûr de lui, dans la pleine possession de ses moyens. Et il attaque.

> Ceux qui proposent la brisure du lien fédéral, ceux qui proposent de casser le pays, ceux-là se trouvent de plus en plus dans une impasse. Depuis six ans, je réclame le budget d'un Québec indépendant. Je le fais non seulement comme chef de gouvernement, non seulement comme homme politique, mais simplement comme Québécois soucieux de vouloir discuter, en toute franchise et en toute clarté, des différentes options qui peuvent s'offrir aux Québécois. [...] C'est seulement avec un tel budget, et avec toutes les données qui s'y trouvent impliquées, que nous pourrons avoir une discussion sérieuse et objective. Or, malheureusement, nous attendons encore la publication d'un tel budget. On nous le promet de mois en mois, et même d'année en année.

Dans une interview avec l'animateur Roger Delorme sur les ondes de CKAC, il ajoute :

> On peut avoir de grands objectifs qui sonnent très bien sur le plan de la rhétorique ou sur le plan des sentiments. Résultat : durant des générations, les Canadiens français ont été bercés par des grands discours. On voit dans quel état d'infériorité cela nous a placés vis-à-vis le reste de l'Amérique du Nord.

Il dénonce l'irresponsabilité du Parti québécois qui ne veut rendre public le fameux budget qu'un mois avant les élections, c'est-à-dire dans le tumulte de la lutte électorale.

Le 2 septembre, Bourassa revient à la charge, et cette fois-là d'une façon particulièrement vigoureuse. Il affirme sur les ondes de Radio-Mutuelle que le refus de René Lévesque de publier le budget d'un

Québec indépendant est un « manque flagrant de transparence chez les dirigeants du PQ qui met simplement en relief leur malhonnêteté ».

> Il s'agit pour les Québécois de prendre connaissance d'un document. Les séparatistes affirment eux-mêmes depuis trois ou quatre ans qu'il n'y aurait pas de problèmes pour le niveau de vie des Québécois dans un Québec indépendant. Si c'est vrai, pourquoi ont-ils peur de publier ce document ?

Lorsque Paul Desmarais, le président de Power Corporation et du quotidien *La Presse*, se met en tête d'acheter au cours de l'été le quotidien *Le Soleil* de Québec, il déclenche un véritable tollé du côté de la Fédération professionnelle des journalistes du Québec. À tort ou à raison, la crainte de la concentration de la presse est très vive à cette époque.

Les risques de turbulence dans les salles de rédaction en pleine campagne électorale déplaisent évidemment à Bourassa. Il décide d'intervenir auprès de Paul Desmarais et des frères Gilbert, les propriétaires du *Soleil*, pour leur signifier qu'il souhaite qu'ils mettent fin à leurs pourparlers.

De plus, ne laissant rien au hasard, Bourassa annonce lui-même le 12 septembre que les négociations relatives « à la vente ou à l'achat » du *Soleil* ont été interrompues à la suite d'entretiens qu'il a eus avec les intéressés. Bourassa précise que cette suspension des pourparlers en cours aura une durée de trois mois « ainsi que l'a réclamé le bureau de direction de la Fédération professionnelle des journalistes du Québec ». De plus, si cette suspension n'était pas respectée, il n'hésiterait pas à procéder à une intervention législative.

Manifestement, Bourassa prépare le terrain politique pour une campagne électorale.

C'est à l'Institut de recherche d'Hydro-Québec, près de Montréal, que Bourassa mentionne pour la première fois la possibilité d'élections prochaines. Hydro-Québec avait invité une quarantaine de financiers américains pour une visite des installations électriques du Québec et des chantiers de la Baie James, cette visite devant se terminer avec une rencontre avec le premier ministre du Québec. Bourassa leur déclare notamment que le refus du Parti québécois de publier le budget d'un Québec indépendant va contribuer à la défaite des séparatistes lors des prochaines élections.

> Je ne me suis pas occupé pour rien pendant dix ans de finances publiques avant de me lancer en politique. Je sais que la publication d'un budget réaliste leur sera très difficile, avec leur programme et tout ce qu'ils promettent. C'est évidemment la raison de leur refus de publier un tel document. Ils en font peut-être connaître de temps en temps quelques bribes, qui se trouvent toutefois toujours du côté des dépenses, mais jamais du côté des revenus. [...] Si leur budget est en dollars canadiens, les séparatistes doivent accepter un lien fédéral sans lequel leur système ne peut pas marcher. Si leur budget est en dollars québécois, ils devront diminuer les services d'un tiers ou augmenter considérablement les impôts.

D'importantes nominations sont annoncées en août et septembre dans la haute fonction publique : Yves Martin à la présidence de la Régie de l'assurance-maladie, Marcel Cazavan à la direction générale de la Caisse de dépôt et placement, Georges Tremblay à la présidence de l'Office des autoroutes, Bernard Pinard à la présidence du Tribunal des transports, Maurice Tessier à la présidence de la Commission des accidents du travail, Laurette Robillard à la présidence du Conseil du statut de la femme.

Le 19 septembre, le premier ministre annonce la nouvelle politique québécoise en matière de sécurité du revenu. Budget global de cette réforme fondamentale : plus d'un milliard de dollars par an, soit 599 millions $ pour un nouveau programme universel d'allocations familiales, 412 millions $ pour un nouveau programme d'aide sociale, et le rétablissement de l'équilibre entre les prestations d'aide sociale et le salaire minimum, ceci afin d'encourager l'incitation au travail.

Cette réforme de la sécurité du revenu au Québec améliore sensiblement à partir du 1er janvier 1974 la condition des familles à revenu moyen de même que celle des familles à faible revenu. En fait, pour ces familles, le nouveau programme représente une hausse considérable de leur pouvoir d'achat.

Le mardi 25 septembre, le premier ministre se rend en fin d'après-midi chez le lieutenant-gouverneur pour lui demander de dissoudre la 29ᵉ législature et de faire émettre le décret de convocation des électeurs. Puis il s'adresse à la population à 19 heures par le truchement de la télévision pour annoncer que des élections générales vont être tenues 34 jours plus tard, soit le lundi 29 octobre.

Dans son message, Bourassa rappelle que l'essentiel du mandat reçu en 1970 a été rempli : l'économie a été relancée, les finances publiques sont assainies, le climat social a été restauré et la présence du Québec à l'intérieur du Canada a été affirmée. Les conditions sont donc maintenant réunies pour entreprendre une nouvelle étape dans le développement du Québec et l'amélioration de la sécurité et de la qualité de vie de tous les Québécois.

De plus, rappelle-t-il, le Québec a officiellement depuis un mois une nouvelle carte électorale. Cette réforme courageuse, la première révision en profondeur depuis 1853, assure enfin à tous les citoyens et à toutes les régions une représentation juste et équitable à l'Assemblée nationale. Les disparités entre les comtés ont été supprimées : il n'y a plus de comtés de 100 000 électeurs et plus, et d'autres qui n'en comptent que 15 ou 20 000. Par contre, la députation en place n'ayant pas été élue suivant les nouvelles modalités de représentation, il en résulte des difficultés évidentes pour l'administration publique. La tenue d'un scrutin va permettre de corriger cette situation.

On peut maintenant entreprendre sur une base plus solide la solution des problèmes culturels, qui trouvent d'ailleurs un large écho dans le programme politique publié la semaine suivante. La partie de ce programme a pour titre « La souveraineté culturelle » et indique dès le premier paragraphe que l'équipe libérale, de retour au pouvoir, va se mettre à l'œuvre « afin de faire du français la langue courante de travail au Québec ».

Robert Bourassa est en effet de plus en plus convaincu, à la fin de l'été 1973, que la question linguistique risque de devenir un ferment politique puissant. Cependant, pour lui, cette question ne peut pas être réglée dans un contexte préélectoral parce que toute solution, quelle qu'elle soit, ne va pas manquer de soulever de vives passions qui risquent de faire dérailler son plan de match pour la campagne électorale.

Le paysage politique au début de la campagne est caractérisé par une opposition très divisée. Il y a les créditistes et l'Union nationale qui tentent de séduire la clientèle de droite. Le Parti québécois, à gauche, tente de faire valoir sa thèse de l'indépendance du Québec et fait finalement l'erreur de relever le défi, que Bourassa lui a lancé, de publier le budget de l'an I d'un Québec souverain.

Les créditistes ont un nouveau chef depuis février 1973 en la personne d'Yvon Dupuis. Les sondages indiquent une certaine montée du vote créditiste. La stratégie de Bourassa est d'aller chercher dès le commencement de la campagne le vote de droite, surtout représenté par les créditistes, en rappelant sa fermeté à l'égard des trois chefs syndicaux qui se sont retrouvés en prison.

Yvon Dupuis et ses candidats se retrouvent ainsi déstabilisés, sur la défensive, et leurs attaques perdent rapidement en vigueur et en efficacité. De plus, ils commettent des erreurs pendant la campagne, gaspillant, par exemple, beaucoup d'énergie pour rassembler 7 000 personnes au centre Paul-Sauvé alors que leurs candidats auraient mieux fait de rencontrer leurs électeurs dans leurs comtés.

Quant à l'Union nationale, sa situation est plutôt pathétique. Les sondages sont cruels pour ce parti. Ayant entendu des rumeurs d'élections, Gabriel Loubier, son chef, va voir Bourassa pour essayer de le dissuader de tenir des élections à l'automne de 1973.

Le problème de ce parti est qu'il a peu de place dans l'opinion publique : les créditistes le doublent sur sa droite tandis que les libéraux occupent solidement tout le centre du spectre politique québécois.

Bourassa préside le 4 octobre à l'École polytechnique de Montréal au lancement de son livre *La Baie James*. Publié aux Éditions du Jour, cet ouvrage permet de se rendre compte à quel point le développement des richesses de la Baie James offre, outre son potentiel énergétique, un nouveau défi à tous les Québécois, et en particulier aux jeunes. « La Baie James, peut-on y lire, c'est la jeunesse du Québec à la conquête de son avenir. » L'ouvrage est destiné aussi bien au grand public qu'aux spécialistes des nombreuses disciplines concernées par la réalisation de cet aménagement gigantesque. Ce livre constitue également un ouvrage de référence pour les journalistes, du fait des nombreuses données qu'il contient.

Le livre obtient beaucoup de publicité, car il est lancé dans le public au début de la campagne électorale. L'éditeur, qui n'a certainement pas été mis au courant par Bourassa de la date des élections, doit s'empresser, à l'aide d'un tampon, d'ajouter une note sur la dernière page de chaque exemplaire : « L'auteur du présent ouvrage étant le chef d'un parti politique et le livre paraissant en période électorale, la nouvelle loi électorale oblige l'éditeur à publier la mention suivante : "Autorisé par M. Jean Morissette, 3210, rue Glencoe, Montréal, agent officiel du Parti libéral du Québec". »

Mais Bourassa n'est pas au bout de ses peines avec ce livre. Il se trouve en effet à cette époque en procès avec les autochtones, qui n'exigent rien de moins que l'interruption des travaux de la Baie James. Comme le premier ministre a écrit à maintes reprises dans son livre qu'il faut absolument aménager la Baie James, il est accusé d'outrage au tribunal. C'est tellement urgent qu'on tente de le faire comparaître en pleine campagne électorale, soit à deux semaines du 29 octobre, date des élections. Les avocats de Bourassa réussissent à faire reporter cette comparution au 12 novembre. L'affaire traîne en longueur et ne sera toujours pas réglée lors des élections de 1976...

La direction du Parti québécois, talonnée constamment par Bourassa, rend donc public le 9 octobre 1973 le bébé de Jacques Parizeau, surnommé le « budget de l'an I ». Pourquoi en fait est-ce une erreur ? Parce que les péquistes se placent sur la défensive, comme s'ils étaient au pouvoir. D'autant plus que le document contient des chiffres extravagants : c'est ainsi que, à titre d'exemple, ce « budget de l'an I » trouve le moyen d'indiquer un surplus de 180 millions de dollars, tout en consacrant uniquement aux affaires sociales un montant équivalent au budget annuel total courant du Québec ! En fait, la publication d'un tel document met directement en cause la crédibilité du Parti québécois dans l'esprit des électeurs.

Toujours est-il que Bourassa fait publier le jour même une déclaration lapidaire et laconique, dont un seul mot compose le titre : « Enfin… ! »

> Cédant à la pression de l'opinion publique, le Parti québécois a *enfin* publié son budget d'un Québec séparé. Lancé en pleine période électorale, ce document péquiste comporte évidemment des réductions de taxes. On diminue donc les revenus du gouvernement, mais on ne s'arrête pas là. On augmente en même temps les dépenses et ça donne un résultat pour le moins étrange, on aboutit à un *surplus* !

Un tel budget, estime le chef du gouvernement, est marqué au sceau d'une incroyable naïveté politique. C'est ce qu'il souligne notamment au cours d'une tournée effectuée en fin de campagne au Saguenay–Lac-Saint-Jean. Document en main, il fait remarquer aux électeurs de cette région que rien n'y est prévu pour l'amélioration de leur réseau routier. Résultat : la population de cette région, probablement atterrée par de tels oublis, vote dans quatre comtés sur cinq pour les libéraux. En fait, préparer un programme électoral est une opération beaucoup plus délicate qu'on ne le pense en général, qui demande tout de même un peu de sérieux, surtout lorsque l'adversaire en face de vous est un homme doté d'une mémoire phénoménale pour les chiffres, ce qui est le cas de Bourassa.

De plus, le budget de l'an I donne l'occasion à Bourassa de faire d'une pierre, ou d'une blague, deux coups : il déclare que ce budget est « du créditisme pour intellectuels », renvoyant ainsi dos à dos Yvon Dupuis et René Lévesque en pleine campagne électorale.

La campagne est menée rondement. Les libéraux ont un excellent moral, les sondages indiquent en effet qu'ils sont nettement en avance. L'un de ces sondages, effectué au début de la campagne, donne par exemple un appui de 37,5 % aux libéraux et de 18,7 % aux péquistes.

Et Robert Bourassa, il faut le dire, est devenu un tribun redoutable.

Fort de sa connaissance intime de l'activité de chaque ministère, connaissant à fond les besoins et les moyens financiers disponibles puisqu'il a maintenant quatre budgets à son actif et disposant d'une machine politique efficace dirigée de main de maître par son conseiller spécial Paul Desrochers, Bourassa a acquis une assurance et une sérénité qui impressionnent ceux à qui il s'adresse. Il est certainement, de tous les chefs de parti en lice, le personnage politique le plus performant.

Ses apparitions en région ou à la télévision sont parfaitement préparées, impeccables et sans bavure, du moins en apparence. Sa discipline personnelle lui permet de maintenir un rythme qui aurait été épuisant pour toute autre personne. Sa technique est bien rodée : une note d'humour pour commencer son intervention, un thème et un seul pour la journée, avec une phrase choc qui va être reprise le soir à la télévision et le lendemain dans les manchettes des journaux, enfin une taquinerie au sujet d'un de ses adversaires afin de mettre les rieurs de son côté et terminer ainsi la rencontre dans la bonne humeur.

Voici à titre d'exemple la journée du jeudi 18 octobre. Se déplaçant en automobile et en hélicoptère, Bourassa s'adresse à 400 partisans à Saint-Georges-de-Beauce, 500 partisans à Trois-Rivières, 800 à Shawinigan et 1 000 à Saint-Raymond de Portneuf. Il participe également à trois émissions de ligne ouverte à la radio.

L'attaque principale de la journée, destinée aux manchettes du soir et du lendemain matin, est dirigée contre le Parti québécois. Bourassa s'étonne que, d'une part, rien dans le budget de l'an I n'explique comment le PQ s'y prendrait pour financer les Jeux olympiques de 1976 tandis que, d'autre part, souligne-t-il, les séparatistes proposent de taxer les prestations d'aide sociale !

Enfin, comme plusieurs de ces comtés ont voté créditiste en 1970, Bourassa lance un appel aux « créditistes sincères » en leur disant qu'il comprend leurs inquiétudes. Puis il se met à ridiculiser leur chef Yvon Dupuis. « Depuis le début de la campagne électorale, déclare-t-il, je veux savoir ce qu'il dit de substantiel et on me remet à chaque fois une feuille blanche. »

À cette époque un grand tiraillage a lieu sur « le » débat. Le Parti québécois souhaite ardemment que Bourassa accepte un véritable débat avec René Lévesque, considérant que l'ancien animateur-vedette de l'émission *Point de Mire* ne fera qu'une bouchée du premier ministre. Bourassa ne craint pas vraiment de faire face à René Lévesque du fait qu'il connaît parfaitement ses dossiers aussi bien que les faiblesses du chef du PQ. Mais Bourassa sait que l'une des techniques de Lévesque consiste à entrer quasiment en transe lorsqu'il traite d'un sujet qui le passionne. Et alors, estime-t-il, comment débattre rationnellement avec une personne en état d'hyperémotivité ?

Mais refuser catégoriquement un débat est une attitude politiquement dangereuse. Les médias en réclament quotidiennement la tenue. La solution choisie par Bourassa tient de la sagesse de Salomon. Il va donc y avoir un débat… mais ce ne sera pas vraiment un débat. En fait, il y aura même *deux* débats, sauf que le deuxième, tenu l'avant-veille de l'élection, consistera plutôt en quatre conférences de presse consécutives.

Le premier débat, radiodiffusé et télédiffusé depuis CHLT-TV à Sherbrooke, est très écouté. Y participent : pour l'Union nationale, Marcel Côté, candidat dans Sherbrooke ; pour le PLQ, Raymond Garneau, ministre des Finances et de nouveau candidat dans Jean-Talon ; pour le Parti créditiste, Fabien Roy, leader parlementaire de son parti à l'Assemblée nationale et candidat dans Beauce-Sud ; et pour le PQ, Jacques Parizeau, qui tente cette fois-là sa chance dans Crémazie après sa défaite dans Ahuntsic en 1970.

Le deuxième débat, organisé par le réseau *Télémédia*, n'est pas vraiment un combat des *chefs*, comme le claironnent certaines manchettes. Intitulée *Face au Québec*, l'émission fut transmise le 27 octobre à 18 heures en direct sur les ondes des stations de télévision privées de Sherbrooke, Rimouski, Jonquière, Rivière-du-Loup et Montréal. Dans cette dernière ville, la retransmission est assurée par CFCF-TV en traduction simultanée, puisqu'il s'agit d'une station de langue anglaise. Les téléspectateurs francophones de Montréal peuvent toujours baisser le volume de CFCF-TV, garder l'image et se mettre à l'écoute simultanément de la station de radio CKAC. Outre cette dernière station, des stations de radio privées retransmettent l'émission à Hull, Sherbrooke, Trois-Rivières, Rimouski, Québec, Chicoutimi et Sept-Îles.

Il ne s'agit donc pas vraiment d'un débat mais plutôt d'une conférence de presse conjointe au cours de laquelle une douzaine de journalistes interrogent les candidats. Un tirage au sort détermine l'ordre des interventions : ce sera Bourassa, Dupuis, Loubier et Lévesque, et l'inverse pour l'exposé de la fin. Chacun des candidats a cinq minutes pour répondre aux questions des journalistes, chaque réponse ne pouvant durer plus de deux minutes. Enfin, chacun a droit à quatre minutes pour le mot de la fin.

Bourassa, calme, serein et d'un air presque détaché, profite du temps d'antenne à sa disposition pour signaler qu'il a trouvé la campagne satisfaisante, que les discussions sur la monnaie et le budget ont permis d'éviter des attaques sur le plan des personnalités et qu'un vrai débat sur les enjeux économiques, financiers et fiscaux a ainsi été rendu possible.

Utilisant avec brio beaucoup de chiffres, il fait la démonstration que la situation économique du Québec est plus solide que jamais et affirme que la réélection du Parti libéral amènera une prospérité sans précédent pour les Québécois. Rappelant notamment la création massive d'emplois des douze derniers mois, le chef libéral affirme que le choix est clair. Il propose aux téléspectateurs la prospérité et la sécurité libérale plutôt que ce qu'il appelle l'aventure péquiste. La force économique, conclut-il, doit être la priorité du Québec, ceci dans le cadre de la stabilité politique garantie par la Confédération canadienne.

De toute façon, Bourassa est confiant et optimiste. Les derniers sondages n'indiquent-ils pas que les libéraux sous sa direction bénéficient d'un taux de satisfaction de presque 60 % ? De plus, la machine libérale a fonctionné avec une efficacité redoutable.

Les résultats du 29 octobre dépassent les attentes : 93 % des sièges à l'Assemblée nationale vont maintenant être occupés par des libéraux. Bourassa souhaitait une victoire solide : c'est en fait un balayage sans précédent. Au soir de cette journée, les libéraux remportent 102 sièges sur 110 avec 54,6 % des voix, soit 9,2 % de plus qu'en 1970.

Les péquistes perdent un siège, se retrouvant avec seulement six sièges malgré un appui de 30,2 %, soit une augmentation de 7,16 %

par rapport à 1970. Quant aux créditistes, avec 10 % des voix, ils n'ont plus que deux sièges (au lieu des douze qu'ils ont obtenus en 1970 avec 11,19 % des votes). L'Union nationale, créée 38 ans plus tôt par Maurice Duplessis, n'obtient que 4,92 % des voix (contre 19,65 % en 1970) et disparaît de l'Assemblée nationale.

Dans le comté du chef du Parti libéral du Québec, la circonscription de Mercier, 35 662 électeur sont inscrits en 1973. Les votes valides s'élèvent à 26 018, et 752 bulletins sont rejetés, pour une participation de 75 %. Avec un appui de 13 757 votes, c'est-à-dire une majorité de 2 880 votes, Bourassa reçoit 38,58 % du vote des électeurs inscrits, soit une légère augmentation par rapport à l'appui qu'il a obtenu en 1970 (36,3 %).

Le candidat du Parti québécois dans Mercier est cette année-là un théologien de Québec, Louis O'Neil, qui s'est fait connaître au cours des années 1960 en rédigeant avec Gérard Dion, un autre prêtre, des ouvrages sur l'immoralité politique au Québec. Le plus connu de ces livres est *Le chrétien et les élections*, publié en 1960 à la veille de la Révolution tranquille menée par Jean Lesage. Avec ses 10 877 votes, O'Neil obtient l'appui de 30,5 % des électeurs inscrits, soit un pourcentage légèrement supérieur à celui obtenu par le PQ en 1970 (29,1 %).

Dans Dorion, le syndicaliste Alfred Bossé défait René Lévesque par 293 voix.

De nombreuses vedettes du Parti québécois mordent également la poussière lors de cette élection : Gilles Proulx dans Anjou ; Yves Michaud dans Bourassa ; Camille Laurin dans Bourget ; Laval Grondines dans Charlesbourg ; Jacques Parizeau dans Crémazie ; Bernard Landry dans Joliette-Montcalm ; Pierre Marois dans Laporte ; Jacques Léonard dans Laurentides-Labelle : Claude Morin dans Louis-Hébert ; Jean-Roch Boivin dans Mille-Îles ; Clément Richard dans Montmorency ; Mathias Rioux dans Saint-Henri.

Certes, Bourassa reconnaît que notre système électoral, le scrutin majoritaire uninominal à un tour, toujours en vigueur soit dit en passant au moment de la rédaction de ces lignes 33 ans plus tard, peut être effectivement fort cruel pour les perdants.

Il a cependant l'habitude de souligner, lorsque la discussion vient à porter sur ce sujet, que ce système électoral comporte un avantage considérable : il permet aux courants socio-politiques les plus importants de l'opinion publique de former des gouvernements stables et des oppositions fortes. En fait, il considère que le résultat final d'une telle élection reflète en définitive d'une façon fonctionnelle les deux plus grandes tendances, c'est-à-dire les deux clivages fondamentaux au sein d'un électorat. Ainsi donc, pour Bourassa, les avantages de ce système électoral l'emportent de loin sur ses faiblesses.

Les élections générales de 1973 font apparaître un réalignement des forces politiques au Québec qui dure encore : la politique au Québec n'est plus tellement un débat de société entre les forces de droite et celles de gauche, mais plutôt un affrontement entre fédéralistes et séparatistes. Encore que ces notions doivent être prises avec un grain de sel, car au niveau des individus les clivages ne sont souvent pas aussi tranchés qu'il y paraît à prime abord.

En fait, Bourassa a réussi en 1973 à élargir sa position au centre de l'échiquier politique québécois. Il occupe maintenant, d'un côté, l'espace détenu auparavant par l'Union nationale et par les créditistes, tout en s'attachant de l'autre côté les syndicalistes modérés et certains éléments de centre gauche favorablement impressionnés par l'imposant train de mesures sociales adoptées depuis 1970.

Mais l'élection de 102 députés libéraux comporte sa part de problèmes : il va falloir trouver des responsabilités à tout ce monde-là. Dans la population, les attentes vont être grandes puisque, pense-t-on, avec une telle majorité le gouvernement a certainement les pleins pouvoirs.

Bourassa aimait d'ailleurs citer, pour illustrer cette situation délicate, la remarque que lui avait faite le premier ministre britannique Harold Wilson alors qu'il le rencontrait quelques mois plus tard lors des funérailles du président Georges Pompidou. Wilson avait commencé par lui faire part à la blague de ses « condoléances » pour ajouter ensuite : « Avec cent deux députés, la population va s'attendre à ce que tu fasses des miracles parce qu'elle va se dire que tu as tous les députés. » Et Wilson avait ajouté : « Moi, je suis dans une position minoritaire. Je peux au moins invoquer ce fait si je n'arrive pas à régler un problème. »

Reporté à la direction du Québec avec un pouvoir sans précédent, Bourassa peut maintenant s'atteler, après l'assurance-maladie et la Baie James, à renverser le cours de l'Histoire en faisant du Québec une terre officiellement francophone.

CHAPITRE 16

La langue officielle du Québec

« La société québécoise de langue française représente pour nous tous une valeur fondamentale de civilisation. Et c'est au gouvernement du Québec qu'il appartient en premier lieu d'en assurer la permanence et l'épanouissement. » Ainsi s'exprime, en 1970, le premier ministre Bourassa à l'occasion de la Saint-Jean-Baptiste.

Tout ce qui va suivre se trouve en gestation dans ces deux phrases. Bourassa a pu constater le caractère «fondamental» et incontournable de ses propres racines en prenant physiquement ses distances du Québec au cours de ses études et de ses voyages à l'étranger, que ce soit en Europe ou aux États-Unis. Par ailleurs, devenu premier ministre, il va de soi, pour lui, que le pouvoir de faire des lois doit être mis à contribution afin d'assurer la «permanence et l'épanouissement» du français sur le continent nord-américain.

La future politique linguistique du nouveau gouvernement fait partie des sujets abordés lors de la réunion spéciale du Conseil des ministres tenue le week-end des 29 et 30 août 1970 au lac à l'Épaule, au nord de Québec. On y décide de faire pression sur la Commission Gendron pour qu'elle soumette un rapport le plus rapidement possible. Un livre blanc sur toute la question linguistique devrait en effet être publié au printemps 1971.

Le premier ministre invite plus de 140 directeurs de personnel au service de grandes entreprises à une rencontre qui se tient à Montréal le 29 septembre. Bourassa est accompagné de trois ministres, soit Pierre Laporte (Travail et Main-d'œuvre), François Cloutier (Affaires culturelles) et Claude Simard (Industrie et Commerce). Après avoir expliqué qu'il a déjà rencontré des dirigeants d'entreprises et de centrales syndicales, il signale l'objectif à court terme qu'il vient de fixer à la Commission Gendron ainsi que les visites que les représentants de l'Office de la langue française ont commencé d'effectuer dans les entreprises.

Ce nouveau statut du français n'est pas pour Bourassa une vaine promesse électorale : il s'agit pour lui d'un élément fondamental pour assurer la stabilité sociale du Québec.

Mais le 5 octobre, soit seulement quelques jours après sa rencontre avec les responsables des ressources humaines des entreprises, Bourassa apprend en début de matinée que James Richard Cross vient d'être enlevé, et le Québec entre dans la crise d'Octobre.

Néanmoins le premier ministre, malgré ses multiples préoccupations, ne réduit pas ses efforts pour faire du français la langue officielle de travail. Le 16 novembre 1970, alors que Cross est encore séquestré par ses ravisseurs (il ne sera libéré que le 3 décembre, 17 jours plus tard), Bourassa fait parvenir à tous les ministres, sous-ministres et présidents des organismes paragouvernementaux la « Directive administrative concernant la langue française ». Le document indique dans ses attendus que cette Directive doit être considérée « comme un élément de la politique linguistique générale du gouvernement ».

La Directive comporte cinq « instructions » :

1. toutes les communications, verbales ou écrites, de l'administration québécoise avec le résidant québécois doivent avoir lieu dans la langue de celui-ci ;
2. les communications avec les corps publics québécois et avec les sociétés qui font des affaires au Québec doivent être en français ;
3. les communications avec le gouvernement canadien doivent être en français ;
4. les communications avec les gouvernements provinciaux doivent être en français ;

5. toutes les autres communications de l'administration québécoise
doivent se faire dans la langue du correspondant ou de l'interlocuteur.

Toujours en pleine crise d'Octobre, la Société Saint-Jean-Baptiste
s'inquiète des orientations que le gouvernement du Québec entend
prendre quant au statut de la langue française. Qu'à cela ne tienne,
Bourassa rencontre le 23 novembre François-Albert Angers, le président de la Société, et lui souligne qu'il a pris publiquement position
pour que le français devienne la langue de travail et d'usage au
Québec, que toutes les grandes entreprises du Québec ont accepté
de faire du français justement la langue de travail et d'usage, que le
gouvernement fait un effort sans précédent pour fournir aux entreprises les termes techniques français exacts et que, enfin, il vient
d'ordonner l'utilisation du français à l'administration québécoise
par une directive sans ambiguïté.

Il semble que le premier ministre ait réussi à calmer les appréhensions de la Société puisque François-Albert Angers exprimera sa
satisfaction en sortant de la réunion quant aux assurances reçues du
chef du gouvernement québécois.

Bourassa projette même sur la scène internationale ses intentions à l'égard du statut du français au Québec. Après la clôture le
4 décembre 1970 de la 10ᵉ session de la Commission permanente de
coopération franco-québécoise, il écrit au président de la République
française Georges Pompidou pour lui exprimer sa satisfaction devant
le résultat des délibérations de la Commission. Et il ajoute :

> Vous aurez noté, en effet, la détermination de notre gouvernement
> d'implanter le français, langue de travail, au Québec. Cet objectif, qui
> constitue l'une des grandes priorités de notre action, doit être atteint.
> Seul État francophone d'Amérique du Nord, héritier et dépositaire d'une
> culture intimement liée à celle du peuple français, le Québec doit vivre
> en français s'il veut garder les traits profondément originaux de sa
> personnalité.

Conscient de l'incertitude que pouvait créer au sein de la minorité
anglophone la nouvelle politique linguistique, le premier ministre

propose à son homologue ontarien John Robarts de faire venir des hommes d'affaires de l'Ontario pour une rencontre d'information sur les intentions du gouvernement québécois. Robarts, qui a suivi de Toronto les événements de la crise d'Octobre avec appréhension, accepte volontiers d'appuyer cette initiative, et même d'accompagner à Québec les hommes d'affaires de sa province.

Cette rencontre a lieu le 6 décembre 1970 dans le cadre d'une opération appelée « Rendez-vous Québec », opération qui prend notamment la forme d'un déjeuner-dialogue auquel participent 160 hommes d'affaires de l'Ontario. Tous ont pu poser toutes les questions qu'ils voulaient au premier ministre du Québec, qui est accompagné des ministres Raymond Garneau (Finances), Gérard D. Levesque (Industrie et Commerce) et Jean Marchand (ministre fédéral de l'Expansion économique régionale).

Cette rencontre est un succès. Bourassa déclare par la suite que la décision du gouvernement québécois de faire du français la langue de travail n'effraie pas les hommes d'affaires de l'Ontario et que ses explications ont été reçues avec sympathie.

Le fait est cependant que certains éléments de la minorité anglophone du Québec s'inquiètent de l'insistance de Bourassa à donner un nouveau statut au français. Leur porte-parole est l'un des propres députés de Bourassa, George Springate, député du comté montréalais de Sainte-Anne. Celui-ci déclare que le gouvernement, en ne précisant pas jusqu'où il entend pousser sa politique du français en tant que langue de travail, sème l'inquiétude parmi la population anglophone du Québec, composée d'environ un million d'individus. Springate ne se gêne pas non plus pour affirmer que les membres anglophones du cabinet sont peu préoccupés de défendre les droits de la minorité qu'ils représentent.

À cela, Bourassa rétorque qu'il ne voit pas pourquoi les anglophones doivent s'inquiéter puisqu'en avril 1970 son gouvernement a été élu autant sur le slogan, clairement énoncé, du « français prioritaire au Québec en tant que langue d'usage et de travail » que sur le slogan des 100 000 emplois. Par ailleurs, concernant ses ministres anglophones, le premier ministre affirme simplement qu'ils sont tout à fait représentatifs au sein du cabinet puisqu'ils y représentent 20 % des membres, soit la même proportion que l'on retrouve dans la population du Québec.

Puis c'est la tentative des libéraux fédéraux pour faire accepter le multiculturalisme au gouvernement du Québec. Dans une lettre du 7 octobre 1971, qu'accompagne un document d'information, le premier ministre Trudeau fait savoir à son homologue québécois qu'il a l'intention de mettre de l'avant une politique axée sur le multiculturalisme. Cette politique comporte deux aspects : d'une part, un énoncé de principe définissant le multiculturalisme tel que Trudeau l'entend, d'autre part, une description de l'assistance qu'il entend apporter aux groupes ethniques qui en manifesteraient le désir dans le but de promouvoir leur culture.

Il faut, pour bien comprendre, se replacer dans le contexte de cette époque. Les libéraux de Trudeau sont au pouvoir depuis plus de trois ans et ils sentent une certaine désaffection à leur égard dans l'électorat canadien.

Les observateurs notent en effet à la fin de 1971 que l'inflation et le chômage augmentent, que le coût des nouvelles mesures sociales a aussi pour effet d'inquiéter un grand nombre de contribuables canadiens, que le NPD, David Lewis en tête, mène une croisade inlassable contre les « *corporate welfare bums* » qui bénéficient des largesses fiscales de l'État et que, surtout, les sondages indiquent que les libéraux fédéraux vont avoir des difficultés lors de leur prochaine campagne électorale.

C'est d'ailleurs ce qui arrive : aux élections du 30 octobre 1972, la députation libérale à la Chambre des communes tombe de 155 à 109 sièges. Réaliste, Bourassa note cependant que l'appui de l'électorat québécois à Trudeau demeure aussi fort qu'en 1968, en pleine trudeaumanie, puisqu'il obtient de nouveau 56 sièges sur 75.

Beaucoup d'observateurs estiment en fait que l'affaire du multiculturalisme est simplement une tentative des libéraux fédéraux pour se gagner de nouvelles clientèles politiques dans le reste du Canada afin de compenser les pertes annoncées par les sondages.

Le 11 novembre 1971, le premier ministre du Québec informe le premier ministre du Canada qu'il a des « réserves sérieuses » quant à sa politique du multiculturalisme parce qu'elle contredit clairement le mandat de la Commission royale d'enquête sur le bilinguisme et le biculturalisme (la Commission Laurendeau-Dunton), mandat défini par le gouvernement du Canada lui-même.

Bourassa fait valoir en effet que l'idée-force qui a guidé la réflexion et les conclusions de la Commission est le principe de l'égalité entre les deux peuples qui ont fondé la Confédération canadienne. Cette Confédération doit donc s'incarner dans une société bilingue et biculturelle. Par ailleurs, le document d'information fédéral dissocie étrangement la culture, d'une part, et la langue, d'autre part. «C'est là, souligne Bourassa dans sa lettre à Trudeau, une assertion qui me paraît discutable pour fonder une politique.»

Le premier ministre du Québec signifie ensuite clairement dans sa lettre au premier ministre du Canada que le Québec ne peut pas adopter sur le plan du multiculturalisme l'approche du gouvernement fédéral.

Pourquoi? Parce que cette approche lui paraît difficilement compatible avec la réalité québécoise où la présence d'une population de langue et de culture françaises est dominante. Parce que, également, le Québec doit, sur son propre territoire, assumer son rôle de premier responsable de la permanence de la langue et de la culture françaises. Parce que, enfin, le gouvernement du Québec se sent une responsabilité particulière pour assurer la sécurité et le rayonnement de la culture française dans le contexte nord-américain, et qu'il entend continuer de le faire par tous les moyens à sa disposition.

La thèse de Bourassa a d'ailleurs des appuis à Ottawa même. Des gens proches de Trudeau, comme Jean Marchand et Gérard Pelletier, reconnaissent, peut-être avec quelques nuances, le bien-fondé de l'argumentation du premier ministre du Québec. Keith Spicer, l'un des gourous les plus respectés de la capitale fédérale, déclare à cette époque que c'est au gouvernement du Québec, le seul gouvernement francophone du continent, que revient la responsabilité d'assurer le progrès et l'épanouissement des francophones en Amérique du Nord.

Finalement, la formule du multiculturalisme donne lieu à plusieurs initiatives au niveau fédéral, mais elle n'a jamais été appliquée par le Québec. On doit noter cependant que les partis politiques québécois ont toujours établi des relations suivies avec les communautés culturelles, à l'aide, par exemple, de commissions au sein desquelles ces groupes peuvent faire valoir leurs points de vue et leurs besoins spécifiques.

L'Office de la langue française est restructuré au cours de 1971. Bourassa crée un groupe de travail qui a pour mission d'implanter le français dans les entreprises en trois étapes distinctes : négociation avec l'entreprise, programmation, animation. Le 16 novembre 1971, l'Office déménage à Montréal et s'installe en plein quartier des affaires, au 555, rue Dorchester Ouest.

Par ailleurs, la Commission d'enquête sur la situation de la langue française, présidée par Jean-Denis Gendron, vice-doyen de la Faculté des lettres de l'Université Laval, poursuit son enquête. Bourassa ne se gêne pas du reste pour lui faire régulièrement savoir qu'il souhaite vivement prendre connaissance de ses recommandations.

Cette Commission avait été créée par un arrêté en conseil que le premier ministre Jean-Jacques Bertrand avait tenu à lire en Chambre le 9 décembre 1968. Bertrand tentait ainsi à l'époque de contribuer à ramener le calme à Saint-Léonard où l'Association (italienne) des parents de Saint-Léonard s'opposait avec fracas au Mouvement (francophone) pour l'intégration scolaire, le MIS.

La Commission Gendron doit faire rapport sur la situation du français comme langue d'usage au Québec et notamment proposer des mesures pour réaliser deux objectifs : d'une part, assurer les droits linguistiques de la majorité aussi bien que la protection des droits de la minorité et, d'autre part, assurer le plein épanouissement et la diffusion de la langue française au Québec dans tous les secteurs d'activité, que ce soit sur les plans éducatif, culturel, social ou économique.

Quelques mois plus tard, une explosion de violence entre Italiens et francophones de Saint-Léonard incite le gouvernement de l'Union nationale à adopter le « bill 63 ». Cette loi, si elle garantit la priorité de la langue française, autorise par contre les parents à faire instruire leurs enfants dans la langue de leur choix, français ou anglais. Cette loi déclenche de nombreuses protestations dans tout le Québec. Cinq mois plus tard, lors de l'élection générale du 29 avril 1970, le gouvernement de Jean-Jacques Bertrand est battu et ne conserve que 11 des 55 sièges obtenus en 1966.

Bourassa, de son siège de l'opposition libérale, observe, songeur, le gouvernement de l'Union nationale s'enliser toujours plus profondément dans le dossier linguistique et, finalement, perdre le pouvoir en partie à cause de ce dossier. Devenu premier ministre, il procède avec la plus grande prudence sur la question de la langue.

C'est ainsi que, pendant plus de trois ans, lorsque les journalistes l'interrogent au sujet de ce qu'il a l'intention de faire au sujet du « bill 63 », il leur signale régulièrement qu'il serait inacceptable de procéder à une quelconque réforme dans le domaine linguistique avant d'avoir pris connaissance des recommandations de la Commission Gendron.

Au début de 1972, Bourassa accepte de rencontrer le 18 janvier à son bureau de Montréal les membres du Mouvement Québec français (MQF), dont le porte-parole est Albert Allain, président de l'UCC. Ils souhaitent présenter leur point de vue et présenter des propositions concernant deux projets de loi, l'un sur le statut officiel de la langue française et l'autre sur la langue d'enseignement. Cette rencontre, à la fois franche et cordiale, permet également à Bourassa et à ses visiteurs de faire un tour d'horizon de la situation linguistique au Québec.

Le 29 février, Albert Allain fait parvenir au premier ministre les commentaires sur les questions transmises après l'examen des deux projets de loi du MQF, ce dont le remercie Bourassa. En fait, le premier ministre commence à trouver que la Commission Gendron prend bien du temps à accoucher de son rapport et il ne veut pas se commettre avant d'avoir pris connaissance des recommandations de cette Commission.

Le 30 mai 1972, Bourassa rencontre Jean-Denis Gendron, le président de la Commission, qui n'est pas en mesure de lui remettre à court terme des recommandations sur la langue de travail. Contrarié, le premier ministre informe alors Gendron qu'il a de toute façon l'intention de dissoudre sa Commission au plus tard le 31 décembre 1972. De plus, tous les membres de la Commission sont convoqués à une rencontre le lendemain pour qu'ils présentent au moins un rapport verbal intérimaire sur leurs travaux.

Apparemment les travaux progressent ensuite d'une façon plus rapide puisque c'est finalement à la date prévue, le 31 décembre 1972, que le rapport, constitué de trois volumes, est remis à Bourassa avec, de plus, des études portant sur l'enseignement des langues au Québec. Les travaux de la Commission ont duré quatre ans et coûté 2,3 millions de dollars.

Le rapport comprend trois parties intitulées : « Les droits linguistiques », « La langue de travail » et « Les immigrants ».

La Commission propose que le français devienne la « langue officielle » du Québec, et que le français et l'anglais aient le statut de « langues nationales ». La Commission se prononce plutôt pour des mesures d'incitation afin d'encourager l'utilisation du français. Elle recommande que l'on attende de trois à cinq ans avant d'abroger le « bill 63 ». Quant à l'intégration des immigrants et des groupes ethniques, elle recommande la persuasion plutôt que la contrainte et propose en ce sens des garderies de langue française, des cours de langue pour les mères de famille et la création de camps de vacances pour les enfants d'immigrants d'un certain âge. La Commission recommande de plus la création d'un organisme chargé de l'application de toutes ces mesures, ainsi que la nomination d'un commissaire aux langues dont la tâche sera de traiter des infractions à ces nouvelles dispositions.

Le 14 février 1973, Bourassa annonce une modification de la composition de son cabinet et la nomination la plus lourde de signification concerne François Cloutier. Le ministre de l'Éducation, brillant psychiatre et excellent communicateur, va également devenir responsable de la préparation des politiques culturelle et linguistique du gouvernement en tant que ministre des Affaires culturelles.

En annonçant sa décision, Bourassa prend soin de préciser que la nomination de François Cloutier aux Affaires culturelles ne signifie d'aucune façon que les deux ministères, Éducation et Affaires culturelles, sont fusionnés. Cette nomination indique surtout le désir du gouvernement de coordonner les politiques poursuivies par chacun de ces ministères, et ceci notamment en matière linguistique.

Puis le 15 mars 1973, c'est l'ouverture de la session à l'Assemblée nationale. Bourassa commence à préparer l'opinion publique quant aux changements linguistiques qu'il juge de plus en plus inévitables. Il demande ainsi au lieutenant-gouverneur Hugues Lapointe d'annoncer dans le message inaugural, dans la partie intitulée « La souveraineté culturelle », que le gouvernement est en train d'élaborer une série de mesures qui doteront le Québec d'une politique linguistique « dynamique et réaliste ».

> Comme premier élément important, un programme précis et cohérent vous sera communiqué par le ministre de l'Éducation, visant essentiellement à améliorer l'enseignement du français, langue maternelle, ainsi que du français et de l'anglais, langues secondes.

Quelques jours plus tard, Bourassa indique à l'Assemblée nationale, dans le cadre du débat sur le discours du Trône, que le gouvernement va s'inspirer du rapport Gendron dans la préparation de sa politique linguistique.

> [...] Nous pouvons, au Québec, vivre en français sans détruire le pays. C'est une conclusion certaine des études de la Commission Gendron. En temps opportun, nous pourrons annoncer la politique du gouvernement dans cette matière.

Le gouvernement procède rapidement à la mise en application des recommandations de cette commission qui concernent les raisons sociales et les conditions d'admissibilité à l'exercice des professions. Ainsi, dès juillet 1973, après de nombreuses consultations, sera adopté un train de 23 lois sur les corporations professionnelles.

Ce Code des professions prévoit qu'aucune corporation professionnelle ne peut délivrer de permis à quiconque n'a pas une connaissance d'usage de la langue française, à moins que ce ne soit à titre transitoire, ou dans le cas d'une personne travaillant pour le compte d'un seul employeur et qui n'est pas amenée à traiter directement avec le public.

Le directeur du *Devoir* Claude Ryan fait de son côté, les 1er et 2 mai, un bilan législatif, administratif et politique des trois années du gouvernement Bourassa. Les commentaires sont en général positifs. Dans un court paragraphe cependant, il écrit que « le gouvernement devait enfin doter le Québec d'une politique linguistique. Il s'est borné jusqu'à ce jour à des mesures très limitées qui ne sauraient tenir lieu de politique. »

Le premier ministre s'intéressait toujours aux analyses de Ryan, sans être toutefois toujours d'accord avec ses conclusions ou ses synthèses qu'il trouvait parfois un peu boiteuses ou irréalistes.

Mais en l'occurrence, Bourassa est d'accord avec Ryan : le gouvernement du Québec doit se doter rapidement d'une politique linguistique courageuse et réaliste. Il continue donc d'encourager François Cloutier et son équipe à travailler plus fort que jamais sur des propositions de politique linguistique afin qu'elles puissent être évaluées par le Conseil des ministres.

C'est ce que signale d'ailleurs Bourassa le 26 août 1973 lorsqu'il rappelle, au colloque tenu par le PLQ au mont Orford sur le thème « Le Québec et son avenir », l'importance du travail qui reste à faire afin que le Québec soit doté des politiques et des instruments nécessaires à la sauvegarde et au développement de sa culture.

Le 25 septembre 1973, Bourassa annonce la tenue d'élections générales pour le 29 octobre, élections qui conduiront à une victoire sans précédent pour son parti avec 102 députés sur 110.

Avec une telle expression de confiance à son égard, un mandat aussi clair, et quatre ans devant lui pour faire accepter une législation linguistique par les plus récalcitrants, Bourassa estime que le moment est venu de trouver une solution définitive au problème de la sécurité culturelle des Québécois. Il faut donc légiférer, et le plus vite possible, alors que le nouveau gouvernement est en début de mandat.

C'est pourquoi, lorsque s'ouvre la première session de la 30ᵉ législature, soit à peine trois semaines après les élections, Bourassa annonce que des mesures vont être adoptées afin que l'on garantisse « le respect des droits de la majorité linguistique tout en assurant à la minorité un traitement juste et équitable ».

Et il précise : « Le français se verra reconnaître un statut conforme à l'importance de la population francophone du Québec, et cela dans toutes et chacune des sphères d'activité de la collectivité. »

Le concept de souveraineté culturelle, que Bourassa évoque de plus en plus, commence à faire sourciller certains, dont le ministre fédéral des Communications Gérard Pelletier qui fait sur ce concept des déclarations négatives en février 1974. Le premier ministre du Québec lui répond lors d'entrevues accordées à CJAD ainsi qu'aux réseaux de Radio-Mutuelle et de Télémédia. Les déclarations sont fondamentales car elles décrivent d'une façon précise les conclusions de la réflexion politique d'un Bourassa mûri par l'exercice de quatre ans de pouvoir.

Soulignant les contradictions et les insuffisances qu'il décèle dans les déclarations du ministre fédéral des Communications, le premier ministre lui reproche tout d'abord d'une façon générale « d'avoir une vue très statique des souplesses positives que peut contenir un régime fédéral ».

Rappelant que c'est en s'appuyant sur la thèse de la souveraineté culturelle que le Québec réclame un transfert de pouvoirs dans les secteurs où la culture est directement impliquée, il déclare qu'il comprend « que M. Pelletier soit assez réticent puisque cela va rapetisser son ministère s'il accepte les demandes du Québec ».

Commentant les cas du CRTC, de la recherche scientifique et de Radio-Canada évoqués par Pelletier à l'encontre de la souveraineté culturelle, Bourassa réplique point par point.

Dans le cas du CRTC, cela peut aller très bien en ce moment, mais on ne sait pas, par exemple, qui va donner des permis dans 15 ans. Il pourrait arriver que des permis de radio et de télévision anglaises soient donnés d'une façon qui puisse compromettre l'avenir culturel des francophones.

Dans le cas de la recherche scientifique, ce n'est pas parce que l'on parle de souveraineté culturelle que l'on doit nécessairement dire que c'est exclusif. On voit que le Marché commun européen est constitué d'États qui collaborent dans ce domaine dans le cadre de différents organismes.

Le premier ministre précise ensuite ce qu'il adviendrait à Radio-Canada dans un contexte de souveraineté culturelle.

Pour Radio-Canada, nous n'avons jamais dit que la Société doit être détruite. Nous pensons qu'il doit y avoir des garanties constitutionnelles qui feront en sorte que le gouvernement fédéral ne pourrait pas couper de moitié, dans 15 ou 20 ans, les fonds destinés à la culture francophone. Cela n'élimine pas Radio-Canada, qui a fait et continue de faire beaucoup pour la culture française. Radio-Canada va rester là, mais il va y avoir des garanties qui nous permettront d'avoir une souveraineté culturelle de fait.

Cette formule a l'avantage de nous écarter de deux extrêmes : aussi bien du fédéralisme rigide, intégral et centraliste, que du séparatisme proposé par le Parti québécois. J'estime donc que le Parti libéral offre actuellement aux Québécois la formule à la fois la plus réaliste et la plus prometteuse pour l'avenir, soit la souveraineté culturelle dans le fédéralisme économique.

Ces entrevues à la radio sont également pour Bourassa l'occasion d'analyser en profondeur son concept de souveraineté culturelle.

Nous avons déjà, avec la juridiction dans le domaine de l'éducation et dans d'autres secteurs, des éléments de souveraineté culturelle très importants actuellement au Québec. Il s'agit de compléter ces éléments pour que, quelle que soit l'évolution démographique — à supposer qu'elle nous soit très défavorable —, nous ayons tous les pouvoirs nécessaires, que ce soit sous la forme de pouvoirs d'initiative ou de décision, que ce soit en collaboration, que ce soit sous la forme de droits de veto, ou que ce soit sous la forme de garanties constitutionnelles. Nous aurons ainsi tous les pouvoirs, globalement parlant, qui feront que nous aurons les éléments d'une véritable souveraineté culturelle.

Le 14 mars 1974, à l'occasion de l'ouverture de la deuxième session de la 30ᵉ législature, le gouvernement du Québec informe l'Assemblée nationale qu'elle va être appelée à poser un geste d'une importance historique indiscutable. Les raisons, la nature et la portée de ce geste sont exposées dans le texte du discours inaugural, texte sur lequel Bourassa a longuement réfléchi. Voici ses propos sur la nouvelle législation linguistique :

> Une loi proclamera « le français, la langue officielle du Québec », affirmant ainsi d'une façon non équivoque la détermination de tous les Québécois de conserver et de développer la langue et la culture françaises, tout en consacrant par ailleurs la personnalité française du Québec au sein de la Confédération canadienne.
>
> Les modalités d'application de cette proclamation du « français, langue officielle du Québec » et la place de la langue anglaise seront clairement définies. Ainsi, des dispositions et des mesures établiront comment le français doit être la langue de la Loi, du gouvernement, des communautés urbaines, des corporations municipales et scolaires et des institutions subventionnées, et elles détermineront les conditions relatives à la langue d'enseignement.

La veille de ce discours inaugural, le premier ministre annonce qu'il effectuera une visite officielle en France du 29 avril au 3 mai et qu'il sera reçu le 2 mai en audience par le président de la République française Georges Pompidou. Des entretiens auront lieu également avec le premier ministre Pierre Messmer et le ministre des Affaires étrangères Michel Jobert.

Cette visite n'aura pas lieu, car Pompidou meurt subitement le 2 avril. Le premier ministre viendra cependant à Paris assister à un service solennel à l'intention de celui que Bourassa considérait comme un grand ami du Québec.

Bourassa fait un peu plus tard une tournée européenne qui l'amène à rencontrer du 18 au 26 avril 1974 des hommes politiques, des financiers et des industriels à Stockholm, Bruxelles, Francfort, Genève et Zurich.

La question linguistique au Québec est à l'ordre du jour de ce périple, notamment à Bruxelles et Genève où, en plus de personnalités politiques, il rencontre des experts en matière linguistique. Le premier ministre peut ainsi examiner les résultats des formules utilisées dans ces deux pays.

Le premier ministre note qu'en Belgique on a plutôt recours à des textes législatifs, très précis dans certains cas, mais qui paraissent poser parfois des problèmes sérieux d'application. En Suisse, par contre, on fait surtout appel à la tradition et à la coutume.

La leçon que tire en définitive Bourassa de ces rencontres est que, dans le cas du Québec, il ne faut pas faire preuve d'une rigidité excessive dans le projet de législation linguistique sur lequel le ministre François Cloutier et son équipe sont en train de travailler. L'application, notamment, d'une législation linguistique doit comporter une certaine souplesse si l'on souhaite vraiment mettre toutes les chances de succès de son côté.

Robert Bourassa se sent maintenant à l'aise avec le concept de souveraineté culturelle, d'autant plus que ses craintes quant à la fragilité du pouvoir des francophones à Ottawa, et en particulier du gouvernement minoritaire de Pierre Trudeau, se matérialisent lorsque ce dernier est défait le 8 mai 1974 au cours d'un vote sur un sous-amendement des néodémocrates au budget de John Turner. On entre ainsi à Ottawa dans une période d'incertitude qui durera deux mois, jusqu'aux prochaines élections fédérales fixées au 8 juillet.

Bourassa se lance alors dans une véritable promotion de la souveraineté culturelle. Sur toutes les tribunes, il souligne que, dans le contexte politique général, le règlement de la question de la langue au Québec et par le Québec est fondamental. Il rappelle constamment que le futur projet de loi faisant du français la langue officielle du Québec sera nécessaire parce que, tout simplement, il tiendra compte d'une façon réaliste de la place et de la situation objective du français non seulement au Québec, mais également au Canada et en Amérique du Nord.

Le 19 mai 1974, à l'occasion du dîner-bénéfice du Parti libéral du Québec tenu à Montréal à l'hôtel Reine-Élisabeth, il prend son temps pour analyser à fond devant des milliers de militants les raisons qui le justifient d'agir.

Le français, langue officielle du Québec, y trouvera ainsi son expression au niveau de l'administration publique, des entreprises d'utilité publique, des professions, du monde du travail, des affaires et de l'enseignement. Une structure fonctionnelle de mise en œuvre des programmes prévus sera également créée.

L'opération pilotée par Bourassa est en effet très délicate. Les droits linguistiques sont tellement liés à la personnalité même des individus qu'il est extrêmement difficile de déterminer la portée précise de ces droits. Les difficultés proviennent également de la composition démographique de la société québécoise et de la nature des rapports qui se sont établis entre les groupes en présence. Or, la société québécoise présente à cet égard des caractéristiques bien particulières.

Au printemps de 1974, le premier ministre du Québec prend néanmoins sa décision d'une façon définitive : une intervention législative en matière linguistique, n'en déplaise à la Commission Gendron, est nécessaire ; par contre, pour qu'une telle loi soit efficace et en raison de la complexité extrême de son application, elle devra être exempte de toute rigidité.

Mais une telle souplesse implique évidemment un recours judicieux au pouvoir réglementaire dans l'administration publique, l'enseignement, le monde des affaires, c'est-à-dire dans tous ces milieux particuliers qui obéissent à des règles qui leur sont propres. Il faudra donc passer par la voie réglementaire, mais le faire avec prudence et dans le cadre déterminé par la loi.

En fait, Bourassa met beaucoup de soin à préparer cette législation. Il fait confiance à son collègue François Cloutier, dont il admire la culture, mais également l'humanisme et le courage. Les deux hommes se parlent, notamment vers la fin de la rédaction du projet de loi, plusieurs fois par jour. Intuitif, Bourassa sait trouver les mots qu'il faut pour redonner confiance à Cloutier qui sort quelque peu décontenancé des discussions parfois très âpres dans lesquelles il est obligé de se débattre lors des réunions du caucus ou du Conseil des ministres.

Un jour où Cloutier a été particulièrement ébranlé par le ton très vif des propos tenus à l'une de ces réunions, il vient trouver le premier ministre et lui demande s'il accepterait sa démission comme ministre de l'Éducation s'il la lui présentait. Pour Bourassa, il n'en est pas question : ce serait à la fois une injustice et une erreur.

Finalement, le premier ministre annonce le 19 mai, à la fin de son discours-fleuve, le dépôt imminent à l'Assemblée nationale de la législation linguistique. Ce qui est fait trois jours plus tard, le 22 mai 1974. Il s'agit du projet de loi n° 22, intitulé « Loi sur la langue officielle ».

Le préambule indique que « la langue française constitue un patrimoine national que l'État a le devoir de préserver, et qu'il incombe au gouvernement du Québec de tout mettre en œuvre pour en assurer la prééminence et pour en favoriser l'épanouissement et la qualité ».

Puis le premier des 123 articles du projet de loi déclare que « Le français est la langue officielle du Québec ». Cet article est à lui tout seul le titre I du projet de loi. Le titre II porte sur des dispositions d'ordre général. Le titre III traite de l'usage obligatoire de la langue française dans l'administration publique, les entreprises d'utilité publique et les professions, le travail, les affaires et l'enseignement. Le titre IV institue les commissions de terminologie et la Régie de la langue française, composée de neuf membres. Dans le titre V, on trouve diverses dispositions, dont l'article 112 qui abroge la Loi pour promouvoir la langue française au Québec, c'est-à-dire le « bill 63 ».

C'était clair. Trop peut-être au goût de certains.

Bourassa écarte donc plusieurs recommandations de la Commission Gendron. L'anglais et le français ne sont pas déclarés langues « nationales », car le français seulement devient la langue « officielle » du Québec. Les mesures de coercition sont préférées aux mesures de persuasion puisque les entreprises qui n'appliquent pas de programmes de francisation sont passibles d'amendes, de retraits de licences et de permis, et peuvent se voir refuser des contrats gouvernementaux. Le « bill 63 » étant supprimé, les parents ne peuvent plus décider du choix de la langue d'enseignement de leurs enfants : l'inscription dans les écoles publiques de langue française devient la règle générale. Les enfants doivent réussir des tests pour pouvoir fréquenter les écoles publiques de langue anglaise.

Ce qui provoque un tollé.

Les députés libéraux John Ciaccia (Mont-Royal), Kenneth Fraser (Huntingdon), et George Springate (Sainte-Anne) décident de s'abstenir lors du vote de la première lecture. Quant à Harry Blank (Saint-Louis), Glendon Brown (Brome-Missisquoi), Art Séguin (Pointe-Claire), Lucien Caron (Verdun) et Guy Fortier (Gaspé), ils annoncent qu'ils vont voter contre le projet de loi en dernière lecture s'il n'est pas considérablement modifié. Même au sein du cabinet, les ministres Kevin Drummond (Westmount), Victor Goldbloom (D'Arcy-McGee) et William Tetley (Notre-Dame-de-Grâce), sans toutefois se dissocier, ne manifestent pas beaucoup d'enthousiasme.

Le quotidien *The Gazette* se lance dans la publication d'une série d'éditoriaux extrêmement critiques du projet de loi à cause de ce qu'il considère être son caractère discriminatoire. Un autre quotidien anglophone, *The Montreal Star,* critique ce qu'il appelle l'ambiguïté du projet de loi et les abus auxquels donneraient lieu selon lui plusieurs de ses dispositions. En revanche, *Le Devoir* parle des solutions intéressantes proposées par le projet de loi, mais considère qu'il ne va pas assez loin quant aux dispositions réglementant la langue du travail et que, d'autre part, les propositions concernant le secteur de l'éducation risquent de mener à un échec.

Enseignants anglophones, catholiques et protestants, s'élèvent contre le projet de loi. Par contre, les francophones de la Commission des écoles catholiques de Montréal, qui demandent une intégration accrue des immigrants au secteur francophone, réussissent à mettre en minorité leurs collègues catholiques anglophones.

Le réputé juriste F. R. Scott s'interroge sur la constitutionnalité de plusieurs dispositions de la loi, tandis que Dale C. Thomson, de l'Université McGill, en dénonce les ambiguïtés.

Le projet de loi 22 fait même irruption dans la campagne électorale fédérale (le scrutin est fixé au 8 juillet 1974), quelques candidats, comme le conservateur Michael Meighen dans Westmount, n'hésitant pas à dénoncer certaines dispositions qu'ils estiment arbitraires ou contraires à la liberté des parents.

Quant à l'opposition à l'Assemblée nationale, péquistes et créditistes déplorent en chœur ce qu'ils appellent le caractère incomplet des dispositions du projet de loi, ainsi que les lenteurs qui en résulteraient quant à la francisation dans tous les domaines. Toutes les associations de langue française se prononcent également contre. Le Mouvement Québec français parlera même, paradoxalement, de « trahison ».

Toutefois, le chef du Parti québécois manifeste une certaine admiration pour la détermination de Bourassa, car, comme il l'écrit dans son livre *Attendez que je me rappelle*, à la page 357 : « Si l'on songe en effet […] que les libéraux sont le "parti des Anglais" et que son gouvernement le reflétait amplement, je considérais pour ma part que le premier ministre (Bourassa) montrait pour une fois un courage certain. »

Dans les semaines qui suivent, Bourassa se lance dans la contre-attaque. Ce sera une période intense de défense et de promotion de son projet de loi. Son intuition l'avertit des multiples conséquences à moyen et à long terme du chambardement qu'il demande à la société québécoise d'accepter.

> Nous sommes le premier gouvernement depuis 100 ans qui a le courage de s'attaquer de façon législative à la solution du problème linguistique. Il ne faut donc pas s'étonner qu'un projet de loi sur la langue soulève les discussions que nous avons en ce moment, car cette question intéresse, parfois passionnément, beaucoup de citoyens.

Invité fréquemment à indiquer si le projet de loi 22 laisse intacte la liberté de choix de la langue d'enseignement, Bourassa n'hésite pas à répondre par un non catégorique, comme il l'indique à Sainte-Foy, le 26 mai 1974, à des journalistes.

> Le bill 63 a été aboli ; c'est clair. Il y a évidemment des extrémistes qui disent que ce n'est pas le cas. Mais le fait est que maintenant la liberté de choix est conditionnée sur le plan pédagogique, car nous croyons qu'il faut conditionner cette liberté de choix.

C'est en effet ma responsabilité, comme chef du seul gouvernement francophone en Amérique du Nord, de prendre les moyens pour assurer la sécurité culturelle des Québécois.

Le 8 juin, les journaux *Le Devoir, The Gazettre* et *Le Soleil* publient un sondage de l'Institut québécois d'opinion publique : 66,5 % des personnes interrogées sont en faveur du statut prioritaire du français.

Le lendemain, le premier ministre déclare au congrès régional du PLQ tenu à Saint-Jérôme que ces sondages révèlent l'appui de la population au gouvernement quant à l'option fondamentale contenue dans le projet de loi 22, quant au caractère justifié de cette intervention législative et quant au bien-fondé de l'approche flexible maintenue par le gouvernement.

Dans l'ensemble, les sondages sont donc encourageants pour le gouvernement alors qu'il s'apprête à trancher une question aussi délicate. On voit que les Québécois veulent que le gouvernement agisse, mais d'une façon raisonnable et positive.

Les partis d'opposition votent contre le projet de loi en première lecture. Puis la Commission parlementaire se réunit pendant presque deux mois à partir du 11 juin (1974). Au total, 157 mémoires lui sont soumis, dont 76 sont entendus oralement. Certains débats très durs tournent même au spectacle, notamment lorsque deux des sœurs du ministre François Cloutier, avec quelques-unes de leurs amies, viennent s'enchaîner à leurs chaises pour illustrer leur opposition farouche au projet de loi… présenté par leur propre frère !

Le fond du problème de tous ces hypernationalistes est qu'ils sont frustrés de constater que Bourassa a le courage de leur couper l'herbe sous le pied en s'attaquant avec fermeté et réalisme à leur principal levier politique, soit l'exploitation du grand problème existentiel des Québécois francophones : la crainte de voir leur culture et leur langue être phagocytées par la majorité anglophone canadienne ou nord-américaine.

Effarés par l'audace de Bourassa, les péquistes refusent toujours de discuter des différents articles du projet de loi à l'exception du premier qui fait du français la langue officielle du Québec. L'obstruction partisane est constante de leur part. On voit même le chef de l'opposition officielle à l'Assemblée nationale, Jacques Yvan-Morin, homme pourtant cultivé, passer une dizaine d'heures à prétendre que l'article 1 doit indiquer que le français devient la « seule » langue officielle, et non simplement « la » langue officielle.

C'était à la fois faux — l'article défini étant d'après le grammairien Grevisse celui qui se met devant un nom pris dans un sens complètement déterminé — et ridicule, dans la mesure où une telle sornette était exprimée par un professeur de droit par ailleurs respecté. La preuve *a posteriori* de l'inanité de la prétention de Morin est fournie d'ailleurs par le fait que dans la Charte de la langue française, par laquelle le Parti québécois au pouvoir se hâtera de remplacer la Loi sur la langue officielle, on ne parle pas du français comme étant la « seule » langue officielle, mais bien seulement de « la » langue officielle. Quelqu'un avait dû réussir à les convaincre !

Par ailleurs, quand le premier ministre est interrogé sur la position hostile adoptée par certains députés de son propre parti, il est prompt à souligner la non-représentativité de l'opposition officielle quant aux minorités du Québec. Comme le PQ ne peut pas représenter ces minorités, Bourassa considère qu'il est normal de faire régner une certaine liberté d'expression au sein du caucus libéral de façon que ceux qui y représentent des minorités puissent exprimer leur point de vue sans que la discipline soit aussi exigeante que pour d'autres questions.

Cette bataille pour l'épanouissement du Québec français se fait également à d'autres niveaux. Bourassa talonne ainsi le ministre de l'Immigration du Québec Jean Bienvenue afin qu'il négocie avec le gouvernement fédéral l'obtention de la garantie que le Québec va pouvoir recevoir, s'il le désire, un contingent plus ou moins élevé d'immigrants de telle ou telle catégorie. Si le Québec décide par exemple de réduire le nombre d'immigrants anglophones, le premier ministre veut que cette décision puisse être acceptée par Ottawa parce qu'il fait valoir que c'est la responsabilité du Québec de protéger son identité culturelle.

Avec un tel pouvoir en matière d'immigration, le Québec peut ainsi décider d'avoir recours soit à l'option culturelle — en réduisant le nombre d'immigrants anglophones si l'on considère dans la Vieille Capitale que c'est nécessaire de le faire —, soit à l'option économique si Québec décide plutôt qu'il a absolument besoin d'immigrants pour que sa population ne stagne pas à six millions d'habitants, par exemple, alors que la population de l'Ontario atteint les dix millions. L'objectif de Bourassa à cet égard est donc de rechercher un équilibre constant entre les facteurs linguistique, économique, social ou géographique, de manière à ce que le gouvernement puisse déterminer ses priorités en fonction des besoins réels des Québécois.

À l'occasion de la Fête nationale des Canadiens français, le premier ministre déclare que la souveraineté culturelle prônée par son gouvernement exprime « la détermination des Québécois à assurer la permanence et le développement des valeurs françaises qui leur sont propres et qui font l'originalité de la personnalité québécoise au sein du Canada ».

> Beaucoup reste à faire, reconnaît-il, mais le gouvernement est bien décidé à assumer ses responsabilités en cherchant à réaliser son objectif de souveraineté culturelle à l'intérieur du fédéralisme canadien.

En conclusion de son message, Bourassa rappelle les initiatives prises par son gouvernement afin que s'épanouisse la société québécoise et que se développe son ouverture sur le monde : le français langue officielle, la nouvelle politique des communications, le développement d'un politique québécoise d'immigration et de communications, la présence du Québec au sein de l'Agence de coopération culturelle et technique des pays francophones et l'élargissement des relations franco-québécoises.

Le Parti québécois, voulant probablement éviter qu'on ne l'accuse de pratiquer la critique systématique, formule une contre-proposition au projet de loi 22. Bourassa tire immédiatement à boulets rouges sur cette contre-proposition. À l'animateur Matthias Rioux qui l'interviewe sur ce sujet le 23 juin sur les ondes de Télémédia,

Bourassa réplique que la position du gouvernement est un chef-d'œuvre de clarté à côté de la confusion, de la pauvreté et de la faiblesse même du projet du Parti québécois au sujet de la langue.

En guise de conclusion, Bourassa déclare à un Matthias Rioux médusé que le PQ vient appuyer sans le vouloir le projet de loi 22 du gouvernement parce que sa contre-proposition était en fait, par sa confusion et par sa faiblesse même, la preuve que l'opposition officielle n'a pas de solution de rechange véritable à la proposition gouvernementale.

> Je ne dis pas que cela est fait de mauvaise foi : je pense même que cela est fait de bonne foi par le Parti québécois. Cependant, le fait est que les péquistes se trouvent à confirmer, par leur proposition, la complexité extrême du problème et la justesse du projet de loi gouvernemental.

Certains exigent que son adoption soit remise à plus tard. Le président de la Ligue des droits de l'homme, Maurice Champagne, organise une pétition en ce sens. À de telles demandes, le premier ministre répond que, au contraire, le temps est venu de décider et d'agir.

Bourassa en fait veut mettre fin à la Commission parlementaire en temps opportun, commencer la deuxième lecture et avoir en comité plénier une discussion aussi positive et constructive que possible. Il propose que le Parti québécois, au lieu de faire de l'obstruction, suggère plutôt des amendements.

Il signale notamment qu'un des anciens membres éminents du Parti québécois, Pierre Bourgault, a écrit quelques semaines auparavant que la bataille sur cette loi est très mal engagée par les péquistes, et qu'il serait préférable pour eux de faire une lutte positive plutôt que négative

Le Conseil supérieur de l'éducation fait connaître au début de juillet sa position quant aux dispositions du projet de loi 22 en matière de langue d'enseignement : cet organisme respecté est en faveur de l'école anglaise pour les enfants dont la langue maternelle est l'anglais, ce qui est sensiblement différent de ce qui est réclamé par les groupements francophones nationalistes.

Le critère de la langue maternelle n'est pas cependant la formule miracle car il comporte un problème de définition. En effet, quelle est la langue maternelle lorsque, par exemple, la mère est d'origine grecque et le père d'origine britannique? Certains cas vont exiger une courte enquête. On revient ainsi, peut-être d'une façon indirecte, à la formule des tests qui ne sont en définitive qu'une forme d'enquête. Il n'existe qu'une différence de degré, et non une différence de nature, entre le recours au critère de la langue maternelle et le recours au critère des tests, comme le gouvernement Bourassa le propose dans son projet de loi.

En fait, peu de solutions concrètes sont mentionnées pendant les nombreuses séances de la Commission parlementaire.

Dans le cas de la formule proposée par le Parti québécois, tous les observateurs sont d'accord pour signaler que son «plafond» — qui accorde une liberté de choix à certains francophones pouvant se glisser sous ledit plafond et qui refuse cette même liberté à d'autres — est une formule autrement plus condamnable et plus critiquable que les autres formules proposées, ne serait-ce qu'à cause de ses difficultés d'application. D'ailleurs René Lévesque a admis lui-même dans une conférence de presse qu'avec la formule de plafonnement du PQ, il n'y a pas élimination de la liberté de choix, c'est-à-dire que rien n'empêcherait des francophones d'aller dans le secteur anglophone.

Finalement, les choses traînent en longueur au goût de Bourassa et le gouvernement met fin le 12 juillet aux débats de la Commission et envoie le projet de loi 22 en deuxième lecture devant l'Assemblée nationale.

Trois amendements importants y sont toutefois apportés au préalable, soit une garantie quant au maintien des écoles de langue anglaise (avec une disposition visant cependant à en limiter le développement), l'obligation pour les entreprises de détenir un certificat de francisation pour pouvoir recevoir subventions ou prêts du gouvernement, enfin la création d'une commission où les parents peuvent faire appel quant aux résultats des tests de langue. Comme on peut l'imaginer, ces amendements ont fait l'objet de vigoureux débats à l'intérieur même du caucus libéral.

Ces trois amendements permettent aux ministres Jérôme Choquette et Jean-Paul L'Allier de se rallier lors du vote en deuxième lecture, mais ils ne sont pas apparemment assez convaincants pour obtenir l'appui de John Ciaccia et de George Springate.

La rumeur commence à circuler à la mi-juillet que le premier ministre va autoriser un vote libre sur le projet de loi 22. Bourassa s'empresse de préciser à des journalistes qu'il n'en est pas question, en rappelant que le projet de loi exprime une politique fondamentale du Parti libéral et du gouvernement.

Cependant le débat manque de plus en plus de sérénité. Le 17 juillet, Oswald Parent, ministre de la Fonction publique et député de Hull, fait en fin de journée une mise au point virulente à propos d'une enquête du professeur Charles Castonguay tout en accusant certains journalistes d'être professionnellement malhonnêtes.

> La télévision et la radio font état ce soir des résultats d'une enquête sur une prétendue anglicisation des Québécois, enquête menée par M. Charles Castonguay qui est présenté à l'écran et sur les ondes comme étant simplement professeur à l'Université d'Ottawa. Cette présentation est de la pure malhonnêteté intellectuelle aussi bien de la part de M. Castonguay, séparatiste notoire, que de la part des journalistes qui ont rédigé ces bulletins de nouvelles. J'estime qu'il convient de démasquer aussi bien la supercherie de M. Castonguay que la duplicité de ces journalistes.

Le 21 juillet, c'est au tour du premier ministre de vitupérer le Parti québécois parce qu'il gaspille le temps de l'Assemblée nationale.

> Ils multiplient les motions, les amendements, les sous-amendements. Il est maintenant évident qu'ils ne sont pas intéressés à discuter cette loi sérieusement. Ils veulent faire un spectacle politique. Ils amènent leurs troupes à l'Assemblée nationale. Ils organisent des démonstrations. Ils manifestent ainsi clairement leur intention de ne pas discuter du projet de loi. C'est vraiment dommage.

Il faut bien comprendre la situation dans laquelle se trouve le premier ministre du Québec lorsqu'il se décide à présenter la motion de clôture. Le Parti québécois déclare à qui voulait l'entendre qu'il n'est pas question de laisser passer le projet de loi 22 et que, si le gouvernement veut tout de même l'adopter, il devra imposer la clôture des débats. Quel est le choix du gouvernement? S'il cède devant la minorité, ce n'est plus la majorité qui décide, et on a alors en quelque sorte une démocratie à l'envers. Or, Bourassa est bien décidé à assumer ses responsabilités et, donc, à faire adopter la loi.

Pour le chef du gouvernement, invoquer la motion de clôture est donc normal, d'autant plus qu'après dix jours de discussion les débats n'en sont qu'à l'article deux. L'opposition démontre ainsi sa volonté de pas procéder à une étude sérieuse article par article. Un vote sur le premier article a eu lieu, mais l'opposition s'est abstenue, refusant ainsi de s'associer au gouvernement pour établir le français langue officielle du Québec. Faire preuve de plus de partisanerie est impossible.

L'article deux connaît le même sort. Les députés du Parti québécois ne se gênent pas d'ailleurs pour expliquer qu'ils mènent une stratégie de blocage. Par exemple, le député de Saint-Jacques Claude Charron déclare à qui veut l'entendre le 26 juillet qu'il n'est pas question pour le Parti québécois de discuter sérieusement du projet de loi pour le faire avancer, et qu'il veut empêcher son adoption par tous les moyens de procédure utilisables et forcer ainsi le gouvernement à adopter la clôture.

Cela fait sans doute l'affaire de ce parti: si l'on prête attention à son contre-projet, on constate qu'il contient vingt et une références à des droits qui sont reconnus aux anglophones. Or, ces références n'ont jamais fait l'objet d'une large publicité. Sans doute les péquistes préfèrent-ils éviter d'en parler et mettre l'accent sur leurs critiques du projet de loi libéral. De toute façon, un million d'anglophones vivent au Québec, ce dont Bourassa tient compte d'ailleurs en toute équité dans le projet de loi. Au cours d'émissions d'affaires publiques sur les ondes de CJAD et de Télémédia, le 28 juillet, il déclare:

Si l'on examine objectivement la situation, le projet de loi 22 est un coup très dur pour le Parti québécois puisque la population voit maintenant que l'on n'a vraiment pas besoin de se séparer du Canada pour vivre en français au Québec.

La Loi sur la langue officielle est finalement votée le 30 juillet en troisième lecture par 92 voix contre 10, Ciaccia et Springate votant à nouveau avec l'opposition, ce qui entraîne leur expulsion du caucus libéral. Le lendemain, soit le 31 juillet, la Loi sur la langue officielle reçoit la sanction du lieutenant-gouverneur.

Le soir même, le premier ministre s'adresse à 18 heures 30 à la population par le truchement de la radio et de la télévision pour souligner que l'adoption du français comme langue officielle du Québec est un grand moment de fierté pour tous les Québécois :

> Désormais, partout dans le monde où le Québec a une présence, on saura qu'il y a sur ce continent nord-américain un État français qui entend s'épanouir comme tel, tout en participant aux grands objectifs de développement partagés par les autres sociétés modernes.

Et le premier ministre tient aussi à rendre hommage à la détermination de son ministre François Cloutier :

> Les mesures contenues dans la Loi sur la langue officielle, proposées et défendues avec courage et intelligence par le ministre de l'Éducation, M. François Cloutier, correspondent bien aux données réelles du problème québécois. Nous les croyons nécessaires et suffisantes pour créer dans notre milieu une véritable dynamique de francisation qui nous permettra d'atteindre les objectifs poursuivis en respectant, d'une part, les droits individuels et collectifs, et en continuant, d'autre part, à promouvoir le développement économique et social auquel les Québécois attachent le plus grand prix.
>
> La Loi sur la langue officielle exprime donc la détermination du gouvernement et de l'immense majorité des Québécois de faire du Québec un État français, tout en respectant les droits individuels de la minorité dont les membres doivent continuer d'être des citoyens à part entière du Québec.
>
> À compter d'aujourd'hui, il y a un État officiellement français en Amérique du Nord. C'est un grand moment de fierté pour nous tous.

Ainsi les étapes de la longue marche linguistique entreprise par Bourassa dès 1970 sont maintenant terminées : loi de la protection du consommateur, code des professions, directives diverses, programme de refrancisation de l'Office de la langue française (dont le budget a triplé), plan de développement de l'enseignement des langues (avec des crédits de 100 millions de dollars en cinq ans). De plus, la Loi sur la langue officielle met en place une dynamique de francisation tout en offrant les solutions équilibrées que désire la population, comme les sondages l'ont amplement démontré. Cette loi renforce les droits collectifs de la majorité francophone tout en respectant les droits individuels de la minorité anglophone.

La Loi sur la langue officielle est un pas en avant très important pour la majorité francophone. Elle établit en fait un nouvel équilibre des forces culturelles, non seulement sur le continent nord-américain, mais également au sein de la francophonie mondiale. C'est une décision historique, une étape fondamentale vers la souveraineté culturelle au sein du marché commun canadien, formule réaliste élaborée par Bourassa et que l'on aurait tort de considérer qu'elle n'est pas encore porteuse d'avenir à l'heure où ces lignes sont écrites.

Politiquement, cette loi porte un coup très dur aux indépendantistes dans la mesure où le gouvernement libéral, par sa détermination, a démontré que l'on peut faire un Québec français sans briser le Canada.

Étant donné qu'un État français existe incontestablement depuis le 31 juillet 1974 sur notre continent, les historiens rendront un jour à Bourassa ce qui lui revient : la fin de l'ambiguïté, de l'incertitude et de l'imprécision qui pesaient depuis plus de 200 ans sur la culture française en Amérique du Nord.

Ainsi, à l'automne de 1974, le gouvernement Bourassa a trois grandes réalisations à son crédit, soit la Loi sur la langue officielle, le développement de la Baie James et l'établissement de l'assurance-maladie, donc trois réformes fondamentales aux plans culturel, économique et social.

Un quatrième défi, également de taille, l'attend encore : celui de sauver les Jeux olympiques afin que le Québec ne perde pas la face aux yeux du monde entier.

CHAPITRE 17

Le sauvetage des Jeux olympiques

Le 12 mai 1970, à Amsterdam, aux Pays-Bas, le Comité international olympique choisit, comme ville hôte des Jeux olympiques d'été de 1976, Montréal, qui l'emporte ainsi sur Los Angeles et Moscou. L'intense campagne internationale de relations publiques menée par le maire de Montréal Jean Drapeau auprès des 70 membres du CIO a donc réussi. Selon les prévisions, le budget de ces Jeux olympiques s'établirait à 120 millions de dollars.

En 1970, Drapeau, élu pour la première fois en 1954, en est à son quatrième mandat. Maurice Duplessis avait réussi à le faire battre aux élections municipales de 1957 à cause de son opposition à un projet d'habitations à loyer modique appelé Plan Dozois. Par la suite, Drapeau sera élu avec de solides majorités en 1960, en 1962 et en 1966. En 1970, il bénéficie de l'immense prestige dû au succès de l'Exposition universelle de Montréal de 1967, dont le déficit a été financé à 50 % par Ottawa, à 37,5 % par le Québec et à 12,5 % par Montréal.

Le maire de Montréal est un visionnaire, un charmeur, et un piètre administrateur. Homme de grande culture, épris des arts et de musique, cet orateur dans la grande tradition classique est capable aussi bien de s'adresser avec noblesse aux grands de ce monde — sa réplique au général de Gaulle en 1967 est désormais un morceau d'anthologie politique — que de soulever les foules en établissant avec elles un échange naturel dont il a le secret.

C'est également un homme qui détient un pouvoir politique considérable et cherche constamment à le renforcer, du fait peut-être que la ville de Montréal est régulièrement à court de moyens financiers. Il lance bien avant le maire Pierre Bourque le slogan « Une île, une ville » afin d'élargir l'assiette fiscale de Montréal à l'ensemble de l'île.

Le 13 mai 1970, Bourassa annonce la nomination du député de Fabre Gilles Houde comme agent de liaison entre le gouvernement du Québec et le Comité international olympique. Houde est l'un des spécialistes les mieux cotés du Québec dans le domaine des activités sportives et de plein air. Par ailleurs, Bourassa désigne son conseiller spécial Paul Desrochers pour représenter le gouvernement du Québec au Comité organisateur des Jeux olympiques (COJO). Desrochers avertit d'ailleurs rapidement le premier ministre du Québec que les coûts des jeux de 1976 se situeraient plutôt aux environs d'un milliard de dollars : il visite en 1971 le chantier des Jeux olympiques qui devaient se tenir à Munich l'année suivante. Il en vient à la conclusion que le budget des jeux de Montréal va être beaucoup plus élevé que le montant de 120 millions annoncé par Drapeau à Amsterdam.

Le maire Drapeau, en compagnie de l'architecte français Roger Taillibert, présente le 6 avril 1972 le projet de stade olympique, à l'aide d'un excellent film. Plusieurs milliers d'invités sont rassemblés au Centre Maisonneuve, dans le futur parc olympique. On est à quatre ans et trois mois de l'ouverture des Jeux prévue pour le 17 juillet 1976.

Ce stade de 70 000 places sera surplombé d'une tour, haute comme un immeuble de 50 étages. Entreposé dans le haut de la tour, un toit mobile, fait d'un matériau souple et résistant, pourra descendre et recouvrir l'ouverture du stade en hiver ou par mauvais temps en été, un peu comme un immense parachute. En haut de la tour on a prévu un restaurant panoramique auquel on accédera par deux funiculaires vitrés se déplaçant en alternance sur le versant dorsal de la tour. Un centre de natation sera installé au bas de la tour et un vélodrome à ciel ouvert pouvant accueillir 7 000 spectateurs sera relié au stade.

Lors de cette présentation, pas un mot n'est prononcé sur le financement de l'opération. Officiellement, la ville de Montréal s'en tient toujours au budget de 120 millions annoncé à Amsterdam. Bourassa, qui a assisté à la présentation, en sort fortement impressionné. Le premier ministre félicite d'ailleurs le maire Drapeau ainsi que l'architecte Taillibert, même s'il commence — entre quatre murs — à se poser de sérieuses questions sur le financement de l'opération.

Déjà alerté par son conseiller spécial Paul Desrochers quant au dépassement probable du budget, Bourassa demande à rencontrer le 11 avril 1972, en pleine grève des secteurs public et parapublic, le président du Comité exécutif de la ville de Montréal Gérard Niding. L'objectif est d'examiner la situation budgétaire de la métropole.

Bourassa prend connaissance des prévisions budgétaires de la ville. Puis il envisage avec Niding les mesures qui peuvent être prises afin de limiter la hausse des taxes à Montréal dans le contexte général de la fiscalité de la Communauté urbaine de Montréal. En effet, les contribuables montréalais se trouvent déjà parmi les plus taxés du Canada, et le caractère modéré du rythme de l'expansion économique au cours des deux dernières années doit inciter la ville de Montréal à faire preuve d'une certaine austérité dans ses prévisions budgétaires.

Certes, le premier ministre indique à Niding l'intérêt très vif que le gouvernement du Québec porte au projet audacieux de stade olympique dévoilé par Jean Drapeau. Il indique toutefois que c'est justement parce que le gouvernement du Québec désire que ces Jeux olympiques soient une réussite complète qu'il importe qu'une attention toute particulière soit accordée aux budgets des prochaines années de la ville de Montréal.

Le COJO est doté le 20 octobre 1972 d'une direction générale Presse-Information-Communications afin de seconder le directeur de la recherche et de l'information Louis Chantigny. Cette nouvelle direction est confiée à des professionnels expérimentés, Gaston Dubé, Gilles Marien et Robert Singher.

Sous la pression des gouvernements d'Ottawa et de Québec, l'administration montréalaise finit par accoucher d'une nouvelle évaluation budgétaire des Jeux: le montant est maintenant fixé à

310 millions de dollars. Après étude, il apparaît qu'en fait il va y avoir un déficit de 172 millions de dollars. Le projet atteint donc maintenant presque un demi-milliard de dollars!

Bourassa a plusieurs communications à cette époque avec Trudeau, dont le gouvernement est maintenant minoritaire. Le gouvernement fédéral est prêt à adopter certaines mesures (timbres, monnaie, loterie) pour contribuer au succès des Jeux à condition d'avoir la garantie qu'il n'aura pas à assumer quelque déficit que ce soit.

Le premier ministre du Québec est sensible à un certain nombre d'arguments en faveur des Jeux: ils vont amener en 1976 un grand nombre de touristes, avec les retombées de toutes sortes qu'une telle vague peut représenter. Le Québec va bénéficier d'un prestige considérable à travers le monde. L'industrie de la construction va créer un grand nombre d'emplois, compte tenu des infrastructures requises. Ces installations vont constituer des sources importantes de revenus par la suite du fait de leur utilisation à des fins multiples.

Un fait demeure cependant incontestable. Bourassa, au début de 1973, commence à se poser des questions sur la façon dont le maire Drapeau pilote le dossier des Jeux, ainsi que sur leur déficit appréhendé de 172 millions de dollars.

Le 2 février 1973, Robert Bourassa écrit à Pierre Trudeau pour lui faire part de l'appui du gouvernement du Québec à la tenue des Jeux olympiques de Montréal et l'informe également que la ville de Montréal et le COJO lui ont donné l'assurance que les revenus perçus par le COJO doivent couvrir les dépenses des Jeux.

Le même jour, Bourassa fait parvenir à Drapeau une copie de cette lettre et lui confirme son désir de mettre en place un contrôle des coûts et dépenses à venir. Le maire de Montréal lui signifiera par la suite son accord pour la mise en place d'un tel contrôle.

Le soir du 2 février, Bourassa informe la population dans une allocution télévisée que le gouvernement du Québec a décidé de donner le feu vert aux Jeux olympiques de 1976 «pour notre essor culturel, pour notre progrès social et surtout pour notre jeunesse».

Ainsi donc, dans un premier temps, le gouvernement du Québec fournit les garanties nécessaires sans lesquelles les Jeux olympiques de 1976 ne pourraient avoir lieu. Le rôle du Québec a été déterminant dans la réalisation de ces jeux. Bourassa décide de poser ce geste essentiel à leur tenue parce qu'il constate les bénéfices considérables qu'ils comportent pour Montréal, pour le Québec et, en fait, pour tout le Canada, des points de vues fiscal, économique et social. Sans oublier les nombreuses immobilisations qui demeureront à Montréal après les jeux.

Certes, la possibilité d'un déficit plane toujours, mais, pour Bourassa, il faut tenir compte des avantages concrets et des revenus dont vont profiter le Québec et le Canada, revenus provenant des taxes de toutes natures, directes et indirectes, rattachées à la venue des touristes, à la relance de l'économie, au renouveau de l'activité de l'industrie hôtelière et à tout le climat en général. Tel est le pari de Bourassa lorsqu'il décide de faire parvenir à Trudeau sa lettre du 2 février qui déclenche la contribution fédérale au financement des jeux de Montréal, créature de la Province comme disent les juristes.

De fait, le premier ministre du Canada annonce deux jours plus tard à la Chambre des communes qu'un projet de loi concernant le financement des Jeux de 1976 va être déposé.

Le comité conjoint, annoncé par Bourassa à Drapeau le 2 février, est créé le 21 mars 1973 et reçoit le nom de Comité de contrôle des Jeux olympiques ou CCJO. Sur la proposition du premier ministre, le sous-ministre des Travaux publics Roger T. Trudeau, le sous-ministre des Institutions financières, compagnies et coopératives Fernand Lalonde et le sous-ministre adjoint du Tourisme, de la Chasse et de la Pêche Guy Langlois sont désignés comme représentants du gouvernement du Québec au sein du CCJO afin d'y exercer, avec deux représentants de la ville de Montréal, la révision et le contrôle des revenus et des dépenses relatifs aux Jeux olympiques.

Le comité conjoint a le mandat de soumettre des rapports et de faire toutes observations et recommandations jugées à propos au gouvernement, à la ville et au CCJO.

Rassuré par la lettre que Bourassa lui a fait parvenir le 2 février, le gouvernement Trudeau fait adopter en juillet 1973 la Loi concernant les Jeux olympiques d'été de 1976, laquelle loi implique un amendement au code criminel à cause du projet de loterie qu'elle comporte. Pour faire en sorte que la loterie olympique soit un succès, Bourassa donne instruction à Raymond Garneau, ministre des Finances du Québec, de négocier avec toutes les provinces afin que chacune autorise la vente des billets de la loterie olympique sur son territoire. Le produit de cette loterie doit être affecté, explique Garneau, au financement de l'organisation des jeux et non à la construction de bâtiments permanents à Montréal.

La négociation de Garneau est un succès et toutes les provinces acceptent finalement d'adopter les mesures permettant la vente de ces billets.

Le 5 décembre 1973, Bourassa achète le premier billet de la Loterie olympique Canada à être vendu au Québec. Ce billet, qui pourrait rapporter à son détenteur jusqu'à 1 million de dollars, lui est remis par Claude Ferragne, célèbre athlète de la région de Québec. Cette brève cérémonie symbolique marque le début de la vente générale des billets de la loterie à travers le Canada.

Le chef du gouvernement québécois remet à son tour ce billet à Paul Phaneuf, ministre d'État responsable de la Jeunesse, des Loisirs et des Sports, afin qu'il en fasse cadeau officiellement, au nom du premier ministre, à la Confédération des sports du Québec dont le congrès a justement lieu au cours de la fin de semaine suivante.

Cette loterie olympique est en fait une grande réussite. On avait calculé qu'elle pourrait rapporter 36 millions de dollars. Tout compte fait, le produit de la vente de ces billets s'élèvera à 264 millions !

Un mois après la victoire libérale du 29 octobre 1973, les travaux d'excavation du Parc olympique, qui ont débuté le 28 avril 1973, sont terminés. On se met dès lors à espérer que la construction du stade va avancer de façon que tout soit prêt pour le grand rendez-vous de juillet 1976. Malheureusement, cela n'allait pas être aussi simple !

Les relations entre les entrepreneurs et les syndicats sont en effet souvent tendues sur le chantier du stade et à partir de 1974, elles deviennent de plus en plus difficiles. Les retards commencent à devenir inquiétants. Le gouvernement du Québec modifie le décret de la construction le 24 janvier 1974 afin que la semaine de travail puisse passer de six journées de 16 heures à 7 journées de 24 heures.

Au début de 1975, le premier ministre du Québec ressent la nécessité de rassurer la population. Le 12 janvier, il signale que le gouvernement du Québec a déjà sauvé les jeux, alors sérieusement compromis, en offrant en 1973 la garantie nécessaire au gouvernement fédéral. « Nous sommes prêts à les sauver une deuxième fois, à condition d'avoir un minimum de solidarité de la part de toutes les parties concernées. »

Pour lui, étant donné l'inflation très forte qui sévit depuis plusieurs mois, on peut comprendre le point de vue des travailleurs de la construction. Du côté des entrepreneurs, avec la baisse de la productivité que l'on constate depuis juillet 1974, plusieurs se trouvent dans une situation financière de plus en plus précaire.

Le 20 janvier 1975, alors que les chantiers olympiques sortent d'un débrayage qui les a paralysés pendant deux mois, Bourassa déclare aux étudiants en administration de l'Université de Sherbrooke que son gouvernement veut s'assurer de trois points importants : que le stade prévu initialement puisse être terminé pour le 17 juillet 1976, que le déficit non prévu au départ soit « acceptable » et que la rentabilité à moyen terme des installations puisse justifier cet investissement du gouvernement.

En fait, la décision importante à prendre est de déterminer si l'on continue la construction du stade initialement prévu, ou si l'on opte pour une solution de rechange. Le dilemme de Bourassa est dû au fait que certains ingénieurs, impliqués de près dans la construction du stade, affirment que l'on a le temps de le terminer tandis que d'autres soutiennent le contraire.

Le samedi 17 mai 1975, le premier ministre convoque à Sorel une réunion secrète à l'insu du maire Drapeau pour faire le point sur le chantier olympique. En raison du temps magnifique, la rencontre se tient en bonne partie à l'extérieur. Y participent le ministre des Finances Raymond Garneau, le ministre Fernand Lalonde en tant que président du CCJO, le député de Drummond Robert Malouin, ingénieur de profession en qui Bourassa a confiance, le sous-ministre des Transports Claude Rouleau et l'ingénieur Bernard Lamarre, président de la firme LVLV et nommé par Drapeau un an plus tôt « mandataire-coordonnateur » du chantier olympique.

Lalonde et Lamarre sont inquiets et en font part au premier ministre : il faut enlever la maîtrise d'œuvre sur le chantier à Drapeau et à Taillibert, sinon le stade ne sera pas prêt dans 14 mois, et le Québec va perdre la face aux yeux du monde entier.

On suggère alors au premier ministre de nommer Roger Rousseau directeur général du projet. Rousseau, ancien ambassadeur du Canada au Cameroun, a été nommé trois ans auparavant commissaire général du COJO.

Les municipalités sont certes des « créatures de la Province », mais Bourassa n'est pas prêt en mai 1975 à partir en guerre contre le maire de Montréal, lequel vient d'être élu six mois plus tôt avec une majorité substantielle. Sa stratégie consiste plutôt à impliquer le maire Drapeau et le président du comité exécutif Gérard Niding dans le processus des décisions difficiles qu'il est nécessaire de prendre pour terminer le stade, en exigeant que les deux hommes fassent partie d'un Comité de réalisation où siégeront également Bernard Lamarre et Claude Rouleau.

Malheureusement, cette formule n'est pas acceptée : Drapeau exige que toutes les décisions importantes soient entérinées par Taillibert, qu'il soit à Montréal ou à Paris, avec toutes les complications et tous les retards qu'une telle exigence entraîne.

Le 23 mai 1975, le député libéral de Drummond Robert Malouin, qui avait été invité à la rencontre de Sorel du 17 mai, est nommé membre du Comité conjoint des Jeux olympiques (CCJO). La formation de Malouin (Faculté de génie de l'Université de Sherbrooke), son expérience et les connaissances qu'il a acquises par sa participation active aux séances de la Commission parlementaire des Affaires municipales à propos des Jeux olympiques permettent de renforcer de façon appréciable le suivi que le CCJO exerce sur le déroulement des travaux. Conformément à son habitude de ne jamais avoir un seul conseiller dans un dossier donné, Bourassa compte en effet sur Malouin pour lui donner, sur les plans politique et technique, une opinion indépendante quant à la situation du chantier olympique.

Le Devoir publie le 28 août 1975 un article à sensation sur un projet surprenant : le gouvernement du Québec étudierait la possibilité d'acheter au gouvernement français le paquebot *France* pour la somme de 25 millions de dollars. L'immense navire serait installé à demeure dans le port de Montréal avant les Jeux olympiques, et pourrait ainsi servir à la fois d'hôtel et de casino. Les Français ont décidé de le vendre, car son utilisation est devenue trop coûteuse, surtout depuis la hausse des coûts du pétrole de 1973.

Le premier ministre français Jacques Chirac téléphone à son homologue québécois pour tenter de le convaincre de donner suite à cette idée. Bourassa, qui se doute que toute cette affaire est montée par le maire Drapeau et par son réseau de relations en France, déclare à Chirac qu'il allait faire étudier cette formule et ses possibilités de rentabilité. Son interlocuteur devenant un peu insistant, il lui déclare que la décision du gouvernement du Québec sera rendue publique vers la mi-septembre.

Le 18 septembre, le gouvernement a terminé l'étude des implications financières de l'achat du *France* et décide de ne pas procéder à l'acquisition de ce navire.

Le mois d'octobre est marqué par une série de mauvaises nouvelles : la situation sur le chantier ne s'améliore pas ; la ville de Montréal n'arrive plus à payer les entrepreneurs et, notamment, des fournisseurs comme Shockbéton qui fabriquent à l'aide de moules les immenses pièces de béton composant le stade ; le gouvernement fédéral refuse catégoriquement d'augmenter sa contribution au projet ; au grand désespoir de Bernard Lamarre, le sous-ministre des Transports, Claude Rouleau démissionne du Comité de coordination parce qu'il ne peut plus supporter les caprices de Drapeau et de Taillibert.

Le 6 novembre 1975, Guy Coulombe, qui a été nommé quatre mois plus tôt secrétaire général du gouvernement, fait parvenir au premier ministre une note dans laquelle il l'informe que le gouvernement du Québec doit prendre le contrôle du chantier olympique s'il souhaite que le stade soit prêt pour le 17 juillet 1976, c'est-à-dire huit mois plus tard. Autrement, il faudra soit annuler les Jeux, soit trouver un autre endroit. Toutefois, il est encore possible de sauver les Jeux de Montréal si le gouvernement du Québec se donne les moyens, aussi rapidement que possible et avec une équipe de direction super-performante, de prendre effectivement le contrôle des travaux.

Coulombe a eu une rencontre à Québec la veille avec Claude Rouleau, Bernard Lamarre et, à titre confidentiel, le directeur des Travaux publics de la ville de Montréal Charles-Antoine Boileau. Boileau déclare notamment lors de cette rencontre que le déficit va certainement dépasser 600 millions de dollars. Bourassa est un homme de chiffres : ce dépassement, dont Drapeau ne lui a jamais signalé l'ampleur, est la goutte d'eau qui fait déborder le vase.

Il fait appeler le président du comité exécutif de Montréal Gérard Niding et lui demande son avis sur l'exactitude du montant du déficit. Après avoir soi-disant vérifié, Niding lui déclare finalement que ce montant de 600 millions de dollars lui semble malheureusement exact. Le premier ministre l'informe alors que, même s'il regrette d'en venir à cette solution, des mesures vont être prises pour retirer au maire Drapeau et à la ville de Montréal la responsabilité des installations olympiques.

Deux semaines plus tard, le 20 novembre 1975, l'Assemblée nationale du Québec adopte la loi n° 81, déposée la veille en première lecture, loi qui crée la Régie des installations olympiques, laquelle prendra en charge le financement et le parachèvement du chantier.

Le premier ministre désigne par décret le ministre des Affaires municipales et de l'Environnement Victor Goldbloom comme ministre responsable de l'application de la Loi de la Régie des installations olympiques. Ce fut certainement une douce revanche pour le Dr Goldbloom qui avait eu maintes fois maille à partir avec Drapeau...

De plus, Bourassa confie au député de Fabre Gilles Houde la réalisation concrète d'un vaste programme d'information sur les installations olympiques.

Dès le lendemain, le 21 novembre, Claude Beausoleil, chef de cabinet du ministre Goldbloom, annonce la composition de la direction du nouvel organisme, qui sera présidé par Claude Rouleau, le sous-ministre des Transports du Québec.

L'une des toutes premières décisions de Rouleau est de faire changer les cartes d'accès au chantier de manière à en contrôler strictement l'accès. Le nouveau directeur des communications de la Régie, Jean Riendeau, un communicateur expérimenté, m'avait prévenu de cet important changement. Si les gardiens des barrières laissaient entrer qui que ce soit qui n'avait pas la nouvelle carte, ce serait le congédiement immédiat.

Au début de la semaine suivante, le maire veut se rendre très tôt le matin, comme il avait souvent l'habitude de le faire, sur ce qui n'est malheureusement plus « son » chantier. Le gardien de la barrière où le maire se présente applique à la lettre les instructions qu'il a reçues et le maire doit faire demi-tour. Drapeau se rend à son bureau et appelle immédiatement le premier ministre. Ce dernier, lassé par les appels incessants du maire Drapeau au cours de la semaine précédente à cause de l'adoption de la Loi de la Régie des installations olympiques, avait ordonné que les appels du maire me soient transférés. Je reçois donc l'appel chez moi. Il est sept heures du matin.

Le maire est furieux et souhaite parler immédiatement à Bourassa. Je lui explique que ce n'est pas possible parce que Bourassa s'est couché très tard et qu'il n'est certainement pas encore levé, mais je lui promets de l'informer le plus tôt possible que le maire de Montréal veut lui parler de toute urgence.

J'ai droit alors à une séance magistrale de défoulement : il me rappelle qu'il est toujours le maire de Montréal, qu'il a été élu avec une forte majorité, qu'il a des droits et qu'il entend bien les faire respecter, que ce qu'on vient de lui faire subir à l'entrée du chantier est un affront inqualifiable, etc. J'essaie de mon côté de le convaincre que nous travaillons tous pour la même cause, que nous voulons tous que les Jeux olympiques soient un grand succès, que le premier ministre a certainement le plus grand respect pour tout ce qu'il a fait pour Montréal et qu'il est désormais important que le gouvernement du Québec puisse compter sur sa collaboration afin que tout soit prêt pour le 17 juillet prochain. Finalement, il raccroche brusquement.

J'informe le premier ministre en fin de matinée de ce qui vient d'arriver. Il appelle au cours de l'après-midi le maire, qui l'entretient surtout de l'importance de terminer la tour du stade. Bourassa m'affirme également avec un sourire qu'il avait l'air calme et serein au bout de la ligne. Je lui déclare alors que je suis toujours heureux de faire œuvre utile…

L'année 1975 se termine avec une déclaration d'intention du premier ministre sur les ondes de CFCF.

> Les Jeux olympiques sont ma première priorité. J'y consacre beaucoup de temps. Nous devons être prêts. Nous avons eu de gros problèmes de relations de travail sur le site. Les coûts ont augmenté rapidement. Nous sommes intervenus quand la Ville de Montréal a commencé à avoir de gros problèmes, et ceci en collaboration avec elle, afin de sauver les Jeux olympiques.

Bourassa précise également que la politique de financement des Jeux comprend des mécanismes d'autofinancement, les fonds provenant des activités olympiques elles-mêmes, de l'extension de la loterie olympique, et, éventuellement, des emprunts basés sur les nouveaux actifs en voie de réalisation et dont la valeur doit s'établir aux environs de 500 millions de dollars.

De plus, le premier ministre insiste, au nom de ce qu'il appelle «la plus-value fiscale» pour que le gouvernement fédéral accepte d'assumer une partie du déficit des installations olympiques. Ottawa, soutient-il, doit rembourser Québec d'environ 200 millions de dollars provenant des taxes dues à l'augmentation des coûts de construction.

Trudeau déclare qu'il s'agit là d'un «drôle de raisonnement» et qu'il n'a absolument pas l'intention de payer quoi que ce soit pour le déficit olympique «que Québec s'est engagé à assumer». Bourassa lui réplique le 22 janvier 1976.

> J'ai l'intention de poursuivre mes démarches afin de faire valoir le bien-fondé de ma proposition en vue d'obtenir la plus-value fiscale

6 décembre 1973 – M. Robert Bourassa reçoit à son bureau de l'assemblée nationale, M. Réjean Genois, membre de l'équipe canadienne de la Coupe Davis. De g. à dr., Réjean Genois, remettant la raquette de tennis qui lui a valu sa victoire à Mexico, le ministre des Finances Raymond Garneau, un fervent de ce sport, et M. Bourassa.

16

La lecture des journaux était pour Robert Bourassa
une activité incontournable. Il aimait en effet se tenir informé sur
tout ce qui s'écrivait dans le vaste domaine de la politique.

Moments de détente en 1974. Avec de tels sourires, il doit s'agir d'une famille heureuse.
De g. à dr., M. Bourassa, François, Michelle et Mᵐᵉ Andrée Bourassa.

Le premier ministre Bourassa rencontre en 1974,
lors d'une réception à Victoriaville, le poète Alfred DesRochers.

Du 11 au 13 septembre 1974 se tient à Toronto la conférence interprovinciale
des premiers ministres. De g. à dr., William Davis (Ontario), Frank Moores
(Terre-Neuve), Robert Bourassa et Alex Campbell (Île-du-Prince-Édouard).

Novembre 1975 – Rencontre entre M. Bourassa et des hommes d'affaires
actifs dans le secteur minier. Était également présent le ministre
des Richesses naturelles Jean Cournoyer.

Le 11 novembre 1975, M. Gérard D. Levesque, ministre de la Justice,
signe l'entente avec les représentants des autochtones.

Le 14 janvier 1976, le premier ministre reçoit chez lui à Outremont
le sénateur Edward Kennedy, qui s'intéresse au système
de sécurité sociale au Québec et au Canada.

17 septembre 1976 – Le premier ministre du Québec remet, à son bureau, un chèque
de 25 000$ au président de l'Association des Gens de l'air du Québec, M. Roger
Demers, à titre de subvention pour les aider dans leur lutte afin que le français
ait entièrement droit de cité dans les airs au Québec.

17 septembre 1976 – Le premier ministre du Québec reçoit à déjeuner,
au lac à L'Épaule, le premier ministre de Grande-Bretagne James Callaghan
qui lui confirme que le Parlement britannique ne saurait s'opposer
au rapatriement unilatéral de la Constitution canadienne.

Robert Bourassa rencontre son adversaire préféré, René Lévesque.

Lors d'une visite à l'Université du Québec à Trois-Rivières,
le premier ministre Bourassa rencontre un groupe d'étudiants.

provenant de l'augmentation des coûts de construction des installations olympiques. Ce faisant, je suis convaincu de parler au nom de l'immense majorité des Québécois.

C'est ce moment que choisit l'opposition au Conseil municipal de Montréal pour écrire au premier ministre du Québec afin que soit instituée une enquête sur les Jeux olympiques. Le maire Drapeau s'était en effet retrouvé lors de l'élection municipale du 10 novembre 1974 avec une opposition forte de 19 membres, dont 18 élus sous la bannière du Rassemblement des citoyens de Montréal, dirigé par l'animateur social Jacques Couture. Le premier ministre reçoit cette demande sans grand enthousiasme : il considère que le maire Drapeau est déjà suffisamment échaudé, ne serait-ce que par l'adoption de la Loi sur la Régie des installations olympiques.

Bourassa répond à Couture le 6 février.

> La demande de votre parti politique afin que soit créée une commission royale d'enquête sur le dossier olympique me fournit l'occasion de souligner que le gouvernement n'a jamais hésité à recourir au moyen exceptionnel que vous suggérez lorsque la situation l'exige, ainsi qu'il l'a maintes fois prouvé par le passé.
>
> Toutefois, il importe de se rappeler les faits suivants : une enquête policière est en cours ; de plus, une enquête parlementaire est déjà en cours et se poursuivra par la tenue d'autres réunions de la Commission des affaires municipales ; enfin, vous avez vous-même, au niveau de la Ville de Montréal, des fonctions de contrôle et de surveillance inhérentes à votre rôle d'opposition.

Pour prouver sa détermination, Bourassa réussit à se faire inviter le 1er février à l'émission *Cross Country Check-up* sur les ondes du réseau radiophonique anglais de Radio-Canada. Le sujet de cette tribune téléphonique consiste en une simple question : Qui doit payer pour les Jeux olympiques de 1976 ? C'est ainsi que le premier ministre du Québec a un dialogue pendant deux heures avec des Canadiens d'un océan à l'autre au sujet du financement des Jeux olympiques, ce qui lui permet évidemment de développer à loisir sa thèse de la plus-value fiscale pour Ottawa des installations olympiques.

Nous avons avec les Olympiades la même situation qu'avec le contrôle des prix et des salaires. Si le coût des Jeux est plus élevé, c'est à cause de l'inflation. M. Trudeau devrait appliquer le même raisonnement à la situation financière des Olympiades qu'à la situation financière du pays lorsqu'il a décidé de changer d'avis et d'imposer le contrôle des prix et des salaires.

C'est une question de justice pour le contribuable québécois. Nous estimons que nous ne devons pas diminuer nos dépenses, ou augmenter nos impôts, ou nous priver de revenus additionnels, alors qu'une inflation assez forte est en train de fournir des revenus accrus au gouvernement fédéral.

Les Jeux olympiques sont un événement exceptionnel et très important, qui arrive peut-être une fois par siècle dans un pays en particulier. C'est une grande manifestation canadienne, et c'est dans ce contexte que l'on doit les envisager. C'est pourquoi nous estimons que notre demande est entièrement justifiée, et j'ai confiance d'obtenir en définitive ce que nous réclamons, quelle que soit la forme de la participation supplémentaire fédérale.

Une semaine plus tard, Bourassa trouve un nouvel argument pour appuyer sa demande : après avoir rejeté sans ménagement le système de contrôle des prix et des salaires proposé par les conservateurs, Trudeau n'a-t-il pas changé d'idée pendant le week-end de l'Action de grâce 1975 en invoquant le fait que l'inflation était plus forte que celle qu'on avait tout d'abord prévue ?

À la mi-février, Bourassa continue de réclamer à la radio la participation fédérale au déficit olympique. Il s'appuie maintenant sur des sondages, commandés par la loterie olympique du Canada à la firme International Surveys Limited, qui indiquent que c'est la volonté de la population du Québec qu'Ottawa contribue au financement du déficit olympique.

Talonné le 10 février à Vancouver par des journalistes, Trudeau leur demande, en guise de réponse à leurs questions sur la possibilité d'une participation accrue du fédéral au financement olympique : « Qui allez-vous croire, Bourassa ou moi ? » Comme un sondage fait auprès de jeunes Ontariens vient de révéler que 68 % d'entre eux sont en faveur d'une participation accrue du gouvernement fédéral au financement du déficit de la XXIᵉ Olympiade, Bourassa cite le résultat de ce sondage et déclare : « Je suggère à M. Trudeau de croire la jeunesse du Canada. Ce sont les jeunes qui ont raison. »

Comme l'aile québécoise du Parti libéral du Canada tient son congrès annuel à Québec pendant la fin de semaine du 5 au 7 mars 1976, Bourassa invite Trudeau à dîner à midi le vendredi 5 mars dans ses appartements de l'édifice du Conseil exécutif. C'est en rentrant dans cet édifice que Trudeau déclare aux journalistes qu'il va peut-être déguster les hot-dogs que Bourassa aime tellement.

C'est un étrange repas : les deux hommes ont chacun leur ordre du jour en tête. Bourassa parle essentiellement des Jeux olympiques et de leur déficit. Trudeau refuse de modifier sa position et d'envisager une participation quelconque au financement de ce déficit.

Puis il est question de l'inauguration des Jeux par la reine Élisabeth. Bourassa est évidemment d'accord puisque c'est prescrit par les règlements du Comité international olympique. Il informe cependant Trudeau qu'il souhaite que la reine arrive par avion à Montréal plutôt que par son bateau, le *Britannia*, à Québec, même si le protocole à Ottawa préfère qu'elle arrive à Québec. Trudeau manifeste son désappointement.

Le soir, c'est l'ouverture du congrès des libéraux fédéraux québécois. Trudeau se défoule devant ses militants, quelque peu stupéfaits, et même gênés par le ton et la nature de son intervention : il faut se rappeler que la plupart d'entre eux avaient voté pour Bourassa aux élections provinciales du 29 octobre 1973. Dans un discours interminable, il s'en prend personnellement au premier ministre du Québec, notamment à cause de la Loi sur la langue officielle, du déficit des Jeux olympiques et de son manque d'intérêt pour la négociation constitutionnelle.

Inlassable quand il estime qu'une cause est juste, Bourassa fait publier le 11 mars les résultats globaux d'un sondage effectué dans chaque province du Canada par la firme International Surveys Limited à la demande de Julien Côté, président de la Loterie olympique du Canada. Les résultats viennent appuyer la thèse que le premier ministre du Québec a fait valoir auprès de son homologue fédéral : 55,7 % des 4 009 personnes interrogées sont en faveur d'une participation fédérale au déficit. Ce pourcentage s'élève et atteint 70,8 % chez les jeunes de 18 à 24 ans. « On note avec intérêt, souligne Bourassa, que l'avenir du Canada, c'est-à-dire sa jeunesse, est massivement en faveur de la participation financière du gouvernement fédéral à la grande épreuve olympique. »

Pendant ce temps, Bourassa est en train de gagner le pari qu'il a fait lorsqu'il a décidé à la mi-novembre 1975 qu'il était temps que le gouvernement du Québec enlève la responsabilité de la construction des installations olympiques à la ville de Montréal si l'on voulait qu'elles soient prêtes pour le 17 juillet 1976. Le tandem Claude Rouleau-Roger T. Trudeau fait vraiment des merveilles, pendant que le Conseil du Trésor à Québec débloque 272 millions de dollars sur les 816 millions prévus au programme des immobilisations.

Le nouveau patron des communications de la RIO Jean Riendeau sensibilise le public et les médias à la course contre la montre qui se tient au chantier olympique. Une demande de Riendeau au bureau du premier ministre Bourassa devient ipso facto une priorité. L'installation de chacun des 38 segments de l'anneau technique est saluée chaque fois comme une victoire. Riendeau institue une visite mensuelle des journalistes qui contribue à redonner confiance à la population.

Le 8 février est une date mémorable : bousculant tous les échéanciers, la dernière des 34 consoles autoportantes est assemblée. Puis le 29 mars on procède à l'installation du 38ᵉ et dernier segment de l'anneau technique. Le stade prend forme dans toute son élégance.

À 100 jours de l'ouverture des jeux, le ministre Goldbloom et Claude Rouleau, en tant que président de la Régie, invitent Bourassa à faire une visite du chantier olympique le 9 avril 1976 en compagnie d'une centaine de journalistes.

La vague d'optimisme commence à se faire sentir, au point que la direction de la RIO donne congé aux travailleurs du chantier pour le week-end de Pâques les 18 et 19 avril, journées pendant lesquelles elle invite la population à visiter les installations olympiques. Comme le souligne Guy R. Morin dans son livre *La cathédrale inachevée*, 200 000 personnes visitent le chantier pendant cette fin de semaine

Informé que l'achèvement des pyramides du Village olympique prend un retard considérable, Bourassa donne mandat à son conseiller spécial Paul Desrochers de négocier avec les constructeurs du Village, la firme Zarolega, afin que la RIO prenne en main les travaux pour que tout soit prêt lorsque les athlètes arriveront à Montréal.

Lorsque Zarolega refuse d'abandonner ce lucratif contrat, Desrochers convoque ses dirigeants à son bureau et de son air le plus sombre leur annonce sans ménagement que, s'ils persistent dans leur entêtement, il va personnellement s'assurer que tous les ministères concernés par l'industrie de la construction passent leurs activités au peigne fin, et que le ministère du Revenu du Québec procède à une vérification minutieuse de leur situation fiscale. Zarolega accepte de renoncer au contrat. Le gouvernement fait adopter le 30 avril le projet de loi 25 concernant le Village olympique : le gouvernement devient propriétaire du Village et le confie à la RIO pour finir les travaux à temps. L'indemnité payée à Zarolega est fixée par un conseil d'arbitrage.

Le dimanche 13 juin à 16 heures, le premier ministre du Québec remet officiellement le Parc olympique à Roger Rousseau, président du Comité organisateur des Jeux olympiques.

> Vous dire la joie que j'ai aujourd'hui de vous remettre officiellement les installations olympiques, c'est vous dire la fierté de tous les Québécois d'avoir pu relever un défi vraiment exceptionnel.
>
> Malgré les inquiétudes sérieuses de certains, j'ai pour ma part toujours cru la chose possible. Je sais ce dont les travailleurs québécois sont capables dès lors qu'il s'agit de l'honneur du Québec. Nous tenons en effet de nos ancêtres un sens inné de la parole donnée. Les Québécois sont gens de parole et nous sommes ici aujourd'hui pour en témoigner […].

Comme Bourassa l'avait souhaité, la reine et le duc d'Édimbourg arrivent à Montréal par avion la veille de l'ouverture des jeux. Leur appareil se pose le 16 juillet à la base de Saint-Hubert vers 17 heures 30. Le soir même, le couple royal reçoit à dîner le premier ministre du Québec, Mme Bourassa et quelques autres invités à bord du *Britannia*, amarré depuis quelques jours dans le port de Montréal.

Le lendemain, devant les 75 000 personnes installées dans les gradins et un milliard de téléspectateurs à travers le monde, Sandra Henderson de Toronto et Stéphane Préfontaine de Montréal entrent au pas de course main dans la main dans le stade et allument avec leurs torches la vasque de la XXIe Olympiade. Il est exactement 17 heures, tel que prévu.

Bourassa sourit à la foule. « Mission accomplie ! » se dit-il.

CHAPITRE 18

Vers la souveraineté culturelle

Le lendemain de la victoire du 29 octobre 1973, Bourassa quitte en fin d'après-midi son bureau d'Hydro-Québec à Montréal pour se rendre en voiture à Québec.

Tout en laissant courir son regard sur le paysage reposant qui borde l'autoroute 20, il réfléchit sur un certain nombre de sujets qui lui tiennent à cœur. La situation financière du Québec est saine, 128 000 emplois vont être créés en 1973. Il songe aux défis de ce nouveau mandat, à l'importance de maintenir le dialogue avec la population, et à la meilleure façon pour le Québec de faire progresser le débat constitutionnel vers la souveraineté culturelle, ceci dans le contexte d'un gouvernement fédéral minoritaire dirigé par Trudeau. Il va d'ailleurs avoir avec lui des entretiens privés à sa résidence d'Ottawa quatre jours plus tard.

Le Parti québécois vient d'augmenter substantiellement son appui populaire, soit 230 000 voix de plus qu'à l'élection d'avril 1970. Peut-on, se demande Bourassa, songer à établir un dialogue avec ses éléments les plus progressistes? Pourquoi ne pas travailler à un réalignement des forces politiques au Québec afin que le débat se fasse davantage entre le conservatisme et le réformisme, et non plus entre l'indépendantisme et le fédéralisme?

N'est-ce pas Raymond Laliberté, un syndicaliste doublé d'un intellectuel, qui a déclaré quelques mois plus tôt que la question nationaliste dévore au Québec tout le social? Voilà une prise de position qui trouve un écho favorable chez Bourassa, lui qui aime se définir comme un homme de centre gauche.

Lorsque je l'interroge sur l'état d'esprit dans lequel il envisage son mandat au cours des quatre prochaines années, le premier ministre me répond qu'il a l'intention de travailler comme s'il n'avait été élu qu'avec une soixantaine de députés.

Car, estime-t-il, s'il a maintenant 102 députés, cela indique simplement que la population est satisfaite du travail que son équipe et lui ont effectué depuis 1970. Tous les sondages récents témoignent d'un degré de satisfaction presque record : pour 56 % ou 57 % de la population, l'action du gouvernement depuis mai 1970 est satisfaisante. Il n'a donc pas à modifier sa démarche générale.

Tous les groupes de la société québécoise ont appuyé pendant la campagne électorale le Parti libéral d'une façon majoritaire, sauf des éléments de la bourgeoisie et certains dirigeants syndicaux, qui forment également une sorte d'establishment. Par exemple, un député de la Beauce vient de lui signaler que les deux seuls bureaux de scrutin qu'il a perdus sur 156 sont ceux où vit la bourgeoisie de son comté.

En fait, lance Bourassa d'un air songeur, le Parti québécois est devenu un parti de petits-bourgeois alors que les libéraux sont les vrais sociaux-démocrates.

D'une part, il s'est constamment efforcé pendant son premier mandat de consolider la sécurité économique des travailleurs en faisant de la lutte contre le chômage et du développement des entreprises les principales préoccupations de son gouvernement. La recherche de la sécurité économique des Québécois n'est-elle pas devenue la caractéristique de son administration ? En témoignent le lancement de la Baie James, la création de la Société de développement industriel, devenue Investissement Québec, et les nombreuses législations économiques adoptées dans tous les secteurs ? Pour illustrer le caractère fondamental et nécessaire du progrès économique, il cite l'homme politique français Jean Jaurès, selon lequel on ne peut bâtir le socialisme sur la pauvreté.

N'a-t-il pas également contribué très rapidement à promouvoir concrètement la social-démocratie au Québec ? Qu'on pense aux mesures telles l'assurance-santé, l'Office de la protection du consommateur, les allocations familiales pour aider d'abord et avant tout les familles à revenu modeste, les médicaments gratuits aux personnes âgées, le Conseil du statut de la femme, la Régie des loyers, la Loi des petites créances, l'aide juridique, l'exemption d'impôt pour les petits salariés, la réforme de la carte électorale avec l'abolition des comtés protégés et la création de comtés équivalents quant au nombre d'électeurs, le code des professions qui rend obligatoire la connaissance d'usage de la langue française, et un peu plus tard la Charte des droits et libertés de la personne.

Bourassa se met même à citer André Larocque, qui est alors le secrétaire de Robert Burns — et peut-être son porte-parole — et qui n'hésite pas à traiter René Lévesque d'effronté tout en affirmant que le Parti québécois s'est embourgeoisé.

En fait, selon Bourassa, les travailleurs, les étudiants, les administrateurs, les gérants, les employés et les ménagères ont appuyé le Parti libéral parce que tous ces groupes se rendent compte que ce parti fait le maximum pour la société québécoise.

Bourassa est vraiment convaincu que la souveraineté politique, telle que proposée par le Parti québécois, est une conception irréaliste des véritables aspirations de la majorité des Québécois.

Les péquistes peuvent bien, si ça leur chante, nommer 60 pays devenus récemment indépendants dans d'autres régions du monde. Les Québécois retiennent surtout deux choses : d'une part, ils font partie d'un grand ensemble nord-américain, le Canada, qu'ils perçoivent comme un «espace de solidarité», certes imparfait, mais susceptible d'améliorations avec des formules comme la péréquation. D'autre part, ils constatent que de nombreux pays, dans d'autres régions du globe, s'orientent de plus en plus vers un lien fédératif.

D'ailleurs, souligne Bourassa, René Lévesque lui-même et plusieurs dirigeants péquistes parlent d'union monétaire. Or l'union monétaire, et les péquistes semblent l'oublier, implique au moins un lien fédéral, avec des élus qui peuvent participer d'une façon représentative à Ottawa à, entre autres, la détermination de la politique… monétaire.

Malgré le niveau d'interdépendance économique que connaît la société canadienne, on peut avoir une solution proprement québécoise, c'est-à-dire la souveraineté culturelle dans le fédéralisme économique. Cette formule est pour lui la véritable solution à l'insécurité ressentie par plusieurs Québécois, insécurité qui les amène à douter du système fédéral canadien.

Il constate que même des candidats du Parti québécois ont commencé pendant la campagne à adopter une nouvelle attitude. Par exemple, le juriste André Normandeau, candidat du Parti québécois dans Mont-Royal, a opté un peu pour la position que lui, Bourassa, défend, à savoir le maintien du lien fédéral tout en ayant un Québec culturellement indépendant et doté d'une politique sociale progressiste.

Pendant ce voyage, Bourassa souligne à plusieurs reprises combien il est important que le reste du Canada soit clairement informé de sa ferme intention de poursuivre les discussions afin d'obtenir les pouvoirs qui permettront au Québec de réaliser la souveraineté culturelle. Ce concept, qu'il faut faire connaître et expliquer, exprime selon lui avec précision le degré de liberté d'action nécessaire au Québec pour se doter, à l'intérieur du Canada, des politiques requises pour l'affirmation et pour le développement de la culture d'expression française alors que nous vivons dans une Amérique du Nord largement anglophone.

Si l'on peut éliminer définitivement toute inquiétude dans le cœur des Québécois, il devient alors possible, pense-t-il, que beaucoup d'électeurs, qui ont voté pour le PQ par crainte, par exemple, d'être assimilés à plus ou moins long terme, soient amenés à réviser leur choix politique.

Le premier ministre, manifestement en verve, m'indique même comment il conçoit l'obtention de l'indépendance culturelle. Tout d'abord, on part d'un certain nombre d'acquis : dans le domaine de l'éducation, la Constitution est claire. Dans le secteur de la formation, il est avantageux de convenir de normes pour fins de mobilité de la main-d'œuvre. Dans d'autres cas, c'est purement une question de juridiction, comme dans le secteur des communications. Parfois, comme dans le domaine de la culture, cela peut être une question de partage fiscal qui donnerait la maîtrise d'œuvre, les sommes impliquées n'étant pas énormes. Quant aux zones grises, elles peuvent être dissipées tout d'abord par des arrangements administratifs, puis par des conférences fédérales-provinciales, entre ministres des Communications par exemple, qui pourraient déblayer le terrain et préciser les pouvoirs définitifs dont le Québec a besoin pour détenir la souveraineté culturelle.

À l'orée de ce nouveau mandat, Bourassa est manifestement optimiste. D'autant plus que la situation financière du Québec est saine.

Les chiffres définitifs de l'exercice 1972-1973 indiquent des revenus de 4 377 millions $ et des dépenses de 4 700 millions $, d'où un déficit de 323 millions $, soit 60 millions $ de moins que prévu. Les mêmes statistiques indiquent qu'au cours de cet exercice le revenu personnel des Québécois a augmenté de plus de 13 % tandis que le produit national brut du Québec s'est accru de 10,7 %. Cet essor de l'économie en 1973 se traduit d'ailleurs par la plus grande création d'emplois que le Québec a jamais connue, soit 128 000 emplois.

Le 13 novembre 1973, le premier ministre présente son nouveau cabinet. Cet événement a lieu dans la salle des réunions attenante à la salle du Conseil des ministres, qui est maintenant située au deuxième étage du nouvel édifice du Conseil exécutif, l'édifice J. Tous les ministres sortants qui se sont présentés devant l'électorat étant réélus, Bourassa leur redonne leurs portefeuilles antérieurs. Six figures nouvelles font également partie de ce cabinet.

Le sous-ministre adjoint des Affaires sociales Claude E. Forget, élu dans Saint-Laurent, succède aux Affaires sociales à Claude Castonguay qui, excédé par les tergiversations du gouvernement Trudeau en matière sociale, a finalement décidé de ne pas se représenter. Denis Hardy, réélu depuis 1965 dans Terrebonne, devient ministre des Affaires culturelles. La présidente du Parti libéral du Québec Lise Bacon, élue dans le comté montréalais de Bourassa, devient ministre d'État aux Affaires sociales. Le sous-ministre des Institutions financières, Compagnies et Coopératives Fernand Lalonde, élu dans Marguerite-Bourgeoys, se voit confier la fonction de ministre d'État au Conseil exécutif. L'ingénieur Bernard Lachapelle, élu dans Chauveau, est nommé ministre d'État responsable de l'Office de planification et de développement du Québec. Enfin, l'informaticien Paul Berthiaume, réélu dans Laprairie, devient ministre d'État aux Transports.

Le 25 septembre 1973, Bourassa procède aux nominations de Laurette Robilllard et de Francine Despatie respectivement à la présidence et au secrétariat du Conseil du statut de la femme, organisme créé le 6 juillet 1973 par la Loi pour promouvoir la langue française au Québec (projet de loi 63), à la demande de la Fédération des femmes du Québec. Il complète ces nominations en annonçant le 11 décembre les noms des dix femmes qui vont siéger au Conseil du statut de la femme.

Bourassa assiste ce jour-là à la première assemblée de ce Conseil, lequel, à sa demande, relève du ministère du Conseil exécutif, c'est-à-dire de lui-même. Et l'on décide, lors de cette réunion, que les préoccupations immédiates du nouvel organisme porteront sur le Québec employeur et la fonction publique, la discrimination à l'emploi, la parité de salaires et les garderies.

Résumant les points saillants de l'année 1973, le premier ministre déclare que 1973 n'a pas été seulement la meilleure année économique du Québec depuis 25 ans, mais qu'elle a été aussi celle de la réforme sociale et de l'affirmation culturelle du Québec.

L'événement le plus marquant dans le domaine financier est la présentation d'un quatrième budget sans augmentation de taxes, une performance unique, même si l'exercice 1973-1974 comporte des dépenses de 5,1 milliards de dollars, soit une hausse de seulement 9,5 % par rapport à 1972-1973. Il y a de plus le 11 décembre un budget supplémentaire de 158 millions de dollars.

Ainsi, la situation financière est saine grâce à une administration rigoureuse et à la réduction du rythme d'accroissement des dépenses publiques. Cette amélioration de la situation en général a eu comme conséquence que le coût des emprunts pour le Québec en 1973 est, pour la première fois depuis 15 ans, inférieur à celui de l'Ontario, d'où des économies considérables pour le Trésor québécois. Fier de cette performance, Bourassa souligne fréquemment que le crédit du Québec n'a jamais été aussi bon.

L'année 1974 est également une année positive dans de nombreux domaines pour le Québec. Il y a évidemment, comme on l'a vu dans un chapitre précédent, la décision historique de faire du français la langue officielle, ce qui est à la base même de l'établissement de la souveraineté culturelle du Québec.

Sur le plan économique, l'entente sur l'uniformisation du prix du pétrole au Canada avantage le consommateur québécois puisque le Québec paie désormais l'essence le même prix que l'Alberta alors qu'il n'en produit pas une goutte.

Cette entente permet également à Bourassa de placer le Parti québécois dans une position inconfortable.

> Je comprends que c'est un coup très dur pour le séparatisme ce qui arrive actuellement pour le pétrole, déclara le premier ministre le 27 janvier 1974. C'est complètement ridicule de la part de M. René Lévesque d'aller dire que, si le Québec était indépendant, il aurait pu négocier avec les pays arabes des prix avantageux. Comment se fait-il que la Hollande, l'Angleterre, la France, la Belgique, l'Italie et les États-Unis doivent payer les augmentations de prix? M. Lévesque, lui, serait allé dans les pays arabes, et il aurait pu avoir des prix avantageux alors que tous les autres pays doivent payer des augmentations — c'est rire des gens que de prétendre de telles choses.

Le premier ministre québécois voit ainsi couronnés de succès ses efforts pour sécuriser à un coût raisonnable l'approvisionnement énergétique du Québec. Une rencontre fédérale-provinciale sur l'énergie a lieu le 26 mars 1974 à Ottawa, à la résidence du premier ministre Trudeau, et elle débouche sur une entente, signée par les onze gouvernements, sur les prix du pétrole brut.

Le prix du pétrole canadien est en effet établi à 6,50 $ à la tête du puits, ce qui signifie que les prix du pétrole brut dans l'est du Canada se situent à près de 4 $ de moins le baril que les cours mondiaux du pétrole brut. Les raffineries alimentées par le pétrole importé (à 10,50 $ le baril) reçoivent une compensation égale à la différence entre le prix effectif du brut importé et le prix du brut de l'Ouest livré dans la zone Est. Cette compensation représente une subvention annuelle qui se situe à près d'un milliard de dollars pour le Québec seulement.

La marche vers l'établissement d'une véritable social-démocratie québécoise se poursuit en 1974 avec l'établissement de nouvelles mesures sociales. Les finances publiques ont pour caractéristique principale cette année-là l'adoption d'un cinquième budget, au montant de 6,6 milliards de dollars, qui ne comporte pas d'augmentation de taxes et prévoit des réductions fiscales pour les petits salariés.

Le discours du budget du 28 mars 1974 annonce en effet que 150 000 contribuables à revenu modeste vont profiter d'une réduction d'impôt moyenne de 120 dollars, réduction qui vient s'ajouter aux baisses de taxes dont 125 000 contribuables ont déjà profité au cours des années précédentes.

De plus, ce budget, auquel il faut ajouter un budget supplémentaire de 250 millions de dollars en juin 1974, est caractérisé par des mesures axées sur le soutien de la croissance économique, l'aide aux municipalités et l'augmentation du pouvoir d'achat des familles à faible revenu (augmentation des allocations familiales, exemption d'impôt sur ces allocations, dégrèvement par le biais d'exonérations de base, et indexation des prestations d'aide sociale).

L'activité législative est de nouveau considérable cette année-là : 116 lois sont adoptées en 1974, tandis que 16 commissions parlementaires permanentes ou spéciales tiennent 208 séances. La deuxième session de la 30ᵉ législature comporte deux parties : la première commence le 14 mars pour se terminer le 31 juillet tandis que la seconde débute le 29 octobre et est prorogée le 28 décembre 1974.

Lors des élections fédérales du 8 juillet 1974, les électeurs canadiens accordent un gouvernement majoritaire à Pierre Trudeau, et ceci avec un appui accru au Québec : 60 députés sur 75, au lieu de 56 en 1972. Avec ce nouveau pouvoir majoritaire, Trudeau va certainement être tenté, malgré le refus exprimé par Bourassa en 1971 à l'égard de la Charte de Victoria, de ressusciter la négociation constitutionnelle. Or, Bourassa ne veut pas que la Loi sur la langue officielle fasse partie d'une éventuelle négociation constitutionnelle.

En rétablissant trois semaines plus tard, soit le 31 juillet 1974, le français comme langue officielle du territoire québécois, soit plus de deux siècles après qu'il eut perdu ce statut, Bourassa établit un nouvel équilibre entre les forces culturelles au Canada et sur le continent nord-américain.

Cette loi est en fait la concrétisation la plus spectaculaire de l'affirmation culturelle du Québec moderne. Par cette initiative, le Québec devient la seule entité politique officiellement francophone de l'Amérique du Nord, enrichissant définitivement la personnalité culturelle du marché commun canadien d'un apport qui lui permet d'affirmer davantage son originalité face au géant américain. Il faut beaucoup de courage politique pour oser, en Amérique du Nord, renforcer les droits collectifs de la majorité francophone tout en respectant, au Québec, les droits individuels de la minorité anglophone. Bien des années plus tard, le jugement de la Cour suprême de décembre 1988 confirmera d'ailleurs la vision de Bourassa.

Avec l'adoption de la Loi sur la langue officielle, le Québec se rapproche considérablement de l'objectif de la souveraineté culturelle que Bourassa lui propose, tout en demeurant au sein du Canada dont il ne saurait se séparer sans subir d'irréparables blessures économiques qui compromettraient gravement son développement en général. Comme il l'écrit au début de 1976 dans un article publié dans l'hebdomadaire français *Le Monde diplomatique*, le Québec est devenu avec la Loi sur la langue officielle « un État français dans le marché commun canadien ».

Pour le premier ministre du Québec, la souveraineté culturelle doit également comporter une autre dimension, celle de l'immigration. Il met en place, avec la loi 46, une politique accueillante et dynamique axée autour des objectifs suivants : l'information adéquate des candidats, le pouvoir réel de sélection et de recrutement, et l'intégration harmonieuse à la société québécoise. La loi 46, accompagnée d'une nouvelle entente avec le gouvernement fédéral, donne ainsi tout son sens à l'article 95 de l'Acte de l'Amérique du Nord britannique qui prévoyait, dès 1867, que « la législature de chaque province pourra légiférer sur [...] l'immigration dans cette province ».

Armé de cette nouvelle loi, Bourassa donne instruction au ministre de l'Immigration du Québec Jean Bienvenue de négocier avec le gouvernement fédéral les modalités d'une collaboration essentielle au succès de l'exercice québécois de cette juridiction.

L'année suivante, soit le 17 octobre 1975, Jean Bienvenue et Robert Andras, ministre fédéral de la Main-d'œuvre et de l'Immigration du Canada, signent une entente portant sur l'échange «de renseignements, le recrutement et la sélection des ressortissants étrangers qui demeurent à l'extérieur du Canada et désirent résider de façon permanente dans la province de Québec ou être admis à titre temporaire pour y exercer un emploi». L'immigration peut désormais s'inscrire au cœur de la politique démographique du gouvernement du Québec.

Le troisième volet de la souveraineté culturelle proposée en 1974 par Bourassa aux Québécois est celui des communications. Il faut selon lui que le Québec soit le premier agent de planification et de réglementation dans le secteur des communications. Il donne des instructions afin que la Régie des services publics continue d'assumer pleinement la responsabilité du Québec en matière de câblodistribution même si certaines décisions de la Régie sont contestées par les autorités fédérales.

Si bien que l'année suivante on assiste en mai et en juin 1975 à une véritable «guerre des poteaux» entre câblodistributeurs et Bell Canada à Québec, au Saguenay et dans le Bas-du-Fleuve. La Cour d'appel du Québec émet une injonction empêchant Bell Canada d'enlever les câbles installés sur ses poteaux. Raison: l'intérêt public prime sur l'intérêt des compagnies. Le gouvernement fédéral fait ensuite poser des scellés sur une tour de Québec Téléphone pour qu'un câblodistributeur, qui détient un permis de la Régie des services publics du Québec, ne puisse pas diffuser. Devant cette situation, le ministère des Communications du Québec prête une antenne au câblodistributeur. Le gouvernement fédéral tente de saisir cette antenne, mais n'y parvient pas: sa requête à cet effet est rejetée par la Cour provinciale du district de Rimouski.

Par ailleurs, toujours dans le domaine des communications, c'est le 19 janvier 1975 que la télévision de Radio-Québec, aujourd'hui Télé-Québec, entre en ondes sur antenne UHF. Bourassa dote ainsi le Québec d'un instrument moderne de formation, d'information et de divertissement tout en permettant aux téléspectateurs québécois de mieux percevoir toute la vigueur de leur identité culturelle.

La Loi sur le cinéma, ou loi n° 1, est défendue avec vigueur par le ministre des Affaires culturelles Denis Hardy. Cette loi est adoptée en juin 1975.

En fait, le projet de loi n° 1 est au départ élaboré au bureau même du premier ministre, au 17e étage d'Hydro-Québec, au cours de longues séances de travail que j'organise notamment avec le regretté André Guérin, homme de grande culture et qui était à cette époque président du Bureau de surveillance du cinéma. Nous nous inspirions largement des modèles offerts par la France, avec son Centre national de la cinématographie, et par la Suède, avec son Institut du film.

Bourassa souhaite que cette loi-cadre donne les moyens à notre industrie cinématographique de refléter l'identité culturelle des Québécois. Pour lui, la loi n° 1 doit contribuer au développement d'un cinéma de qualité au Québec, permettre l'extension de cette culture cinématographique à toutes les régions du Québec et développer le cinéma pour enfants.

La loi-cadre du cinéma crée la Cinémathèque nationale du Québec, institue le dépôt légal obligatoire des œuvres cinématographiques et audiovisuelles et met sur pied l'Institut québécois du cinéma afin de répartir les fonds publics mis à la disposition du secteur cinématographique québécois. Bourassa confie la responsabilité de l'application de cette loi à Denis Hardy, même s'il est devenu ministre des Communications en juillet 1975, parce que, en tant que ministre des Affaires culturelles, il en a piloté l'adoption à l'Assemblée nationale,

Par ailleurs l'industrie du livre reçoit au printemps de 1975 une aide considérable avec la loi 46 garantissant des prêts aux éditeurs et libraires. Cette garantie pouvait aller jusqu'à 75 % de la valeur des livres admissibles dont l'emprunteur est propriétaire, et jusqu'à 75 % de la valeur des comptes à recevoir de l'emprunteur sur les ventes de livres. La valeur des livres admissibles s'établit selon leur prix coûtant. Ces prêts sont accordés par la Société de développement industriel du Québec, et leur montant total ne peut excéder 5 millions de dollars.

Une quatrième dimension de la souveraineté culturelle pour Bourassa est la place que le Québec s'est acquise sous son impulsion dans l'ensemble des pays francophones : dès octobre 1971, le Québec a réussi, après bien des négociations avec Ottawa, à devenir gouvernement participant aux activités de l'Agence francophone de coopération culturelle et technique. Ce n'est d'ailleurs qu'un début, car le Québec entretient maintenant des relations directes avec les gouvernements francophones, avec lesquels il signe des ententes.

Dans les domaines de sa compétence, le gouvernement de Robert Bourassa établit même des ententes avec des pays autres que francophones : dans un secteur comme celui des industries culturelles, par exemple, son gouvernement signe des accords de coproduction cinématographique et télévisuelle avec le Danemark, la Suède, et la Pologne.

Avec la souveraineté culturelle, Robert Bourassa est à la fois un visionnaire et un politique réaliste. Il marque tellement son temps que les dirigeants qui le suivront à la direction du gouvernement du Québec s'inspireront des solutions qu'il proposait. Il suffit pour s'en convaincre de constater comment à l'heure actuelle le développement hydroélectrique et sa fameuse « Question de Bruxelles » sont toujours d'actualité.

On verra avec les années, prédit-il, que c'est cette formule de la souveraineté culturelle qui sera appuyée par l'ensemble des Québécois, et qui sera éventuellement acceptée par le Canada. Et il ajoute avec un certain sourire : « Le temps dira que c'est moi qui avais raison. »

CHAPITRE 19

La longue marche vers la social-démocratie québécoise

Robert Bourassa fait face au début de 1974 à des accusations de favoritisme, notamment après son retour d'Europe, au sujet de l'octroi de certains contrats qui auraient avantagé son épouse et sa belle-famille. Pourtant lors de l'étude des crédits du ministère des Travaux publics et du Service des achats, l'opposition n'accorde soudainement aucune attention à ces soi-disant conflits d'intérêts alors qu'elle avait le droit, selon le règlement, de discuter pendant dix heures de ces crédits. Elle ne prend en fait que quelques instants pour les adopter.

Bourassa n'a d'ailleurs pas attendu les articles des journaux ou les accusations de l'opposition pour régler les questions de conflits d'intérêts éventuels. Dès la fin de l'été 1973, il forme un comité dirigé par son conseiller législatif Jean-Claude Rivest puisque tous les textes sur les conflits d'intérêts ont des implications législatives complexes. Puis, après la formation du nouveau cabinet à la suite des élections d'octobre 1973, il charge le nouveau ministre d'État au Conseil exécutif Fernand Lalonde de diriger un Comité *ad hoc* afin d'examiner la question des conflits d'intérêts.

Le 11 juin 1974, Bourassa rend publics le rapport de ce comité ainsi que les Directives gouvernementales sur l'indépendance des administrateurs publics, ceci à l'occasion du début de l'étude des crédits du ministère du Conseil exécutif à la Commission permanente de la Présidence du conseil, de la Constitution et des Affaires gouvernementales.

Le Comité *ad hoc* a examiné les dispositions en vigueur dans les juridictions voisines du Québec, le concept de l'intérêt personnel, ainsi que les deux moyens à mettre en œuvre afin d'assurer l'indépendance la plus complète possible des administrateurs publics dans l'exercice de leurs fonctions, soit la prévention et la divulgation.

Les Directives du premier ministre sur l'indépendance des membres du Conseil exécutif rappellent tout d'abord l'importance pour les ministres de se conformer aux exigences des lois existantes. Elles soulignent la nécessité pour eux de mettre fin pour toute la durée de leur mandat à leurs activités professionnelles, commerciales et d'affaires. Aux ministres qui détiennent lors de leur élection des actions de sociétés privées, elles imposent des obligations et établissent des restrictions concernant la propriété foncière. Tous les ministres doivent aussi remettre au secrétaire général du Conseil exécutif, le 1er août de chaque année, une déclaration en six points. Et celle-ci est accessible aux personnes qui en font la demande.

Ces Directives sont fondamentales. Elles sont basées sur le principe de l'indépendance absolue des membres du Conseil exécutif, principe dont le respect est à la base du maintien de la confiance du citoyen dans la valeur des institutions démocratiques québécoises. (Le texte de ces Directives est en annexe de ce chapitre.)

D'autre part, l'étude des cas qui ont été soulevés démontre clairement l'absence de favoritisme.

Dans le cas des entreprises Paragon, le vice-premier ministre dépose un document officiel, rédigé par un haut fonctionnaire, indiquant que non seulement les règlements ont été suivis, mais que l'on est même allé au-delà de ces règlements.

Dans le cas de United Towing, la soumission présentée par cette entreprise québécoise, dans laquelle la famille Simard avait des intérêts, était de 150 % inférieure aux autres soumissions.

Dans le cas de la société Reynolds, on a affirmé que Bourassa avait accordé une subvention alors qu'il n'avait simplement fait que respecter un engagement écrit du gouvernement de l'Union nationale dans une lettre en bonne et due forme du 31 mars 1969, treize mois avant qu'il n'arrive au pouvoir.

C'est ainsi que dans tous les cas soulevés, le gouvernement a pu démontrer clairement qu'il n'y avait absolument aucun cas de favoritisme. Bourassa déclare même qu'il peut citer des cas où la famille Simard a été pénalisée parce que lui, Bourassa, était en politique alors que la famille Simard est dans les affaires depuis 1917.

Le premier ministre mentionne cependant à plusieurs reprises qu'il peut y avoir apparence de problème parce que toutes sortes de complications font que ces questions ne sont pas faciles à régler. Une chose est certaine, il a toujours fait preuve du maximum de vigilance. Aucun cas concret n'a d'ailleurs été soumis à l'Assemblée nationale, qui aurait pu mettre en doute l'honnêteté du gouvernement. En fait, avec ses Directives aux ministres, le gouvernement du Québec est allé plus loin que toutes les autres provinces. D'ailleurs, quelques jours après la publication de ces textes, Bourassa déclare : « Dans les questions où l'intégrité du gouvernement est en cause, j'aime mieux aller trop loin que pas assez, avec les sacrifices financiers que cela peut comporter. »

Le chef du gouvernement annonce d'ailleurs le 30 janvier 1975 qu'il s'est entièrement conformé aux directives sur l'indépendance des administrateurs publics. Il précise même que les actions du holding Claurémiand détenues par Mme Bourassa, donc les placements réalisés par ce holding, ont été confiées à une société de fiducie où elle n'a aucun droit de regard.

* * *

Le 21 mars 1974, le syndicaliste Yvon Duhamel décide de démolir une génératrice et plusieurs baraques du chantier LG2. Les journalistes se mettent à parler de ce saccage comme du « bingo » de la Baie James. Duhamel prétend protester ainsi contre les conditions de travail dans ce chantier. Il est en fait l'un des hommes d'André Desjardins, le brutal patron de la FTQ-Construction, qui cherche surtout à cette époque à arracher à la CSN la représentation syndicale sur les chantiers de la Baie James.

Bourassa décide de créer une commission d'enquête afin, d'une part, d'identifier les causes de la violence de plus en plus fréquente sur les chantiers et, d'autre part, de formuler des recommandations en vue de l'élaboration d'une politique globale dans ce domaine. Il est fermement décidé à éliminer la violence sur les chantiers de construction.

C'est dans ce contexte qu'est créée la Commission d'enquête sur l'exercice de la liberté syndicale sur les chantiers de construction, plus brièvement appelée Commission Cliche, du nom de son président, le juge Robert Cliche. Voulant éliminer toute accusation de partisannerie, Bourassa ne nomme pas un seul libéral membre de cette commission. Cette stratégie sera couronnée de succès, car les recommandations de la Commission Cliche ont non seulement été fort bien acceptées, mais surtout intégralement appliquées.

Tous ces incidents ne détournent cependant pas Bourassa de son objectif fondamental, celui de faire du Québec une véritable social-démocratie. Le premier ministre a d'ailleurs donné le ton dès 1970 alors que, on s'en souviendra, il a instauré l'assurance-santé en pleine crise d'Octobre. La réforme sociale se poursuit constamment jusqu'en 1976, grâce à la mise en place d'éléments essentiels à la réalisation de la social-démocratie québécoise. Et ces réalisations — on s'en rend compte maintenant avec le recul du temps — ont une valeur indiscutable.

C'est ainsi que, conformément à l'engagement qu'il a pris pendant la campagne électorale de 1973, Bourassa fait en sorte que les Québécois puissent disposer dès 1974 de nouveaux programmes sociaux. L'ensemble de cette réforme est considérable et place le Québec à l'avant-garde des politiques sociales occidentales.

Mentionnons quelques-unes de ces mesures parmi les plus importantes :

- Par la Loi sur les allocations familiales, tous les parents d'enfants âgés de moins de 18 ans bénéficient d'une allocation mensuelle de 15 $ pour le premier enfant, de 22 $ pour le deuxième, de 33 $ pour le troisième et de 37 $ pour le quatrième et les suivants. De plus, une prime d'âge de 5 $ est versée pour chaque enfant âgé de 12 à 17 ans. Les allocations familiales sont indexées au coût de la vie dès le 1er janvier 1975. Cette indexation, de l'ordre de 10,4 %, représente la hausse moyenne de l'indice des prix à la consommation au Canada pour les douze mois se terminant le 31 octobre 1974.

Pour donner un ordre d'idées, près de 104 millions de dollars d'allocations familiales (non imposables) sont versées par la Régie des rentes du Québec à 938 904 familles ayant 1 935 274 enfants admissibles au cours de l'année financière se terminant le 31 mars 1976, soit une augmentation de 8,4 millions de dollars par rapport à l'année précédente.

- Les prestations d'aide sociale sont majorées en vue d'établir un meilleur équilibre entre, d'une part, les allocations familiales et l'aide sociale et, d'autre part, le salaire minimum et l'aide sociale, ceci de façon à encourager l'incitation au travail. Les prestations d'aide sociale sont également entièrement indexées au coût de la vie — 10,4 % — à partir du 1er janvier 1975 après avoir connu une indexation partielle de 4 % au mois de mai pour un débours supplémentaire de l'ordre de 16,6 millions de dollars. Elles sont à nouveau indexées de 11,2 % à partir du 1er janvier 1976.

De plus, un grand nombre de familles voient en 1974 leurs prestations d'aide sociale augmentées grâce à une révision du barème de logement, d'où un débours supplémentaire de 6 millions de dollars par année.

Une aide financière est également versée aux assistés sociaux pour rembourser les frais d'installation ou de réparation de leur système de chauffage, ces frais étant remboursés à leur coût réel jusqu'à concurrence d'un maximum de 150 $ s'il s'agit d'une installation ou de 75 $ dans le cas d'une réparation.

Des prestations accrues de 5 % sont versées dès 1973 à 180 000 bénéficiaires de l'aide sociale afin de leur permettre de faire face à la hausse du coût de la vie.

- Le Régime de rentes du Québec est modifié en 1973 pour faire notamment disparaître le plafond de 3 % concernant l'indexation annuelle des rentes, lesquelles peuvent ainsi être ajustées pour correspondre le plus fidèlement possible à la hausse réelle du coût de la vie. Puis la loi 64 amende en 1974 le Régime en haussant le montant des prestations, en permettant à un plus grand nombre de travailleurs de contribuer au régime, en indexant les prestations à 10,4 % et en permettant aux cotisantes d'être traitées de la même manière que les cotisants.

- Les médicaments deviennent gratuits pour 147 000 personnes âgées de 65 ans et plus à partir de 1973. Puis le 1er juin 1975, la loi 93 étend la couverture des médicaments à toutes les personnes âgées de 65 ans et plus qui reçoivent le supplément de revenu mensuel garanti. Le nombre de bénéficiaires passe alors à environ 300 000 personnes, ce qui hausse le coût annuel du programme à 8 millions de dollars.

- Les frais de certaines orthèses et prothèses sont remboursés à partir de juillet 1975 par la Régie de l'assurance-maladie. Le gouver-nement assure ainsi la gratuité de ces appareils ainsi que leur service à tous les résidents du Québec dont l'état de santé le requiert.

- Dans le cadre d'une véritable politique du troisième âge, on s'attache à l'aménagement et à la construction de centres d'accueil pour personnes âgées de façon à ajouter 2 400 lits dès 1973 sur l'ensemble du territoire québécois, ceci afin d'atteindre l'objectif de 6 lits par 100 personnes âgées de 65 ans et plus. Puis, à partir de 1975, on va créer plusieurs centres de jour et construire 29 centres d'accueil, soit un total de 2 525 nouveaux lits. Enfin, le gouvernement rend publique au début de 1976 la programmation des centres d'accueil jusqu'en 1981 : 34 473 places d'hébergement en centres d'accueil doivent être disponibles pour les personnes âgées, la réalisation de cet objectif devant nécessiter de 1973 à 1981 des investissements de 287 millions de dollars.

- 125 000 petits salariés sont exemptés de l'impôt sur le revenu dès 1973.

- À partir de janvier 1974, les parents nourriciers du Québec reçoivent en moyenne 32 % de plus pour la garde des enfants qui leur sont confiés.

- L'aide juridique entre en vigueur à partir de juin 1973 avec un premier budget de fonctionnement de 7 500 000 $. Cette mesure est fondamentale pour la protection des droits et de la liberté des Québécois.

- Le Conseil du statut de la femme est créé en 1973, avec pour mandat d'élaborer les politiques et programmes nécessaires à la revalorisation du rôle de la femme québécoise.
- Les soins dentaires deviennent gratuits pour les enfants de moins de huit ans à partir du 1er mai 1974. Neuf millions de dollars sont ainsi confiés à la Régie de l'assurance-maladie du Québec pour financer ce nouveau régime. L'année suivante, ce programme est étendu aux enfants de huit ans, soit un coût supplémentaire de 3 600 000 dollars, puis en 1976 aux enfants de moins de dix ans, ce qui porte cette année-là à 900 000 le nombre d'enfants admissibles aux soins dentaires gratuits. Le coût de ce programme passe alors à 18 600 000 $.
- À partir du 1er juillet 1974, un nouveau programme d'aide, au coût de 5 millions de dollars, est mis sur pied au bénéfice des parents qui ont besoin de services de garde et qui ne peuvent y avoir recours à cause d'un revenu trop faible. Ces parents peuvent recevoir jusqu'à 5 $ par jour par enfant. De plus, ce nouveau programme prévoit une subvention de démarrage d'un maximum de 5 000 $ destiné à couvrir certaines dépenses d'équipement jugées essentielles à l'établissement de garderies.

    En 1975, l'aide financière accordée devient dépendante non seulement du revenu familial net et du nombre d'enfants en garderie, mais aussi de la taille de la famille. Cette mesure a pour effet d'augmenter du tiers le nombre de familles québécoises déjà admissibles aux services de garde.

- Un montant supplémentaire d'un million de dollars est accordé en juin 1974 au programme des ateliers protégés, portant ainsi le budget de ce programme à plus de 3 millions de dollars. On sait que le but des ateliers protégés est la réadaptation des personnes handicapées par le travail.
- Le coût des constructions ou rénovations de centres hospitaliers ou de centres d'accueil s'élève à 125 millions de dollars en 1974.

- Avec la loi 90 de 1974, la personne handicapée mentalement est assurée d'une plus grande protection et ses droits peuvent être mieux respectés, même si sa condition implique parfois une perte temporaire de liberté.
- La Commission des affaires sociales est créée par la loi 40 en 1974. Présidée par le juge Gilles Poirier à partir du 1ᵉʳ août 1975, elle remplace la Commission d'appel de l'aide et des allocations sociales, la Commission de révision de la Loi de la protection du malade mental et le Comité d'arbitrage chargé de décider des conflits entre établissements et médecins. De plus, cette nouvelle Commission est habilitée à entendre les appels des plaintes des citoyens contre tout établissement.
- la loi 50 concernant la Charte des droits et libertés de la personne est adoptée le 25 juin 1975. C'est le ministre de la Justice Jérôme Choquette qui pilote la préparation de ce document remarquable. La Charte affirme solennellement les valeurs fondamentales de la société québécoise afin qu'elles soient garanties par la volonté collective et mieux protégées contre toute violation.

  Les droits de la personne sont subdivisés en droits fondamentaux, droits politiques, droits judiciaires, droits économiques et sociaux. Aboutissement de plusieurs années de préparation, la charte québécoise est la plus extensive des chartes de toutes les provinces canadiennes. C'est aussi la plus efficace par les pouvoirs que la loi 50 confère à la nouvelle Commission des droits de l'homme, ainsi que par les recours et les pénalités prévus en cas de violation des droits protégés par la Charte. Cette loi propulse en fait le Québec à l'avant-scène des pays démocratiques dans le domaine des droits de l'homme.

- La réduction des tarifs d'autobus et de métro de la Communauté urbaine de Montréal pour toutes les personnes âgées de plus de 65 ans est annoncée par Bourassa lui-même le 12 juin 1975. Les aînés peuvent ainsi obtenir huit billets pour un dollar, soit seulement 12,5 cents le billet, et ceci à n'importe quelle heure de la journée.

  Le premier ministre déclare qu'il est heureux que la qualité de la situation des finances publiques québécoises permette à 137 400 aînés d'avoir un accès peu coûteux aux transports en commun. La subvention à la CTCUM pour compenser cette réduction de tarif s'élève à l'époque à 880 000 $.

- La loi 55, intitulée Loi sur la protection des personnes handicapées, prévoit au printemps de 1976 que toute personne handicapée a droit à la reconnaissance et à l'exercice, en pleine égalité, des droits et libertés de la personne, ceci sans distinction, exclusion ou préférence fondée sur le fait que la personne est handicapée.

- Le projet de loi 80, adopté le 12 décembre 1975, impose un moratoire à tous les propriétaires dans la transformation d'immeubles en copropriétés. Ce moratoire est valable pour un an, soit jusqu'au 31 décembre 1976, et protège ainsi les petits locataires de façon à permettre à deux groupes de travail, l'un sur l'urbanisation, présidé par Claude Castonguay, et l'autre sur l'habitation, présidé par Guy R. Legault, de remettre leurs recommandations sur le phénomène de la conversion de logements en copropriétés.

Ces deux rapports sont remis à Bourassa au printemps de 1976. Le rapport Castonguay propose la transformation du ministère des Affaires municipales en un ministère des Affaires urbaines et municipales et note que les interventions directes du gouvernement fédéral dans le développement urbain peuvent être très lourdes de conséquences.

De son côté, le rapport Legault recommande notamment d'encourager prioritairement la construction au cours des cinq prochaines années de 150 000 logements locatifs. Le contexte de l'époque est d'ailleurs favorable à de tels projets puisque, pour les cinq premiers mois de 1976, on note 50 % de plus de mises en chantier d'habitations à Montréal qu'à Toronto, soit 15 445 dans la métropole comparativement à 10 246 dans la Ville reine.

- Le Comité pour la protection de la jeunesse est créé en 1976. Son objectif est de protéger les enfants soumis à de mauvais traitement. La loi crée l'obligation à toute personne, même liée par le secret professionnel, d'informer sans délai le Comité lorsqu'elle croit qu'un enfant subit de mauvais traitements. Le défaut de se conformer à cette obligation constitue une infraction. On constate que 60 % des plaintes concernent des enfants de moins de douze ans.

- Le budget 1976-1977 prévoit l'élargissement de la contribution à l'assurance-maladie du Québec pour financer aussi une partie de l'assurance-hospitalisation. Ainsi, un chef de famille avec un revenu net de 8 000 $ débourse à partir du 1er juin 1976 120 $ par an (8 000 x 1,5 %), soit 2,30 $ par semaine pour l'assurance-santé. En Ontario, ce même chef de famille aurait déboursé 364 $ par an, ou 7 $ par semaine, c'est-à-dire trois fois plus qu'au Québec.

De plus, ce budget prévoit l'allégement de l'impôt foncier scolaire pour les personnes ayant atteint l'âge de la retraite, avec un maximum de 125 $ pour les propriétaires et 75 $ pour les locataires.

On note également que ce budget 1976-1977, qui dépasse pour la première fois les 10 milliards de dollars à cause des Jeux olympiques, prévoit tout de même la création de 4 400 places dans quarante nouveaux centres d'accueil pour personnes âgées et la rénovation de 570 places dans quatre autres centres. Ces travaux impliquent des engagements financiers de l'ordre de 112 millions de dollars. Parallèlement à cet effort, la Société d'habitation du Québec s'engage à construire 5 000 logements pour personnes âgées au coût de 100 millions de dollars.

Ainsi, en 1976, Bourassa oriente de plus en plus les priorités sociales du gouvernement vers la médecine préventive ainsi que vers l'amélioration des soins aux personnes âgées et aux malades chroniques. Le premier ministre affirme d'ailleurs souvent que l'on peut évaluer la qualité de vie d'une société à la façon dont elle traite ses aînés.

Le premier ministre maintient ainsi le cap sur son objectif fondamental, soit la recherche du progrès social par la réduction et, si possible, l'élimination des inégalités sociales. Au point d'ailleurs que, dans certains secteurs, celui de l'aide juridique par exemple, le Québec dépasse la Suède, comme le souligne Bourassa le 14 septembre 1974 alors qu'il s'adresse à un colloque organisé par la Commission féminine du Parti libéral du Québec.

ANNEXE

GOUVERNEMENT DU QUÉBEC
Le premier ministre
DIRECTIVES
SUR L'INDÉPENDANCE DES MEMBRES
DU CONSEIL EXÉCUTIF

Québec, le 11 juin 1974

J'ai dans plusieurs déclarations antérieures affirmé que le principe de l'indépendance absolue des membres du Conseil exécutif doit continuer d'être respecté au Québec pour permettre aux ministres d'assumer leurs responsabilités en toute liberté.

Le respect de principe est, en effet, à la base du maintien de la confiance du citoyen dans la valeur de nos institutions démocratiques, et j'y ai toujours accordé personnellement la plus grande importance. Le Québec se doit, lui aussi, de participer à l'effort entrepris récemment par l'ensemble des gouvernements au Canada, en vue de traduire désormais ce principe en des normes et directives claires, précises et facilement accessibles au public.

Je viens d'informer les membres du Conseil des ministres des mesures qui les concernent.

1- <u>Lois existantes</u> : les ministres doivent, bien entendu, continuer de se conformer aux exigences des lois existantes en ce qui concerne le principe de l'indépendance des membres du Conseil exécutif.

2- <u>Activités professionnelles, commerciales ou d'affaires</u> : les ministres doivent mettre fin pour toute la durée de leur mandat aux activités professionnelles, commerciales et d'affaires qui pourraient les empêcher de consacrer le temps qu'il faut à leurs fonctions.

3- <u>Sociétés privées</u> : les ministres doivent faire en sorte que les compagnies privées dans lesquelles eux-mêmes et leur famille immédiate, c'est-à-dire leur épouse et leurs enfants mineurs, ont des actions, directement ou par personnes ou compagnies interposées, s'abstiennent de faire des marchés avec l'État, c'est-à-dire :

i. de fournir des biens ou des services au gouvernement du Québec et ses ministères ou

ii. de recevoir de l'argent par voie d'emprunt ou de subvention du gouvernement du Québec et de ses ministères.

Les ministres doivent également voir à ce que de telles sociétés privées s'abstiennent de conclure des marchés avec les agences du gouvernement à moins qu'ils n'aient qu'une proportion minime du capital-actions de ces sociétés, soit de l'ordre de cinq pour cent (5 %) des actions émises, ou que le montant total de ces marchés se situe dans une proportion semblable du chiffre d'affaires pour l'exercice financier précédent. De plus, les ministres ne devront pas participer aux décisions de telles sociétés relatives à ces marchés et ces marchés devront être conclus suivant la procédure usuelle d'octroi de contrats publics et seulement avec les agences sur lesquelles aucun ministre n'a d'autorité administrative directe.

La présente règle n'a pas pour effet d'interdire à un ministre de participer à un marché avec l'État auquel il participait avant sa nomination au Conseil des ministres ou auquel il a commencé à participer après sa nomination, par le fait de son mariage, par l'effet de la loi, ou par succession, mais le ministre doit mettre fin à cette participation le plus tôt possible après sa nomination ou après l'événement ayant donné naissance à cette parti-cipation et, dans tous les cas, au plus tard dans les douze (12) mois suivants.

Le ministre qui participe à un marché avec l'État par la voie d'une société privée au moment de l'entrée en vigueur de cette règle, devra mettre un terme à cette participation, soit que la société renonce au marché, soit que le ministre dispose de ses intérêts dans la société dans les meilleurs délais compte tenu du temps nécessaire à cette disposition.

Les deux paragraphes précédents s'appliquent mutatis mutandis à la famille immé-diate du ministre.

4- Propriété foncière : pendant toute la durée de leur mandat, les ministres doivent de plus se soumettre à la restriction suivante : sauf dans le cas d'une propriété foncière acquise pour leur usage personnel à des fins de résidence, il leur sera interdit, ainsi qu'à leur famille immédiate, d'acheter, pour fins de spéculation, un terrain ou d'ac-quérir des intérêts dans une propriété foncière au Québec ou encore dans une société de mise en valeur immobilière faisant affaire au Québec.

Rien n'empêche l'acquisition de terres agricoles par un ministre qui se propose d'en faire l'exploitation, ni l'acquisition, personnellement ou par des sociétés privées, d'immeubles devant servir à des fins commerciales normales, ni l'acquisition de ter-rains voisins de propriétés résidentielles déjà détenues dans le but d'améliorer ces dernières.

5- Compagnies publiques : les ministres doivent se départir de leurs intérêts dans les compagnies publiques ou, compte tenu du régime de la fiducie au Québec et des implications fiscales, les confier à un fiduciaire. Dans ce dernier cas les ministres ne devront exercer aucune influence sur les décisions relatives aux placements ni sur la façon d'administrer les fonds. Les ministres conservent toutefois la faculté de retirer des sommes des fonds ou d'y placer de nouveaux montants.

6- <u>Cas particuliers</u> :

    a) en raison de la nature des attributions d'un ministre envers un type donné d'activités commerciales ou financières, il pourra lui être demandé que lui-même ou sa famille immédiate se départisse d'un placement dans une compagnie privée ou publique.

    b) exceptionnellement dans des cas mettant en cause l'intérêt public un marché avec l'État pourra être conclu même s'il déroge aux présentes directives, à la condition toutefois que les lois existantes sur l'indépendance des membres du Conseil exécutif soient rigoureusement respectées. La Commission parlementaire des engagements financiers sera alors informée de tous les détails du marché, et ce avant sa conclusion, sauf pour les cas d'urgence.

7- <u>La déclaration</u> : chaque ministre doit remettre au secrétaire général du Conseil exécutif, le ou vers le 1er août de chaque année pendant la durée de ses fonctions, une déclaration contenant les informations suivantes et tenir à jour ces dernières lors de changements significatifs :

    1) d'actions ou de créances et qui est susceptible d'être partie à un marché avec l'État, c'est-à-dire, une société ou compagnie privée, offrant, dans un but lucratif, des biens ou des services dont le gouvernement et ses organismes pourraient se prévaloir.

    2) les terrains ou immeubles dont il est propriétaire, en tout ou en partie, au Québec, sauf ceux qui sont occupés par le ministre ou ses dépendants et sauf les maisons ou logements destinés à l'usage résidentiel.

    3) les nom, occupation et adresse de tout créancier individuel autre que les institutions financières, envers qui le ministre a une dette personnelle excédant 2 000 $ et qui résulte d'un emprunt d'argent non garanti, en indiquant le montant du solde dû s'il excède 20 000 $.

    4) toute entreprise ou société commerciale non incorporée dans laquelle il est associé ou propriétaire, et qui est susceptible de faire des marchés avec l'État.

    5) la nature et la mesure de toute participation dans un marché avec une agence du gouvernement depuis sa dernière déclaration.

    6) au meilleur de sa connaissance, les renseignements prévus aux paragraphes 1, 2, 3, 4 et 5 concernant son épouse et ses enfants mineurs.

Le ministre pour qui les dispositions des paragraphes 1 à 6 ne trouvent pas d'application doit déposer une déclaration à cet effet.

Ces déclarations seront accessibles aux personnes qui en feront la demande et une copie de telles déclarations sera transmise aux ministères et organismes gouvernementaux mentionnés à la liste qui sera tenue à jour au bureau du secrétaire général du Conseil exécutif.

Québec, le 11 juin 1974.

CHAPITRE 20

L'intensification de la présence internationale du Québec

La visite officielle en France, prévue du 29 avril au 3 mai 1974, doit être annulée, nous l'avons vu, en raison du décès le 2 avril du président de la République Georges Pompidou. Un service solennel a lieu le 6 avril à Paris, à Notre-Dame, et Bourassa décide de s'y rendre en compagnie de son épouse. La première dame du Québec devait le lendemain prendre l'avion pour Téhéran où l'avait invitée officiellement le gouvernement iranien.

Dès son arrivée à l'hôtel George V, Bourassa apprend que le premier ministre du Canada y est également descendu et qu'il souhaite dîner avec lui le soir même. Ce n'est cependant pas possible car Bourassa a déjà accepté l'invitation du délégué général du Québec Jean Chapdelaine. En fait, il n'en fait rien. Après être allé signer dans l'après-midi le registre à l'Élysée, Bourassa demande plutôt au chef du protocole du Québec Romuald Miville-desChênes d'accompagner son épouse chez les Chapdelaine. Il passe la soirée au George V dans sa chambre à consulter journaux, notes et documents que la délégation générale du Québec lui a préparés.

Le protocole du service solennel à Notre-Dame est très précis : la cérémonie doit commencer à 11 h, et le premier ministre du Québec doit arriver à 10 h 50, juste avant le président Nixon des États-Unis, qui précède la reine Juliana des Pays-Bas, laquelle doit être la dernière à pénétrer dans la nef de l'église.

L'escorte officielle, demandée par Miville-desChênes de manière à pouvoir quitter le George V à 10 h 15, n'arrive en fait à l'hôtel qu'à 10 h 35! Le policier est manifestement un spécialiste de la circulation parisienne: debout sur sa moto, se servant constamment de sa sirène, il sait si bien frayer un chemin aux deux voitures de la délégation générale que le premier ministre du Québec arrive, malgré le trafic intense, à l'heure prévue sur le parvis de Notre-Dame, au grand soulagement du chef du protocole du gouvernement du Québec...

Après la cérémonie, Bourassa a une rencontre au Quai d'Orsay avec le ministre des Affaires étrangères Michel Jobert. Il se rend ensuite, toujours accompagné de Jean Chapdelaine, chez l'ambassadeur du Canada Léo Cadieux où il déjeune en compagnie de Pierre Trudeau. Puis, en fin d'après-midi, une grande réception est offerte au ministère des Affaires étrangères, où Bourassa a l'occasion de saluer les nombreux présidents et premiers ministres qui ont tenu à se rendre à Paris des quatre coins du monde pour témoigner de leur estime pour Georges Pompidou.

Bourassa, déjà à Paris, décide de passer les vacances de Pâques en Europe de façon à être rapidement à Stockholm le 17 avril, conformément au programme établi pour son périple européen en Suède, en Belgique, en Allemagne et en Suisse. Cette solution lui évite deux traversées de l'Atlantique dans la même semaine.

Avril au Portugal, comme le dit la chanson, n'étant pas désagréable, Bourassa passe donc les vacances de Pâques dans le sud du pays à Praia da Rocha, à l'hôtel Algarve, d'où il se tient en communication par téléphone et par télex avec Québec et Montréal. Puis c'est le départ pour Stockholm, via Francfort, avec des vols réguliers de TAP et de Lufthansa.

La partie suédoise de la tournée dure trois jours, du 17 au 20 avril. L'un des objectifs du premier ministre est de déterminer l'origine et la nature de la crise sociale et économique que traverse la Suède à cette époque. Bourassa cherche notamment à déterminer dans quelle mesure et pour quelles raisons le socialisme à la suédoise peut être tenu responsable des difficultés croissantes que connaît le gouvernement du premier ministre Olof Palme. Ces difficultés sont tellement réelles qu'elles devaient, de fait, mener à sa défaite aux mains des libéraux et des centristes aux élections de 1976.

Le 18 avril, Bourassa est reçu en audience en début de matinée par le roi Charles XVI Gustave au Palais royal. Puis, après une réunion d'information des plus intéressantes en fin de matinée avec le ministre des Affaires sociales Sven Aspling, le chef du gouvernement québécois prend la parole à un banquet officiel donné en son honneur au ministère des Affaires étrangères par le gouvernement suédois. Ce banquet est présidé par Sven Aspling avec qui Bourassa peut ainsi continuer les échanges de la matinée. Il lui signale dans son allocution comment, particulièrement dans le domaine de la justice sociale, le modèle suédois a inspiré plusieurs orientations prises récemment par le Québec.

Le premier ministre fait alors ressortir les nombreux points communs existant entre le Québec et la Suède.

> La Suède et le Québec ont beaucoup en commun : situations géographique et climatique, nombre d'habitants, richesses naturelles et surtout les défis énormes qu'ils doivent relever, compte tenu de leur taille dans un monde où les économies tendent à s'intégrer à l'échelle mondiale. À plusieurs égards, et particulièrement dans le domaine de la justice sociale, le modèle suédois a inspiré plusieurs des orientations prises par le Québec récemment pour s'adapter à un monde en transformation extrêmement rapide. […]
>
> Votre système de sécurité sociale aussi bien que la façon dont vous avez réussi à aménager votre économie pour occuper une place importante sur les marchés mondiaux sont à nos yeux la démonstration qu'il n'est pas nécessaire d'être un géant, même dans le monde d'aujourd'hui, pour jouer un rôle significatif parmi les nations, et le Québec entend continuer de s'inspirer de votre exemple.

Le lendemain Bourassa procède à une visite des installations ultramodernes de la Société générale d'électricité suédoise (ASEA) à Ludvika et à Västerås. Le premier ministre est notamment accompagné lors de cette visite de Roland Giroux, le président d'Hydro-Québec, qui a établi depuis plusieurs années des relations avec cette grande entreprise. Le président d'ASEA, Curt Nicolin, reçoit ensuite à dîner la délégation québécoise.

Nicolin vient de publier un livre, *Pouvoir et responsabilité*, dans lequel il analyse l'évolution industrielle de la Suède. Il y passe notamment en revue les raisons pour lesquelles, selon lui, la Suède et le Japon ont eu les développements les plus rapides de tous les pays du monde au cours des cent dernières années. La conversation autour de la table est très animée, Bourassa étant toujours vivement intéressé, comme l'on sait, par les conditions nécessaires au développement économique.

De Suède, le premier ministre part pour Bruxelles où il est accueilli dans la soirée du 21 avril par le délégué général du Québec en Belgique Jean Deschamps.

Le lendemain, il s'entretient avec François-Xavier Ortoli, président de la Commission de la Communauté économique européenne, puis avec Sir Christopher Soames, son vice-président, plus spécialement chargé des relations extérieures. Avec ces rencontres, Bourassa crée un précédent dans l'histoire des relations entre le Canada et l'Europe du Marché commun. Les observateurs politiques notent en effet que c'est la première fois que les dirigeants de la CEE reçoivent officiellement un chef de gouvernement du Canada, que ce soit de niveau fédéral ou provincial.

Bourassa présente lors de cette rencontre sa conception des relations économiques et culturelles qui pourraient s'établir entre le Québec et l'Europe des Neuf. Il aborde avec ses hôtes les conséquences que pourraient comporter pour le Québec les pourparlers alors en cours entre le Canada et le Marché commun. Il s'informe également des prévisions établies par la Commission de Bruxelles quant au sort des investissements européens du fait de la décision d'élargir l'Europe du traité de Rome.

Le chef du gouvernement québécois aborde aussi avec ses interlocuteurs la question de la francophonie en Europe. Visiblement intéressés, Ortoli et Soames l'interrogent longuement sur les leçons à dégager de la coexistence de deux langues communes au sein d'une entité fédérale. Bourassa leur déclare qu'à son avis l'Europe des Neuf connaît un bilinguisme naissant — puisque l'anglais et le français sont en train de devenir les langues de travail des institutions européennes à Bruxelles — et que cette nouvelle Europe a intérêt à suivre de près l'expérience canadienne, et québécoise, dans ce domaine.

Le premier ministre évoque alors avec ses hôtes les possibilités qu'offre, aux différents États membres de la Communauté européenne, sa thèse de la souveraineté culturelle dans un fédéralisme économique.

Enfin, de façon plus spécifique, toujours en fonction de l'expérience du fédéralisme canadien, Bourassa discute avec ses hôtes des modalités possibles de la future monnaie européenne. Pour lui, cette monnaie européenne ne peut évidemment se concevoir que dans la perspective de la création d'une union à la fois économique et monétaire.

Le lendemain 23 avril, Bourassa est reçu en audience au Palais royal par le roi Baudouin Ier. Cette rencontre en tête à tête dure environ 45 minutes. Puis c'est le déjeuner offert en l'honneur du premier ministre du Québec par le gouvernement belge au palais d'Egmont et présidé par le ministre de la Culture française de Belgique, Pierre Falize.

«La Belgique et le Québec peuvent avec leurs apports respectifs bâtir une coopération exemplaire et profitable», déclare Bourassa qui rappelle à ses hôtes que deux ans plus tôt il a dépêché à Bruxelles des hauts fonctionnaires en vue de discuter avec le gouvernement belge de l'implantation d'une délégation générale. Le chef du gouvernement du Québec évoque les autorisations généreusement accordées, les excellentes relations rapidement établies avec l'administration belge, et l'accueil chaleureux qui a favorisé des prises de contact rapides avec de nombreux décideurs de la société belge.

La prise en charge de la souveraineté culturelle par la société québécoise dans le cadre canadien constituant un objectif prioritaire pour Bourassa, les expériences menées dans des domaines analogues par la Belgique revêtent à ses yeux une importance toute particulière. Le problème plus global du développement des cultures en Belgique et de leurs interrelations se situe également au cœur des échanges qu'il a avec les dirigeants des deux Conseils culturels.

Bourassa prend ensuite l'avion pour Francfort où il est accueilli par le représentant du Québec en Allemagne et en Suisse, Patrick

Hyndman. La journée du 24 avril est très chargée ; rencontre avec des hommes d'affaires dans la matinée, déjeuner avec des banquiers et des industriels, et conférence de presse en début d'après-midi. Puis le premier ministre part à Genève.

Le canton de Genève a une population francophone de plus de 300 000 habitants. Voilà pourquoi il a tenu à y venir à Genève, et des rencontres ont été organisées les 24 et 25 avril avec un groupe d'universitaires ainsi qu'avec plusieurs responsables culturels et linguistiques du canton.

Bourassa arrive ensuite à Zurich dans l'après-midi du 25 avril. Il a des rencontres avec des financiers en soirée à son hôtel, puis le lendemain, après une brève conférence de presse, il est reçu à leurs sièges sociaux respectifs par les présidents des trois plus grandes banques suisses, en compagnie du président d'Hydro-Québec Roland Giroux. Un grand déjeuner est ensuite offert en son honneur par l'ambassadeur du Canada en Suisse Jean Côté et Patrick Hyndman. Puis des rencontres privées ont lieu à son hôtel avec des industriels en après-midi et en soirée.

Le lendemain, le premier ministre rentre à Montréal. Dès son arrivée, il confie au journaliste Raymond Saint-Pierre les impressions qu'il ramène de son périple de trois semaines en Europe.

> Il y a un véritable renouveau d'intérêt de la part des investisseurs européens pour le Québec. Pourquoi ? Parce que les investisseurs, à la suite de la crise de l'énergie, éprouvent le besoin de se rapprocher davantage des sources d'approvisionnement que des marchés, ce qui fait que les pays où abondent richesses naturelles et matières premières ont plus d'importance à l'heure actuelle qu'avant la crise de l'énergie.
>
> Or, le Québec dispose de cet atout, avec ses richesses naturelles inépuisables, mais il bénéficie également de la proximité des marchés, d'une main-d'œuvre très qualifiée et d'un potentiel énergétique consi-dérable, avec du pétrole canadien à 6,50 $ contre un prix international de 10,50 $ et des ressources hydrauliques énormes.

En ce printemps de 1974, Bourassa est surtout préoccupé par le projet de législation linguistique qu'il veut déposer le plus rapide-ment possible à l'Assemblée nationale. Il souligne à Saint-Pierre les nombreuses rencontres faites au cours de son voyage afin de se familiariser avec les formules utilisées en Belgique et en Suisse.

> La leçon que je tire de toutes ces rencontres, c'est que dans notre cas, nous ne devons pas faire preuve d'une rigidité excessive dans nos projets linguistiques.

Dès son retour d'Europe, Bourassa accélère avec le ministre de l'Éducation François Cloutier la mise au point définitive du projet de loi 22 faisant du français la langue officielle du Québec, tant et si bien que ce projet est présenté en première lecture à l'Assemblée nationale le 22 mai, trois semaines après son retour, et adopté le 30 juillet. Bourassa a d'ailleurs eu d'Europe de nombreuses conversations téléphoniques avec Cloutier au sujet de plusieurs aspects de ce projet de loi.

Dans un autre ordre d'idées, Bourassa informe le gouvernement fédéral au début de 1974 que le gouvernement du Québec entend être participant aux négociations du « Nixon Round » qui doit se tenir à Genève à l'automne de la même année dans le cadre du GATT (General Agreement on Tariffs and Trade), dont le Canada est l'un des 95 adhérents. Bourassa crée alors un comité interministériel dont le mandat est de définir la position québécoise et de négocier les propositions du Québec avec le gouvernement fédéral.

Ces négociations revêtent déjà une importance primordiale. En l'occurrence, le Québec entend mener une double offensive : d'une part, rechercher de nouveaux débouchés à l'exportation et, d'autre part, effectuer avec l'appui du gouvernement fédéral une opération de reconversion industrielle afin de résoudre le problème des industries québécoises les plus vulnérables à la concurrence internationale.

Toujours soucieux d'établir et d'entretenir des relations constructives avec nos voisins, le premier ministre préside à nouveau les 13 et 14 juin 1974 la délégation québécoise à la deuxième conférence des cinq premiers ministres des provinces de l'est du Canada et des six gouverneurs des États de la Nouvelle-Angleterre. Cette rencontre se tient à Warren dans le Vermont. Des comités, précédemment mis sur pied, l'un sur les transports et l'autre sur l'énergie, soumettent des propositions concrètes. Chaque province canadienne illustre par des exemples sa politique énergétique. Quant aux transports, le Maine et le Nouveau-Brunswick présentent neuf recommandations en vue d'améliorer les voies de communication entre l'est du Canada et la Nouvelle-Angleterre.

* * *

C'est sous le signe de la jeunesse que l'Agence de coopération culturelle et technique (ACCT) tient à Québec du 13 au 24 août 1974 le premier rassemblement massif de la francophonie. À ce Festival international de la jeunesse francophone, également appelé la Superfrancofête, participent de nombreux athlètes et artistes ainsi que tous les ministres de la Jeunesse des 25 pays membres de l'Agence.

On se rappelle que le Québec est représenté à l'ACCT depuis le 1er octobre 1971 en tant que « gouvernement participant », cela en vertu d'une disposition particulière de la Constitution de cet organisme international.

Les 16 et 17 septembre 1974, le chef du gouvernement québécois rencontre à New York des financiers, des banquiers et des hommes d'affaires. Il prend également la parole devant les membres du « Council on Foreign Relations », dont le président est à cette époque David Rockefeller, le frère du vice-président des États-Unis. De nombreux membres de l'Institut canadien des affaires internationales se sont joints aux membres du Council.

Après son allocution, qui décrit la prospérité sans précédent de l'économie québécoise et la stabilité de nos institutions, Bourassa répond à de nombreuses questions sur la position du Québec concernant les investissements étrangers, la situation financière du Québec, le programme des emprunts prévus à court, moyen et long termes, les conséquences de l'inflation au Québec et au Canada et les moyens adoptés par le gouvernement du Québec pour en contrer les effets, le potentiel qu'offre le Québec par rapport aux autres régions de l'Amérique du Nord et de l'Europe, ainsi que l'effet sur l'activité économique de l'application de la Loi sur la langue officielle du Québec. À son retour dans la Vieille Capitale, Bourassa déclare sur les ondes de Télémédia :

> J'ai dit à mes interlocuteurs américains que le Québec est un État officiellement francophone, le seul en Amérique du Nord et le plus important après la France, et que, s'ils veulent investir au Québec, ils devront tenir compte du fait que c'est le français qui y est la langue officielle, comme ils tiennent compte du fait que l'italien est la langue officielle de l'Italie ou l'allemand de l'Allemagne.

Comme le souligne l'historien Michel Brunet le 14 octobre sur le réseau TVA : « Jamais un premier ministre du Québec n'avait dit cela auparavant à des Américains. »

Le 19 septembre 1974, on annonce à Paris et à Québec que le premier ministre du Québec allait effectuer les 5 et 6 décembre une visite officielle dans la capitale française à l'invitation du gouvernement français. Il va ainsi pouvoir s'entretenir avec le nouveau président Valéry Giscard d'Estaing, élu quatre mois plus tôt.

Un événement peu ordinaire se produit dans la deuxième quinzaine d'octobre 1974 : la visite de l'Académie Goncourt au Québec. C'est le premier déplacement de cette prestigieuse institution sur le continent nord-américain. En fait, les académiciens font ce voyage à l'invitation d'un de leurs membres, le président et éditeur de *La Presse*, Roger Lemelin, qui a été élu à l'Académie au début de l'année.

Le premier ministre les reçoit le 22 octobre dans la salle du Conseil des ministres. Sont présents, outre évidemment Roger Lemelin, le président Hervé Bazin, la vice-présidente Françoise Mallet-Joris, le secrétaire Armand Lanoux, et les membres Jean Cayrol, Michel Tournier, Emmanuel Roblès, Emmanuel Sabatier, ainsi que le président de l'Académie royale de Belgique Georges Scion. L'auteur de *Zazie dans le métro*, Raymond Queneau, n'a pu être du groupe pour cause de maladie.

> Sachez donc, leur déclare Bourassa, que vous ne pourriez nous rendre visite à un moment plus propice. Mon gouvernement vient d'établir un nouvel équilibre des forces culturelles dans notre pays et sur notre continent en faisant du français la langue officielle du Québec.

Quelques années plus tard, en 1979, l'Académie Goncourt viendra couronner en quelque sorte ce combat en décernant son prix prestigieux à Antonine Maillet pour son roman *Pélagie-la-Charrette*.

Puis du 22 au 24 novembre 1974 se tient le 18e congrès du Parti libéral du Québec. Bourassa prononce lors de la clôture un discours de 90 minutes au cours duquel il évoque certains éléments de sa stratégie internationale « pour arriver au contrôle de notre souveraineté culturelle ».

C'est un sujet d'ailleurs dont je discuterai à l'occasion de mon voyage en France la semaine prochaine. En effet, dans ses objectifs culturels, le Québec tient à avoir des relations directes avec la France. Cela n'est pas en contradiction avec le fédéralisme canadien puisqu'un Québec français se trouve à renforcer la personnalité canadienne en mettant l'accent sur cette dualité culturelle du Canada qui nous distingue des États-Unis.

C'est à 14 heures le mardi 3 décembre que le premier ministre et Mme Bourassa arrivent à l'aéroport d'Orly là bord de l'avion présidentiel. L'appareil était en effet allé chercher le couple à Nice, où il avait décidé de passer le week-end afin d'éviter les effets du décalage horaire.

Ils sont accueillis à leur descente d'avion par le premier ministre français qui prononce alors une courte, mais chaleureuse allocution dans laquelle il affirme : « Rien ne peut être indifférent à la France de ce qui touche le Québec. »

Puis c'est le départ d'Orly pour l'hôtel Crillon, place de la Concorde, où la délégation québécoise qui accompagne le premier ministre séjourne durant toute la visite.

L'après-midi même, vers 15 heures, a lieu à l'hôtel Matignon le premier entretien en tête à tête entre les deux premiers ministres, préliminaire à la rencontre Bourassa-Giscard d'Estaing, deux heures plus tard.

L'audience au palais de l'Élysée a lieu à 17 heures. Le président Giscard d'Estaing lui réserve un traitement exceptionnel : il l'invite à participer au salon Murat aux délibérations hebdomadaires du

Conseil des ministres. C'est ainsi que le président présente Robert Bourassa, assis à sa droite, aux ministres français, et lui propose dans un premier temps de participer à leurs travaux. Le premier ministre du Québec fait ensuite, à la demande du président, un exposé sur la situation politique, économique, sociale et culturelle du Québec.

Il passe ensuite en revue les sujets qui lui semblent particulièrement importants dans le contexte de sa visite en France, soit le français langue de la technique et du travail avec un programme de coopération de cinq ans, la libre circulation des émissions de radio et de télévision, l'institution d'un mécanisme permanent d'animation, de concertation et de coopération industrielles, la mise sur pied d'associations entre des sociétés publiques et privées françaises et québécoises pour l'exploration minière, la recherche de gaz et de pétrole et la transformation du minerai, l'importance de faciliter la mobilité des personnes entre les deux pays, et l'amélioration des mécanismes actuels de coopération

Cette présence du premier ministre du Québec à la table des grandes décisions de la politique française constitue un précédent qui marque bien l'intérêt fondamental que se portent mutuellement la France de Giscard d'Estaing et le Québec de Bourassa.

> La France et le Québec sont unis par des liens qui ne relèvent ni des calculs de la politique ni des combinaisons d'intérêts, mais qui sont ceux du sang et de l'histoire, de la terre et de l'esprit.

Le président note alors les progrès réalisés par la coopération franco-québécoise depuis la première visite en 1971 du premier ministre du Québec. Il affirme que son vœu était de l'élargir, en en diversifiant les méthodes et le champ d'application.

C'est au cours de cet après-midi du 4 décembre que Mme Bourassa se rend en compagnie de Mme Jacques Chirac visiter l'exposition du peintre québécois Jean-Paul Lemieux présentée au Musée national d'art moderne de Paris. Les accompagne également Mme Jean Sauvagnargue, épouse du ministre des Affaires étrangères de France. Cette exposition, où l'on peut admirer une quarantaine de tableaux de ce grand peintre québécois, est organisée par le ministère des

Affaires culturelles du Québec dans le cadre des échanges culturels franco-québécois.

Le bilan de dix ans de coopération ayant été fait lors des premières rencontres, cette importante séance de travail, qui dure une heure trente, sert surtout à définir et à préciser les programmes nouveaux qu'entendent se donner le Québec et la France pour correspondre pleinement aux objectifs de développement et d'épanouissement respectifs à chaque gouvernement. Le document qui en résulte constitue en fait une véritable charte franco-québécoise ayant trait à l'ensemble des rapports de coopération entre Québec et Paris.

C'est ainsi qu'il est décidé d'appliquer des programmes nouveaux dans six domaines :

- *le français, langue de la technique et du travail,* avec quatre volets : la francisation des entreprises, la francisation des ateliers et des laboratoires scolaires, la terminologie, ainsi que l'information scientifique et technique, toutes ces actions devant se répartir sur une période de cinq ans ;
- *la coopération industrielle entre entreprises françaises et québécoises* actives dans les neuf secteurs suivants : électricité et électronique, chimie et pétrochimie, agro-alimentaire, transformation des ressources minières et forestières, transport, environnement et contrôle de la pollution, construction et bâtiment, communications, ainsi que sports et loisirs. Un « groupe franco-québécois de coopération industrielle » est mis sur pied et relève du ministère québécois des Affaires intergouvernementales et du secrétariat d'État français au commerce extérieur ;
- *les transports, qu'ils soient terrestre, maritime ou aérien* ;
- *la mobilité des personnes entre la France et le Québec,* spécialement dans les secteurs où il y a complémentarité ;
- *les richesses naturelles,* notamment l'enrichissement de l'uranium, l'exploration minière et la recherche d'hydrocarbures ;
- *les communications,* particulièrement quant à l'utilisation par le Québec du satellite expérimental français Symphonie, ainsi que des échanges de programmes et d'émissions de radio et de télévision

entre l'Office de radio et de télévision du Québec et l'Institut audiovisuel, l'une des sociétés résultant de la réforme de l'ORTF.

Cette entente, en date du 5 décembre 1974, est signée par Jacques Chirac et Robert Bourassa à la délégation générale du Québec, rue Pergolèse, à l'issue d'un déjeuner offert au premier ministre Jacques Chirac par le premier ministre Bourassa. Ce dernier signale qu'il a pu «au cours des entretiens [qu'il a eus] avec le président de la République, avec le premier ministre et avec les membres du gouvernement, bien préciser la détermination ferme et absolue de [son] gouvernement de faire du Québec, au sein de la fédération canadienne, une terre authentiquement et officiellement française assumant pleinement les exigences de sa souveraineté culturelle».

La nouvelle charte de la coopération franco-québécoise est commentée par Bourassa au cours d'une conférence de presse qu'il donne vers 15 h 30 au Palais des Congrès du Centre international de Paris, à la porte Maillot.

Vers 18 h 30, c'est l'illumination par Mme Bourassa d'un arbre de Noël offert par le Québec à la ville de Paris. Cet arbre imposant — une centaine de pieds de haut — est érigé en plein centre du rond-point de la porte Maillot et peut être vu aussi bien de la place de l'Étoile que du pont de Neuilly. Il provient de la région des Laurentides et a été transporté à Paris à titre gracieux par un avion cargo d'Air France, la ville de Paris s'occupant de son installation et de sa décoration. La journée se termine avec une grande réception à la délégation générale du Québec.

Cette rencontre a principalement pour objet un exposé de Robert Bourassa quant aux possibilités québécoises en matière d'investissements français et quant à l'intensification de la coopération économique entre le Québec et la France.

En début d'après-midi, Robert Bourassa a une rencontre au palais de l'UNESCO avec son directeur général, M. Amadou Mahtar M'Bow. Après un tête-à-tête entre les deux hommes, une réunion de travail se tient entre directeurs adjoints de l'UNESCO et les conseillers québécois du premier ministre.

Bourassa saisit l'occasion de cette visite pour affirmer les compétences du Québec dans le domaine de la culture, de l'éducation, de l'information et de la recherche scientifique, secteurs relevant également de la compétence de l'UNESCO. Il offre à cet organisme le financement par le Québec d'une dizaine de bourses pour étudiants de 2e et de 3e cycle dans des universités québécoises francophones.

Ces bourses seront proposées à des représentants de n'importe quel État membre de l'organisation, sous réserve que le programme d'études corresponde à des projets de développement précis propres au pays demandeur. Les différentes étapes d'information, de présélection et de préparation du programme d'études seront sous la responsabilité de l'UNESCO, les frais étant payés par le Québec pour une durée d'un an, renouvelable si nécessaire.

Le premier ministre du Québec se rend ensuite à l'Agence de coopération culturelle et technique où il a l'occasion de témoigner à son secrétaire, M. Dankoulodo Dan Diko, le vif intérêt que le Québec porte aux travaux de l'agence et à l'ensemble des pays de la francophonie. Le succès à Québec du Festival international de la jeunesse francophone est évidemment l'un des sujets évoqués au cours de l'entretien entre les deux hommes.

Cette journée du 6 décembre se termine par une rencontre avec le ministre de l'Économie et des Finances Jean-Pierre Fourcade, au cours de laquelle on procède à un vaste tour d'horizon des relations économiques entre la France et le Québec.

Le lendemain samedi 7 décembre, le premier ministre se rend à l'Assemblée nationale pour y rencontrer son président, M. Edgar Faure. Homme de grande culture, membre de l'Académie française, M. Faure est connu pour son attachement au Québec et son intérêt pour les relations France-Québec. Bourassa se rend au cours de l'après-midi avec ses collaborateurs à l'aéroport d'Orly pour visiter le site d'essai du système de transport urbain et suburbain ARAMIS de la société Matra.

Le premier ministre prend l'avion le lendemain dimanche pour rentrer au Québec.

* * *

La communauté iranienne de Montréal est extrêmement dynamique au début des années 1970 et prend part activement à la vie sociale, économique et financière de la métropole. Les Bourassa s'étaient liés d'amitié avec plusieurs membres de la famille du chah, et notamment avec le prince Gholam Riza, un jeune frère du chah, et avec M. et Mme Dibadj qui agissaient un peu comme des représentants de la famille impériale à Montréal. On se souvient qu'en avril 1974 Mme Bourassa s'est rendue en Iran, en compagnie de sa sœur, Mme Michèle Bernier, et qu'elle y a été reçue à titre privé par le premier ministre Amir Abbas Hoveyda.

Constatant ce dynamisme, Bourassa, soucieux de diversifier notre ouverture sur le monde, fait parvenir au premier ministre Hoveyda, une invitation à visiter officiellement le Québec. M. Hoveyda est un homme cultivé qui s'exprime dans un français impeccable. Sur le plan politique, c'est un homme d'ouverture qui s'efforce d'orienter son pays vers un système démocratique afin de consolider le programme de modernisation du pays, la « Révolution blanche », que le chah a lancée dès 1963. Hoveyda accepte l'invitation du premier ministre du Québec.

Le premier ministre d'Iran arrive le 11 décembre 1974 à l'aéroport du gouvernement du Québec à L'Ancienne-Lorette. Après une courte visite de Québec, il a une première rencontre avec Bourassa à ses bureaux de l'édifice « J ». La journée se termine par un dîner officiel au restaurant du Parlement, où M. Hoveyda rencontre plusieurs membres du gouvernement Bourassa.

Au cours de son séjour officiel au Québec, qui dure trois jours, le premier ministre d'Iran a plusieurs rencontres avec Robert Bourassa, ainsi qu'avec le vice-premier ministre et ministre des Affaires intergouvernementales Gérard D. Levesque, le ministre de l'Industrie et du Commerce Guy Saint-Pierre, le ministre des Finances Raymond Garneau et le ministre des Richesses naturelles Gilles Massé.

Au terme de ces rencontres, il est convenu d'approfondir l'examen des possibilités de coopération qui existent manifestement entre le Québec et l'Iran, et qui se révèlent particulièrement prometteuses dans les domaines de l'éducation, de la recherche médicale, de l'activité industrielle, de l'agriculture et des mines. De plus, avant de quitter Québec, le premier ministre Hoveyda invite Bourassa à se rendre l'année suivante en Iran en visite officielle.

* * *

Les 16 et 17 juin 1975, le premier ministre se rend à St. Andrews-by-the-Sea, au Nouveau-Brunswick, où se tient la troisième conférence des six gouverneurs des États de la Nouvelle-Angleterre et des cinq premiers ministres de l'est du Canada. Un comité permanent de fonctionnaires sur le développement économique interrégional avait été créé l'année précédente lors de la rencontre de Warren, dans le Vermont. Ce comité soumet en 1975 le résultat de ses études. De plus, figurent à l'ordre du jour de 1975 les cinq sujets suivants : l'énergie, le tourisme, les barrières tarifaires et la préservation du saumon dans l'Atlantique Nord.

Le 4 octobre 1975 est inauguré l'aéroport international de Mirabel. Le thème choisi par Bourassa pour son allocution est le développement de la personnalité internationale de Montréal. « Mirabel, c'est plus qu'un aéroport, c'est un instrument privilégié de développement et de progrès pour le Québec moderne. »

Sur le plan international, l'automne 1975 est surtout marqué par la visite de Robert Bourassa en Allemagne et en Iran.

L'objectif principal de l'opération est d'intensifier les relations entre le Québec et la République fédérale d'Allemagne, notamment sur les plans commercial, financier et technologique. Cette rencontre, véritable séminaire comportant cinq ateliers sur autant de sujets susceptibles d'intéresser les hommes d'affaires allemands, vise aussi à favoriser dans un cadre plus vaste les efforts entrepris par le Québec et le Canada pour le développement des échanges commerciaux avec les pays membres de la Communauté économique européenne.

Ce colloque est inauguré par le ministre allemand des Affaires économiques Hans Friderichs. La rencontre est la responsabilité conjointe du Conseil général de l'industrie du Québec et de la Fédération des industries allemandes ; deux cents dirigeants d'entreprises canadiennes et québécoises ont ainsi l'occasion de rencontrer 400 industriels de la République fédérale d'Allemagne.

Prenant la direction de Téhéran, le premier ministre passe deux jours à Athènes où il est rejoint par Mme Bourassa. Il y rencontre le premier ministre grec Constantin Karamanlis qui vient de restaurer les libertés dans son pays après la fin du régime dictatorial des colonels.

Le 24 octobre, c'est l'arrivée au cours de l'après-midi du chef du gouvernement du Québec et de Mme Bourassa à Téhéran, à l'aéroport de Mehrabad, où ils sont accueillis par le premier ministre d'Iran Amir Abbas Hoveyda. Le soir même, celui-ci offre au Palais impérial des Affaires étrangères un dîner d'État en leur honneur.

Le lendemain, après avoir déposé une couronne de fleurs au mausolée élevé à la mémoire de Riza Chah Pahlavi, père du souverain, Bourassa a une audience au palais de Niavaran avec Sa Majesté impériale le Shahinshah Aryamehr, c'est-à-dire avec le chah d'Iran.

Puis au cours de l'après-midi, les deux premiers ministres ont un tête-à-tête pendant que leurs collaborateurs se réunissent pour une séance de travail. Le premier ministre est en effet accompagné en Iran par une délégation technique prestigieuse.

De son côté, Mme Bourassa visite le matin le musée Iran Bastan ainsi que le Centre de la Promotion intellectuelle des enfants et jeunes adultes. En fin d'après-midi, elle se rend au palais de Niavaran où elle est reçue en audience par Sa Majesté impériale la Shahbanou d'Iran.

Le 26 octobre est consacré à la visite de la ville historique d'Ispahan où M. et Mme Bourassa, ainsi que la délégation québécoise, sont reçus à déjeuner par le gouverneur général d'Ispahan.

Le 27 octobre, après avoir rencontré dans la matinée au palais du premier ministre Hoveyda successivement les ministres des Sciences et de l'Éducation supérieure, des Affaires étrangères, de l'Éducation nationale, des Finances et des Affaires économiques, Bourassa prend la parole à l'hôtel Hilton devant la Chambre du Commerce, de l'Industrie et des Mines d'Iran.

Le lendemain est consacré à la visite des monuments historiques de Persépolis, fondée par Darius Ier. C'est un ensemble palatial fastueux d'où la dynastie perse des Achéménides régna pendant des siècles sur toute l'Asie occidentale. Incendié par les troupes d'Alexandre en 330 av. J.-C., il reste cependant des vestiges prestigieux et de nombreuses sculptures presque intactes.

De retour à Téhéran en fin d'après-midi, M. et Mme Bourassa sont les invités d'honneur d'un dîner qu'offre en soirée l'ambassadeur du Canada en Iran James George.

La dernière journée du séjour officiel du premier ministre du Québec commence par une conférence de presse radiotélévisée donnée à l'hôtel Intercontinental. Il annonce que l'Iran et le Québec ont décidé de coopérer dans six secteurs : éducation, énergie, construction, mines, agriculture, affaires culturelles.

Dans le secteur des affaires culturelles, une semaine du film québécois sera organisée en Iran et une semaine au Québec du film iranien. Par ailleurs, des professeurs du Québec viendront en Iran pour enseigner au Conservatoire iranien de musique. Enfin, une exposition d'art moderne iranien sera organisée au Québec.

* * *

On sait que l'ouverture d'une délégation générale du Québec à Bruxelles en septembre 1972 marque un tournant dans les relations entre le Québec et la Belgique. Ce pays est d'ailleurs présent au Québec depuis de nombreuses années, notamment dans les secteurs de la finance, de l'industrie, de l'éducation et de l'édition.

La sous-commission mixte belgo-québécoise de coopération culturelle fut créée à l'automne de 1975 parce que les relations entre le Québec et la Belgique prenaient une ampleur considérable. Ce nouvel organisme se voit confier la responsabilité de l'ensemble des projets dans lesquels les deux gouvernements ont une participation financière.

Répondant à l'invitation du premier ministre du Québec, le premier ministre belge Léo Tindemans vient passer quelques jours à Québec à la fin d'avril 1976. Il est accompagné du ministre des

Affaires étrangères Renaat Van Elslande. Bourassa souligne à cette occasion l'importance que leur présence revêt aux yeux des Québécois: «Vous dirigez un pays ami qui jouit d'une place enviable dans le monde, en particulier en vous faisant les artisans patients et actifs d'une Europe nouvelle qui soulève chez nous un très grand intérêt. Votre venue au Québec, qui est en fait la première visite officielle d'un premier ministre et d'un ministre des Affaires étrangères de votre pays, constitue un jalon significatif dans l'histoire des relations entre la Belgique et le Québec.»

Bourassa reçoit chez lui à Outremont le 14 janvier 1976 une personnalité bien connue de la scène politique américaine, le sénateur démocrate du Massachusetts, Edward (Ted) Kennedy, venu au Canada s'informer des conditions de fonctionnement de notre système d'assurance-santé. Le sénateur est à Washington président de la sous-commission de la Santé à la Commission sénatoriale du Travail et du Bien-être social et cherche à faire le point sur la performance de notre système de sécurité sociale.

Le Guatemala ayant été ravagé par des tremblements de terre au début de 1976, Bourassa annonce le 11 février 1976 à l'issue du Conseil des ministres que le Québec va faire parvenir une somme de 50 000 $ à l'organisation OXFAM pour venir en aide aux sinistrés guatémaltèques. L'argent doit servir à distribuer des secours de toute première urgence et à faciliter aux groupes locaux une entraide pour participer à la reconstruction de leur pays dévasté.

Le 3 mai 1976, Bourassa a des entretiens à New York avec des dirigeants des milieux financiers. L'agence Moody's vient d'améliorer la cote financière des titres québécois sur le marché des capitaux en les faisant passer de la catégorie «A» à la catégorie «AA». Cette amélioration de la cote est due incontestablement à la qualité des finances québécoises; la nouvelle cote a des conséquences très concrètes en permettant de faire des emprunts à meilleur compte pour financer les grands projets collectifs québécois.

Bourassa retourne aux États-Unis quelques jours plus tard, soit le 13 mai, afin de rencontrer à Chicago une centaine de représentants du monde des affaires.

La journée, soigneusement préparée par le délégué du Québec à Chicago Réginald Bourgeois, commence par une rencontre au Scott Hall du campus de l'Université Northwestern à Evanston près de Chicago, avec une centaine d'étudiants en sciences politiques. Au cours de son exposé, Bourassa souligne les avantages qu'offre la flexibilité du système fédéral pour répondre aux exigences des sociétés contemporaines. Puis ce sont les réponses aux questions sur la situation politique québécoise à l'égard des investissements étrangers, la sécurité sociale québécoise et le débat constitutionnel Ottawa-Québec.

Le premier ministre est ensuite reçu à l'hôtel de ville par le maire de Chicago Richard J. Daley, personnalité haute en couleur de la politique américaine. Au cours de leur entretien, les deux hommes discutent des problèmes que pose la fiscalité municipale en période d'inflation, des relations de travail et des Jeux olympiques de Montréal, auxquels Bourassa invite Daley. Le maire en profite pour lui donner sa recette quant à ses relations avec les syndicats : « *I invite them to my office and we really talk turkey until they drop exhausted* » !

Le premier ministre s'adresse vers 13 heures à 150 représentants du monde de la banque et de l'industrie réunis à l'hôtel Hyatt Regency. Il leur souligne les avantages d'investir au Québec. « Vous avez en effet au Québec un gouvernement fondamentalement pragmatique, qui pratique une politique d'ouverture raisonnable à l'égard des investissements étrangers, dont la main-d'œuvre est l'une des plus efficaces du monde, et qui utilise les formules les plus variées pour promouvoir le développement économique. »

Bourassa signale aussi les efforts réalisés en faveur du français comme langue de travail au Québec. Il souligne que c'est un facteur dont les investisseurs étrangers doivent tenir compte.

Il répond ensuite à de nombreuses questions qui portent, entre autres, sur la loi fédérale concernant les investissements étrangers, sur la législation québécoise en matière forestière et minière, sur la situation des multinationales, sur la protection du pouvoir d'achat des travailleurs que donnent les contrôles canadien et québécois des prix et des salaires, et sur le financement des Jeux olympiques.

Le premier ministre consacre la majeure partie de son allocution à la nouvelle situation créée par la loi 22, faisant du français la langue officielle du Québec, et aux principales implications de cette loi sur le plan de l'économie et des investissements. Il s'explique sur le contexte constitutionnel en donnant le point de vue de son gouvernement sur le fédéralisme canadien. Il évoque ce qu'il appelle les « règles du jeu » concernant les investissements étrangers en soulignant que l'attitude d'ouverture de son gouvernement à leur égard ne signifie pas non plus une politique de laisser-faire. « Le Québec offre ainsi, signale-t-il à son auditoire américain, un modèle nouveau et différent de société industrielle, dont l'originalité est d'être orientée en même temps vers la réussite culturelle, vers le développement économique et vers la justice sociale. »

La quatrième conférence des premiers ministres de l'est du Canada et des gouverneurs de la Nouvelle-Angleterre a lieu en 1976 à Chatham, dans le Massachusetts, les 7 et 8 juin. Bourassa considère toujours ces rencontres comme des occasions exceptionnelles de promouvoir des solutions intégrées aux problèmes communs à cette région de l'Amérique du Nord et se fait un devoir d'y participer.

Les problèmes communs étudiés à Chatham concernent les secteurs de l'énergie, des transports, du tourisme et des relations économiques. Deux représentants des gouvernements des États-Unis et du Canada sont invités à exposer les grandes lignes de la politique énergétique de Washington et d'Ottawa, soit d'une part la nécessité de satisfaire d'abord les besoins des nationaux et, d'autre part, l'impératif d'assurer la sécurité à long terme des approvisionnements.

Bourassa, quant à lui, réitère sa volonté de collaborer avec tous ceux qui veulent développer les sources d'énergie, et cela dans le plein respect des droits constitutionnels des gouvernements concernés sur les richesses naturelles.

On peut certainement dire qu'à la veille des élections de 1976, le Québec est connu à travers le monde grâce à la politique d'ouverture menée comme jamais auparavant sous la gouverne de Robert Bourassa.

Le Québec est maintenant représenté dans neuf pays. Il y maintient 16 délégations de statuts divers (quatre délégations générales : Paris, New York, Londres et Bruxelles ; onze délégations : Boston, Chicago, Los Angeles, Dallas, Lafayette, Düsseldorf, Milan, Rome, Beyrouth, Abidjan et Tokyo, ainsi qu'un bureau à Toronto). Le Québec s'est également ouvert au tiers-monde par sa participation aux programmes de l'Agence de coopération culturelle et technique (ACCT) et de l'Agence canadienne pour le développement international (ACDI).

Le 17 juillet 1976, comme le déclare Bourassa, « le Québec est prêt à recevoir la jeunesse de l'univers ».

CHAPITRE 21

Des nuages à l'horizon

En plein été, le 25 juillet 1974, le premier ministre du Québec annonce qu'une élection complémentaire va se tenir dans le comté de Johnson le 28 août. Le député de cette circonscription, Jean-Claude Boutin, jeune avocat dynamique de 32 ans, ancien président de l'Association libérale provinciale de Richmond, a été élu l'année précédente dans ce nouveau comté lors du balayage libéral. Il a été par la suite l'objet d'attaques de la part du Parti québécois, attaques basées sur des faits sans gravité. Pour couper court aux rumeurs, Boutin décide avec l'accord de Bourassa de s'en remettre de nouveau au verdict du tribunal du peuple.

Un personnage haut en couleur et ancien ministre de l'Union nationale, Maurice Bellemare, décide, lui, de sortir de sa retraite et de tenter sa chance sous la bannière de l'Union nationale même si ce parti a pratiquement cessé d'exister. Se présente aussi le candidat péquiste Jean-Denis Bachand.

Le premier ministre fait plusieurs interventions afin d'appuyer son candidat. Lors d'une entrevue à la radio le 18 août, Bourassa signale que, si l'intégrité de Boutin avait été en cause, il n'aurait pas pu se représenter, et que ce simple fait, incontestable, est la meilleure preuve de l'honnêteté du candidat libéral.

« C'est pourquoi je pense, déclare Bourassa, que la population, en voyant le travail que son député a fait et pourra faire pour le comté de Johnson, va choisir Jean-Claude Boutin une deuxième fois. » Or, tel n'est pas le cas. À la surprise générale, l'unioniste Bellemare est élu, pourtant moins d'un an après le balayage libéral aux élections générales.

Ces résultats ne sont pas favorables au Parti québécois qui se retrouve en troisième position, même s'il forme après tout l'opposition officielle à l'Assemblée nationale. Mais le léger gain réalisé par le PQ lui redonne de l'assurance : Bourassa serait loin d'être invincible et le PQ a augmenté son appui dans Johnson de près de 600 votes. De son côté, le premier ministre du Québec prend bonne note du ressentiment exprimé par le vote anglophone à l'égard de sa politique linguistique et tient compte de cet avertissement dans l'élaboration de sa stratégie générale.

Au mois de juin de l'année suivante, justice est rendue à Jean-Claude Boutin puisque, par une décision unanime d'un jury de six personnes, Jean-Denis Bachand, candidat péquiste dans le comté de Johnson lors de l'élection partielle du 28 août 1975, est trouvé coupable de libelle diffamatoire et condamné à une amende exceptionnellement sévère de 8 000 $ à être versée à Boutin.

Mais d'autres nuages commencent à s'amonceler à l'horizon politique du premier ministre du Québec.

À Ottawa, les élections du 8 juillet 1974 ont redonné les pleins pouvoirs à Trudeau en lui permettant de former un gouvernement majoritaire, basé en partie sur un fort contingent du Québec avec 60 députés libéraux sur 75 sièges. Cette situation nouvelle ne manque pas d'avoir rapidement des implications sur le calendrier politique de Bourassa, comme on le verra bientôt.

Intervenant le 2 octobre dans le débat sur le discours du Trône à la Chambre des communes, le premier ministre du Canada se lance dans une vigoureuse défense de la politique de son gouvernement en matière constitutionnelle et annonce qu'il a l'intention de tenter de nouveau de ramener la Constitution au Canada. « Il est temps de décider que ce rapatriement se fera et que nous nous entendrons sur la procédure de modification d'ici quatre ans. »

Le premier ministre du Québec, qui a noté l'échéance de quatre ans mentionnée par Trudeau, lui répond quelques jours plus tard en signalant que le gouvernement du Québec n'a pas d'objection de principe à discuter de constitution, à condition que ce soit en fonction des intérêts du Québec. « M. Trudeau parle de plusieurs années pour en arriver à une solution. Ce n'est donc pas une priorité immédiate, pour lui comme pour nous. »

Bourassa est en effet convaincu qu'il faut résoudre des problèmes plus pressants que la question constitutionnelle, par exemple l'inflation, largement alimentée d'ailleurs par la prodigalité des dépenses et des subventions d'Ottawa. Apportant sa contribution à la lutte contre l'inflation, le gouvernement Bourassa ajoute au budget de 6,6 milliards $ de 1974-1975 des budgets supplémentaires de 250 millions $ en juin et de 411 millions $ en décembre afin d'aider les travailleurs et les municipalités en compensant la perte de leur pouvoir d'achat du fait de l'augmentation du coût de la vie.

Les crédits du Québec passent à 8,2 milliards $ en 1975-1976 et indiquent clairement la double préoccupation du gouvernement, ainsi que le souligne le chef du gouvernement le 30 mars 1975.

> Ces crédits de 8,2 milliards $ indiquent que nous voulons à la fois fournir aux Québécois les services essentiels et relancer l'économie, tout en tenant compte cependant de l'inflation. Avec 12 % d'inflation, il est évident que les dépenses du gouvernement du Québec devaient augmenter substantiellement.

Les observateurs notent que ce budget est le sixième sans augmentation de taxes et le troisième comportant des réductions d'impôts, réductions qui dépassent cette année-là le demi-milliard de dollars.

Dans les entrevues données à la radio dès le mois d'octobre 1974, le premier ministre du Québec fait preuve d'ouverture à l'égard du dossier constitutionnel. Selon lui, le problème dans l'affaire du rapatriement de la Constitution ne vient pas uniquement de la formule, mais surtout des conditions de rapatriement pour le Québec, c'est-à-dire d'un nouveau partage des pouvoirs dans plusieurs secteurs. Par exemple, aime-t-il souligner, le Québec doit pouvoir protéger sa souveraineté culturelle. Accepter le rapatriement sans régler, entre autres, cette question fondamentale est impensable.

Bourassa procède le 30 juillet 1975 à un remaniement majeur du Conseil des ministres. Douze portefeuilles changent de titulaires, deux ministres d'État se voient confier des portefeuilles et un député devient ministre d'État. Dans l'esprit du premier ministre, ce nouveau cabinet, composé de personnes expérimentées, modifie considérablement celui formé le 13 novembre 1973, et doit mener avec succès le gouvernement jusqu'aux élections générales.

Gérard D. Levesque, tout en continuant d'être vice-premier ministre, leader parlementaire et ministre responsable de l'OPDQ, devient ministre de la Justice. Jérôme Choquette devient ministre de l'Éducation, tandis que François Cloutier se voit confier le portefeuille des Affaires intergouvernementales.

Kevin Drummond devient ministre de l'Agriculture et est assisté de Georges Vaillancourt qui devient ministre d'État à l'Agriculture. Normand Toupin devient titulaire du portefeuille des Terres et Forêts.

Gérald Harvey devient ministre du Travail et de la Main-d'œuvre. Jean Cournoyer reçoit le portefeuille des Richesses naturelles, William Tetley le ministère des Travaux publics et de l'Approvisionnement, tandis que Raymond Mailloux continue d'assumer le portefeuille des Transports. Denis Hardy devient ministre des Communications et leader parlementaire adjoint tout en conservant le dossier de la réforme électorale. Il y a ainsi deux leaders parlementaires adjoints, Jean Bienvenue et Denis Hardy. Les Affaires culturelles sont confiées à Jean-Paul L'Allier. (Quelques semaines plus tard, Bourassa annonce que Denis Hardy allait être également responsable du dossier du cinéma parce qu'il avait instruit et piloté à l'Assemblée nationale le projet de loi sur le cinéma.)

Robert Quenneville devient ministre du Revenu, Lise Bacon, ministre des Consommateurs, Coopératives et Institutions financières, Fernand Lalonde, solliciteur général, chargé des forces policières et des poursuites criminelles. Par cette décision, le premier ministre voulait alléger l'importante charge de travail qui incombait à Gérard D. Levesque en tant que ministre de la Justice. Bernard Lachapelle devient ministre d'État au Conseil exécutif, responsable de l'Office des professions, du Conseil du statut de la femme et de la Régie de la langue française. Il continue d'être ministre d'État à l'Office de planification et de développement du Québec (OPDQ) et assume la responsabilité de l'Office de développement de l'est du Québec (ODEQ).

Déjà ministre d'État aux Transports, Paul Berthiaume devient également ministre d'État aux Finances et, à ce titre, responsable notamment de la Société des alcools, de Loto-Québec et de la Curatelle publique. Julien Giasson devient ministre d'État aux Affaires sociales. Gilles Massé est rattaché au bureau du premier ministre où il doit terminer les travaux qu'il avait entrepris dans le dossier du Tribunal de l'énergie.

Bourassa annonce le 7 août 1975 la tenue d'un colloque de trois jours, du 22 au 24 août, au mont Gabriel, dans les Laurentides. « Les années 80 », tel est le thème de ce troisième colloque du PLQ.

> En choisissant comme thème général les années 1980, nous voulons réfléchir sur l'avenir de la collectivité québécoise et sur les nouvelles conditions de vie des Québécois. Le Parti libéral du Québec a été celui qui a permis au Québec de prendre son envol décisif et d'entrer de plain-pied au début des années 1960.

Le colloque comporte trois ateliers. L'atelier sur les relations humaines est animé par MM. Maurice Guertin, membre du Club de Rome, Jean Daniel, directeur de l'hebdomadaire parisien *Le Nouvel Observateur*, et Larkin Kerwin, recteur de l'Université Laval. L'atelier sur le travail a comme spécialistes invités MM. Michel Crozier, professeur au Département de sociologie du travail à la Sorbonne, Michel Bélanger, président de la Bourse de Montréal et de la Bourse Canadienne et Louis-Martin Tremblay, professeur de relations industrielles à l'Université de Montréal. L'atelier sur la famille a comme panélistes Mme Évelyne Lapierre-Adamcyck, professeur au Département de démographie de l'Université de Montréal et MM. Philippe Ariès, professeur à la Faculté des sciences sociales à la Sorbonne, et Hubert Guindon, professeur de sociologie à l'Université Concordia.

À la séance de clôture du colloque participeront le futurologue Herman Kahn et le Dr Hans Selye, spécialiste bien connu des maladies du stress.

Il est décidé de soumettre aux militants libéraux de toutes les régions du Québec les perspectives ouvertes lors du colloque en intensifiant le programme des congrès régionaux, puis de soumettre les résultats de ces consultations au prochain congrès annuel au début de 1976.

Le chef du gouvernement se déclare prêt, cependant, à discuter avec certains futurologues des limites de la croissance économique.

> Je crois qu'il est encore important de la maintenir, tout en mettant progressivement l'accent sur la qualité de la vie, ce que nous avons commencé à faire dans plusieurs secteurs avec le ministère de l'Environnement, avec des lois comme la loi 52, qui prévoit l'indemnisation des travailleurs atteints d'amiantose ou de silicose, et avec d'autres lois qui sont en préparation.

Le premier ministre fait remarquer le 7 septembre, au cours d'une émission radiophonique d'affaires publiques, que la rentrée scolaire, sous l'empire de la nouvelle loi 22, s'est faite dans l'ensemble assez bien. «Pour un million et demi d'étudiants, on peut en effet constater que le retour à l'école s'est déroulé normalement à l'échelle du Québec, à l'exception de certains cas qui concernent quelques centaines d'élèves.»

Quant aux critiques de certains milieux anglophones au sujet de la loi 22, Bourassa déclare qu'ils devraient examiner les politiques qui sont proposées à leur sujet par les autres partis.

> Ils vont voir que c'est encore le Parti libéral du Québec qui tient le mieux compte des différents groupes qui vivent au Québec. Nous sommes en fait le seul parti où ils peuvent faire valoir leur point de vue. Rappelons-nous toujours que l'objectif fondamental de la loi 22 est de concilier des droits individuels avec les droits collectifs des Québécois.

Quelques jours plus tard, Bourassa qualifie d'irresponsable et de pure perte de temps la campagne menée par la station de radio CFCF contre certaines dispositions de la loi 22.

« Cette campagne, déclare-t-il, ne fait qu'envenimer les relations entre les différents groupes ethniques qui existent au Québec. » Il souligne la très grande liberté d'expression au Québec, liberté qui permet à cette station de mener sa campagne. Il répète qu'il n'est pas question de retirer ou d'amender la loi 22. « On essaie actuellement, précise-t-il, de trouver une solution au problème à l'intérieur des règlements actuels. »

Moins de deux mois après sa nomination, le ministre de l'Éducation Jérôme Choquette remet sa démission au premier ministre « comme membre de votre gouvernement, ministre de l'Éducation et membre du caucus libéral. Dorénavant, j'entends siéger comme député indépendant à l'Assemblée nationale. » Le litige porte sur une différence d'opinion entre Choquette et ses collègues sur l'interprétation de la loi 22 quant à certaines dispositions du chapitre V concernant la langue de l'enseignement, cela à l'occasion d'un problème ayant surgi dans le cas de 182 enfants de la Commission scolaire Jérôme-LeRoyer. Choquette propose de reprendre ce chapitre V en déterminant que l'école française est la règle pour tous, sauf pour les enfants de langue maternelle anglaise.

Bourassa refuse la proposition de Choquette de modifier le chapitre V, accepte sa démission et annonce le même jour la nomination de Raymond Garneau comme ministre de l'Éducation, ainsi que celle de Bernard Lachapelle comme ministre d'État à l'Éducation. Le chef du gouvernement précise que Garneau conserve le portefeuille des Finances, où il est déjà secondé par Paul Berthiaume. De son côté, Lachapelle continue d'être responsable des organismes qui relèvent de lui en tant que ministre d'État au Conseil exécutif, soit l'OPDQ et l'ODEQ.

Un gouvernement vraiment responsable, déclare le premier ministre dans sa lettre en réponse à la lettre de démission de Choquette, ne peut consentir à faire intervenir l'Assemblée nationale aux premières difficultés d'application d'une loi, surtout lorsqu'elle porte sur des matières importantes et que les problèmes d'application soulevés peuvent trouver autrement des solutions justes et équitables pour tous.

Le chef du gouvernement met en relief quelques jours plus tard au cours de plusieurs émissions d'affaires publiques les inconvénients de la formule proposée par Choquette.

1. Avec la formule de l'ancien ministre de l'Éducation, un Pakistanais aurait plus de droits qu'un Italien ou qu'un Canadien français puisque ce Pakistanais aurait la liberté de choix refusée à l'Italien ou au Canadien français. Il y aurait donc discrimination.
2. La minorité anglophone aurait une liberté de choix qui serait refusée à la majorité francophone.
3. Surgiraient des problèmes considérables d'application quant au critère de la langue maternelle proposé par l'ancien ministre puisqu'il serait très difficile de vérifier cette langue maternelle cas par cas.
4. Des problèmes souvent très difficiles se poseraient dans le cas des mariages mixtes ou lorsque la famille est bilingue.

En conclusion, la solution de la langue maternelle proposée par Choquette comporte plusieurs inconvénients pour la majorité francophone.

Le nouveau rapport de force créé dans l'ensemble nord-américain par la nécessaire loi 22 n'est pas encore un facteur de sérénité pour la société québécoise. Le PQ essaie évidemment de tirer parti des difficultés d'application de cette loi.

Le 16 octobre, Bourassa donne officiellement son accord à la nouvelle politique anti-inflationniste annoncée trois jours auparavant par le premier ministre du Canada : une commission de lutte contre l'inflation sera notamment créée, et le pouvoir de négociation des syndicats, mis sur la glace pour trois ans.

Le livre blanc fédéral prévoit que les provinces qui ne sont pas disposées à participer au programme peuvent adopter une législation semblable à celle du régime national.

Bourassa, heureux de voir Trudeau s'occuper de l'inflation plutôt que de la Constitution, précise que le gouvernement du Québec entend s'engager dans cette voie en instaurant ses propres mécanismes de contrôle et de surveillance des prix et des salaires. Toutefois, dans le but d'atteindre le plus efficacement possible les objectifs recherchés dans la lutte contre l'inflation, Bourassa souligne que le Québec est disposé à conclure des arrangements administratifs.

« Le Québec légiférera, déclare Bourassa, afin de mettre toutes les chances de son côté dans la lutte entreprise pour juguler l'inflation. » Ce qui est fait avec la loi 64 concernant les mesures inflationnistes. Sanctionnée le 19 décembre 1975, cette loi crée la Régie des mesures anti-inflationnistes chargée de freiner l'inflation à l'aide de directives et d'ententes administratives avec le gouvernement du Canada. Le ministre d'État aux Finances et au Transport Paul Berthiaume sera chargé de l'application de cette loi.

À la mi-décembre, Bourassa déclare que le bilan de l'année qui se termine est positif malgré la conjoncture internationale médiocre à cause de l'inflation et de la récession. « Ce qui est certain, c'est que l'année économique a été meilleure au Québec qu'au Canada. Or, lorsque l'on sait que le Canada a obtenu l'un des taux annuels composés de croissance les plus élevés de l'Occident, on se rend compte jusqu'à quel point la performance économique du Québec est valable. » Effectivement, les statistiques officielles prouvent que le revenu personnel par habitant, les salaires et les revenus, et les immobilisations manufacturières ont augmenté depuis cinq ans plus rapidement au Québec qu'au Canada.

Le 28 décembre, Bourassa indique lors d'une émission spéciale d'affaires publiques sur les ondes de CFCF que les trois faits saillants de 1975 ont été la lutte sans précédent menée contre le crime organisé avec la Commission Cliche et la Commission Dutil, la poursuite des grands travaux, comme la Baie James ou les Jeux olympiques, et le demi-milliard de réduction d'impôt dont ont bénéficié les Québécois. Il déplore cependant la création limitée d'emplois au cours de l'année, soit seulement 37 000.

Souhaitant alléger la tâche de Raymond Garneau, Bourassa procède le 15 janvier 1976 à un mini-remaniement ministériel. Le ministre de l'Immigration Jean Bienvenue devient ministre de l'Éducation tandis que Lise Bacon, ministre des Consommateurs,

Coopératives et Institutions financières, se voit également confier le portefeuille de l'Immigration. Bernard Lachapelle conserve son titre de ministre d'État à l'Éducation outre ses responsabilités au Conseil exécutif, à l'OPDQ et à l'ODEQ. Enfin, le ministre des Communications Denis Hardy assume la fonction de leader adjoint du gouvernement à l'Assemblée nationale, fonction occupée auparavant par Jean Bienvenue.

Le ministre des Finances Raymond Garneau peut ainsi consacrer toute son attention aux questions financières et à la préparation du budget 1976-1977.

Le début de 1976 est marqué par des démarches pressantes de Bourassa auprès de Trudeau afin d'obtenir ce que le premier ministre du Québec appelle la « plus-value fiscale » provenant de l'augmentation des coûts de construction des installations olympiques. « Ce faisant, je suis convaincu de parler au nom de l'immense majorité des Québécois. »

Cette plus-value fiscale entre les mains du fédéral est estimée par Bourassa à 200 millions de dollars et son remboursement contribuerait à éponger le déficit olympique. Trudeau sert une fin de non-recevoir à cette demande et déclare avec désinvolture qu'elle est basée sur du « funny reasoning », sur un drôle de raisonnement peut-on dire : il n'a pas l'intention de payer quoi que ce soit du déficit olympique « que Québec s'est engagé à assumer ».

Bourassa réplique en se faisant inviter pendant deux heures le dimanche 1er février 1976 à l'émission *Cross Country Check-up*, diffusée d'un océan à l'autre sur les ondes du réseau radiophonique anglais de Radio-Canada. La question posée est : « Qui devrait payer pour les Jeux olympiques d'été de 1976 ? »

Manifestement, la tension entre Trudeau et Bourassa va croissant, au point qu'on peut se demander si le litige concernant le financement des Jeux olympiques ne révèle pas en fait les différences fondamentales existant sur le plan idéologique entre les deux hommes.

Quinze jours plus tard, Bourassa continue de réclamer à la radio la participation fédérale au déficit olympique. Il s'appuie sur des sondages commandés par la Loterie olympique du Canada à la firme International Surveys Limited.

Le déficit olympique n'est pas la seule pierre d'achoppement entre Québec et Ottawa. Il y a également le dossier de la négociation constitutionnelle. Bourassa précise le 15 février 1976 que, dans le dossier constitutionnel, se posent deux questions distinctes : d'une part, il faut prendre une décision afin de déterminer si l'on entreprend la discussion de ce dossier ; d'autre part, il y a la discussion du dossier lui-même, avec toutes les étapes requises par l'établissement d'un nouveau partage des pouvoirs. « La vérité, conclut-il, est que nous accepterons de poursuivre des discussions sur la Constitution d'une façon formelle que si nous voyons que c'est à l'avantage du Québec. »

Une dizaine de jours après cette déclaration, a lieu à Québec le congrès du Parti libéral du Canada, section Québec, où Trudeau doit prendre la parole. On a vu au chapitre 17 comment il laissa libre cours, parfois d'une façon vulgaire et mesquine, à son exaspération à l'égard du Québec en général et de Bourassa en particulier.

Quatre jours plus tard, soit le 9 mars, à l'émission *Format 60* du réseau français de télévision de Radio-Canada, Bourassa, d'un calme impressionnant, fait les mises au point qui s'imposent.

La firme International Surveys publie le 11 mars les résultats globaux de sondages effectués dans chaque province. Ces résultats viennent confirmer le bien-fondé de la thèse de Bourassa quant à la participation financière d'Ottawa : sur 4 009 personnes interrogées à travers le Canada, 56 % des gens en général et 70,8 % des jeunes sont en faveur d'une participation fédérale au financement olympique. Ces sondages viennent donc appuyer la position de Bourassa, du moins au sujet du versement de la « plus-value fiscale » réalisée par Ottawa.

Lors de l'ouverture de la quatrième session de la 30e législature de l'Assemblée nationale, le 16 mars 1976, le message du gouvernement lu par le lieutenant-gouverneur Hugues Lapointe élabore, dans sa conclusion, sur le caractère inacceptable d'un rapatriement unilatéral de la Constitution. Pour les observateurs de la scène politique, il s'agit vraiment de la réplique officielle de Bourassa au discours de Trudeau du 5 mars.

> Le gouvernement du Québec a plus d'une fois démontré son attachement à la valeur du fédéralisme canadien. Il n'accepte pas cependant qu'un rapatriement unilatéral de la Constitution par le gouvernement fédéral vienne remettre en cause les principes même du fédéralisme. [...] Cette Assemblée comprendra facilement que le gouvernement du Québec, comme les autres gouvernements des provinces, ne peut accepter le procédé du rapatriement unilatéral, ni un rapatriement sans formule d'amendement, sans mécanisme de révision et sans garantie. Aussi le gouvernement entend-il poursuivre, suivant l'échéance qui convient et dans le resserrement des liens et rapports avec les autres gouvernements provinciaux, la définition des exigences qu'il est de son devoir de poser pour rapatrier la Constitution.

L'éditeur de *La Presse* Roger Lemelin publie en première page de son journal un long éditorial intitulé : « Trudeau et Bourassa : l'infranchissable fossé ». Lemelin qualifie le discours de Trudeau du 5 mars à Québec de « lourde erreur d'élémentaire psychologie populaire ». Et Lemelin conclut son éditorial en soulignant qu'« en trébuchant ainsi, M. Trudeau a fait de M. Bourassa un David triomphant, subitement devenu champion incarné de notre survivance culturelle. La douche est froide pour les péquistes, mais ce n'est pas ce que Trudeau a voulu. »

Trudeau demande à Bourassa s'il voit « quelque inconvénient à ce que je dépose au Parlement le 9 avril ma lettre aux premiers ministres ainsi qu'un projet de proclamation du gouverneur général ». Ce projet porte sur six points, soit la modification de la Constitution, la Cour suprême du Canada, les droits linguistiques, la protection de la langue et de la culture françaises, les inégalités régionales, ainsi que les ententes fédérales-provinciales. Tous ces points figurent déjà dans le projet de charte de Victoria, à l'exception des garanties constitutionnelles exigées par Bourassa. Trudeau précise que ce projet de proclamation n'est pas « un projet défini engageant qui que ce soit pour l'instant, puisque personne ne l'a encore accepté globalement. On devrait plutôt le voir comme un rapport touchant les divers avancés, y compris les "garanties constitutionnelles" de M. Bourassa ».

Dans sa lettre aux autres premiers ministres, Trudeau leur signale que « M. Bourassa a cependant fait savoir que son gouvernement trouverait difficile d'accepter le rapatriement de la Constitution si on ne lui offrait pas des "garanties constitutionnelles" concernant la langue et la culture françaises. » Et le premier ministre du Canada précise que ces « garanties constitutionnelles » constituent le « problème majeur ». Et il ajoute :

> M. Bourassa m'a dit lors de notre conversation du 5 mars que ce qu'il considère, lui, nécessaire pourrait aller bien plus loin que ce que nous considérions, nous, comme nos objectifs pour cette année. À son avis cela pourrait concerner en partie le partage des pouvoirs. Je l'ai informé que le gouvernement du Canada, pour sa part, estime qu'il ne peut pas aller pour le moment au-delà des garanties constitutionnelles mentionnées dans le document.

Bourassa lui répond le 7 avril, puis fait déposer le 9 avril à l'Assemblée nationale la correspondance échangée avec Trudeau.

La réponse du premier ministre du Québec est un modèle de concision qui garde en même temps toutes les portes ouvertes :

> Le moment est venu de rendre publics les documents où vous exposez les vues du Fédéral sur l'état des pourparlers engagés en ce qui concerne la question constitutionnelle. Il importe en effet que tous les Canadiens connaissent les diverses hypothèses actuellement considérées par les différents gouvernements du pays. [...] Dans la conjoncture actuelle, les pourparlers devront se poursuivre le temps nécessaire pour parvenir à une conclusion acceptable et raisonnable, non seulement pour le Québec mais pour l'ensemble du Canada.

Pendant ce temps, les travaux du chantier olympique sont menés tambour battant par la direction de la Régie des installations olympiques. On est à cent jours de l'ouverture des Jeux et la course contre la montre va à un rythme infernal.

Bourassa préside le 21 avril à la signature à Saint-Félicien de l'entente auxiliaire Canada-Québec portant sur l'implantation d'une usine de pâte kraft blanchie, le Canada investissant 30 millions de dollars et le Québec 20 millions de dollars dans ce complexe industriel de pâte à papier qui va nécessiter en tout des investissements de 300 millions de dollars.

Le 25 avril, Bourassa prend la parole au Centre des congrès de Québec devant 6 000 militants à l'occasion de la clôture du 19ᵉ congrès du Parti libéral du Québec. Une résolution appuyant la position du gouvernement en matière constitutionnelle a été adoptée le matin même à l'unanimité. Bourassa explique les raisons de sa position à l'égard de ce dossier. Ce discours de 1976 est un peu son testament politique devant une foule aussi nombreuse alors que s'accumulent à l'horizon les nuages de l'automne.

> Nous représentons un quarantième de la population en Amérique du Nord et nous sommes le seul gouvernement responsable envers une majorité francophone. Nous avons donc une responsabilité particulière.
>
> Le défi du Parti libéral, c'est de combattre d'abord ce concept désuet et traditionnel qu'est celui de l'indépendance. Qu'est-ce que ça nous donnerait maintenant en 1976 d'avoir un ambassadeur aux Nations unies ? Ce n'est pas cela qui est le défi d'une société dynamique. Il y a deux cents pays indépendants, des pays aussi gros que l'île d'Orléans ou l'Île Sainte-Hélène, qui siègent aux Nations unies.

Le chef du PLQ lance enfin un appel au bon sens.

> Je demande à ceux qui sont tentés par l'option séparatiste de respecter leurs ancêtres, et leur bon vieux bon sens normand qui nous caractérise, nous les Québécois francophones. Écartez le panache pour aller à l'essentiel. Écartez l'indépendance théorique pour obtenir à l'intérieur du cadre fédéral les pouvoirs essentiels pour notre avenir. Nous avons l'intention de continuer de représenter la position du Québec pour le meilleur intérêt des Québécois.
>
> J'ai une responsabilité énorme et c'est pourquoi je dois, quelles que soient les tensions que cela peut créer avec nos amis fédéraux, assumer cette responsabilité avec détermination, avec lucidité et avec vigilance…
> Il faut modifier le pouvoir de dépenser si on veut avoir un fédéralisme mieux équilibré au Canada.

Le 30 mai 1976, Bourassa prend la parole à Montréal à l'occasion du dîner-bénéfice du Parti libéral du Québec. Il s'agit donc d'une assemblée politique, et l'auditoire s'en aperçoit rapidement par la manière dont le chef s'en prend à son principal adversaire. Manifestement, le ton monte entre le premier ministre et l'opposition officielle.

Il y eut le 6 mai à Ottawa une rencontre de quelques heures des premiers ministres. Il y a été surtout question de l'avenir des principaux programmes fédéraux-provinciaux dans les domaines de la santé et de l'éducation postsecondaire, ces programmes devant venir à expiration entre 1977 et 1980. Trudeau a alors informé ses homologues provinciaux qu'il leur ferait parvenir une proposition qui servira de base de discussion à la conférence des premiers ministres canadiens des 14 et 15 juin. Le document, intitulé *Proposition de financement des programmes établis de longue date*, sera effectivement expédié le 8 juin.

Dans sa déclaration, *Les arrangements fiscaux,* Bourassa signale le 14 juin à Ottawa que le moment est venu de concentrer les efforts non seulement sur la recherche d'une alternative valable au financement des trois grands programmes conjoints (assurance-maladie, assurance-hospitalisation et enseignement postsecondaire), mais qu'il faut également inscrire les solutions possibles dans la cohérence plus globale de l'ensemble des arrangements fiscaux.

> La proposition fédérale qu'on vient de nous présenter nous enferme dans un champ de manœuvre trop étroit dans la mesure où elle ne porte que sur une partie de la masse des transferts à prendre en compte [...] Comment pouvons-nous nous prononcer sur les orientations particulières à prendre quant aux programmes conjoints dans l'ignorance de ce que seront les propositions relatives à l'ensemble des arrangements fiscaux?

Bourassa déclare toutefois que la proposition fédérale concernant les programmes conjoints est compatible avec la position du Québec à condition que le principe d'« ajustements compensatoires » soit accepté.

Cependant, la proposition du Québec va manifestement beaucoup plus loin que la proposition fédérale parce qu'elle vise à un transfert fiscal à la fois intégral et définitif et qu'elle élimine, dès la première année, toutes les contributions financières directes du gouvernement fédéral au titre des trois grands programmes conjoints.

Bourassa signale cependant que les objectifs de la proposition fédérale peuvent se concilier avec ceux de la proposition québécoise (déjà formulée à Ottawa par le ministre des Finances du Québec Raymond Garneau) à condition d'utiliser la marge de manœuvre que constituent les sommes que le gouvernement fédéral verse déjà au titre de la garantie de recettes fiscales provinciales. Pour mémoire, les trois objectifs de la proposition québécoise sont :

- le retrait du gouvernement fédéral des trois grands programmes conjoints, en retour d'un transfert satisfaisant de nature inconditionnelle aux provinces ;
- l'abandon du programme de garantie de recettes fiscales et l'intégration des sommes impliquées dans les autres transferts aux provinces, dont une bonne part dans la péréquation ;
- une formule de péréquation basée sur un indicateur global de richesses, qui égaliserait l'ensemble ou une proportion fixe des revenus provinciaux, municipaux et scolaires à un niveau supérieur à la moyenne nationale.

J'ai la conviction, conclut Bourassa, que nous pouvons ainsi contribuer à renforcer le fédéralisme canadien et à relever ensemble les défis politiques, économiques et sociaux qui nous sont adressés et qui ont tellement d'importance pour le bien-être de chaque Canadien.

Les premiers ministres sont reçus par le premier ministre du Canada à sa résidence le soir du 14 juin pour des discussions de nature privée. Trudeau exprime notamment le souhait que les premiers ministres se rencontrent pendant l'été de façon à pouvoir l'informer au début de l'automne des résultats de leurs délibérations.

Il leur déclare également qu'il est prêt à accepter toute proposition faisant l'objet d'un accord unanime des provinces.

Bourassa rencontre le 22 juin les présidents de toutes les sociétés d'État à vocation industrielle et commerciale, 16 en tout, en même temps que leurs ministres de tutelle. Cette réunion est une innovation. Son objectif est triple : le gouvernement entend structurer davantage les relations existant entre l'État et ses sociétés selon les propositions du Comité de la réforme administrative quant à leur constitution, quant à leurs attributions et quant à leurs pouvoirs. Selon une évaluation faite à cette époque, les actifs des sociétés d'État s'établissent déjà aux alentours de 10 milliards de dollars et plus de 34 000 personnes y travaillent. Leurs revenus montent à plus de 600 millions de dollars et leur pouvoir d'achat s'élève à près d'un demi-milliard de dollars par année. En 1976, les investissements des sociétés d'État représentent plus de 2 milliards de dollars. Elles jouent donc déjà un rôle capital dans la vie économique du Québec.

Le 23 juin, le premier ministre annonce la nomination de Me Luce Patenaude au poste de protecteur du citoyen du Québec. Me Patenaude succède ainsi à Me Louis Marceau, qui a été le premier protecteur du citoyen du Québec et qui vient d'être nommé juge. Me Patenaude est professeur de droit des personnes, de la famille, des régimes matrimoniaux et des donations à l'Université de Montréal.

Le premier ministre ajourne le 30 juin 1976 la première partie de la quatrième réunion de la 30e législature. Cette session a débuté le 16 mars et a été marquée par l'adoption du septième budget du gouvernement Bourassa, au montant sans précédent de près de dix milliards. Ce budget visait cinq objectifs : la consolidation des finances publiques, l'appui aux investissements privés, l'élargissement du champ de taxation des municipalités (avec le pouvoir de lever des droits sur les transferts d'immeubles), l'imposition d'une taxe sur l'achat d'immeubles pour fins spéculatives par des personnes ne résidant pas au Canada et le financement des Jeux olympiques.

Pendant cette session, 81 projets de loi publics et privés ont été présentés. À l'ajournement, 52 nouvelles lois avaient été adoptées.

L'été de 1976 est marqué par la bataille menée, avec l'appui du gouvernement du Québec, par l'Association des gens de l'air du Québec (AGAQ). Cet organisme s'est formé en réaction aux exigences de l'Association canadienne des pilotes et de l'Association canadienne des contrôleurs aériens, lesquelles refusent le bilinguisme, comme le recommande le ministère fédéral des Transports, sous prétexte que l'utilisation du français dans les communications aériennes constitue un risque pour la sécurité. Contrôleurs et pilotes anglophones décident de faire la grève le 20 juin.

Mis au pied du mur à la veille des Jeux olympiques, le ministre fédéral des Transports Otto Lang signe le 27 juin une entente mettant fin à cette grève. Cette entente donne en fait aux associations en grève un droit de veto sur le bilinguisme dans les airs, à l'exception de quelques petits aéroports au Québec. Le français ne peut pas être utilisé dans les trois aéroports de Montréal, soit Dorval, Mirabel et Saint-Hubert. Cette entente fait donc scandale au Québec, au point que le ministre fédéral de l'Environnement Jean Marchand, un Québécois « pure laine » comme on dit, va jusqu'à remettre sa démission en déclarant qu'il ne peut pas « rester dans un gouvernement qui est prêt à négocier le bilinguisme ». Toujours à Ottawa, le député de Maisonneuve-Rosemont Serge Joyal se porte avec fougue à la défense des Gens de l'air.

« Nous appuyons fortement, signale Bourassa de son côté le 27 juin à Shawinigan, l'Association des gens de l'air du Québec parce que nous estimons que leur cause est raisonnable et justifiée… Par ailleurs, le gouvernement du Québec doit suivre la situation de très près en raison de la loi 22. » Politiquement et socialement, cette déclaration du premier ministre du Québec se justifie pleinement, même si la réglementation de la circulation aérienne au Canada est de compétence fédérale.

Le gouvernement du Québec annonce d'ailleurs le 29 juillet qu'il a décidé d'accorder son appui financier à l'AGAQ pour l'épauler dans sa lutte en faveur de l'acceptation du français dans les communications aériennes au-dessus du territoire québécois. L'aide financière couvre tant les frais des conseillers techniques que ceux des avocats dont l'AGAQ peut avoir besoin pour assurer le succès de son action et, notamment, de sa participation à l'enquête que le gouvernement fédéral décide finalement de tenir sur les conséquences de l'utilisation du français sur la sécurité aérienne. Ottawa souhaite en effet faire confirmer que la Loi fédérale sur les langues officielles de 1969 et la section 16 de la Charte des droits et libertés permettent en toute sécurité l'utilisation du français dans les airs.

Le premier ministre Bourassa remet lui-même le 17 septembre un chèque de 25 000 $ au président de l'AGAQ, Roger Demers.

La commission d'enquête fédérale ne fera connaître ses recommandations qu'en 1979 : la conclusion principale établira que le contrôle du trafic aérien au Canada peut s'effectuer en toute sécurité en français aussi bien qu'en anglais. Ainsi, pour paraphraser Shakespeare, toute cette affaire en définitive n'a été que «much ado about nothing»… puisque le français dans les airs est sécuritaire.

Politiquement, cependant, le mal a été fait, car cette bataille pour le français dans les airs donne certainement des armes, lors de la campagne électorale de novembre, aux ténors de l'indépendantisme en leur donnant l'occasion au cours de l'été d'exacerber encore davantage l'ardeur nationaliste, plus que jamais à fleur de peau au Québec, et cela alors que le premier ministre du Québec a clairement et concrètement donné son appui à l'Association des gens de l'air du Québec. On entend par exemple le porte-parole officiel du Parti québécois, le député Marcel Léger, déclarer sans sourciller en juillet que seule l'indépendance du Québec peut régler la question de l'implantation du français dans les communications aériennes! Ou bien René Lévesque affirmer dans le même sens devant la Chambre de commerce de Sainte-Foy le 12 octobre que la cause des Gens de l'air est «futile» parce que, d'une part, à peine 7 % des pilotes d'Air Canada sont francophones, et que, d'autre part, un contingent de 1100 contrôleurs aériens, postés à Toronto et à Moncton contrôlent les «trois quarts de notre espace» alors qu'il n'en reste qu'«environ 250 chez nous pour s'occuper du reste». Bel argument!

Dans le cadre de la réforme administrative amorcée par son gouvernement depuis plusieurs années, Bourassa annonce le 9 juillet qu'est mis sur pied au ministère des Communications un Bureau central de l'informatique. La création de cet organisme fait suite à l'adoption d'une politique concernant le développement des systèmes informatisés de gestion au gouvernement du Québec. Le premier ministre précise que cette décision met en application les conclusions d'une étude menée depuis un an par le Conseil du Trésor sous la responsabilité du ministre d'État aux Finances Paul Berthiaume.

Le nouveau Bureau central de l'informatique prend la relève du Centre de traitement électronique des données du ministère des Finances. Ce transfert de responsabilité ne nécessite l'engagement d'aucun personnel supplémentaire puisque les 250 fonctionnaires du ministère des Finances travaillant à ce programme, de même que le budget de 10 millions de dollars qui y est associé, sont affectés au ministère des Communications.

Les quatre objectifs de cette politique, extrêmement importante pour la modernisation de l'administration québécoise, sont les suivants :

- rationaliser le développement de l'informatique au gouvernement du Québec de façon à atteindre l'efficacité administrative au meilleur coût possible ;
- développer au sein de l'administration une expertise de haute qualité en matière aussi bien d'informatique de gestion que de gestion de l'informatique ;
- favoriser le développement de l'industrie québécoise des services informatiques ;
- offrir à tous les ministères et organismes gouvernementaux l'accès à un potentiel informatique correspondant à leurs besoins.

Les premiers ministres des provinces se rencontrent à Banff en Alberta les 18, 19 et 20 août pour discuter des propositions faites par Trudeau dans sa lettre du 31 mars à propos du rapatriement de la Constitution. Ils ne réussissent pas à s'entendre. L'Alberta et la Colombie-britannique ne veulent plus accepter la formule d'amendement de Victoria ; de plus, elles veulent avoir un droit de veto sur les futurs amendements à la Constitution. Plusieurs provinces se rallient à la position du Québec qui veut des transferts de pouvoir avant tout rapatriement.

Puis, le 17 septembre, c'est le fameux déjeuner en tête à tête entre le premier ministre de Grande-Bretagne James Callaghan et le premier ministre du Québec au lac à l'Épaule, à 20 minutes en hélicoptère au nord de Québec. Âgé de 64 ans, Callaghan n'est premier ministre que depuis cinq mois, soit depuis son élection à la direction parlementaire du Parti travailliste à la suite de la démission le 5 mars 1976 du premier ministre Harold Wilson. Il était auparavant ministre des Affaires étrangères et du Commonwealth, et connaît bien le domaine des relations entre la Grande-Bretagne et les pays du Commonwealth.

Bourassa pressent que Trudeau a décidé de procéder au rapatriement unilatéral de la Constitution même s'il sait fort bien que le premier ministre du Québec veut absolument une nouvelle répartition des pouvoirs avant de consentir au rapatriement. Or, dans l'esprit de Trudeau, il est hors de question d'accepter de tels changements avant le rapatriement et ceci pour deux raisons. Tout d'abord, pour une question de principe : la Constitution du Canada doit se trouver au Canada, et non à Londres. Deuxièmement, pour une question électorale : à cette époque les sondages donnent seulement 26 % d'appui au Parti libéral du Canada contre 47 % aux conservateurs. Un geste spectaculaire comme le rapatriement unilatéral de la Constitution serait de nature à lui rallier une bonne partie de l'opinion publique, notamment du côté anglophone. Les préoccupations électorales de Trudeau sont d'ailleurs confirmées lorsque des candidats progressistes-conservateurs remportent des élections partielles le 18 octobre 1976 dans les circonscriptions de Saint-Jean Ouest, à Terre-Neuve, et d'Ottawa-Carleton.

La venue de Callaghan au Canada va permettre à Bourassa de vérifier personnellement s'il y a une possibilité que les législateurs britanniques tiennent compte de l'opposition du Québec au rapatriement unilatéral. Les deux hommes partageant la même philosophie politique, la rencontre se fait rapidement dans un contexte à la fois de cordialité et de sincérité.

Bourassa sait fort bien qu'à plusieurs reprises par le passé le gouvernement fédéral a demandé au Parlement britannique des amendements constitutionnels alors qu'une ou plusieurs provinces s'y opposaient, et qu'à chaque fois les législateurs britanniques ont donné suite aux demandes du gouvernement canadien sans tenir compte du point de vue des provinces concernées. Cependant, le Parlement britannique ne s'est jamais trouvé dans une situation où le gouvernement fédéral cherche à obtenir un changement constitutionnel majeur, qui concerne toutes les provinces, alors que celles-ci ne sont pas d'accord avec une telle modification. Que fera Londres dans un tel cas? C'est sur ce point précis que Bourassa souhaite obtenir des précisions de Callaghan.

Le premier ministre britannique fait preuve d'une grande franchise. Il comprend fort bien la responsabilité de Bourassa à l'égard d'un Québec dont le poids démographique diminue par rapport à l'ensemble canadien. Il écoute attentivement le premier ministre du Québec lui souligner que, s'il y avait rapatriement unilatéral sans garanties culturelles, c'est l'avenir même des Québécois francophones qui serait compromis.

Callaghan fait part alors aussi bien de son expérience de ce genre de situation que de l'opinion d'experts avec lesquels il s'est entretenu avant son départ de Londres. Même si les quatre provinces fondatrices du Canada, soit le Québec, l'Ontario, le Nouveau-Brunswick et la Nouvelle-Écosse, sont appuyées par les six autres provinces pour s'opposer au rapatriement, le Parlement britannique sera obligé d'accepter la validité d'une résolution du gouvernement canadien réclamant le rapatriement à Ottawa de l'Acte de l'Amérique du Nord britannique à partir du moment où cette résolution est adoptée par les deux Chambres du Parlement canadien.

Pourquoi ? Certes, l'AANB est une loi anglaise datant de 1867, mais on peut effectivement arguer qu'elle n'a plus sa place à Londres puisque c'est maintenant le gouvernement du Canada qui administre le territoire à partir d'Ottawa. Le Parlement britannique doit donc tenir compte de cette situation et suivre une tradition maintenant bien établie, c'est-à-dire donner suite à la demande entérinée par le Parlement canadien.

Quant aux provinces, il leur appartient de négocier avec Ottawa de manière à modifier à leur convenance, si elles le souhaitent, les conditions de la demande avant que celle-ci ne soit éventuellement expédiée à Londres. Du point de vue de Callaghan, cette négociation préalable ne peut donc se faire qu'au Canada entre Canadiens, et non avec Londres.

Bourassa sait maintenant qu'il n'a définitivement rien à attendre d'une démarche à Londres. Il est par ailleurs de plus en plus convaincu de l'inutilité de continuer de tenter de négocier avec Trudeau, qu'il sent de plus en plus intransigeant et impatient. Il reste donc à se tourner vers la population du Québec, en espérant qu'un vote clair puisse modifier le cours des choses. Une élection est-elle préférable à un référendum ? Quelle est la date la plus appropriée à la réussite d'une telle opération ? Remettre une telle décision à une date ultérieure, par exemple après la prochaine rencontre fédérale-provinciale sur la Constitution prévue pour décembre 1976, peut-il se justifier ? On serait alors en plein hiver, période non indiquée pour tenir des élections générales.

Bourassa décide de se donner quelques semaines pour consulter et réfléchir. Il participe pendant la fin de semaine, les 18 et 19 septembre, à l'hôtel Sheraton-Le Saint-Laurent de l'île Charron à une importante réunion du Conseil de direction et du Conseil général du Parti libéral du Québec. Les discussions portent principalement sur différents aspects des relations de travail au Québec. Le gouvernement est en effet satisfait que les enseignants aient accepté avec une forte majorité les offres qu'il leur a faites. Bourassa souhaite que l'on examine maintenant s'il y a des leçons à tirer pour l'avenir quant à la façon dont les négociations ont été menées avec les enseignants.

Il fait aussi état de sa rencontre avec Callaghan et formule, quant au rapatriement, la nouvelle problématique telle qu'il la perçoit sans toutefois énoncer des conclusions définitives. Il souhaite en fait sensibiliser les membres du Conseil général au choix restreint de décisions qui peuvent désormais être prises, et également au fait que, d'une manière ou d'une autre, il va falloir impliquer la population.

Le premier ministre annonce le 23 septembre que le Conseil des ministres va se réunir pendant deux jours, soit les 6 et 7 octobre, à Sherbrooke au Domaine Howard, mis à la disposition du gouvernement du Québec par le maire Jacques O'Bready. Une réunion semblable, en région, a eu lieu en octobre 1975 à Saint-Félicien dans le comté de Roberval. Bourassa fournit lui-même cette dernière précision, sans doute pour dédramatiser l'importance de cette réunion.

Le 28 septembre, Bourassa accorde une entrevue au correspondant de CBC à Québec, David Bazay. Il l'informe que, sur le plan strictement légal, il doute depuis sa rencontre avec Callaghan qu'une province puisse faire, par-dessus la tête du gouvernement fédéral, des représentations au gouvernement britannique. Mais il lui affirme que si Trudeau impose un rapatriement unilatéral, la situation deviendra « extrêmement sérieuse » pour le Québec et qu'il devra en discuter avec ses collègues.

Puis c'est la conférence interprovinciale des 1er et 2 octobre à Toronto, qui fait suite à celle tenue en août en Alberta. Sous la présidence du premier ministre de l'Alberta Peter Loughheed, les chefs des gouvernements des dix provinces poursuivent l'examen des propositions que le premier ministre Trudeau leur a transmises en mars. Tous sont d'accord avec l'objectif de rapatrier la Constitution de Westminster au Canada. Et ils s'entendent sur six points :

- une plus grande participation des provinces dans le domaine de l'immigration ;
- une confirmation des droits linguistiques des anglophones et des francophones, comme convenu à Victoria en 1971 ;

- un renforcement de la juridiction des gouvernements provinciaux en matière de taxation des activités du secteur primaire (terres, mines, minerais et forêts);
- une clause selon laquelle les pouvoirs déclaratoires du gouvernement fédéral lui permettant de déclarer une activité comme étant dans l'intérêt général du Canada ne pourraient être exercés qu'avec l'accord des provinces concernées;
- l'obligation constitutionnelle de tenir une conférence rassemblant les onze premiers ministres du Canada au moins une fois par an;
- une clause prévoyant que la création de nouvelles provinces devrait être soumise à l'assentiment des provinces existantes selon les dispositions de la future formule d'amendement.

La question de la formule d'amendement fait l'objet de longues discussions. Huit des dix provinces estiment que la formule proposée à Victoria leur convient. La Colombie-Britannique estime qu'elle doit détenir un veto spécifique. L'Alberta déclare qu'une telle formule ne peut pas autoriser un amendement qui enlève des droits ou une compétence à une province sans l'assentiment de cette province.

L'accord quant à l'objectif du rapatriement de la Constitution dépend d'une expansion de la compétence et de la participation accrue des provinces dans les cinq domaines suivants: culture, communications, Cour suprême du Canada, pouvoir de dépenser et représentation au Sénat.

Les premiers ministres estiment que des progrès importants ont été réalisés, mais que d'autres discussions devraient se tenir entre les provinces et le gouvernement fédéral. Il est convenu que la prochaine étape doit être une rencontre dans un avenir rapproché avec le premier ministre du Canada afin de poursuivre les discussions. Le premier ministre de l'Alberta, en tant que président de la conférence interprovinciale, informe le 15 octobre par une lettre le premier ministre du Canada des résultats de la rencontre de Toronto. Bourassa reçoit le texte le même jour. La lettre est rendue publique le 20 octobre 1976.

Bourassa prend la parole dès son retour au Québec le 3 octobre au congrès régional du PLQ à Rivière-du-Loup et dégage les grandes lignes des positions qu'il a fait valoir à Toronto.

> Il est évident que les représentations que nous avons faites hier à Toronto sont tout à fait raisonnables, réalistes et sensées. Nous ne demandons pas de détruire le lien fédéral. Nous croyons fermement dans le régime fédéral. Nous voulons cependant des pouvoirs additionnels dans les domaines culturel, des communications et de l'immigration pour nous permettre de nous épanouir pleinement. Nous voulons également des changements substantiels notamment dans le secteur du pouvoir de dépenser.

À la conférence de presse tenue immédiatement après ce congrès régional, il précise l'alternative :

> Est-ce que le gouvernement fédéral va être d'accord pour nous donner ce que nous demandons ? Et s'il n'est pas d'accord, va-t-il rapatrier unilatéralement ? C'est pourquoi la question constitutionnelle, qui peut vous paraître un peu lointaine, a une incidence profonde sur l'avenir de notre société. C'est l'avenir du Canada et c'est l'avenir du Québec qui se trouvent impliqués dans cette question constitutionnelle.

Bourassa a des rendez-vous à son bureau de Québec le lundi 4 octobre. Les stations de radio annoncent que Trudeau doit venir à Québec le lendemain pour assister au service funèbre de Mᵐᵉ Albanie Morin, députée libérale de la circonscription fédérale de Louis-Hébert. J'en parle avec Bourassa et lui demande s'il a eu des nouvelles de Trudeau récemment, depuis Toronto par exemple. Non, aucune nouvelle. Je note son air décidé. Et une grande sérénité se dégage de lui. Je lui signale qu'il me donne l'impression d'avoir trouvé une solution à un problème difficile et finis par lui demander s'il a décidé de déclencher des élections. « Je n'ai pas le choix, me répond-il, parce que la conférence constitutionnelle prévue pour décembre prochain va être un échec. »

Je lui propose alors de procéder à une ultime tentative. Puisque Trudeau est à Québec le lendemain, pourquoi ne pas le rencontrer sur une base confidentielle, avoir avec lui une franche discussion et tirer définitivement les choses au clair ? Je m'occuperais personnellement de la logistique de l'opération. Bourassa accepte.

Je rejoins à Ottawa le secrétaire de presse de Trudeau et lui explique que Bourassa est prêt à rencontrer son patron seul à seul sur une base strictement confidentielle pendant son passage le lendemain à Québec, peut-être pour le dîner.

On me rappelle une demi-heure plus tard pour me dire que ça marche.

C'est ainsi que, discrètement, les deux premiers ministres se retrouvent seuls à midi le 5 octobre autour d'une table dans une suite du Hilton pour faire le point sur leurs différends et sur ce qui peut en résulter pour l'un comme pour l'autre. Au moins, pensai-je, ils se seront parlé en toute franchise.

Ce fut certes une honnête tentative, mais cette rencontre ne changea pas grand-chose.

De retour à son bureau dans le courant de l'après-midi, Bourassa m'informe que Trudeau ne veut pas modifier d'un iota sa décision de procéder au rapatriement, unilatéralement s'il le faut, de la Constitution. Attendre pour déclencher les élections serait inutile, et même contre-productif : le Parti québécois pourrait ainsi faire campagne pendant des mois, en pleine bataille constitutionnelle, sur le thème : « Même avec Bourassa, le Canada, ça ne marche pas ! » Il va donc, probablement, devoir prendre tout le monde de vitesse et annoncer d'ici quinze jours la tenue d'élections générales afin d'avoir un mandat clair de la population pour faire face au coup de force planifié par Trudeau.

Bourassa annonce le 4 octobre la nomination du ministre des Affaires intergouvernementales François Cloutier au poste de délégué général du Québec en France. Le premier ministre a beaucoup d'estime pour cet homme de grande culture qui, à ses côtés, a mené avec brio et détermination la bataille historique de 1974 pour faire du français la langue officielle du Québec. Il succède à Paris à Jean Chapdelaine qui devient président du Conseil de la culture du Québec.

Le Conseil des ministres se réunit les 6 et 7 octobre à Sherbrooke. Après une rencontre avec les représentants de la région administrative n° 5, il tient en une journée et demie quatre séances de travail au cours desquelles sont étudiées les prévisions budgétaires pour le prochain exercice financier, les dossiers d'actualité de l'époque comme la grève des enseignants protestants, les relations de travail à Hydro-Québec et, évidemment, la question constitutionnelle. En principe, la reprise des travaux de la session à l'Assemblée nationale est prévue pour le 19 octobre. En fait, le suspense persiste pendant ces deux jours.

Bourassa accorde des entrevues le 16 octobre à deux stations de radio anglophones. Il décrit le Parti québécois comme étant le « parti séparatiste » et déclare que la séparation du Québec d'avec le Canada conduirait à « la catastrophe économique ». Il affirme son profond attachement au système fédéral canadien et souligne qu'un « vote contre le Parti libéral du Québec est un vote contre le Canada ». Il signale que l'indépendance serait « socialement dangereuse, économiquement désastreuse et culturellement inutile ». Il essaie ainsi de neutraliser du côté des anglophones une attitude négative à son égard, attitude dont il a noté la première manifestation lors de l'élection partielle de 1974 dans le comté de Johnson, c'est-à-dire peu après l'adoption de la loi 22.

Tous les quotidiens du Québec offrent à leurs lecteurs, le samedi 16 octobre, une pleine page de publicité payée par le Parti libéral du Québec. Sous le titre « L'équipe Bourassa travaille pour vous », elle souligne 25 réalisations importantes du gouvernement. La liste est impressionnante : aménagement de la Baie James ; moyenne de 63 000 nouveaux emplois par année depuis 6 ans ; augmentation continue des investissements, deux fois plus d'argent dans la poche des Québécois ; lutte à l'inflation, allocations familiales triplées ; soins gratuits pour tous ; réorganisation de l'aide sociale ; accès à la justice pour tous ; lutte sans précédent au crime organisé (CECO) ; réforme électorale ; adoption de la Charte des droits et libertés de la personne ; création de l'Office de protection des consommateurs et du Conseil du statut de la femme ; développement du sport amateur et des loisirs ; succès des

Jeux olympiques; accélération de l'aménagement du réseau autoroutier; création de l'assurance-récolte avec réorganisation du crédit agricole et aide aux éleveurs et producteurs laitiers; quatre fois plus d'argent aux municipalités; réorganisation de l'administration scolaire; sauvetage de l'année scolaire 1975-1976 malgré des leaders syndicaux irresponsables; solutions négociées à l'avantage des travailleurs des secteurs public et parapublic; développement d'une politique de souveraineté culturelle; consécration du français comme langue officielle du Québec; paix sociale retrouvée; enfin, six budgets successifs avec baisse globale des taxes d'environ 300 millions de dollars alors que l'Union nationale les avait augmentées de 333 millions de dollars en 3 budgets seulement.

En fait, il ne s'agissait que d'une réplique aux accusations portées à la radio depuis plusieurs semaines par le PQ dans des messages virulents. Selon cette propagande péquiste, qui met manifestement une sourdine à son option indépendantiste, le gouvernement libéral n'a rien fait depuis six ans... De toute façon, ça sent sérieusement les élections.

Effectivement, le premier ministre du Québec annonce le lundi 18 octobre 1976 à 18 heures que des élections générales vont être tenues le lundi 15 novembre.

La première partie de l'annonce de Bourassa à ses concitoyens est un bref bilan de son administration.

> Le Québec traverse actuellement une période particulièrement chargée de son histoire.
>
> Avec tous mes collègues, depuis près de sept ans, nous avons travaillé pour accroître la prospérité économique, la justice sociale et la sécurité culturelle des Québécois. Nous avons réussi, malgré les difficultés, à faire progresser le Québec. C'est pourquoi nous sommes heureux de constater la confiance que les Québécois nous ont toujours accordée.

Puis il énonce le défi qui l'amène à procéder à son annonce.

> Des événements particulièrement importants pour l'avenir du Québec sont prévus très prochainement puisque le Québec discutera avec ses partenaires de sa place au sein du Canada.

Les prochaines négociations sont les plus importantes depuis longtemps pour l'avenir de nous tous.

Le peuple québécois, grand par sa force et par sa richesse, mais seul
en cette terre d'Amérique, doit être solidaire dans les moments importants de son histoire.

Afin d'associer tous les Québécois à cette décision historique que
sera la réalisation d'un Canada nouveau, j'ai décrété la tenue d'élections
générales le 15 novembre prochain.

Puis il signale l'importance de rétablir l'équilibre qui doit exister
entre les différents groupes sociaux qui composent notre société.

Le débat public du prochain mois permettra également de réévaluer
l'équilibre des groupes sociaux au sein de notre collectivité.

À cet égard, les libertés syndicales nous paraissent légitimes et
compatibles avec le progrès social et économique qui demeure notre
priorité.

Or, il est devenu évident que certains dirigeants syndicaux ne veulent
plus respecter le contrat social établi avec eux en 1964. Il y a eu, en effet,
des abus inadmissibles dans l'exercice du droit de grève, abus qui, à
certains moments, équivalaient à des gestes de cruauté à l'égard de
personnes innocentes et démunies.

Il faut donc modifier les conditions actuelles. Nous le ferons.

Le chef du gouvernement québécois termine son message en
évoquant l'espoir de notre société — la jeunesse — ainsi que l'impératif de travailler à l'amélioration de notre qualité de vie.

Enfin, on sait l'immense espoir qu'a éveillé chez nous tous, et particulièrement chez les jeunes, le grand rendez-vous de juillet dernier. C'est
notre responsabilité de donner à cet espoir tout son sens au titre de
l'amélioration de la qualité de vie, d'abord au niveau des nécessités aussi
légitimes que le logement, l'éducation et la santé, mais aussi à celui des
loisirs, des sports et du plein air.

Le prochain scrutin est fondamental pour nous tous. C'est un
moment historique alors que le Québec s'apprête à définir sa place et
ses pouvoirs au sein d'un nouveau Canada.

Bourassa avait rencontré au cours de l'après-midi le caucus des députés libéraux. Par ailleurs, il participe au cours de la soirée à une réunion du Conseil général du Parti libéral du Québec, réuni pour l'occasion dans la salle de bal de l'hôtel Québec Hilton.

La campagne électorale est lancée. C'est la 31e au Québec depuis 1867.

Le lendemain, Trudeau à Ottawa refuse de commenter la décision de son homologue québécois de décréter des élections générales. Il se borne seulement à déclarer que «tout le monde s'y attendait».

CHAPITRE 22

Un double affrontement

Pour Bourassa, la campagne électorale de 1976 comporte donc un double objectif. Il faut, d'une part, faire face victorieusement au Parti québécois et à son projet de séparation, ceci juste au moment où des nations qui s'étaient entre-égorgées pendant des siècles sont en train de créer l'Union européenne. Et d'autre part, il faut gagner la partie de façon décisive afin de démontrer à Ottawa trois points importants : l'élection du PLQ s'est faite avec succès contre le rapatriement unilatéral de la Constitution ; avec ce nouveau mandat le fédéral ne peut plus geler les droits du Québec à sa guise ; une entente avec les provinces doit être négociée avant de demander quoi que ce soit à Londres.

Le grand défi va donc consister à faire comprendre aux électeurs que la Constitution peut affecter réellement leur mode de vie et que, sans garanties culturelles prévues dans ce document fondamental, l'avenir des Québécois francophones est menacé à cause de leur proportion démographique toujours décroissante au sein du Canada.

C'est pourquoi, dans l'introduction du programme électoral de 1976, on peut lire, sous la signature de Bourassa : «[les] Québécois doivent décider maintenant, à l'occasion du rapatriement de la Constitution canadienne, des garanties culturelles absolument essentielles pour l'avenir de la langue et de la culture françaises ».

On notera de plus que le premier des dix chapitres de ce *Programme 1976* a pour titre « Le Québec au sein du Canada ». Ce document indique dès la première page que la question constitutionnelle et les garanties culturelles des Québécois sont devenues un enjeu historique.

Le programme du PLQ indique clairement la triple reconnaissance qui sera exigée lors de la négociation constitutionnelle que Bourassa a bien l'intention de mener avant que Trudeau ne procède au rapatriement.

- La reconnaissance de la primauté législative en matière d'arts, de lettres et de patrimoine culturel, assortie de dispositions conséquentes au niveau de l'exercice du pouvoir de dépenser du gouvernement fédéral.
- La reconnaissance de la primauté de la législation provinciale sur les systèmes de communications à l'intérieur des provinces, surtout sur la câblodistribution, incluant les systèmes comportant tant la réception que la distribution des signaux venant d'en dehors de la province, à l'exception de Radio-Canada et des autres réseaux nationaux de communications.
- La reconnaissance de la primauté législative du gouvernement fédéral en ce qui concerne l'admission des immigrants, et la primauté législative des provinces quant à l'établissement, l'intégration et le placement des immigrants avec une garantie de participation des provinces au recrutement et à la sélection des immigrants par le gouvernement fédéral.

À propos de la réforme électorale, le programme s'engage « à maintenir le présent mode de scrutin qui évite, au Québec, bien des déboires sur le plan de la stabilité des institutions publiques ». Bourassa n'a jamais vraiment cru aux bienfaits de la représentation proportionnelle : pour lui la stabilité politique que procure le scrutin uninominal majoritaire à un tour (toujours en cours en 2006 même si le PQ en parle depuis 1970 !) est une condition nécessaire au progrès de la société québécoise. Bourassa en fait est entièrement d'accord avec le politologue Maurice Duverger qui déclarait : « On voit qu'en définitive ce système majoritaire à un tour, qui semble déformer la représentation si l'on regarde seulement les résultats d'une seule élection, tend à exprimer plus exactement ses arêtes fondamentales, ses lignes de clivages essentielles. » (*Institutions politiques*, PUF, 1963, p. 119.)

Dans un éditorial intitulé « Le programme constitutionnel des Libéraux », le journal *Le Devoir*, sous la plume de son directeur Claude Ryan, souligne le 26 octobre plusieurs aspects positifs de ce programme :

> En matière d'arts, de lettres, de patrimoine culturel, de câblodiffusion, d'intégration des immigrants, le Québec revendique plus nettement que jamais la primauté législative. Même si cette liste n'est aucunement exhaustive, elle indique nettement la ligne de pensée qu'emprunte le Parti libéral du Québec.

Ryan signale également que le programme libéral s'oppose à bon escient à l'esprit centralisateur que manifeste constamment Ottawa avec son pouvoir général de légiférer, son pouvoir de dépenser et son pouvoir déclaratoire.

> Or, chacun de ces trois éléments fait l'objet de propositions précises dans le programme libéral. Ces propositions ont aujourd'hui d'autant plus de force qu'elles n'émanent plus exclusivement du Québec, mais sont désormais épousées à des degrés divers par une proportion de provinces qui semblent représenter une majorité de la population du pays.

Le lendemain de l'annonce des élections, Bourassa, en compagnie de son épouse, rencontre les électeurs de son comté de Mercier : les résidents de la Maison Lucie-Bruneau, des membres de l'Âge d'or de la paroisse Saint-Pierre-Claver où est né le premier ministre, des membres de la communauté grecque de Mercier, la troupe folklorique Les Sortilèges qui a son local dans Mercier, des personnes âgées de la résidence Laurier, et pour finir la journée, des membres de la communauté lusophone au Club Portugais. Le programme de cette première journée a été bien préparé par Léo Scharry, organisateur politique de Bourassa dans Mercier. Le premier ministre est favorablement impressionné par l'accueil et le caractère chaleureux de toutes ces rencontres.

Le dépliant distribué dans Mercier par l'organisation de Bourassa décrit brièvement six aspects de la personnalité du premier ministre : l'homme, le député, le chef de parti, le premier ministre, le père de famille et l'homme d'État. Deux volets du dépliant, sur les huit qu'il comporte, sont rédigés en anglais. Le document est illustré de quatre photos de Bourassa : seul, avec sa femme Andrée, avec Andrée et leurs enfants François et Michèle, et chez lui avec le sénateur Ted Kennedy. Un encadré en plein centre du dépliant est coiffé du titre « 10 ans de service aux citoyens du comté » et donne la liste des réalisations et des subventions dont le comté de Mercier a bénéficié depuis 1970. Une note en bas de l'encadré se lit comme suit : « En plus, M. Bourassa a remis la totalité de la rétroactivité de son aug-mentation de salaire de député aux différentes conférences de la Saint-Vincent-de-Paul de son comté. »

Un dépliant général, intitulé *UN PROGRAMME D'ACTION pour garantir le progrès du Québec et la sécurité des Québécois* et distribué à 2 500 000 exemplaires à travers le Québec, met en valeur le slogan de la campagne libérale : « Non aux séparatistes – Bourassa, notre garantie – Votons libéral ». Sur les cinq volets disponibles de ce dépliant sont repris les grands thèmes de la campagne, soit : les garanties culturelles des Québécois, le progrès économique, le progrès social du Québec, l'assainissement du climat des relations de travail, et finalement le bilan libéral, soit 6 ans de progrès !

Lors de l'annonce des élections le 18 octobre 1976, les sièges sont répartis à l'Assemblée nationale de la façon suivante : 98 libéraux (contre 102 en 1973), six péquistes, deux PNP (Jérôme Choquette et Fabien Roy), un unioniste (Maurice Bellemare), un créditiste (Camil Samson) et deux indépendants (Guy Leduc et Gérard Shanks).

Chaque parti met au point une stratégie qui correspond à l'utili-sation maximum du terrain politique, tel qu'évalué en fonction de ses forces et de ses faiblesses. De plus, il ne faut pas perdre de temps : cette campagne, la plus courte de l'histoire politique du Québec, ne va durer que 28 jours.

Dans son annonce de la tenue de l'élection générale, Bourassa, 43 ans, voit une double justification à sa décision d'en appeler au

peuple : la menace imminente, à son avis, d'un rapatriement unilatéral de la Constitution et l'assainissement du climat des relations
de travail, ces deux thèmes étant, on doit le dire, difficiles à vulga-
riser. Il se présente pour la quatrième fois dans Mercier. Il a cette
fois-ci comme adversaire péquiste le journaliste et poète Gérald
Godin, âgé de 38 ans.

Pour le Parti québécois, la stratégie va consister à éviter à tout
prix de parler de l'indépendance et à accuser plutôt le gouvernement
Bourassa d'incompétence, de corruption et de toutes sortes de
défauts, cela malgré certaines réalisations spectaculaires comme
l'importante législation sociale adoptée, la Baie James ou le sauvetage
des Jeux olympiques. Les péquistes iront même jusqu'à attaquer
Bourassa personnellement en distribuant des tracts avec le message
« On mérite mieux que ça » placé sous une mauvaise photo du premier ministre. Venu appuyer son candidat Roland Comtois dans le
comté de l'Assomption, là même où Jacques Parizeau se présente
sous la bannière péquiste, Bourassa rappelle à ses adversaires de ne
pas chercher à jouer au dragon de vertu, car le Parti libéral a des
munitions en réserve. « On pourra leur rafraîchir la mémoire, lance-
t-il, car en fait de patronage et de favoritisme, ils n'ont de leçon à
donner à personne. »

Le Parti québécois a une caisse électorale mieux garnie qu'en 1973.
Il bénéficie en général d'une certaine avance dans les sondages et ne
pense cependant pas gagner, du moins au début de la campagne.
Il espère obtenir environ 35 % des votes et faire élire entre 25 et
35 députés. Lévesque, 54 ans, décide finalement de se présenter dans
Taillon, sur la Rive-Sud de Montréal, après avoir été battu dans
Laurier en 1970 et dans Dorion en 1973.

Le Parti national populaire (PNP), fondé en décembre 1975 par
l'ex-ministre libéral Jérôme Choquette, 48 ans et par l'ex-député
créditiste de Beauce-Sud Fabien Roy, 48 ans, n'a pas beaucoup de
moyens, mais il a bien l'intention de mener une dure bataille.
Choquette, qui ne fut confirmé leader du PNP que le 24 octobre 1976,
soit 22 jours seulement avant l'élection, cherche à se gagner des
appuis auprès des mécontents de la loi 22 en se déclarant finalement

favorable au libre choix de la langue d'enseignement. Le slogan du PNP est : « Ordre et honnêteté ».

Le député de Rouyn-Noranda Camil Samson, 41 ans, est devenu chef du Ralliement créditiste du Québec en mai 1975. Il affirme vouloir présenter pour la première fois des candidats dans les 110 comtés. Il propose aux Québécois la formule du « statut spécial » par opposition au fédéralisme des libéraux et au séparatisme du PQ et vise la balance du pouvoir, comme Réal Caouette à Ottawa au cours des années 1960.

Quant à l'Union nationale (UN), ressuscitée en 1974 par Maurice Bellemare lors de l'élection partielle dans le comté de Johnson, son chef est depuis mai 1976 Rodrigue Biron, 41 ans, industriel de Sainte-Croix de Lotbinière. Comme Daniel Johnson en 1966, il veut faire une campagne comté par comté et présenter dans toutes les circonscriptions des candidats ayant des racines dans leur région. Il admet qu'il a certaines ressemblances avec Maurice Duplessis. Il ignore complètement le Parti québécois, qu'il qualifie de marginal, et s'attaque uniquement aux libéraux. « C'est le temps de battre les Rouges », tel est son slogan. De plus, il sait exploiter le mécontentement créé dans différents milieux par l'imposition du français comme langue officielle en prônant mollement l'unilinguisme devant les auditoires francophones et le bilinguisme lorsque l'auditoire est majoritairement anglais. Ce stratagème a un certain succès puisque l'UN, en obtenant le 15 novembre l'appui de 18 % des électeurs, notamment anglophones et mécontents des milieux ruraux, enlève aux libéraux des votes dont Bourassa aurait certainement eu besoin.

Le premier ministre de son côté ne ménage pas beaucoup l'Union nationale lorsqu'il en a l'occasion. Au cours d'une tournée dans Bellechasse, Champlain et Portneuf le 31 octobre, Bourassa signale que ce parti est tellement faible qu'il doit avouer publiquement avoir l'intention de faire appel à ses adversaires pour régler les problèmes économiques et le chômage. Biron a en effet lancé l'idée saugrenue d'une conférence de tous les partis sur les problèmes économiques.

Un sixième parti, l'Alliance démocratique, participe à la course. Nick Auf der Maur, qui se présente dans Westmount, et Robert

Keaton, qui tente sa chance dans Notre-Dame-de-Grâce, en sont les fondateurs. Il s'agit de conseillers municipaux militants du Rassemblement des citoyens de Montréal (RCM). Ce parti tente de regrouper surtout des militants libéraux mécontents de l'ouest de Montréal, en majorité des anglophones déçus de la loi 22. Le nom de ce parti est bilingue: Democratic Alliance Démocratique, dont l'abréviation était donc DAD. On dit que certains plaisantins proposent même que les candidats de ce parti s'appellent les Daddies en anglais et les Dadaïstes en français! Plus sérieusement, du point de vue des libéraux de Bourassa, la création de ce parti risque surtout de contribuer davantage au fractionnement du vote des anglophones, lesquels sont loin d'avoir complètement digéré la loi 22 même si cela fait plus de deux ans qu'elle a été adoptée.

Enfin, il faut mentionner que le Nouveau Parti démocratique du Québec (NPD), absent de l'élection de 1973, veut présenter des candidats dans 20 comtés. Le secrétaire provincial du NPD Jean-Pierre Bourdouxhe déclare que son parti a l'intention de combattre le PLQ en se portant à la défense des droits des syndicats et en proposant l'abolition de la loi 22. Le Parti québécois ne trouve pas plus grâce que le PLQ aux yeux de Bourdouxhe: «Le PQ, déclare-t-il, est un parti néocapitaliste avancé qui ne fera que porter la bourgeoisie au pouvoir, car il ignore ce qu'est le socialisme démocratique.» Le président du NPD-Québec Henri-François Gautrin, 33 ans, décide finalement, avec beaucoup de courage et d'abnégation, de faire la lutte à Bourassa dans Mercier en tant que candidat du parti de la coalition Nouveau Parti démocratique-Regroupement des militants syndicaux. «Si on milite uniquement pour se faire élire, indépendamment de ses idées, on pourrait tous se présenter pour le Parti libéral», déclare-t-il.

Les offres de débats à la radio et à la télévision arrivent rapidement.

Le directeur de l'information de CKAC Raymond Saint-Pierre fait le premier une proposition. La puissante station de radio montréalaise offre à Bourassa et à Lévesque un débat de deux heures, avec l'animateur Jacques Morency comme modérateur. L'offre est acceptée des deux côtés. Ce débat est retransmis sur les ondes de CKAC et de 28 autres stations le dimanche 24 octobre, ce qui représente un potentiel de trois millions d'auditeurs. Quatre thèmes y sont abordés : les relations de travail, l'économie, la constitution, enfin l'administration.

Qui gagna le débat à CKAC ? On ne le saura vraiment jamais. Une dizaine de stations du réseau Télémédia recueillirent pendant une heure les réactions des auditeurs, ce qui donna 64 % (1 819 personnes) pour Lévesque et 36 % (1 014 personnes) en faveur de Bourassa. La direction de Télémédia souligna cependant elle-même le caractère « non scientifique » de ce qu'elle décrivit comme une « consultation populaire ».

De son côté, le PLQ fait faire le même jour un sondage scientifique : pour ceux qui vont voter libéral, Bourassa a gagné à 100 % ; ceux qui vont voter PQ considèrent que Lévesque l'a remporté à 80 % ; et les indécis déclarent à 68 % que le premier ministre a eu le dessus. Un autre sondage, rapide celui-là et fait par le PLQ à partir de l'annuaire téléphonique, indique une situation presque similaire entre les deux hommes : 34,61 % sont pour Lévesque, tandis que 31,17 % penchent pour Bourassa. Il y a 33,75 % d'indécis, ce qui est considérable.

Bourassa est persuadé qu'il a gagné le débat, notamment en ce qui concerne les deux dernières manches alors qu'il force Lévesque à admettre qu'il peut y avoir un deuxième référendum si le premier échoue, avec toute l'incertitude que ces grands questionnements collectifs peuvent créer dans la société québécoise et chez les décideurs économiques.

D'autre part, le chef du PQ, qui s'est lancé dans de grandes tirades sur la soi-disant corruption généralisée de l'administration libérale, ne peut citer un seul exemple de véritable scandale lorsque Bourassa le lui demande à plusieurs reprises. Ce qui amène certainement Lévesque à perdre la face du côté des électeurs indécis.

On doit signaler que le débat fut parfois très vif. Bourassa mentionne comme exemple de la mauvaise administration que le PQ pourrait donner au Québec, la faillite récente et spectaculaire du quotidien *Le Jour*, dont Jacques Parizeau est l'administrateur et René Lévesque le président. Lévesque réplique du tac au tac en signalant que le Club de Réforme, un club libéral, a été amené en novembre 1972 à fermer ses portes. Il pense probablement marquer un point, et manifeste en tout cas sa satisfaction en faisant dans le studio un pied-de-nez à son interlocuteur. Ce geste espiègle fait pouffer de rire discrètement Bourassa qui, dans le fond, ne déteste pas Lévesque sur le plan personnel. Sauf que la réplique de Lévesque est plus ou moins pertinente, car ce n'était pas le ministre des Finances Raymond Garneau qui administrait le Club de Réforme, et Bourassa n'en fut jamais le président.

Étrangement, un grand dossier n'est pas abordé pendant ce débat de deux heures : celui de la loi 22 faisant du français la langue officielle du Québec. Ce thème passionne pourtant, pour des raisons différentes il est vrai, aussi bien les anglophones que nombre de francophones. Peut-être des années de débats linguistiques assez épuisants ont-elles incité les deux chefs politiques à faire preuve de prudence. Bourassa sait fort bien qu'il y a, au sein du PLQ même, des courants d'opinion divers au sujet de cette loi dont il est très fier, mais qui prête incontestablement à toutes sortes de controverses. Il ne soulève donc pas ce dossier avec Lévesque qui, de son côté, n'en fait aucune mention.

La loi 22 va faire beaucoup de vagues pendant la campagne, y compris dans les rangs libéraux. Cette question amène notamment le président de l'Assemblée nationale Jean-Noël Lavoie, gardien respecté de notre institution parlementaire, à se désolidariser du Parti libéral du Québec. En campagne électorale dans son comté de Laval où vivent un bon nombre d'allophones désireux d'envoyer leurs enfants à l'école anglaise, Lavoie fait officiellement volte-face et formule sept propositions concernant la question linguistique. Ce faisant, il se joint à plusieurs candidats libéraux qui veulent être élus et qui considèrent que la loi 22 les rend vulnérables dans leurs comtés.

Bourassa comprend leur situation difficile et ne les blâme jamais. Michel Roy, éditorialiste à cette époque au quotidien *Le Devoir*, fait preuve d'une remarquable intuition le 28 octobre lorsqu'il décrit en ces mots l'approche du premier ministre à ce sujet : « Quand le premier ministre déclare qu'il admet volontiers, en bon démocrate, les divergences de vue exprimées par ses partisans au sujet du mode d'application et des règlements d'une loi, on ne peut qu'approuver cette attitude, d'autant plus qu'il s'empresse chaque fois d'ajouter qu'un "consensus" sera éventuellement défini après les élections. »

Le réseau de télévision de Radio-Canada, quant à lui, invite à un débat les chefs des partis politiques qui présentent des candidats dans au moins 50 % des circonscriptions. Les péquistes acceptent l'offre, même si elle comporte beaucoup trop d'impondérables à leur goût. Bourassa, après mûre réflexion, refuse : il aurait eu à subir le tir croisé des quatre autres chefs de parti, lesquels auraient naturellement concentré leurs attaques sur le « chef du gouvernement sortant », comme René Lévesque se plaisait à le désigner. En fait, Bourassa préfère le face-à-face, dans ce genre de duel médiatique. Cette formule est la seule qu'il considère à la fois équitable et intéressante parce que, même si elle est exigeante, elle permet des échanges structurés ainsi qu'une discussion appropriée et en profondeur des sujets abordés.

Par ailleurs, du 27 octobre au 12 novembre, Radio-Canada accorde à cinq partis politiques 19 périodes télévisées gratuites de 15 minutes chacune, soit six au PLQ, cinq au PQ, trois à l'Union nationale, trois au Ralliement créditiste et deux au PNP. Et, dans le cadre de l'émission *Télescopie*, diffusée à 23 heures du 8 au 12 novembre, on peut voir chaque soir un des chefs de partis.

Bourassa consacre une bonne partie de la première semaine au recrutement de candidats aussi bien anglophones que francophones. Il approche par exemple L. Ian MacDonald, journaliste à la *Gazette* de Montréal, pour lui offrir la candidature libérale dans la circonscription de Westmount, son député, Kevin Drummond, se retirant de la vie politique. MacDonald se désistera finalement. Reed Scowen, ancien conseiller spécial du ministre de l'Industrie et du Commerce Guy Saint-Pierre, est ensuite approché pour se présenter dans Westmount. Malheureusement l'association libérale de ce comté décline l'offre de service de Scowen qui a pourtant une belle expérience du monde des affaires et de l'administration. Finalement, l'accord se fait sur George Springate, 38 ans, député libéral de Sainte-Anne depuis 1970 et fort hostile à certaines dispositions de la Loi sur la langue officielle. Springate, qui a de plus critiqué son chef publiquement avec virulence, explique qu'il a longuement hésité avant de se porter de nouveau candidat libéral. Il en est cependant arrivé à la conclusion qu'il pourra plus facilement faire modifier la loi 22 s'il se trouve au sein du caucus libéral qu'en restant à l'extérieur.

C'est l'ingénieur et arpenteur-géomètre John O'Gallagher qui est choisi comme candidat libéral dans le comté de Robert-Baldwin, où la population est anglophone à 67 %. Il succède ainsi au ministre des Richesses naturelles Jean Cournoyer, qui a décidé de se présenter cette fois dans le comté de Richelieu, où se trouve sa ville natale de Sorel, le ministre Claude Simard, beau-frère de Bourassa, ne sollicitant pas de renouvellement de mandat.

La présidente de la Commission des écoles catholiques de Montréal (CECM) Thérèse Lavoie-Roux devient le 25 octobre candidate officielle du PLQ dans le comté de l'Acadie. Ce comté est vacant depuis que le premier ministre a nommé le 4 octobre le ministre des Affaires intergouvernementales François Cloutier délégué général du Québec en France. Bourassa s'attribue d'ailleurs la responsabilité de ce portefeuille le 12 octobre.

Dans Outremont, le président du Conseil économique du Canada André Raynauld, 49 ans, est choisi comme candidat libéral pour faire la lutte contre Jérôme Choquette, du PNP, et contre l'économiste péquiste Pierre Harvey.

Un certain nombre de députés libéraux fédéraux décident de se joindre à l'équipe de Bourassa. Le premier à annoncer sa décision est le député de Terrebonne, l'ingénieur J.-Roland Comtois, 43 ans, qui fait la lutte à Jacques Parizeau dans l'Assomption. Ami de longue date de Bourassa, Comtois a été à ses côtés lors du congrès de leadership de janvier 1970 et a également participé activement à titre personnel aux deux élections générales tenues en 1970 et en 1973.

Puis l'ex-ministre fédéral Jean Marchand est choisi par acclamation lors d'une convention tenue à Québec le 23 octobre dans le comté de Louis-Hébert. Il a écrit à Bourassa une lettre dans laquelle il énumère un certain nombre de points qui lui tiennent à cœur. Bourassa rend publique cette lettre et signale aux médias qu'il est en accord avec les préoccupations de Marchand. Le candidat péquiste dans Louis-Hébert est à nouveau Claude Morin, défait en 1973.

L'ex-ministre fédéral Bryce Mackasey, 55 ans, qui a démissionné de ses fonctions de ministre des Postes à la mi-septembre, annonce finalement le 26 octobre qu'il a l'intention d'être candidat du PLQ dans la circonscription de Notre-Dame-de-Grâce, dans l'ouest de Montréal. Cette candidature est confirmée par une assemblée d'investiture tenue le 31 octobre. Mackasey juge bon toutefois de préciser pendant la campagne qu'il n'est pas d'accord avec certaines des positions du premier ministre Bourassa, notamment en ce qui concerne les tests pour décider de la langue d'enseignement pour les enfants des immigrants. En tournée dans Brome-Missisquoi, Bourassa déclare que Mackasey est un grand candidat, tant en raison de son prestige personnel qu'en raison de sa vaste expérience dans plusieurs domaines. En fait, la mission de Mackasey, dans l'esprit de Bourassa, est de freiner la désertion des anglophones vers l'Union nationale ou vers d'autres partis, tout en fournissant à Bourassa la crédibilité dont il a besoin au Canada anglais à la veille de la reprise du débat constitutionnel.

Le premier ministre Trudeau, qui arrive le soir du 26 octobre à Ottawa après avoir passé une semaine au Japon, déclare qu'il a de l'admiration pour ses deux ex-ministres qui se présentent aux élections québécoises, et prédit leur victoire ainsi que celle du gouvernement Bourassa. Il ajoute : « Je le ferais moi-même si je n'étais pas pris autrement. »

La question des relations de travail fait l'objet d'une rare synchronisation involontaire de part et d'autre le 26 octobre. Ce jour-là, Bourassa déclare dans un discours tenu à Asbestos qu'il veut un mandat clair « pour mettre au pas les syndicats », notamment à l'aide du vote secret que le PLQ propose d'imposer aux syndiqués du secteur public. Ce qui suscite des applaudissements chaleureux de la part des 400 partisans du comté de Richmond présents dans la salle.

Or, le même jour, Louis Laberge et Fernand Daoust, respectivement président et secrétaire général de la FTQ, donnent une conférence de presse pour annoncer que leur syndicat allait mobiliser ses 280 000 membres pour aider le Parti québécois à détrôner le Parti libéral de Robert Bourassa afin que « le Québec soit débarrassé d'un gouvernement anti-travailleurs, socialement et économiquement irresponsable ». Ils précisent qu'ils vont enjoindre massivement à leurs membres de voter pour le PQ. Ils ajoutent toutefois que « cet appui n'est cependant pas inconditionnel, et nous maintenons des réserves sur certaines des attitudes du Parti québécois, dont son silence sur les mesures de contrôle des salaires ». Rien n'est vraiment jamais parfait !

Bourassa, en tournée le 30 octobre dans la Mauricie, ne se gêne pas d'ailleurs pour dire sa façon de penser aux gens de la FTQ. Il se lance dans une grande sortie contre les « fiers-à-bras » de Louis Laberge qui appuient maintenant le Parti québécois et qui sont responsables, affirme-t-il, de la baisse de productivité et du chômage que le Québec a connus.

La loi 22 commence, à deux semaines de la journée des élections, à créer de sérieuses difficultés aux candidats libéraux : l'électorat anglophone et les groupes ethniques exercent sur eux des pressions de plus en plus vives afin que soient éliminés notamment les tests d'aptitude linguistique et le régime de contingentement prévus aux règlements et au texte même du chapitre V sur la langue de l'enseignement. Bryce Mackasey, par exemple, insiste auprès de Bourassa pour que tests et quotas soient complètement éliminés : selon lui, seuls les futurs immigrants devraient être contraints d'inscrire leurs enfants au secteur français. La candidate dans l'Acadie Thérèse Lavoie-Roux exerce des pressions discrètes, mais insistantes auprès du premier ministre afin que l'on utilise la formule proposée en 1974 par le Conseil supérieur de l'éducation, soit l'inscription de tous les enfants au secteur francophone du système scolaire, à l'exception des enfants de langue maternelle anglaise qui seraient admissibles, sur demande explicite des parents, au secteur anglophone. Cette formule cependant, lui rappelle Bourassa, ne fait pas de distinction entre citoyens et immigrants, ni entre immigrants reçus et futurs immigrants. Une dimension importante de cette problématique est également, politiquement, la réaction à de tels changements de la part de l'importante majorité francophone.

Le jeudi 28 octobre, le premier ministre a un long entretien avec le ministre de l'Éducation Jean Bienvenue, qui ne détient ce portefeuille que depuis le 15 janvier 1976 et n'a donc pas été impliqué personnellement dans l'élaboration de la loi 22 pendant l'été 1974. Ils examinent soigneusement les implications d'une élimination des tests et du contingentement. Ils s'entendent finalement sur plusieurs changements à la loi.

C'est ainsi qu'en présence de Bourassa le ministre de l'Éducation Bienvenue tient le mardi 2 novembre vers midi dans Crémazie, à Montréal, une importante conférence de presse au cours de laquelle il annonce une révision du fameux chapitre V de la loi 22 et des amendements.

Les tests appliqués jusqu'alors seront révisés dès le prochain Parlement de façon à humaniser et adapter l'application de la loi. Ensuite, sera ajouté un autre critère d'admissibilité à l'école anglaise pour les enfants dont la langue maternelle est autre qu'anglaise ou française.

Le ministre de l'Éducation s'engage enfin, avec l'accord du premier ministre et au nom du gouvernement, à modifier le 2e alinéa de l'article 44 de la loi 22, afin que soit rendue obligatoire la connaissance suffisante de la langue anglaise dans toutes les écoles francophones du Québec, et cela le plus tôt possible et au plus tard dès la 3e année du primaire.

Ces modifications contribuent à détendre l'atmosphère, anglophones et allophones reconnaissant que manifestement le gouvernement a fait un effort pour aller au-devant de leurs préoccupations. Cependant la grande question est de savoir si ces changements n'arrivent pas trop tard.

Vers la fin de la semaine, le 5 novembre, deux sondages contra-dictoires font les manchettes, l'un dans *Le Journal de Montréal* et l'autre dans *Montréal-Matin*.

Le premier de ces quotidiens déclare: «Selon un sondage de l'IQOP, LES LIBÉRAUX ENCORE EN TÊTE». Les libéraux sont en tête, mais le PQ n'est pas loin, explique le journal sur deux pages intérieures. Par contre, 31% des Québécois se disent satisfaits du gouvernement et 54,1% insatisfaits. Quant à la popularité des chefs de parti, Bourassa et Lévesque sont à peu près à égalité, autour de 21%. Bourassa est plus populaire auprès des femmes et moins populaire auprès des hommes que Lévesque. Bourassa domine chez les plus de 30 ans et Lévesque l'emporte chez les moins de 29 ans.

Le quotidien *Montréal-Matin* indique de son côté en manchette: «LE PQ MÈNE». Le sondage, effectué par la firme CROP, place le PQ en avant (31,3%), suivi du PLQ (22,8%), puis loin derrière les trois autres partis. Quant à la popularité des chefs, Lévesque (27%) l'emporte sur Bourassa (19%). La firme CROP a posé une question sur les préoccupations des électeurs: 29% mentionnent les relations de travail, 28% l'économie, 11% la question linguistique et 3% seulement la constitution. Ainsi Bourassa a eu raison de faire des relations de travail l'un des deux grands thèmes de sa campagne. Par contre, la Constitution et la menace de son rapatriement unila-téral, soit l'autre grand thème du programme libéral proposé aux Québécois, n'a pas l'air d'émouvoir beaucoup les électeurs.

Selon CROP, le PQ domine à travers le Québec, l'Union nationale remonte grâce aux votes anglophones et néo-québécois tandis que les créditistes et le PNP s'écroulent. Quant aux libéraux de Bourassa, il leur reste une dizaine de jours pour rattraper l'avance éventuelle du PQ.

La tâche ne va pas être facile, d'autant que les médias ont pris bonne note des éléments négatifs que les sondages font ressortir dans la campagne libérale. Le plus respecté des éditorialistes du Québec résume le sentiment général dans un éditorial publié le samedi 6 novembre et intitulé: «Qu'est-ce qui ne va pas chez les Libéraux?»

Selon Claude Ryan, Bourassa a commis trois grandes fautes : il a déclenché prématurément les élections ; ensuite, il a compromis sa crédibilité en s'adjoignant quelques figures importantes d'Ottawa ; enfin, il s'est engagé dans la lutte électorale sans préparation sérieuse, en improvisant et en ne réglant pas au préalable les conflits de travail, notamment à Hydro-Québec, de manière à ne pas se retrouver avec une grève générale en pleine campagne.

Le directeur du *Devoir* sait pourtant que Trudeau a l'intention d'annoncer, à la conférence fédérale-provinciale prévue pour décembre, soit dans quelques semaines, sa décision d'entamer le processus de rapatriement de la Constitution. Bourassa le lui en avait fait part.

L'avenir démontre d'ailleurs le bien-fondé de cette préoccupation fondamentale de Bourassa : le rapatriement, unilatéral en ce qui concerne le Québec, est finalement décidé dans la fameuse nuit du 5 novembre 1981, et officialisé le 17 avril 1982, le délai entre 1976 et 1982 s'expliquant surtout par les victoires du Parti québécois en novembre 1976 et en avril 1981, victoires non prévues par Trudeau et qui ralentirent certainement son plan de match.

Le dimanche 7 novembre, la campagne entre dans sa dernière semaine, et Bourassa ne ralentit en rien le rythme de ses tournées à travers le Québec. Cette journée, à titre d'exemple, commence avec des participations à la radio et à la télévision de CFCF. Puis c'est le départ en hélicoptère pour Granby, dans le comté de Shefford, pour participer à deux rencontres en compagnie du député Richard Verreault. L'hélicoptère prend ensuite la direction de Saint-Hyacinthe où le premier ministre, accompagné du député Fernand Cornellier, s'adresse à deux endroits différents à de nombreux militants et donne une conférence de presse. Bourassa traverse ensuite le fleuve, toujours en hélicoptère, pour se rendre rapidement souper à Sainte-Agathe, dans le comté de Laurentides-Labelle, en compagnie du député Roger Lapointe et de membres de son exécutif. Puis il participe à une tribune téléphonique dans cette ville à la station radiophonique CJSA et prend la parole devant une assemblée populaire réunie à l'école Notre-Dame-de-la-Sagesse. Puis l'hélicoptère se pose à Joliette à 20 h 30 :

Bourassa se rend immédiatement à la station de radio CJLM pour participer, en compagnie du député-ministre Robert Quenneville, à une tribune téléphonique de 45 minutes, puis il prend la parole vers 21 h 30 dans une école d'où son allocution est transmise en direct par CJLM. Il est 23 heures lorsqu'il arrive enfin chez lui.

Comme il l'a fait depuis le début de la campagne, Bourassa maintient ce rythme jusqu'au jour de l'élection. Comme on le voit, la politique est une activité qui exige certainement une bonne santé, ce qui était le cas de Bourassa qui avait toujours fait ce qu'il fallait pour être dans une excellente forme physique.

Le lundi 8 novembre, le premier ministre prend la parole devant les membres du Club canadien de Montréal. Cette allocution, dans laquelle il brosse à grands traits l'évolution du Québec au cours des dernières années, constitue un témoignage durable et une réflexion en profondeur sur les défis du Québec en 1976. Elle illustre également sa profonde confiance dans le potentiel de l'avenir du Québec et du Canada.

> Notre engagement, quant à nous, à l'égard du fédéralisme est clair : si nous tendons la main de la compréhension et du dialogue vers nos compatriotes canadiens, nous pouvons leur demander, je crois, de faire de même. Ce n'est que de cette manière que nous nous débarrasserons des menaces et du chantage.

Le jour suivant, le 9 novembre, Bourassa est dans la Vieille Capitale. Il donne une conférence de presse à l'Auberge des Gouverneurs de Sainte-Foy. Le thème de la journée porte sur les avantages que le Québec retire des ententes avec le Canada. Il signale que la séparation — ou même la simple rupture des ententes existantes — ferait perdre, seulement dans le domaine du développement économique régional, au moins un demi-milliard de dollars. Puis, accompagné des journalistes, il s'envole pour Matane vers 15 heures. Il se rend à l'hôtel de ville, donne une entrevue et prend la parole devant une assemblée de partisans. Puis c'est le départ pour Trois-Rivières d'où il se rend en auto à Victoriaville pour y rencontrer au comité électoral les militants et ensuite la presse locale.

Il arrive en auto vers minuit à Montréal et prend alors connaissance des résultats d'un sondage effectué, sous la direction des professeurs Richard Hamilton et Maurice Pinard, pendant la première semaine de novembre par l'Institut de cueillette de l'information (INCI) pour les quotidiens *Le Devoir, The Gazette, Le Soleil* et le *Toronto Star*. Les résultats sont inquiétants : avant répartition des indécis, cela donne : PQ 29,5 %, PLQ 15,9 %, UN 8,4 %, créditistes 3,6 % et PNP 1 % ; par ailleurs 4,5 % n'ont pas l'intention de voter, 30 % sont indécis et 6 % refusent de répondre. Après répartition habituelle, on obtient : PQ 49,6 %, PLQ 26,6 %, UN 14,1 %, créditistes 6 % et PNP 1,7 %. Même si l'on suppose que les indécis vont se répartir comme en 1973, cela donne tout de même 42 % au PQ et seulement 35 % au PLQ, ce qui est en définitive une prévision assez remarquable par rapport aux résultats obtenus effectivement le 15 novembre (41 % et 34 %).

Le sondage comporte également une question concernant l'appui ou non à l'indépendance du Québec. Une nette majorité des gens interrogés se prononce contre l'objectif d'un Québec séparé du reste du Canada, ce qui est l'objectif fondamental du PQ. Il s'agit certes là d'une donnée intéressante, sauf que ce sont des élections générales qui vont avoir lieu le 15 novembre, et non un référendum.

Le premier ministre prend les résultats de ce sondage avec son flegme habituel, tout en constatant avec son entourage immédiat que même la possibilité qu'il dirige un gouvernement minoritaire semble s'estomper si les pourcentages de l'INCI s'avèrent justes. Bourassa mentionne toutefois ce qu'il appelle «la prime à l'isoloir», ce phénomène mystérieux qui incite les électeurs à voter libéral à la dernière seconde afin de faire courir le moins de risques possible à leurs affaires personnelles.

Le lendemain 10 novembre, Bourassa se rend à Montréal au Centre Immaculée-Conception, avenue Papineau, pour y donner une conférence de presse sur ce que le programme du parti propose au titre des loisirs et de la qualité de vie des Québécois. Il rappelle également que le fédéral contribue substantiellement à améliorer cette qualité de vie.

Le premier ministre passe ensuite l'après-midi dans son comté de Mercier où il fait plusieurs visites et va saluer en compagnie de Mme Bourassa les Sœurs Carmélites. Puis il part en hélicoptère à Lac-Mégantic où il participe à la station CKFL à une tribune téléphonique en compagnie du député Omer Dionne. De là, il se rend à East Angus, où il prend la parole devant de nombreux partisans. C'est ensuite le retour à Montréal en hélicoptère.

Le jeudi 11 novembre, la journée, fort occupée comme toutes les autres, se termine par la lecture en fin de soirée de la première partie de l'éditorial du *Devoir*, la seconde partie devant être publiée le lendemain. Sous le titre «Le meilleur choix, abstraction faite de l'indépendance», le directeur du quotidien fait la liste de ce qui lui apparaît être les mérites et les défauts du PLQ et du PQ, et de leurs chefs. Donnant un avant-goût de ce que l'on allait pouvoir lire le lendemain, Claude Ryan déclare dans la dernière phrase de ce premier texte: «Au Québec, après douze années de régime libéral depuis 1960, un changement serait dans l'ordre des choses si l'objection de l'indépendance peut être mise entre parenthèses de manière loyale et satisfaisante.»

À trois jours des élections, Bourassa prend la parole devant les membres de la Chambre de commerce de Laval. Après avoir placé «l'enjeu de cette élection dans sa véritable perspective, celle de l'avenir du Québec dans un Canada nouveau», il aborde avec fougue le thème de ce qu'il appelle le «paradoxe péquiste».

> J'aimerais m'attarder un instant, avec vous et avec toute la population du Québec, à analyser le revirement soudain des priorités de René Lévesque qui, il y a encore quelques mois, prêchait l'indépendance d'abord et le gouvernement de la province ensuite. Ne parlons pas des raisons de ce revirement: je crois qu'elles sont évidentes. Regardons plutôt ensemble ce que ça donnerait, un gouvernement péquiste qui tenterait de bien gouverner dans un régime fédéraliste.

Bourassa signale tout ce que l'on risque de perdre si l'on se retrouve le 16 novembre au matin avec un gouvernement péquiste élu par accident, simplement pour donner au gouvernement libéral une opposition plus forte que celle de 1973. Un gouvernement péquiste provoquerait le chaos économique alors que le Québec et le monde industriel traversent une crise majeure d'un type nouveau, où inflation et chômage affligent tous les citoyens. L'instabilité d'un gouvernement péquiste, signale Bourassa, ferait perdre immédiatement la confiance nécessaire pour que les grands projets collectifs puissent continuer d'être financés. Par ailleurs, pour avoir les mêmes services offerts par le fédéralisme, un gouvernement péquiste devrait hausser les impôts des contribuables québécois. Comment un Québec isolé pourrait-il se payer des projets aussi vitaux pour son avenir que la Baie James, Sidbec ou le développement du centre-ville de Laval? Et Bourassa de conclure:

> Pensons-y le 15 novembre au moment de voter, parce que ce vote est le plus important de l'histoire du Québec. Parce que notre garantie de sécurité, notre garantie d'une vraie liberté, notre garantie d'un avenir prospère pour le Québec, notre seule garantie, c'est la garantie libérale.

Une émission de 60 minutes est diffusée le 13 novembre, entre 19 heures et 20 heures, sur le réseau TVA. Participe à cette émission le premier ministre ainsi que les ministres Raymond Garneau, Victor Goldbloom et Guy Saint-Pierre. L'objectif de cette opération est de faire appel à la raison des Québécois devant la menace de la séparation. Bourassa prend la parole en premier et dénonce la stratégie électorale du PQ qui consiste à ne pas parler du séparatisme et à en escamoter les dangers, ce qui constitue un manque de respect total pour l'intelligence des Québécois. Puis c'est le tour de Garneau qui fait d'abord une projection optimiste sur les années 1980, puis souligne ce que représente la menace du séparatisme sur le plan financier et des investissements. Guy Saint-Pierre prend ensuite la parole et signale les dangers du séparatisme sur le plan du développement économique et des acquis sociaux. Victor Goldbloom, enfin, souligne de quelle façon la menace séparatiste risque de remettre en question l'harmonie existant entre les francophones et les groupes ethniques du Québec. Le premier ministre, en fin d'émission, aborde la question des relations de travail, au sujet desquelles il manifeste son optimisme quant à leur avenir au cours des années 1980, tout en dénonçant la connivence existant entre les chefs syndicaux et le PQ. Et pour finir, il lance un appel à la raison des Québécois en les invitant à réfléchir avant d'aller voter.

Mais la journée n'est pas terminée : un exemplaire du *Devoir* du lendemain 13 novembre, avec la deuxième partie de l'éditorial de son directeur, l'attend quand il arrive chez lui bien après minuit. Sous le titre « L'objection de l'indépendance », Ryan explique qu'elle ne tient pas, cette objection, parce qu'un gouvernement péquiste serait tenu de fonctionner à l'intérieur du cadre constitutionnel canadien et que, d'autre part, ce gouvernement péquiste serait lié par des engagements moraux très forts. Et Ryan conclut qu'élire les libéraux,

> [ce serait] réaffirmer l'adhésion des Québécois au fédéralisme, mais ce serait aussi enliser davantage le Québec dans la stagnation politique et dans les jeux mesquins d'équilibrisme [*sic*] qui sont aux antipodes de la vraie politique. Ce serait accréditer la politique de ceux qui croient qu'on peut encore gagner des élections par le recours à la peur. Défaire les libéraux, ce serait au surplus les obliger à réviser en profondeur leur leadership et leur orientation en prévision des affrontements les plus exigeants qu'aura jamais connus le Québec.

Bourassa ne bronche pas. Il feuillette quelques instants encore le journal, hoche la tête et déclare qu'il est tard et que tout le monde doit aller se coucher parce que le programme du lendemain est très chargé.

Toujours le 13 novembre, le quotidien anglophone de Montréal *The Gazette* connaît également des tensions préélectorales. En page frontispice, ce quotidien y va d'un éditorial dans lequel l'éditeur, Ross Munro, recommande à ses lecteurs de reporter au pouvoir le gouvernement fédéraliste de Robert Bourassa. Mais en page 3 de la même édition, 36 membres de son personnel journalistique, sur la centaine qui travaillent dans la salle de rédaction, se dissocient de la prise de position de leur patron en signant la pétition suivante :

Les soussignés, employés de la salle de rédaction de *The Gazette*, souhaitent informer les lecteurs que les opinions sur l'élection au Québec exprimées en première page ne reflètent pas nécessairement celles des employés de ce journal qui ont essayé de rapporter et de publier des nouvelles de la campagne aussi professionnellement que possible.

La gestion de l'économie et l'honnêteté du gouvernement ont été clairement désignées dans un récent sondage public — en partie financé par *The Gazette* — comme étant les principaux sujets de préoccupation des Québécois. Seulement sept pour cent des répondants identifiaient l'indépendance comme étant le problème principal.

On constate ainsi que le scrutin provoque sa part de bisbille même chez les journalistes de langue anglaise.

Bourassa se rend le 13 novembre à Rimouski, Rivière-du-Loup, Sherbrooke, Québec et Beauce-Sud en soirée. Le lendemain dimanche, veille des élections, est consacré à une vaste tournée dans la région montréalaise où il prend la parole et serre des mains dans une dizaine de comtés.

Et le lundi 15 novembre arrive, lourd de conséquences pour les différentes équipes politiques en présence. On compte officiellement 4 023 743 électeurs. Sur ce nombre, 3 360 506 se prévalent d'une façon valide de leur droit de vote, soit un taux de participation de 83,5 %, ce qui est considérable.

Selon la coutume, Bourassa passe une bonne partie de cette journée à faire la tournée des bureaux de scrutin de son comté. Le dernier qu'il visite, quelques minutes avant la fermeture à 19 heures, se trouve rue Saint-Urbain. De là, il part nager à la piscine du Centre Notre-Dame. Son fils François, venu le rejoindre, l'informe alors qu'il sort de l'eau que les premiers résultats disponibles sont très négatifs… Bourassa décide alors d'aller rendre visite à sa mère pour la préparer à ce qui va probablement se passer, puis il se rend à l'hôtel Reine-Élisabeth où une suite est constamment à sa disposition depuis le début de la campagne. C'est là qu'il apprend sa défaite dans son comté de Mercier. Il s'isole alors quelques minutes pour préparer la déclaration publique qu'il va devoir faire un peu plus tard, puis il va saluer dans Mercier les organisateurs qui se sont dévoués pour lui pendant quatre semaines.

Il se rend ensuite au comité central du PLQ, rue Gilford, où les journalistes se ruent sur lui dès qu'il sort de sa voiture et le suivent micro à la main jusque dans la grande salle. Les médias ayant été informés que Bourassa allait faire une déclaration, le brouhaha se calme un peu, et magnétophones et caméras se mettent à tourner. Il improvise pendant cinq ou six minutes en direct. Il prononce en fait une allocution remarquable de sérénité, qui se veut à la fois positive et rassurante. Il craint en effet que des paroles alarmistes ou excessives aient des conséquences graves pour l'économie du Québec et que le lendemain les Bourses, reflet immédiat de l'inquiétude des investisseurs, soient secouées par des réactions dommageables pour la population québécoise en général. Il lance en fait un appel au calme, demandant clairement aux hommes d'affaires de faire preuve de pondération et d'agir de façon réfléchie.

Bourassa sait en effet que certains hommes d'affaires sont très inquiets. Plusieurs se sont confiés à lui pendant la campagne. Bourassa estime qu'il a fait tout ce qu'il a pu pour gagner. Cela n'a pas marché, il faut en prendre acte, et il importe maintenant de penser au Québec et à son avenir. Il faut donc désamorcer toute réaction de panique, et se comporter d'une façon aussi constructive que possible. Il livre son message en français et en anglais. De nombreux observateurs notent la dignité et le sens des responsabilités dont il fait preuve en faisant un appel au calme et à la modération.

Les résultats définitifs de l'élection donnent une victoire incontestable au Parti québécois : il obtient 71 sièges avec 41 % des voix, les libéraux 26 sièges avec 34 % d'appui, l'Union nationale 11 sièges avec 19 % des voix, le Ralliement créditiste 1 siège avec 5 % des voix et le Parti national populaire 1 siège également avec 2 % d'appui. Le taux de participation de 85,27 % constitue un record, dépassant le record précédent de 84,23 % lors de l'élection de 1970 qui avait porté Bourassa au pouvoir. On notera également qu'en additionnant les pourcentages obtenus par les partis, le clivage entre fédéralistes et souverainistes se situe déjà autour de 60 à 40, comme ce sera le cas quelques années plus tard lors du référendum de 1980.

Bourassa a le soir même une longue conversation avec sa femme Andrée quant à ce qu'il souhaiterait faire désormais. Il a 43 ans et veut s'occuper de dossiers positifs et travailler sur des idées nouvelles. Il lui mentionne notamment qu'il a eu un long entretien passionnant sur l'avenir de l'Europe avec le président du Conseil belge Léo Tindemans lors de la visite officielle qu'il a faite au Québec en avril 1976. Il est fasciné par ce phénomène remarquable de civilisation qu'est la construction de cette Union européenne qui est en train de se faire à Bruxelles. Il souhaite pouvoir s'y rendre afin d'en évaluer le processus, ainsi que la nature des obstacles dont les artisans de cette construction doivent tenir compte. Andrée Bourassa est un peu surprise par la rapidité avec laquelle son mari lui fait part de son projet. Elle lui signale que leurs deux enfants vont encore à l'école et que, si elle est prête à aller le rejoindre à Bruxelles, il va falloir qu'elle soit également assez souvent à Montréal afin de surveiller leurs études.

Le lendemain 16 novembre Bourassa prend connaissance dans *La Presse* du texte de l'éditorialiste en chef Marcel Adam qui signale notamment que «nous avons une société très majoritairement fédéraliste qui a élu un parti indépendantiste». Adam attribue la désaffection de la population à l'égard du gouvernement Bourassa «davantage au marasme économique qui afflige le Québec» qu'à son «leadership hésitant... Il faut savoir gré à M. Bourassa qui, malgré l'épreuve de la défaite, a fait preuve hier soir d'un admirable sens de l'État en demandant aux milieux d'affaires de ne pas agir de manière irréfléchie devant le changement qui s'est opéré hier au Québec».

Bourassa quitte Montréal pour Québec en début d'après-midi. Il veut préparer son dernier Conseil des ministres qui se tient le lendemain mercredi 17 novembre. Ce n'est certainement pas une rencontre marquée au sceau de l'allégresse: onze ministres ont été battus: Lise Bacon, Paul Berthiaume, Jean Bienvenue, Jean Cournoyer, Denis Hardy, Gérald Harvey, Bernard Lachapelle, Paul Phaneuf, Robert Quenneville, Guy Saint-Pierre et Normand Toupin.

Bourassa a une longue conversation avec Gérard D. Levesque, qui vient d'être réélu pour la septième fois depuis 1956 dans Bonaventure. Il lui fait part du fait que, battu à la fois comme chef du PLQ et comme député de Mercier, il doit à son avis prendre ses distances de la politique au Québec. Il l'informe de son projet de vivre quelque temps en Europe afin d'étudier le processus fédératif qui s'y déroule. Bourassa évoque évidemment avec Levesque la possibilité qu'il devienne, du fait de sa fonction de vice-premier ministre, le chef de l'opposition officielle, et du fait de sa vaste expérience le chef intérimaire du Parti libéral jusqu'à la tenue d'un congrès de leadership. Levesque souhaite que Bourassa reste au Québec, lui soulignant que ce n'est pas parce que l'on perd une élection qu'une carrière politique est terminée : il évoque même l'Union nationale de Maurice Duplessis, par exemple, passée de 76 députés en 1936 à 16 en 1939 (défaite pire que celle que vient de subir Bourassa) et qui reprit ensuite le pouvoir avec 48 sièges en 1944. Mais la décision de Bourassa est ferme : il prend l'avion dès la semaine suivante pour l'Europe.

À Moscou, le quotidien *La Pravda* déclare le 17 novembre que la victoire du PQ, un parti « petit-bourgeois » du Québec, est le résultat d'une « vague de mécontentement contre le gouvernement libéral provincial et contre le gouvernement libéral dirigeant le Canada ». Le correspondant de l'organe du Parti communiste soviétique au Canada estime que la défaite des libéraux, « qui dépasse le cadre de la province, va avoir une influence sur la répartition des forces politiques du pays ». Le commentateur ajoute que la province de Québec, dont la population dépasse le quart de la population canadienne, sert jusqu'à présent de soutien aux libéraux dont le parti dirige le Canada. Il rappelle en conclusion la position du Parti communiste du Québec qui « exige une égalité totale des Canadiens français et le droit à disposer d'eux-mêmes tout en étant en faveur du maintien du Québec dans l'État canadien ».

Le même jour, le 17 novembre, Bourassa reçoit de l'éditeur Victor-Lévy Beaulieu le télex suivant : « Sommes fortement intéressés à publier vos mémoires. Pouvons négocier immédiatement ». Aucune suite n'a été donnée.

Le lendemain jeudi 18 novembre, Bourassa prend le repas de midi avec René Lévesque à son bureau de Montréal au dix-septième étage d'Hydro-Québec. C'est la première fois que les deux hommes se rencontrent en tête à tête depuis longtemps. Lévesque commence par lui demander s'il lui en veut d'avoir été de ceux qui lui ont conseillé, au moment de l'élection de 1966, de se présenter dans un comté comme Mercier, où il vient de se faire battre, plutôt que dans une circonscription peut-être plus sûre, mais moins caractéristique du Québec profond. Cette question un peu facétieuse donne d'ailleurs le ton à la rencontre, car Bourassa déclare, par la suite, qu'après avoir rassuré son interlocuteur, la discussion a été parfois animée, mais toujours positive. Lévesque donne lui-même une idée du climat de cette rencontre dans son livre publié en 1994 et intitulé *Attendez que je me rappelle...* : « Las, mais détendu et comme soulagé, le premier ministre sortant n'avait rien de fulgurant à me révéler. » La conversation porte notamment sur la situation des finances publiques du Québec (qui sont en excellente santé), la haute fonction publique et les dossiers comportant une certaine urgence. Bourassa l'informe également qu'il a l'intention de démissionner comme chef du Parti libéral et de partir incessamment en Europe. Et, poursuit Lévesque :

> Je ne pus que l'y encourager fortement, mais je doutais tout aussi fort qu'il fût capable de s'en tenir bien longtemps à ce studieux exil. Toute sa vie était rivée à l'ambition politique. Toute sa carrière, depuis ses premières armes de jeune et brillant conseiller ou recherchiste, à Ottawa comme à Québec, ne s'était jamais orientée que dans ce sens unique.

Le lendemain, soit le 19 novembre, Bourassa va à Québec rendre publique sa démission. Cette annonce a lieu à quinze heures à un endroit que Bourassa connaît bien, la salle 122-B de l'Assemblée nationale où se donnent les conférences de presse. Le message a de toute façon le mérite de la concision : il tient en effet en une vingtaine de lignes et réussit néanmoins à évoquer les quatre points forts de son action pendant plus de six ans, soit le français langue officielle, le progrès social, le développement économique et l'avenir du Québec au sein du Canada.

Normand Girard, vétéran de la Tribune de la presse du Parlement de Québec et correspondant à Québec des quotidiens de la chaîne Quebecor, rapporte le lendemain qu'un journaliste a essayé, immédiatement après l'annonce, d'interroger Bourassa en commençant sa question par : « Monsieur le premier ministre… » « Le journaliste, signale Girard, n'a jamais pu se rendre plus loin. M. Bourassa était déjà debout, tournant le dos, prêt à quitter la salle, ce qu'il a fait tranquillement. »

Après avoir soupé à Québec avec des membres de son entourage immédiat, Bourassa part pour Montréal à bord de la Buick familiale.

De son côté, le directeur des communications du Parti libéral du Québec Robert McCoy publie le même jour un communiqué annonçant que Robert Bourassa a l'intention de soumettre au prochain Conseil de direction du parti que le vice-premier ministre Gérard D. Levesque soit choisi comme chef intérimaire du Parti.

À Paris, un article de première page du quotidien *France-Soir* a pour titre le 19 novembre « Les otages libérés ». Son auteur est Jean Dutourd, gaulliste reconnu et pamphlétaire anticonformiste de droite. Dutourd déclare par exemple : « Le Québec va être libre. C'est dans la nature des choses. C'est dans son destin. J'ignore la forme juridique que va prendre cette liberté, mais je suis certain qu'elle va survenir. » La direction de *France-Soir* fait savoir à Jacques Bouchard, correspondant à Paris de la *Presse canadienne*, que cet article virulent n'engage nullement la direction du journal, qu'il ne s'agit pas d'une prise de position de sa part et que c'est là le fait d'une réflexion personnelle d'un journaliste de la rédaction.

Dans le quotidien *La Presse* du lendemain 20 novembre, l'éditorialiste Claude Beauchamp souligne que Bourassa a eu une fulgurante carrière d'à peine dix années, que c'est un homme foncièrement pacifique, qui n'aime pas déplaire et dont la ténacité lui a fait réaliser des objectifs que d'autres s'étaient promis, mais sans succès, d'atteindre avant lui. Beauchamp cite alors les réformes en profondeur que Bourassa a implantées dans l'appareil gouvernemental et dans la gestion des fonds publics ainsi que « la partie la plus oubliée, bien que la plus fondamentale de la loi 22, soit l'article 1 qui fait du français la seule langue officielle du Québec.» Faisant preuve d'une remarquable prémonition, l'éditorialiste signale en conclusion que «rien n'interdit de penser qu'avec sa liberté retrouvée M. Bourassa puisse encore contribuer activement au progrès du Québec, tâche à laquelle il a consacré tout son temps et toutes ses énergies au cours des six dernières années».

Si Claude Ryan, avec quelques gentillesses de son cru, a réclamé dès le 17 novembre la démission de Bourassa comme chef du Parti libéral, l'éditorialiste Michel Roy publie le 20 novembre un texte plus équilibré qu'il intitule simplement : «Le départ de Robert Bourassa». Après avoir indiqué ce qui lui semble être «les qualités importantes du premier ministre sortant», puis «les défauts et les faiblesses de l'homme et de son gouvernement», Roy conclut son éditorial d'une façon positive :

> Il y a quelque tristesse dans ce départ et dans la défaite personnelle de l'homme. Robert Bourassa a cherché à donner ce qu'il croyait honnêtement offrir de mieux au Québec. Mais, en cours de route, il n'a pas réussi à devenir devant l'opinion l'homme que l'on a connu dans l'intimité : simple, fraternel, soucieux de perfection, chaleureux et fondamentalement généreux.

Par ailleurs, dans le quotidien *Montréal-Matin* du 22 novembre, l'éditorialiste en chef Marc Laurendeau rappelle, dans un texte intitulé «Le testament politique de Robert Bourassa», que :

> [les observateurs n'ont] peut-être pas assez souligné que le Québec avait en M. Bourassa un premier ministre très assidu à sa tâche et hautement civilisé, c'est-à-dire ouvert aux divers courants de la pensée moderne, toujours courtois (rappelons Duplessis) et peu enclin aux attitudes hargneuses : il était plus humain que ses fabricants d'image ne l'ont laissé sentir. De plus, son testament politique comporte des legs importants tels que l'assurance-maladie, le lancement du projet de la Baie James et divers modes de démocratisation de notre système judiciaire.

Aux États-Unis, le chroniqueur politique William Safire, spécialiste hautement respecté des affaires internationales, commente de

Washington le 22 novembre dans le *New York Times* le résultat des élections québécoises du 15 novembre. Dans un texte dont le titre est « *Separation spawns weakness* » (La séparation engendre la faiblesse), Safire déclare espérer que le nationalisme canadien, même avec ses manifestations d'anti-américanisme, finira par l'emporter sur le séparatisme. Pourquoi? Parce que, selon lui, le démembrement du Canada ne créerait pas deux pays forts, mais plutôt deux États faibles et querelleurs — et peut-être plus que deux —, chacun de ces nouveaux États pouvant être facilement exploité par des puissances étrangères. Des pressions s'exerceraient, au nord comme au sud du 49ᵉ parallèle, afin que les provinces de l'Ouest se joignent aux États-Unis. En tolérant que le Québec — la plus grande de ses provinces — se sépare, le Canada s'engagerait dans un processus où, en fait, les différences régionales conduiraient soit à une véritable balkanisation, soit à une fusion avec les États-Unis.

Bourassa part pour Québec en début d'après-midi le lundi 22 novembre. Le début de la semaine est surtout consacré à la récupération de ses affaires personnelles. Il a une longue rencontre le 24 au soir avec Gérard D. Levesque et Raymond Garneau. Ce dernier, en tant que ministre des Finances pour encore quelques jours, a donné deux jours plus tôt, soit le 22, une conférence de presse au cours de laquelle il a fait un tour d'horizon sur l'excellent état des finances du Québec, même si la « marge » est mince, tout en faisant le point sur certains grands dossiers comme le programme d'emprunt d'Hydro-Québec, le financement des Jeux olympiques et la prochaine ronde de négociation fédérale-provinciale sur les accord fiscaux.

Les trois hommes procèdent à un état final de la situation qu'ils vont léguer à leurs successeurs. Même si seulement sept mois se sont écoulés depuis le début de l'exercice financier en cours, une analyse détaillée permet déjà d'envisager des dépenses totales de l'ordre de 10,3 milliards de dollars et des revenus de 9,4 milliards, soit un déficit d'environ 900 millions de dollars. Ainsi les promesses du Parti québécois, évaluées à 1,5 milliard de dollars sur une base annuelle par les libéraux, ne vont pouvoir être financées que par des hausses d'impôts.

Le lendemain 25 novembre, Bourassa se rend vers midi dans l'immeuble de l'Assemblée nationale afin de remettre sa démission en tant que premier ministre du Québec au lieutenant-gouverneur Hugues Lapointe. Il parle ensuite quelques minutes avec les journalistes venus à sa rencontre. Puis il prend la direction de Montréal à bord d'une voiture de location en compagnie de son secrétaire exécutif Jean Prieur. Le lendemain 26 novembre il se rend à Mirabel d'où il s'envole pour Londres.

Du 12 mai 1970 au 25 novembre 1976, le plus jeune premier ministre du Québec a été au pouvoir pendant 6 ans, 7 mois et 12 jours. Maintenant commence une nouvelle phase dans la vie de Robert Bourassa, celle d'un ressourcement passionnant qui l'amènera, paradoxalement, à de nouveaux triomphes politiques, ce que nous verrons en temps et lieu.

CHAPITRE 23

Le ressourcement

Moins de deux semaines après l'amère défaite du 15 novembre, Robert Bourassa trouve refuge à Londres, dont il a gardé de beaux souvenirs du temps où il était étudiant à Oxford. Quelques jours plus tard, il se rend à Bruxelles pour préparer un séjour d'études sur la construction de l'Europe, qu'il tient pour l'un des phénomènes les plus intéressants de l'après-guerre. Puis il passe quelques jours à Paris. À son retour de Montréal où il est allé passer les fêtes, il emménage à Bruxelles dans un appartement qu'il a loué avenue Louise.

Il commence alors à donner des cours à l'Institut d'études européennes de Bruxelles. Il y dirige également des séminaires et procède à des travaux de recherche. Par ailleurs, il continue de se tenir au courant de ce qui se passe au Québec, car la délégation du Québec à Bruxelles a mis à sa disposition un petit bureau où il peut consulter journaux et revues en provenance du Canada.

Il commence tranquillement à s'habituer à cette nouvelle existence. Mis à part les quelques heures qu'il doit consacrer à l'Institut, il est maître de son emploi du temps. Il va fréquemment à Paris, surtout à partir de septembre 1977 alors qu'il devient professeur invité à l'INSEAD (Institut européen d'administration des affaires) situé à Fontainebleau, à une soixantaine de kilomètres au sud–ouest de Paris. L'INSEAD est une maison d'enseignement privée calquée sur les «business schools» américaines et créée à l'instigation de la Chambre de commerce et d'industrie de Paris. La direction de cette école avait communiqué avec l'ambassade du Canada lorsqu'elle avait appris que Bourassa était disponible et l'ambassadeur Gérard Pelletier l'en avait informé.

La spécialisation de cet établissement est la formation ou le recyclage de cadres d'entreprises ou de hauts fonctionnaires. Bourassa y retrouve plusieurs stagiaires québécois, car le ministère de l'Industrie et du Commerce du Québec y envoie des cadres du secteur privé dont il paie en partie les cours.

Bourassa accepte aussi de prononcer une série de conférences et de participer à des séminaires sur le fédéralisme au Collège d'Europe à Bruz, près de Rennes, en France. Il a de nombreuses rencontres avec des hommes politiques de différents pays, non seulement en France et en Belgique, mais également en Suisse et en Allemagne où existent des systèmes fédéraux. Les discussions portent non seulement sur l'avenir du Québec, mais également sur l'élection d'un premier Parlement fédéral européen au suffrage universel, qui a lieu en 1979. Il profite aussi de ses week-ends pour visiter différentes régions de France en compagnie de sa femme.

L'ex-premier ministre du Québec n'a pas de préoccupations d'ordre financier. Il refuse d'ailleurs toujours de siéger à des conseils d'administration pour garder ses distances et, aussi, parce qu'il n'en a pas besoin : la *Presse canadienne* publie le 22 mars 1977 un article qui signale qu'il touche une pension annuelle de 27 106 $, montant qu'il faudrait multiplier au moins par cinq pour en obtenir l'équivalence en dollars de 2006.

Cette indépendance lui permet surtout de se tenir au courant de ce qui se passe au Québec, de rencontrer les gens avec qui il souhaite s'entretenir et d'être disponible lorsqu'on l'invite à des réunions. Il manifeste en général à cette époque une certaine réticence lorsque des journalistes l'approchent pour des entrevues ou pour obtenir des commentaires.

Il y a quelques rares exceptions : il accorde, par exemple, une entrevue à Paris en mai 1977 au journaliste Gilles Paquin du quotidien *Montréal-Matin* qui publie le reportage les 18 et 19 mai. La manchette du 18 mai est en énormes lettres : « Bourassa revient en politique », alors que celle du 19 mai, avec une photo de l'ex-premier ministre confortablement installé dans un fauteuil place de la Concorde, se lit comme suit : « Bourassa battu par le chômage et l'inflation ». Ces articles sont émaillés de titres comme « Retour certain en politique », « Préoccupé par le choix de son successeur » ou bien « Il n'enseignera pas ». Or ces titres ne correspondent pas du tout à la réalité du moment et Bourassa le fait savoir dans une lettre que le journal publie le 17 juin.

Bourassa passe une partie de l'été 1977 au Québec. Ayant appris qu'il est à Montréal, Ryan l'invite, avec sa femme, à souper au chalet qu'il a loué à Sainte-Adèle dans les Laurentides. Bourassa, toujours bien informé, sait que Ryan a été approché pour prendre la direction du parti par des libéraux provinciaux influents, regroupés notamment autour de l'avocat montréalais Philippe Casgrain. Il a aussi appris que le directeur du *Devoir* hésite à prendre une telle décision, mais qu'il a toutefois accepté en juillet de prendre la parole au congrès d'orientation que le PLQ a décidé de tenir en novembre. Curieux de nature comme il est, et intéressé de toute manière à entendre Ryan élaborer lui-même sur la question, Bourassa accepte l'invitation.

De fait, la conversation en vient rapidement à la question du leadership du parti. Bourassa constate que Ryan est loin d'avoir pris sa décision et qu'il hésite à laisser tomber l'influence et le prestige qu'il détient du fait de sa fonction au *Devoir*. En fait, il n'est pas sûr de vraiment vouloir se lancer en politique active, avec toutes ses contraintes et toutes ses exigences. Bourassa conclut de cette rencontre que Casgrain et son groupe ont encore du travail à faire. L'ex-premier ministre a fait une évaluation exacte de la situation au lendemain de ce souper dans les Laurentides : Ryan annonce effectivement environ deux mois plus tard sa décision de ne pas être candidat.

Les vacances d'été de Bourassa au Québec ont pour résultat de le convaincre qu'un retour à la politique est hors de question, en tout cas pour le moment. Il aime rappeler à ses proches que le président d'Hydro-Québec Roland Giroux, dont il respecte le jugement, lui a déclaré lors d'un déjeuner en tête à tête qu'il vaut mieux pour différentes raisons qu'il «passe un tour». De toute façon, il s'est engagé envers différents organismes européens à donner des cours, à prononcer des conférences et à participer à des séminaires. Ces activités l'intéressent, ne serait-ce que par l'information et par l'expérience qu'elles lui permettent d'acquérir sur le fonctionnement de la Communauté européenne, et ceci loin de l'agitation de la vie politique. Le 25 août, il repart pour Bruxelles.

C'est une bonne décision. L'opinion publique, y compris à l'intérieur du Parti libéral, n'est pas prête à l'appuyer. Il faut encore, comme disait le poète, «laisser faire le temps, la patience et les dieux». On en a la démonstration à Sherbrooke les 17 et 18 septembre 1977 lors du Conseil général du Parti libéral du Québec tenu en bonne partie pour préparer le congrès pour le choix d'un nouveau chef. Les dirigeants du parti montrent des diapositives sur les moments les plus importants du congrès de leadership de janvier 1970 au Colisée de Québec. Lorsque les visages de l'ex-premier ministre Jean Lesage et de Pierre Laporte apparaissent à l'écran, les militants applaudissent longuement et chaleureusement. Lorsque c'est le tour de Bourassa, l'accueil est hésitant au point de créer un certain malaise dans la salle.

La discrétion dont Bourassa fait preuve à l'égard des médias à cette époque connaît une exception notable lorsque Bourassa accepte de longuement s'entretenir à Bruxelles et à Fontainebleau avec le directeur de l'information de CKAC Raymond Saint-Pierre. Ces entretiens sont enregistrés à la fin de l'été 1977 et s'étalent sur 17 heures. Ils constituent un excellent témoignage, remarquable par sa candeur et sa spontanéité. La transcription est publiée in extenso par les Éditions Héritage sous le titre *Les années Bourassa*. En dix chapitres sont abordés, dans un style alerte, la crise d'Octobre, la Conférence de Victoria, la Baie James, les conflits de travail, l'élection des cent deux députés, le Québec et la communauté internationale, la loi 22, les Jeux olympiques, Bourassa bouc émissaire (le 15 novembre), et Bourassa par lui-même.

Saint-Pierre, véritable professionnel de l'information, honnête, structuré et très documenté, a réussi au cours des années à gagner la confiance de Bourassa. Cette rencontre exceptionnelle donne lieu à des échanges fort instructifs. Il est vrai que le contexte n'est plus le même : les contraintes et les pressions incroyables du pouvoir en sont absentes. Pour Bourassa, c'est une sorte de thérapie qui lui permet de faire des mises au point, d'exprimer avec sa modération habituelle des opinions qu'il avait souvent gardées pour lui, et de faire ainsi un retour sur lui-même comme il n'en a peut-être jamais eu l'occasion auparavant.

L'ouvrage est mis en vente alors que les libéraux québécois ont la tête ailleurs, car ils sont effectivement en train de se chercher un nouveau chef. Ils sont donc plus portés à ce moment-là à s'occuper de leur avenir immédiat qu'à approfondir ce qui est arrivé douze mois plus tôt.

Ils viennent en effet d'apprendre, le 8 novembre 1977, que Claude Ryan n'est pas intéressé par la direction du Parti libéral du Québec et que sa décision est « ferme et irrévocable ». L'annonce de cette décision ne semble pas trop décourager les militants libéraux réunis dix jours plus tard en congrès les 18 et 19 novembre à Montréal. Ces militants réservent en effet à Ryan un accueil délirant. C'est d'ailleurs en bonne partie le caractère exceptionnel de cet accueil qui amène Ryan à revenir deux mois plus tard sur son annonce du 8 novembre et à déclarer le 10 janvier 1978 à l'hôtel Méridien qu'il est finalement candidat à la direction du PLQ. Raymond Garneau a déjà fait savoir officiellement la veille qu'il sera candidat à cette fonction lors du congrès de leadership, dont la tenue a été fixée à la mi-avril 1978 au Colisée de Québec.

C'est grâce à Guy Joron que Bourassa se retrouve dans l'actualité. On sait que le vaste projet de la Baie James n'a jamais suscité l'enthousiasme du Parti québécois jusqu'à l'été 1977 alors que René Lévesque fait amende honorable en déclarant que seuls les imbéciles ne changent pas d'idée. Lévesque a d'ailleurs déjà reconnu, juste avant les élections de novembre 1976, que ce projet répond aux besoins d'énergie et de développement du Québec. En visite à LG2, le 11 septembre 1977, le ministre de l'Énergie Guy Joron réhabilite le « projet du siècle », selon la formule utilisée fréquemment par Bourassa. Le Parti québécois met ainsi fin aux attaques répétées qu'il a lancées constamment contre le gouvernement Bourassa entre 1971 et 1976 alors qu'il affirmait mordicus que le véritable avenir énergétique du Québec consistait en la construction de centrales... nucléaires!

Joron rend rétrospectivement justice à Bourassa tout en tentant de récupérer ce que le Parti québécois a si vivement dénoncé auparavant. « Ce projet n'appartient pas au gouvernement, ni à aucun parti politique, mais à tout le monde. »

Alors qu'il est à Bruxelles, Bourassa reçoit des offres du Center of Advanced International Studies et de l'Institut des études canadiennes de l'Université Johns Hopkins, à Washington, ainsi que de l'Université Harvard. Les cours qu'il y donne portent sur les relations entre l'État et les milieux économiques, ainsi que sur les différentes formes de fédéralisme. Il y procède également à des recherches dans le secteur des relations de travail. Il enseigne pendant cinq mois en 1978 dans ces institutions avant d'effectuer finalement un retour au Québec.

Bourassa accorde le 1er février 1978 une entrevue au représentant de la *Presse canadienne* à Washington. Il est arrivé dans la capitale américaine quelques jours auparavant pour donner deux cours de deux heures par semaine à l'Université Johns Hopkins. Il déclare avoir l'intention de revenir dans quelques mois à Montréal. Il est aussi possible qu'il participe à la campagne du référendum promis par le Parti québécois. Cependant, avant de s'impliquer, il veut prendre connaissance d'une façon précise des propositions constitutionnelles que le premier ministre Trudeau va faire au Québec et, également, en savoir davantage sur le projet de souveraineté-association de René Lévesque. « À la lumière de ces propositions, je verrai si je puis être utile à quelque chose. En attendant, il est difficile de discuter de façon concrète de ce qui se passera. »

C'est vraiment en avril 1978 qu'il fait sa première apparition en public au Québec depuis novembre 1976, à l'occasion du congrès de leadership tenu les 14 et 15 avril pour lui trouver un successeur. Le contexte est délicat. Les organisateurs du congrès ont décidé qu'aucun des ex-chefs du Parti libéral du Québec ne prendra la parole.

Il assiste le lendemain aux discours des deux candidats. Il est particulièrement touché lorsque Raymond Garneau fait remarquer qu'il n'a jamais dit quoi que ce soit pendant sa campagne aux dépens de Robert Bourassa. Cette déclaration est l'objet d'une ovation vigoureuse de la part de toute l'assistance. Mais Ryan l'emporte par 1748 voix, contre 807 à Garneau.

La réception que lui ont réservée les militants libéraux pendant cette fin de semaine a été plus que courtoise, et les témoignages d'amitié n'ont pas cessé. Le lendemain du congrès, le dimanche 16 avril, il passe une bonne partie de la journée à se promener en compagnie de sa femme dans les rues du Vieux-Québec. Il est fréquemment abordé par de jeunes électeurs qui lui signalent à plusieurs reprises que la situation politique les inquiète. Il repart le lendemain enseigner à Washington, régénéré par cette expérience.

Le 10 octobre 1978, le Département de science politique de la Faculté des sciences sociales de l'Université Laval annonce que « M. Robert Bourassa, premier ministre du Québec de 1970 à 1976, a accepté de donner le cours de politique économique de la session d'hiver 1979 ».

Cette annonce fait quelques vagues dans la gent professorale de l'Université Laval, dont certains membres sont loin de partager les mêmes convictions politiques que Bourassa. Le doyen de la Faculté des sciences sociales Renaud Santerre met les choses au point en formulant le commentaire suivant dans le bulletin de l'Université Laval *Au fil des événements* du 19 octobre 1978 : « Monsieur Claude Morin a déjà donné ce cours dans le passé. Monsieur Bourassa le donne cette année. La conjoncture est ce qu'elle est. Donc, ça va permettre des débats, et c'est tout naturel et sain dans une faculté. »

En fait, ce cours connaît un grand succès de curiosité et d'affluence. Bourassa aime mentionner qu'il y avait souvent à l'arrière de la classe des gens, dont certains fort barbus, qu'il ne connaissait pas et qui semblaient très intéressés par son cours. Il ne leur demanda jamais de se nommer, car cela ne le dérangeait pas et semblait même plutôt l'amuser. Il est d'ailleurs choisi cette année-là par les étudiants comme le professeur le plus apprécié de la Faculté des sciences sociales.

Bourassa va passer une dizaine de jours au mois de juin 1979 en Belgique, en Allemagne et en France pour y suivre de près les premières élections européennes. Pour lui, ce nouveau parlement européen, élu au suffrage universel direct, est une étape positive et fondamentale dans l'évolution de ce continent déchiré depuis des siècles par les guerres. De plus, cette nouvelle assemblée européenne élue, en démontrant une certaine divisibilité de la souveraineté nationale, ouvre la voie à un nouveau type d'État et de relations entre les peuples.

En fait, pour Bourassa, l'une des premières leçons à tirer du Marché commun est que, contrairement à un principe bien établi, la souveraineté internationale est divisible. Bourassa est fasciné par cette apparition d'un nouveau droit qui va se situer entre le droit international et le droit national, soit le droit d'intégration ou le droit communautaire, dont le Marché commun est le berceau.

Dans le cas du Canada, cette divisibilité de la souveraineté internationale pourrait moins s'exercer dans le domaine économique où le Canada interprète déjà la volonté des différentes régions après consultation des provinces. Mais dans le domaine culturel, il serait intéressant d'évaluer dans quelle mesure ce nouveau concept ne pourrait pas être appliqué au Québec.

On peut ainsi tirer deux leçons du fonctionnement du Marché commun: d'une part, si on s'intègre économiquement, on doit également s'intégrer en partie sur le plan politique. Par ailleurs, on peut diviser la souveraineté internationale.

Pour Bourassa, l'élection européenne du 10 juin constitue une «accélération de l'Histoire». N'est-ce pas, à quelques jours près, 35 ans après le débarquement allié en Normandie, que Français, Anglais et Allemands votent en même temps pour envoyer des députés dans un même parlement! C'est également exactement 39 ans après que l'Italie eut déclaré la guerre à la France qu'Italiens et Français choisissent leurs députés européens.

En fait, Bourassa est fasciné par ce qui se passe en Europe. L'ancienne Assemblée européenne cesse d'être un parlement de type consultatif pour jouer désormais un rôle qui va orienter l'Europe vers un nouveau type de relations entre les peuples. Certes des rivalités vont surgir entre régions ou entre États membres, comme on peut voir au Canada des provinces dotées de richesses naturelles abondantes s'opposer à celles qui sont plus démunies. Il n'en demeure pas moins que des peuples qui se massacraient entre eux quarante ans plus tôt se retrouvent maintenant avec des représentants dans un même parlement. Bourassa est de plus convaincu que les mécanismes économiques, politiques et sociaux vont contribuer à l'intégration de plus en plus poussée des peuples. L'Europe va être probablement le laboratoire par excellence du développement des peuples et le théâtre de changements fondamentaux dans les processus de décision politique.

L'ex-premier ministre du Québec prévoit que des réaménagements importants vont se faire entre les trois pouvoirs existant aux niveaux régional, national et supranational. Le pouvoir supranational devrait être appelé à accroître son influence tandis que le pouvoir régional verra probablement son influence augmenter dans le domaine des questions culturelles. Le pouvoir national, qui n'aura plus qu'un rôle de coordination fiscale et administrative, sera de plus en plus coincé entre les deux autres pouvoirs. Les hommes politiques responsables du pouvoir national n'accepteront pas facilement de se départir de leur autorité, ce qui explique d'ailleurs l'opposition manifestée à l'égard de l'Europe par des nationalistes français comme le premier ministre Michel Debré et une partie des gaullistes.

Bourassa est cependant convaincu que la tendance vers les États-continents est irréversible pour des raisons économiques et stratégiques, d'où son opinion que le parlement européen ne peut que jouer un rôle accru à l'avenir.

* * *

Vers la fin d'août 1979 les médias commencent à avoir vent des préparatifs en cours concernant l'inauguration à la fin d'octobre de la centrale LG2 à la Baie James. Robert McKenzie, correspondant chevronné du *Toronto Star* à la Galerie de la presse à l'Assemblée nationale, en fait état le 26 août 1979 dans un article intitulé avec humour « *Lévesque's big switch on hydro – James Bay nightmare now PQ delight* », c'est-à-dire « La grande volte-face de Lévesque à l'égard de l'hydroélectricité – Le cauchemar de la Baie James est maintenant un objet de ravissement pour le PQ ».

McKenzie ne se prive pas de rappeler que les péquistes se sont longtemps servis de la Baie James pour démolir l'administration libérale du premier ministre Bourassa. Il rappelle que c'est Jacques Parizeau, en tant que principal porte-parole du PQ sur les questions économiques, qui s'était lancé en 1971 dans de grandes tirades comme celle-ci :

> Lorsque ce projet sera terminé, nous aurons des hommes sans travail, des villes fantômes, des routes qui ne serviront plus à rien et de l'électricité qui coûtera trop cher. Et nous aurons exporté nos médecins et notre main-d'œuvre spécialisée pendant que les Américains et les Ontariens, comme les Européens, auront acquis le savoir-faire nécessaire en matière d'énergie nucléaire pour pouvoir nous fournir les réacteurs, les pièces détachées et la main-d'œuvre spécialisée.

Parizeau avait traité Bourassa d'« apprenti sorcier » dans un éditorial publié le 20 novembre 1974 dans le quotidien indépendantiste *Le Jour*. Il soutenait que les énormes emprunts effectués pour financer la Baie James allaient se traduire par moins de routes, moins d'hôpitaux, moins d'universités et moins d'écoles pour les Québécois. Parizeau affirmait que les financements nécessaires à l'exploration pétrolière et minière, au développement rural et au reboisement des forêts québécoises étaient détournés vers la Baie James. « Les Québécois, écrivait le futur ministre des Finances, vont devoir payer pendant des années le rêve d'un premier ministre qui s'est transformé en cauchemar. »

Or tout cela, note McKenzie, sera oublié le 27 octobre lorsque l'inauguration de la centrale LG2 sera télédiffusée par le service français de Radio-Canada vers 40 millions de téléspectateurs au Canada, aux États-Unis et en Europe. Le grand pari de Bourassa, inlassablement critiqué par l'opposition pendant des années, est devenu pour le Parti québécois un sujet de fierté. C'est de fait un événement important : la centrale de LG2 est la deuxième du monde (avec ses 5 328 mégawatts) après celle de Krasnoïarsk, en Russie (avec 6 069 mégawatts).

En conclusion, le journaliste se pose la question : « Serait-il possible que l'inauguration du 27 octobre ait un effet de boomerang et se transforme en la réhabilitation de Robert Bourassa ? »

Souhaitant peut-être conjurer de tels démons, le gouvernement du Québec fait inviter Bourassa par la Société d'énergie de la Baie James pour une visite privée des chantiers de LG2 et de LG3 les 27 et 28 août 1979. Il n'y était jamais retourné depuis le 14 juillet 1973. Six ans plus tard donc, il a peine à reconnaître les lieux tellement les travaux sont avancés, quand ils ne sont pas terminés dans certains cas.

Bourassa mitraille de questions les chefs de chantier, Claude Pelchat à LG2 et Fiore Dellasera à LG3. Il veut s'informer sur les conditions de vie des travailleurs et, d'autre part, faire valider une nouvelle idée, soit la mise en chantier de trois autres grands projets hydroélectriques à la Baie James pour des fins d'exportation temporaire.

Bourassa est d'avis que le gouvernement du Québec devrait mettre en chantier ces trois autres projets hydroélectriques situés dans le territoire de la Baie James. Ces projets pourraient relancer l'industrie de la construction et stopper le ralentissement économique.

Cette électricité pourrait ainsi être vendue à gros prix à nos voisins des États du Nord-Est des États-Unis. Les profits pourraient constituer ainsi un Fonds du patrimoine national, comme l'Alberta l'a fait avec les recettes provenant du pétrole.

La visite est plus courte à LG3, dont le chantier est en pleine effervescence. Après un dîner avec le chef de chantier, M. Fiore Dellasera, il s'arrête au garage des équipements lourds, s'installe dans le siège du conducteur d'un énorme camion de 85 tonnes et visite l'intérieur d'une des trois pelles géantes Marion. Là encore, il serre de nombreuses mains et parle à plusieurs mécaniciens. Au total, en deux jours, il rencontre au moins 150 personnes sur les deux chantiers.

Bourassa va expliciter davantage son idée de Fonds du patrimoine québécois. Il le fait en s'adressant cette fois à 180 membres de la Ligue électrique de Montréal. Devant cet auditoire hautement spécialisé, «le père de la Baie James» décrit en détail la nature de l'opération qu'il souhaite que le gouvernement du Québec entreprenne le plus rapidement possible et qui, sur le plan énergétique, «pourrait faire des Québécois les Arabes du continent américain».

L'ex-chef libéral est tout d'abord heureux de souligner que les premiers kilowatts de LG2 sont en train d'arriver le jour même à Montréal. Il souligne ensuite qu'il est urgent que le Québec profite à plein de son atout hydroélectrique «pendant que ça passe, car dans trois générations il sera peut-être trop tard».

La construction de trois centrales de 1000 mégawatts chacune devrait être accélérée afin de vendre ces 3000 mégawatts à New York. Le prix de l'électricité aux États-Unis est 4,5 fois plus élevé qu'au Québec (on est en 1979). Le coût de construction des trois centrales, alors de 27 mills par kilowatt (10 mills équivalent à un cent), devrait doubler au cours des sept années nécessaires à la réalisation de ces centrales. «Si nous construisons immédiatement ces trois centrales, leur coût devrait se situer aux alentours de 55 mills par kilowatt», explique-t-il, ajoutant que le prix aux États-Unis serait d'environ 100 mills, ce qui permettrait au Québec de faire un profit de 45 mills par kilowatt. Ce profit correspondrait à environ un milliard de dollars par an.

La saga juridique qui avait suivi la publication à l'automne de 1973 aux Éditions du Jour du livre de Bourassa, *La Baie James*, connaît officiellement son dénouement final le 5 octobre 1979. On se souviendra que dans ce volume Bourassa avait proposé de faire la Baie James coûte que coûte. Or, au même moment, un procès était en cours car les Amérindiens demandaient l'interruption des travaux. Techniquement donc, il y avait outrage au tribunal. On tenta de faire comparaître le chef du gouvernement québécois en pleine campagne électorale, mais ses avocats furent assez brillants pour que cette comparution soit reportée après les élections générales. Les procédures se poursuivirent. La Convention de la Baie James et du Nord québécois fut cependant signée le 11 novembre 1975.

Cette convention prévoyait spécifiquement que «les poursuites engageant les parties [...] sont réglées et transigées par les présentes, et les parties se donnent quittance mutuellement et donnent quittance à leurs agents, mandataires, représentants et employés de tous revendications, demandes, dommages-intérêts et inconvénients se rapportant aux questions faisant l'objet desdites poursuites.»

Les procédures se régleront finalement en octobre 1979, d'une façon certes heureuse, mais elles auront tout de même préoccupé Bourassa pendant plusieurs années.

Octobre 1979 est une période riche en événements pour l'ex-premier ministre du Québec. Alors qu'il a été écarté et ignoré systématiquement par le nouveau chef libéral Claude Ryan, les hautes instances du PLQ lui confient discrètement deux dossiers, soit une étude sur l'union monétaire et une autre sur l'énergie, questions sur lesquelles sa compétence est indiscutable.

Au cours d'une entrevue publiée par *La Presse* le 6 octobre sous le titre «Bourassa, une rentrée sur la pointe des pieds», il exprime son intention de revenir à la politique active «lorsqu'une occasion sérieuse se présentera. Je n'ai que 46 ans, et si ce n'est la prochaine fois, ce sera l'autre». Les auteurs de l'article, Jacques Bouchard et Pierre Gravel, notent qu'il n'en mène pas moins une campagne à travers la province en donnant des conférences devant différents groupes.

Très en demande, il profite de plus en plus, selon les journalistes, de ces tribunes pour se refaire une nouvelle image publique. L'accueil plus que sympathique reçu un peu partout prouve bien que la rancœur à son endroit s'estompe. Il a toujours sa carte du Parti libéral du Québec. Il continue de diverger fondamentalement de la théorie péquiste sur la monnaie et le rôle que l'État fédéral doit assumer.

> Il ne faut pas oublier que nous vivons en Amérique du Nord auprès de voisins très puissants. Il faut donc qu'un organisme central, représentant les dix provinces, puisse contrôler et intervenir pour soutenir notre monnaie. Cette fonction ne peut être confiée à des fonctionnaires.

Il affirme être plus nationaliste que Claude Ryan qui, lui, se déclare prêt à accepter un droit de regard du gouvernement central sur l'utilisation des richesses naturelles, pourtant de juridiction strictement provinciale. Bourassa exclut carrément la «tutelle» fédérale dans plusieurs domaines, notamment l'éducation, la langue, l'immigration, les communications, les richesses naturelles. Il souhaite l'établissement d'un lien fédéral renouvelé qui pourrait être un marché commun canadien, comme il en existe un en Europe où neuf pays siègent à Bruxelles pour régler différents problèmes économiques. L'union monétaire étant essentielle à son avis, Bourassa ajoute que le gouvernement «supranational» à Ottawa pourrait œuvrer dans le domaine économique en laissant aux provinces qui le désirent leur pleine souveraineté interne et externe, ce qui impliquerait pour les provinces en question une présence entière au plan international.

L'arrivée au pouvoir de Joe Clark le 22 mai 1979 pourrait aider à établir ce lien fédéral renouvelé. Avec le peu de députés qu'il a fait élire au Québec, Clark ne peut pas prétendre que le gouvernement fédéral représente aussi bien le Québec que le gouvernement provincial, comme Trudeau ne s'était pas gêné pour l'affirmer. C'est la raison qui amène Bourassa à l'automne de 1979 à ménager ses critiques à l'égard du fédéral, outre qu'il ne veut rien faire qui puisse aider la cause du Parti québécois.

Bourassa considère que le référendum proposé par le PQ est «une pure perte de temps». Il a bien l'intention de faire campagne en faveur du «NON», sans faire partie toutefois d'aucun groupe ou mouvement qui pourrait nuire à sa nouvelle crédibilité. Pragmatique comme il l'est, il ne voit pas comment Claude Ryan va pouvoir contrôler le débat référendaire comme il l'entend, c'est-à-dire en essayant de garder le PQ sur son terrain. De plus, Ryan va être obligé de s'entendre avec le chef du Parti libéral fédéral, sinon il aidera forcément le PQ dans sa lutte pour le «OUI».

L'ex-premier ministre du Québec témoigne le 18 octobre devant le juge Châteauguay Perreault, de la Cour supérieure dans le cadre de l'une des nombreuses poursuites intentées par des citoyens à la fois contre la Ville et l'Association des pompiers de Montréal (APM) à cause des dommages subis pendant le «week-end rouge» du 2 novembre 1974. Il explique que le maire Drapeau s'était déclaré d'accord pour verser un montant forfaitaire de quelque 750 $ pour 1974 à chacun des pompiers en guise de compensation pour la hausse du coût de la vie, ceci en surplus des 4,7 % d'augmentation salariale décrétée par une sentence arbitrale. Cependant, pour 1975, le maire refuse d'inclure cette somme dans l'échelle des salaires.

Des manifestations se déclenchent et le samedi 2 novembre des incendies sont allumés un peu partout dans le centre-sud de Montréal. Bourassa prend l'initiative de convoquer les parties dans la soirée à son bureau d'Hydro-Québec «parce que je voulais à tout prix éviter une deuxième nuit désastreuse, et parce que rien ne se passait».

Les réunions commencent vers 22 heures et prennent fin au milieu de la nuit. Les parties ne sont pas mises directement en présence, Bourassa préférant les rencontrer séparément. Ce n'est qu'en fin de soirée, après plusieurs appels, que le maire Drapeau se présente finalement au bureau du premier ministre en compagnie du conseiller juridique de la Ville, Mᵉ Michel Côté. Lorsque le maire entre dans le bureau, Bourassa le conduit devant l'immense fenêtre panoramique d'où l'on peut voir le rougeoiement des incendies un peu partout dans la ville. «Monsieur le maire, lui déclare-t-il, il va falloir mettre de l'eau dans votre vin. Votre ville est en train de brûler.»

Drapeau finit par signer le protocole d'entente. Les pompiers obtiennent donc que soit inclus le montant de 750 $ dans l'échelle des salaires de la convention collective de 1975.

Les lecteurs de *La Presse* ont droit, le samedi 20 octobre, à un supplément de 24 pages grand format intitulé : «La Baie James : projet du siècle». Ce document remarquable, auquel ont travaillé une douzaine de journalistes, traite de «l'historique du projet, depuis son accouchement controversé jusqu'au moment où les Québécois, réalisant qu'ils sont en train de créer un géant énergétique à l'instant où la crise de l'énergie prend des proportions alarmantes, se mettent à admirer, puis à aimer la Baie James».

L'article de ce cahier intitulé «Pour Robert Bourassa : un pari devenu "success story"» est rédigé après une entrevue accordée par Bourassa au journaliste Guy Pinard. «Si la Cour d'appel avait confirmé le jugement Malouf (interrompant les travaux de la Baie

James), ce n'était ni Washington, ni Bruxelles, mais plutôt l'Australie qui m'attendait.» Le pari, selon Bourassa, consistait à choisir entre l'énergie hydroélectrique (intarissable, québécoise et propre), l'énergie thermique (créant un état de dépendance et très polluante) et l'énergie nucléaire (selon certains, l'énergie de l'avenir mais devenue «l'énergie du désespoir»). Par ailleurs, il y avait urgence car les données d'Hydro-Québec prévoyaient un déficit de kilowatts pour 1978 et il fallait prévoir huit ans de travaux pour un projet de cette envergure.

«On comprend mieux, écrit Pinard, qu'il se fasse maintenant (en 1979) l'avocat tenace du développement immédiat du complexe Nottaway-Broadback-Rupert.» Pour Bourassa, ce développement peut être en effet un robinet de croissance absolument fabuleux car il a «l'avantage de rapporter des dividendes tant que l'eau coulera dans les rivières du bassin de la Baie James».

L'idée de créer un Fonds du patrimoine alimenté par les profits de trois centrales hydro-électriques, spécialement construites pour financer ce fonds, devient rapidement un sujet de débat au Québec. Cette proposition de Bourassa, originale, courageuse et audacieuse, dérange manifestement le gouvernement Lévesque qui envoie au front médiatique, avec plus ou moins de succès, nul autre que le président d'Hydro-Québec Robert Boyd.

À diverses occasions, avec les étudiants du cégep Mingan par exemple, Bourassa aura à s'expliquer sur ce thème. Les rencontres se multiplient, car Bourassa adore le défi que constituent les débats. Ils lui permettent de mettre à jour son information, d'acquérir une connaissance exceptionnelle de l'opinion publique, de se familiariser «sur le tas» avec les problèmes qui préoccupent les gens, et de faire des propositions constructives grâce à l'information considérable dont il dispose dans tous les domaines des affaires publiques.

Bourassa accepte de rencontrer quelques journalistes au cours de la semaine qui précède l'inauguration de LG2 le 27 octobre. Son flegme ne manque pas de les étonner étant donné l'incroyable ironie de la situation qui va forcer René Lévesque à faire l'éloge de Bourassa et du «projet du siècle». «C'est ça, la politique», déclare-t-il notamment à Hubert Bauch, du journal *The Gazette*. Et il ajoute :

> Il est étrange de constater comment les facteurs qui ont conduit à ma défaite se sont retournés en ma faveur. J'ai toujours étudié la vie politique, ce qui m'a permis de constater que le pendule revient toujours à son point de départ. Des situations qui paraissaient anormales il y a quatre ou cinq ans semblent parfaitement logiques maintenant.

Un grand sujet de satisfaction pour Bourassa est de constater que le projet de la Baie James semble avoir été adopté à l'unanimité par tous les Québécois.

> Nous sommes une société très divisée, que ce soit par la religion, par les questions de relations de travail, par la langue ou par le débat constitutionnel. Or, ce qui est remarquable avec la Baie James, c'est que nous avons là un sujet à l'égard duquel toutes les classes de notre société et toutes les régions sont maintenant d'accord. Tout le monde pense que ce fut une bonne initiative, et pour quelqu'un comme moi qui a dû subir les conséquences de la polarisation de notre société, c'est extrêmement réconfortant.

Il reconnaît que la Baie James a été une gageure, mais il souligne en même temps qu'il n'a jamais douté que cela réussirait.

> Il y eut des moments où j'étais pratiquement seul à défendre le projet. Une semaine, c'étaient les aborigènes, une autre fois c'étaient les coûts, à un autre moment c'étaient les syndicats, ensuite les conditions de travail. Il n'y avait souvent que des plaintes au sujet de la Baie James. À un moment j'ai même eu sur mon dos le Conseil du patronat. Mais maintenant, comme vous pouvez le constater, tout ça a complètement changé.

Bourassa est cependant très réticent à parler de ses projets. Il ne veut pas se prononcer sur le fait que l'inauguration de la Baie James pourrait lui offrir la possibilité de faire, par la grande porte, un retour à la politique active. Il insiste sur le fait qu'il a organisé son existence d'une façon agréable, en partageant son temps entre l'enseignement, une activité de conseiller économique et la préparation d'exposés sur des thèmes qui l'intéressent. Il s'attache à rester bien informé, même s'il ne ressent aucune envie de s'impliquer en politique d'une façon active dans un avenir prévisible. Le bureau à partir duquel il travaille à Montréal en 1979, dans l'édifice Cartier au coin des rues Peel et Sherbrooke, fonctionne, à une plus petite échelle, comme celui qu'il occupait à Québec sur la Grande-Allée dans l'édifice J. Et comme pendant ses années de pouvoir, il passe son temps au téléphone. De plus, le Cartier a sa propre piscine où, fidèle à son habitude, il va faire ses longueurs chaque jour pour l'exercice et pour la détente.

Il a 46 ans. C'est encore un homme jeune. Il est indépendant de fortune. Il a été premier ministre du Québec. Il ne doit rien à personne, ni au premier ministre Clark, ni à Trudeau qui, dans l'opposition, s'apprête à démissionner, ni à Claude Ryan, ni au «big business». Physiquement, il est en forme et détendu, mais, comme auparavant, il peut réagir à la vitesse de l'éclair lorsque ses opinions ou ses déclarations sont mises en cause. La mention de son retour possible à la politique active fait toujours l'objet de dénégations de sa part, même s'il concède que, dans la vie, il ne faut jamais dire jamais. Par ailleurs, un référendum approche à grands pas, probablement au printemps de 1980. Bourassa va avoir des choses à dire pendant la campagne référendaire et il a l'intention de les dire.

Le samedi 27 octobre, jour de l'inauguration de LG2, les éditoriaux des journaux sont dithyrambiques pour Bourassa. Par exemple, *Le Soleil*, sous le titre «L'exploit de la Baie James», écrit:

> La fête d'aujourd'hui, c'est un peu la fête de Robert Bourassa, dont l'intuition politique s'est révélée juste et qui récolte aujourd'hui plus d'honneurs qu'il n'en eut jamais pendant les six ans qu'il gouverna le Québec... Robert Bourassa a bien raison de pavoiser. La fête de la Baie James, c'est aussi sa revanche.

Dans un éditorial de *The Gazette* intitulé «*A powerful testament*», on peut lire:

> Mr. Bourassa deserves credit not only for his foresight but also for his perseverance with the project in the face of cost overruns, labor discord

and claims by environmentalists and native people. Today, many of the project's former critics stand in grateful awe of it. One of them, Premier René Lévesque, is counting on James Bay not only for volts for Quebec's industrialization but also for votes in next spring's referendum.

Dans le *Toronto Star* du 27 octobre, titré: «*Robert Bourassa bounces back*», McKenzie rend justice à l'ex-premier ministre: «Today when Premier Levesque sets in motion the first turbine of the giant James Bay hydro-electric project at a nationally televised ceremony, the real star will be Bourassa, standing discreetly in the background, somewhere among the 300 or so guests.»

Par contre, toujours le 27 octobre, *Le Devoir* publie sur quatre colonnes un article en première page sous la manchette: «Avant d'inaugurer la centrale La Grande – Lévesque décrie la décision politique de Bourassa en 71». Cependant, même si Bourassa était évidemment absent de la conférence de presse tenue la veille et au cours de laquelle Lévesque a fait cette déclaration, il n'en est pas moins omniprésent dans les questions des journalistes et les commentaires du premier ministre et de ses ministres. À les entendre, les cérémonies de l'inauguration du projet du siècle à LG2 ce jour-là doivent être avant tout un hommage «à ce navire amiral de l'économie du Québec qu'est Hydro-Québec». Les journalistes estiment que cette mise au point s'adresse clairement à Bourassa.

Lévesque mentionne également l'accueil défavorable que le Parti québécois, qui ne jurait que par le nucléaire, a réservé au «projet du siècle» et le revirement que ce même parti a dû effectuer après 1976 en reconnaissant tous les mérites de la Baie James. Lévesque rappelle alors que le projet de Bourassa a été «sauvé par la crise de l'énergie de 1973» et souligne que, somme toute, Bourassa n'a fait preuve que «d'une sorte de sagesse consciente dans la bousculade» qui aurait eu lieu au moment du lancement du projet. Les représentants des médias écoutent tout ce patinage d'un air goguenard.

Lévesque se fait d'ailleurs remettre à sa place deux jours plus tard dans un éditorial du *Devoir* du 29 octobre sous la plume de Michel Roy:

Le Parti québécois, ayant combattu ce projet jusqu'à l'été précédant les élections de 1976, a éprouvé le besoin de faire oublier son heureuse volte-face en accablant M. Bourassa dont la «sagesse inconsciente», a reconnu M. Lévesque avec condescendance, aura bien servi les intérêts du Québec. Il y a dans cet exercice de dénigrement une part de mesquinerie qui déshonore plusieurs députés et ministres du PQ et dont le gouvernement doit porter la responsabilité... Aussi, pour critiquer à ce point aujourd'hui le principal promoteur du projet, il faut que le PQ veuille vraiment faire oublier les erreurs constantes de ses analyses énergétiques jusqu'à l'été de 1976.

Le 27 octobre est vraiment une grande fête à LG2. Le travail est interrompu à 10 h 30 pour la première fois depuis sept ans de façon à permettre aux 1 300 travailleurs du chantier de se joindre aux 400 invités et journalistes de 25 pays des cinq continents..

Bourassa, arrivé la veille en fin de journée, s'installe dans une maison mobile confortable. Puis on vient le chercher pour qu'il rejoigne les autobus transportant un groupe d'une soixantaine de personnes, ministres, dirigeants d'Hydro-Québec, techniciens, cameramen et journalistes. Ce groupe va accompagner le premier ministre Lévesque à 137 mètres sous terre pour le démarrage officiel du groupe n° 9 de turbine-alternateur, l'un des 16 groupes qui constituent la centrale LG2. En actionnant une manette à 15 h 33, le premier ministre envoie des tonnes d'eau glacée de la Grande Rivière dans une conduite forcée, provoquant ainsi la rotation d'une immense turbine de 1 000 tonnes couplée à un alternateur de 333 mégawatts. Cette énergie prend la direction du sud du Québec sur une ligne à haute tension de 1 000 km.

Une vingtaine de minutes avant de poser ce geste historique, le premier ministre Lévesque s'adresse, grâce à un système de télévision en circuit fermé, aux quelque 3 000 convives, rassemblés dans la cafétéria du chantier. Il rend hommage au génie et à la compétence des Québécois ainsi qu'à la détermination de tous les travailleurs qui ont rendu possible cette journée. Puis, modestement et peut-être pour compenser ses propos de la veille sur Bourassa, il fait l'éloge de ce dernier pour avoir pris en 1971 la décision d'entreprendre les travaux de la Baie James. Bourassa remercie d'un signe de tête. Le groupe regagne ensuite les autobus qui le ramène à la surface pour se rendre à l'immense cafétéria où a lieu la réception.

Bourassa ne va pas tout de suite à la cafétéria et se fait ramener à sa chambre. Il s'entend avec le chauffeur pour qu'on vienne le chercher une heure plus tard. Il se produit alors un incident un peu curieux : à l'heure convenue, personne ne se présente pour l'amener à la cafétéria. Bourassa attend à l'extérieur, sur la galerie. Personne. Soudainement il voit une camionnette qui s'approche et il lui fait de grands signes. Le conducteur s'arrête. « M'amèneriez-vous à la cafétéria, s'il vous plaît ? » lui demande Bourassa. « Mais, ma parole, vous n'êtes pas M. Bourassa ? » s'exclame le conducteur. « Vous êtes physionomiste », lui répond Bourassa. « Et vous, vous êtes en retard pour le "party". Allons-y vite. » Le conducteur se transforme en guide dès qu'ils arrivent car Bourassa ne connaît pas les lieux. L'homme lui ouvre une porte et annonce à la cantonade d'une voix de stentor : « Hé, les gars, je vous amène Monsieur Bourassa ! » Une minute plus tard, la salle au complet est debout, beaucoup même sont montés sur des chaises, accordant à l'ex-premier ministre une ovation comme il n'en a jamais eue. On se précipite ensuite pour lui serrer la main, le féliciter, le remercier, pendant que les applaudissements, prenant de l'ampleur, continuent de plus belle « dépassant en importance, selon le journaliste Pierre Gravel de *La Presse*, la chaleur de l'accueil réservé quelques minutes plus tôt à René Lévesque lui-même ».

Rapidement entouré par les journalistes, Bourassa est amené à donner une conférence de presse improvisée. Beau joueur, il n'abuse pas de la situation qui aurait pu lui donner l'occasion d'une douce revanche sur ses détracteurs. « Ce n'est plus le temps de ressasser de vieilles querelles, mais bien celui de nous réjouir entre Québécois de ce qui se passe aujourd'hui. » Peu de temps après, il avoue cependant à Pierre Gravel avoir connu là une des plus intenses émotions de toute sa vie d'homme politique.

Par ailleurs, invité par les journalistes à apporter des précisions sur son projet de création d'un Fonds du patrimoine grâce à la vente d'électricité aux États-Unis, Bourassa propose purement et simplement que le gouvernement écarte Hydro-Québec de ce dossier. L'exportation d'énergie électrique de base aux États-Unis est une décision avant tout politique, et ce sont les autorités politiques qui doivent conduire les pourparlers avec les États de la Nouvelle-Angleterre.

Compte tenu de la crise énergétique aux États-Unis, Bourassa fait valoir que ces États sont intéressés à acheter de l'électricité de base du Québec pour une période à déterminer. Pourquoi ? Parce que les Américains souhaitent retarder de plusieurs années la construction de centrales électriques alimentées par le pétrole, le charbon ou l'énergie nucléaire. Contrairement aux exportations courantes, il ne s'agit pas d'énergie excédentaire, ou de surplus, mais bien d'énergie de base.

L'une des objections d'Hydro-Québec consiste justement à soutenir qu'il ne faut pas exporter de l'énergie de base, mais plutôt se servir de cette ressource pour attirer des industries au Québec. À cela, Bourassa rétorque que ce ne sont pas nos industries que l'on exportera en exportant de l'électricité : les Américains de toute façon construiront des centrales nucléaires. L'autre objection d'Hydro-Québec, à savoir que les Américains ne seraient intéressés que par des contrats d'au moins 20 ou 25 ans alors que d'ici 15 ans le Québec aura besoin de tout son potentiel, ne tient pas non plus : il est possible de signer des contrats d'une durée telle qu'ils ne priveront pas le Québec de son énergie. C'est pourquoi il faut étudier les prévisions sur les besoins énergétiques du Québec, tenir compte des économies d'énergie et évaluer les possibilités. Bourassa croit même que le potentiel calculé en 1979 pourrait au cours des prochaines années se révéler plus élevé.

Bourassa profite de sa visite à LG2 pour discuter de son projet avec le premier ministre Lévesque qui ne semble pas enthousiasmé.

De retour à Montréal, Bourassa me téléphone. Je lui avais souvent exprimé ma certitude qu'il reviendrait un jour au pouvoir. Sensible à cette marque de confiance, Bourassa n'en professait pas moins un grand scepticisme quant à ses chances de réussir un tel exploit.

«As-tu vu l'accueil qu'ils m'ont accordé hier à la Baie James?» «Ce serait difficile de ne pas le savoir, lui dis-je. Les journaux, les radios et les nouvelles télévisées ne parlent que de ça. Tu dois être content d'avoir été accueilli d'une façon aussi chaleureuse.» Après un long moment de silence sur la ligne, Bourassa me dit: «Tu sais, je pense que tu as raison. Je vais revenir.»

Le lendemain même, le 29 octobre, *Le Devoir* publie en première page un reportage sur la conférence de presse improvisée de Bourassa après l'ovation que lui avaient réservée les travailleurs de LG2. Et le journal titre: «Ce n'est qu'un début, souligne Robert Bourassa».

Table des matières